Windows 8.1

Der verständliche Einstieg

von

Mareile Heiting

Vierfarben

Liebe Leserin, lieber Leser,

im Grunde ist es Microsoft mit seinem Frühlings-Update zum neuen Windows 8.1 schon gelungen, ein Betriebssystem zu kreieren, das kaum noch Wünsche offenlässt. Einen Haken hat das Ganze allerdings. Man muss die vielen tollen Funktionen auch entdecken, und vieles ist doch recht ungewohnt. Gerade Einsteiger aber möchten mit Ihrem neuen Computer am liebsten gleich loslegen, ohne sich durch ellenlange und komplizierte Anleitungen zu wälzen. Und natürlich möchte man dabei nichts falsch machen.

Das weiß unsere Autorin Mareile Heiting nur zu gut. In Farbe und vor allem fernab aller grauen Theorie erklärt Sie Ihnen nicht nur, was Sie wissen müssen, um sich auf Anhieb an Ihrem Computer zurechtzufinden, sie lässt Sie gleich mitmachen – getreu dem Motto »Learning by doing«: Sie zeigt Ihnen schrittweise, wie Sie Programme nutzen und interessante Apps aus dem Windows Store installieren, im Internet surfen, E-Mails schreiben, per Skype telefonieren, drucken, Fotos bearbeiten, Musik hören und vieles mehr. So bewältigen Sie nach und nach alle anstehenden Aufgaben und lernen nebenbei, die Benutzeroberfläche Ihren Bedürfnissen anzupassen. Auch die Themen Sicherheit und Wartung kommen natürlich nicht zu kurz. Was Sie nicht gleich interessiert, können Sie getrost überspringen, denn alles ist so aufgebaut, dass Sie jederzeit den Überblick behalten.

Dieses Buch wurde mit größter Sorgfalt geschrieben und hergestellt. Sollten Sie dennoch einmal einen Fehler finden oder inhaltliche Anregungen haben, freue ich mich, wenn Sie mit mir in Kontakt treten. Für Kritik bin ich dabei ebenso offen wie für lobende Worte. Doch zunächst einmal wünsche ich Ihnen viel Freude beim Ausprobieren Ihres brandneuen Windows 8.1!

Ihre Isabella Bleissem
Lektorat Vierfarben

isabella.bleissem@vierfarben.de
www.facebook.com/vierfarben

Auf einen Blick

Sie haben Fragen, Wünsche oder Anregungen zum Buch?
Gerne sind wir für Sie da:

Anmerkungen zum Inhalt des Buches: isabella.bleissem@vierfarben.de
Bestellungen und Reklamationen: service@vierfarben.de
Rezensions- und Schulungsexemplare: sophie.herzberg@vierfarben.de

An diesem Buch haben viele mitgewirkt, insbesondere:

Lektorat Isabella Bleissem
Korrektorat Petra Biedermann, Reken
Herstellung Janina Brönner
Layout Vera Brauner, Maxi Beithe
Einbandgestaltung Eva Schmücker
Coverbilder Fotolia: 346751 © Marzanna Syncerz; iStockphoto: 20704272 © Valedetta, 2930376 © Irishblue, 10249596 © Druvo, 19665177 © SimmiSimons, 19805057 © Joepix
Bildnachweise Mareile Heiting
Satz Markus Miller, München
Druck und Bindung Firmengruppe Appl, Wemding

Gesetzt wurde dieses Buch aus der ITC Charter (10,5 pt/15 pt) in Adobe InDesign CC.
Und gedruckt wurde es auf mattgestrichenem Bilderdruckpapier (115 g/m²).
Hergestellt in Deutschland.

Bibliografische Information der Deutschen Nationalbibliothek
Die Deutsche Nationalbibliothek verzeichnet diese Publikation in der Deutschen Nationalbibliografie; detaillierte bibliografische Daten sind im Internet über http://dnb.d-nb.de abrufbar.

ISBN: 978-3-8421-0135-7

1. Auflage 2014
Vierfarben ist ein Verlag der Galileo Press GmbH
Rheinwerkallee 4, 53227 Bonn
www.vierfarben.de

Der Verlagsname Vierfarben spielt an auf den Vierfarbdruck, eine Technik zur Erstellung farbiger Bücher. Der Name steht für die Kunst, die Dinge einfach zu machen, um aus dem Einfachen das Ganze lebendig zur Anschauung zu bringen.

Inhalt

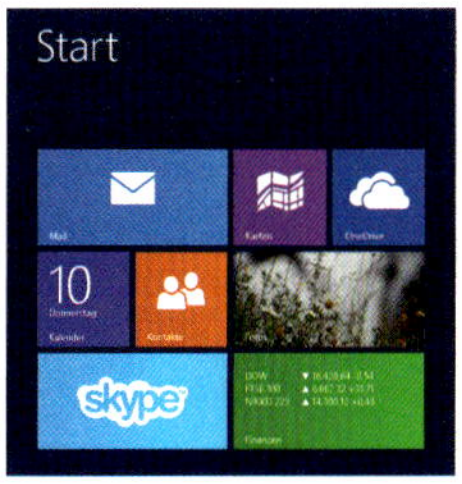

Desktophintergrund
Harmony

Internet Explorer

Kapitel 8: Der Explorer – mit Dateien und Ordnern umgehen ... 249

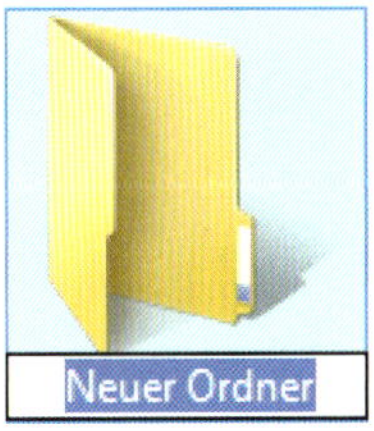

Kapitel 9: Fotos, Videos und Musik ... 293

Kapitel 10: Windows 8.1 und die Sicherheit ... 337

Gesundheit &
Fitness

Vorwort

Früher dauerte es mindestens drei Jahre, bis Microsoft eine neue Version des Betriebssystems Windows auf den Markt brachte. Doch mit der Veröffentlichung von Windows 8 im Oktober 2012 wurde alles anders.

Die neue Version stieß bei vielen Anwendern auf heftige Kritik. So war beispielsweise das beliebte Startmenü verschwunden, über das man in früheren Windows-Versionen mit nur einem Mausklick alle wichtigen Programme und Ordner erreichte. An seine Stelle trat in Windows 8 eine gänzlich neue Benutzeroberfläche, der sogenannte Startbildschirm. Die Kritik an Windows 8 führte dazu, dass Microsoft bereits nach knapp zwölf Monaten eine überarbeitete Version veröffentlichte: Windows 8.1. Im April 2014 kam gleich die nächste Aktualisierung mit dem Namen »Windows 8.1 Update« hinterher. Mit jedem dieser sogenannten Updates kehren beliebte und vor allem praktische Funktionen wieder zurück.

Mit diesem Buch möchte ich Sie auf Ihrer ersten Entdeckungsreise durch Windows 8.1 begleiten und Ihnen Schritt für Schritt die Bedienung und die neuen Funktionen näherbringen. Sollte jemand von Ihnen noch Windows 8 nutzen, erfahren Sie gleich im ersten Kapitel, wie Sie kostenlos zur neuesten Version des Betriebssystems wechseln.

Windows 8.1 lässt sich sowohl auf einem Desktop-PC, einem Notebook als auch einem Tablet einsetzen. Im Gegensatz zu den beiden Erstgenannten wird ein Tablet mit Fingergesten und über die Bildschirmtastatur bedient. Beides unterscheidet sich recht stark von der klassischen Bedienung per Tastatur und Maus. Doch keine Sorge, mit den Tipps auf den nächsten Seiten werden Sie sich auch auf dem Touchscreen eines Tablets schnell zurechtfinden.

Der Schwerpunkt dieses Buches liegt auf der neuen Benutzeroberfläche sowie den neuen Anwendungen, auch »Apps« genannt, die Windows 8.1 mitbringt. Aber auch Altbekanntes, wie etwa die Desktop-Oberfläche, werde ich mit Ihnen gemeinsam genauer unter die Lupe nehmen. Die meisten von Ihnen werden ihren Computer zum Surfen im Internet, zum

Versenden von E-Mails oder für das Verwalten der Foto-Sammlung nutzen. Auch diese Themen sollen deshalb nicht zu kurz kommen.

Dennoch, der Titel des Buches lautet: »Ein verständlicher Einstieg«. Windows 8.1 hat so viel zu bieten, dass ich leider nicht alles in diesem Einstiegswerk berücksichtigen kann. Ich würde mich aber freuen, wenn ich Sie mit all den Anleitungen neugierig mache, selbst auf Entdeckungstour zu gehen. Glauben Sie mir: Es rentiert sich!

Ein Buch wie dieses entsteht nie im Alleingang. Von der Planung bis zur Fertigstellung sind viele daran beteiligt. An dieser Stelle möchte ich deshalb ein großes Dankeschön an das gesamte Team von Vierfarben richten – vom Korrektorat, über das Layout bis hin zum Satz und Druck. Stellvertretend für alle sei hier meine Lektorin Isabella Bleissem genannt. Ein lieber Dank geht selbstverständlich auch an meinen Mann, meine Familie und Freunde, die mich in den letzten Wochen unterstützt und immer wieder mit leckerem Cappuccino und Schokolade für gute Laune gesorgt haben.

Viel Spaß beim Lesen wünscht Ihnen

Mareile Heiting

Kapitel 1

Schnelleinstieg in Windows 8.1

Ob absoluter Computerneuling oder alter Windows-Hase: Wer zum ersten Mal mit Windows 8.1 arbeitet, für den können die vielen neuen Funktionen und ihre Bedienung zunächst ausgesprochen verwirrend sein. Doch haben Sie sich erst einmal mit dem neuen Betriebssystem vertraut gemacht, können Sie sehr komfortabel damit arbeiten.

Ich möchte Sie in meinem Buch gerne mitnehmen auf eine spannende Entdeckungsreise durch Windows 8.1. Los geht es zunächst mit einer kurzen Einführung in die neuen Funktionen. Anschließend zeige ich Ihnen Schritt für Schritt, wie Sie sich das erste Mal am Computer anmelden.

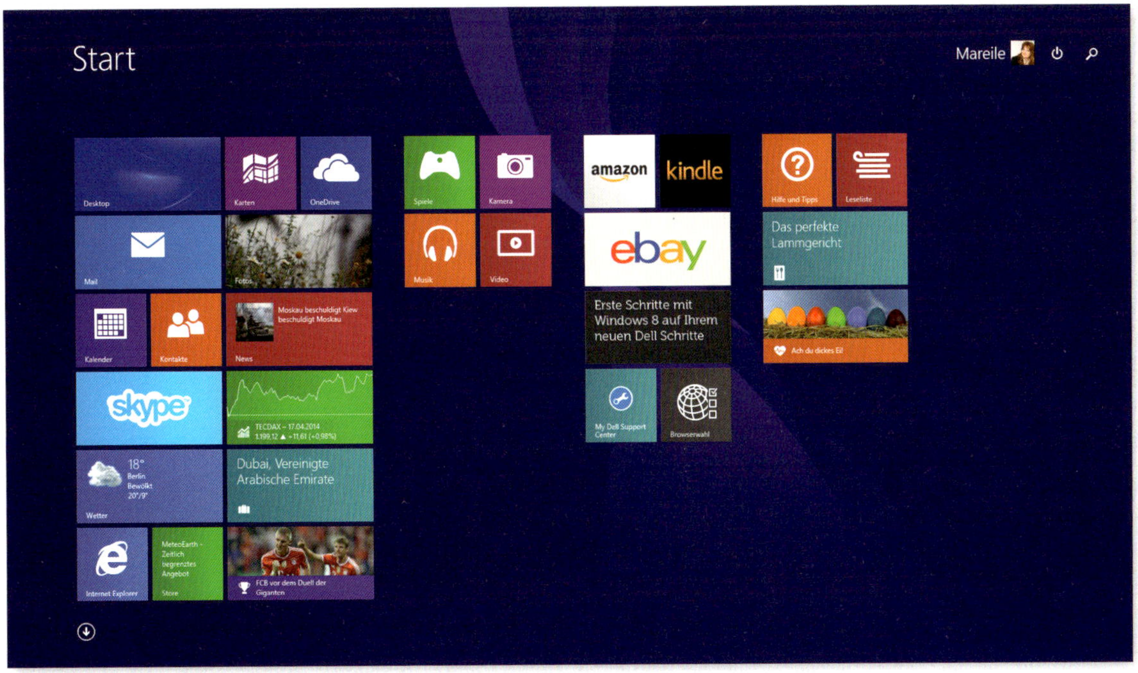

Bei der Bedienung von Windows 8.1 müssen selbst alte Windows-Hasen umdenken.

Zur aktuellsten Version wechseln

Nicht nur die neuen Funktionen selbst können verwirrend sein. Auch bei der Vielzahl an Versionen, die innerhalb nur weniger Monate veröffentlicht wurden, verliert man leicht den Überblick. Im Oktober 2012 kam Windows 8 auf den Markt. Viele seiner neuen Funktionen stießen bei den Anwendern aber auf heftige Kritik und sorgten dafür, dass Microsoft bereits nach nur einem Jahr eine überarbeitete Version des Betriebssystems auf den Markt brachte: Windows 8.1. Knapp sechs Monate später, im April 2014, schob Microsoft ein Update hinterher. Genau diese Version – offiziell auch »Windows 8.1 Update« genannt – ist Basis für alle Anleitungen in diesem Buch. Der Einfachheit halber werde ich es aber meistens nur kurz Windows 8.1 nennen. Woran Sie erkennen, welche Version Sie installiert haben und wie Sie kostenlos von Windows 8 zu Windows 8.1 inklusive der aktuellen Updates wechseln, erfahren Sie im Kasten »Mit welcher Version arbeiten Sie?« auf Seite 17 sowie im Abschnitt »So installieren Sie Windows 8.1 aus dem Store« ab Seite 30.

Diese neuen Funktionen bietet Windows 8.1

Der Computermarkt hat sich in den letzten Jahren stark verändert. Füllten früher noch riesige Bildschirme und sogenannte *Tower* (englische Bezeichnung für »Turm«) den Schreibtisch, werden die Geräte heutzutage immer kleiner und handlicher. Das Angebot reicht vom klassischen Desktop-PC (Computer in einem Gehäuse mit getrenntem Bildschirm und getrennter Tastatur) über Notebooks bis hin zu den beliebten Tablets.

Der große Erfolg der Tablets ist mit ein Grund dafür, warum Microsoft sein Betriebssystem Windows 8 so stark überarbeitet hat. Tablets besitzen einen berührungsempfindlichen Bildschirm, auch *Touchscreen* genannt, der sich ganz einfach per Finger bedienen lässt. Tastatur und Maus gehören bei diesen Geräten damit der Vergangenheit an. Die älteren Windows-Versionen lassen sich mit all ihren kleinen Schaltflächen aber nur schwer mit dem Finger bedienen. Somit musste ein neues Konzept her.

Für Windows 8 schuf Microsoft eine neue Benutzeroberfläche, den sogenannten *Startbildschirm*. Darauf befinden sich zahlreiche Kacheln, die so groß sind, dass man sie bequem mit dem Finger antippen kann. Daraufhin wird eine sogenannte *App* oder auch ein *Programm* (siehe den Kasten »Apps und Windows-Anwendungen« unten) gestartet. Die drei Buchstaben *App* sind eine Abkürzung für den englischen Begriff *application*, zu Deutsch *Anwendung*.

Von Desktop-PCs über Notebooks bis hin zu Tablets – mit und ohne Tastatur – ist alles auf dem Markt vertreten. (Quelle: iStockphoto: pagadesign, Acer, Asus)

Apps und Windows-Anwendungen

Unter Windows 8.1 lassen sich zwei verschiedene Programmarten unterscheiden: Apps und Windows-Anwendungen. Letztere sind die klassischen Programme wie etwa Microsoft Office, die auch schon unter älteren Windows-Versionen verfügbar waren. Apps dagegen wurden speziell für Windows 8.1 entwickelt. Was es mit den Apps auf sich hat und welche Unterschiede es zwischen Apps und klassischen Windows-Anwendungen gibt, werde ich ausführlich in Kapitel 2, »Wischen, klicken oder tippen – erste Schritte in Windows 8.1«, und Kapitel 3, »Der Startbildschirm im Einsatz«, behandeln.

Unter Windows 8 gelangte der Anwender nach dem Start des Computers automatisch zur neuen Benutzeroberfläche mit ihrer Kacheloptik. Diese Strategie stieß bei vielen Anwendern auf Kritik. Für die Update-Version von Windows 8.1 ruderte Microsoft deshalb wieder zurück. Nun prüft das Betriebssystem, mit welcher Art Computer der Anwender arbeitet. Handelt es sich um ein Tablet, das per Fingergesten bedient wird, bekommt der Anwender auch weiterhin den Startbildschirm zu Gesicht. Im Falle eines Geräts, bei dem ganz klassisch Maus und Tastatur zum Einsatz kommen – also etwa bei einem Desktop-PC oder auch einem Notebook –, sehen Sie nach dem Start wieder die Desktop-Oberfläche, auch einfach *Desktop* genannt.

> *Wer mit einem Desktop-PC oder Notebook arbeitet, gelangt nach dem Start automatisch zur Desktop-Oberfläche.*

Alles Wissenswerte rund um die Desktop-Oberfläche erfahren Sie in Kapitel 4, »Alte Bekannte: Desktop, Taskleiste und Startmenü«. Denn auch der Desktop blieb nicht von Änderungen verschont. So werden in der Taskleiste am unteren Bildschirmrand im Gegensatz zu Windows 8 unter der neuesten Version von Windows 8.1 nicht nur die Symbole von geöffneten Microsoft-Anwendungen angezeigt, sondern auch die der Apps. In der linken unteren Ecke der Taskleiste ist seit Windows 8.1 wieder ein Windows-Logo zu sehen. Nach einem Mausklick oder Antippen klappt allerdings nicht das aus früheren Windows-Versionen bekannte Startmenü auf. Stattdessen werden Sie direkt zum Startbildschirm geführt, über den Sie nun alle Apps und Windows-Anwendungen öffnen können.

> *In der Taskleiste werden nun auch die Symbole bereits geöffneter Apps angezeigt.*

Nach wie vor Bestandteil von Windows 8.1 ist der Windows-Explorer, das Programm zum Organisieren, Verwalten und Aufrufen von Dateien und Ordnern. Neben einem neuen Namen – seit Windows 8 nur noch kurz *Explorer* genannt – erhielt er auch ein neues Aussehen. Wie bereits die Programme ab Microsoft Office 2010, hat nun auch der Explorer ein Menüband, über das Sie alle wichtigen Funktionen schnell erreichen.

Wie praktisch damit das Arbeiten wird, zeige ich Ihnen in Kapitel 8, »Der Explorer – mit Dateien und Ordnern umgehen«.

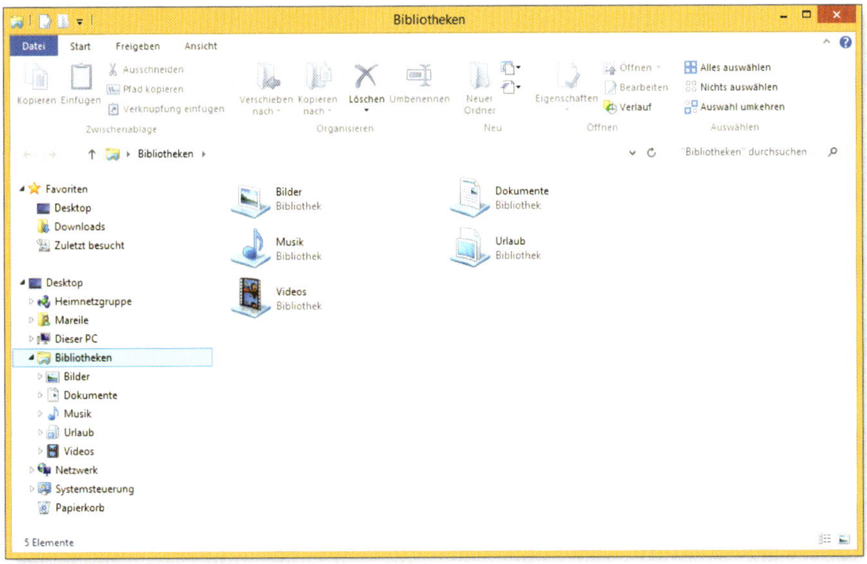

Der Explorer verfügt seit Windows 8 über ein Menüband.

Wie bereits erwähnt, ist der Startbildschirm nun der Ausgangspunkt für all Ihre Aktionen am Computer. Zusätzlich nutzt Windows 8.1 die Randbereiche des Bildschirms für die Steuerung des Computers aus. So ist am rechten Bildschirmrand beispielsweise die *Charms-Leiste* (häufig auch *Charms-Bar* genannt) versteckt, die einen schnellen Zugriff auf wichtige Funktionen bietet, etwa auf die Suchfunktion oder auf wichtige PC-Einstellungen. Die Formulierung »versteckt« habe ich bewusst gewählt, denn die Charms-Leiste wird erst bei ganz bestimmten Maus- oder Fingerbewegungen sichtbar. Doch dazu erfahren Sie mehr in Kapitel 2, »Wischen, klicken oder tippen – erste Schritte in Windows 8.1«.

In Kapitel 6, »Im Internet unterwegs«, lernen Sie den Internet Explorer und weitere interessante Apps kennen.

Keineswegs versteckt, sondern sogar in doppelter Ausführung vorhanden ist der *Internet Explorer*. Dieses Programm zum Betrachten von Webseiten gibt es als kleine abgespeckte App-Version mit eingeschränktem Funktionsumfang und in altbewährter Form, über den Desktop. Beide Varianten, aber auch weitere interessante Internet-Apps, mit denen Sie beispielsweise Ihre E-Mails bearbeiten, die neuesten Nachrichten lesen und vieles mehr tun können, stelle ich Ihnen in Kapitel 6, »Im Internet unterwegs«, sowie in Kapitel 7, »E-Mails, Adressen und Termine«, vor.

Internet, E-Mail und Co. sind eine wunderbare Erfindung, aber leider bergen sie auch viele Gefahren, wenn Sie Ihren Computer nicht ordnungsgemäß schützen. In früheren Windows-Versionen bestand einer der ersten wichtigen Schritte deshalb auch darin, ein Antivirenprogramm zu installieren. Das ist seit Windows 8 nun nicht mehr nötig, denn hier ist der Virenschutz endlich von Anfang an ein fester Bestandteil des Betriebssystems. In Kapitel 10, »Windows 8.1 und die Sicherheit«, stelle ich Ihnen die wichtigsten Sicherheitsmechanismen von Windows 8.1 vor und zeige Ihnen, worauf Sie achten sollten.

Windows ist mittlerweile ein so ausgereiftes System, dass Sie eigentlich nicht mit Schwierigkeiten rechnen müssen. Sollte es aber doch einmal zu schwerwiegenden Problemen mit Windows 8.1 kommen, lässt sich das System jederzeit in den ursprünglichen Zustand zurücksetzen. Wie Sie dazu vorgehen müssen, erfahren Sie in Kapitel 12, »Schnelle Hilfe bei Problemen«.

> *Mit wenig Aufwand lässt sich der Computer in den Originalzustand zurücksetzen.*

All dies sind nur ein paar der neuen Funktionen von Windows 8.1, die ich Ihnen im Laufe des Buches vorstellen werde. Sie finden Anleitungen zu allen wichtigen Anwendungen.

Dieses Buch ist für die beiden Versionen Windows 8.1 und Windows 8.1 Pro gleichermaßen geeignet – beides Versionen, die für den Privatanwender im Handel erhältlich sind. Daneben gibt es zwei weitere Versionen von Windows 8.1. Das umfangreichste Paket, Windows 8.1 Enterprise, ist ausschließlich größeren Firmen vorbehalten. Die vierte Variante, Windows RT, läuft nur auf Tablets und Netbooks (dem handlicheren, aber auch leistungsschwächeren Bruder des Notebooks) mit sogenannten *ARM-Prozessoren* und ist auf solchen Geräten bereits vorinstalliert. ARM-

Prozessoren sind nicht sehr leistungsstark. Damit Sie trotzdem Spaß am Arbeiten mit diesen Geräten haben, wurde der Leistungsumfang von Windows RT entsprechend stark eingeschränkt. So lassen sich beispielsweise keine klassischen Windows-Programme wie etwa ein Bildbearbeitungsprogramm installieren. Damit RT-Anwender aber nicht auf die beliebten Office-Anwendungen Word und Excel verzichten müssen, wurde Windows RT zumindest mit einer speziellen Version von Microsoft Office 2013 ausgestattet.

Mit welcher Version arbeiten Sie?

Möchten Sie herausfinden, welche Windows-Version auf Ihrem Computer installiert ist? Dann drücken Sie zeitgleich die Tasten [Windows] + [Pause] auf Ihrer Tastatur, und das Fenster **System** wird geöffnet. Hier erfahren Sie nun alles Wissenswerte rund um Ihren Computer, angefangen bei der installierten Betriebssystem-Version bis hin zum verfügbaren Arbeitsspeicher. Windows 8.1 sowie Windows 8.1 Pro sind übrigens jeweils in zwei verschiedenen Versionen erhältlich. So gibt es eine 32-Bit-Version und eine 64-Bit-Version. Die 32-Bit-Version ist für leistungsschwächere Computer gedacht, z. B. ältere Desktop-PCs und Notebooks oder auch Tablets. Leistungsstarke Geräte dagegen kommen auch gut mit einer 64-Bit-Version zurecht.

Wichtige Begriffe

Wie schon erwähnt, sind diese Anleitungen nicht nur für diejenigen gedacht, die von einer älteren Windows-Version auf Windows 8.1 umsteigen und somit bereits über etwas Erfahrung verfügen. Auch diejenigen unter Ihnen, die noch nie oder ausgesprochen selten mit einem Computer gearbeitet haben, sollen die nötige Hilfestellung erhalten. Damit wir alle quasi die gleiche Sprache sprechen und die Erklärungen für niemandem zum Fachchinesisch werden, möchte ich deshalb als Nächstes ein paar wichtige Begriffe klären, die Sie für die Bedienung Ihres Computers benötigen.

Desktop-PCs und Notebooks werden klassischerweise per Tastatur und Computermaus bedient, für Notebooks steht außerdem das sogenannte

Touchpad zur Verfügung. Dabei handelt es sich um eine kleine berührungsempfindliche Fläche. Fahren Sie mit dem Finger über diese Fläche, wird der *Mauszeiger*, der häufig die Form eines Pfeils hat, auf dem Bildschirm bewegt. Nutzen Sie eine Computermaus, erreichen Sie das Gleiche durch Verschieben der Maus auf der Schreibtischfläche. Die exakte Positionierung des Mauszeigers auf einem bestimmten Element auf dem Bildschirm ist sehr wichtig.

QuickInfos einblenden

Bewegen Sie den Mauszeiger über den Bildschirm, klappt an manchen Stellen ein kleines Fenster auf. Meist enthält es eine kurze Erklärung zu dem Element, über dem sich der Mauszeiger gerade befindet, oder auch nur dessen Bezeichnung. Diese Fenster werden deshalb auch *QuickInfos* (*quick* bedeutet im Englischen schnell oder kurz) genannt. Auf Touchscreens werden diese Informationen leider nicht eingeblendet.

Jede Computermaus besitzt zwei Tasten. Auch auf einem Notebook mit Touchpad sind diese beiden Tasten zu finden. Welche Bedeutung diese Tasten haben und wie Sie sie nutzen, erfahren Sie anhand der folgenden Tabelle:

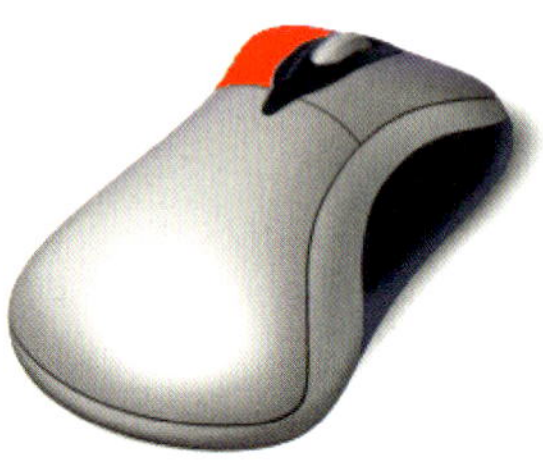 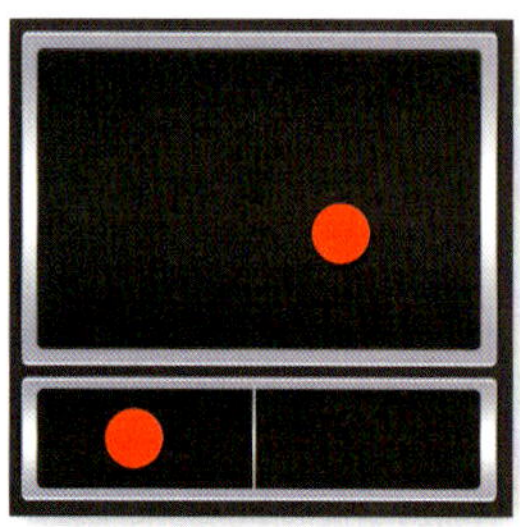	Eine der häufigsten Anweisungen, die Sie per Maus bzw. Touchpad ausführen müssen, lautet »klicken Sie« oder auch »per Mausklick«. In diesem Fall positionieren Sie den Mauszeiger auf dem entsprechenden Element (beispielsweise auf einem bestimmten Symbol) und drücken dann die linke Maustaste bzw. die linke Taste auf dem Touchpad.
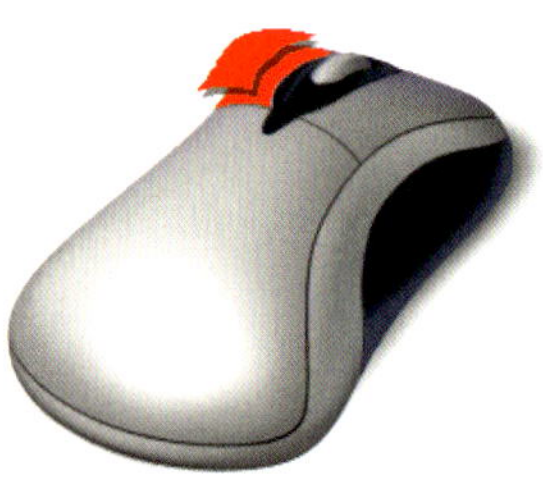 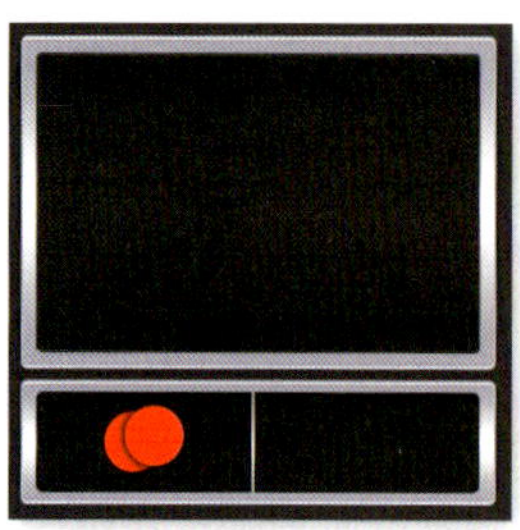	Lautet die Anweisung »doppelklicken Sie«, zeigen Sie ebenfalls auf das Element und drücken dann zweimal schnell hintereinander die linke Maus- oder Touchpad-Taste.

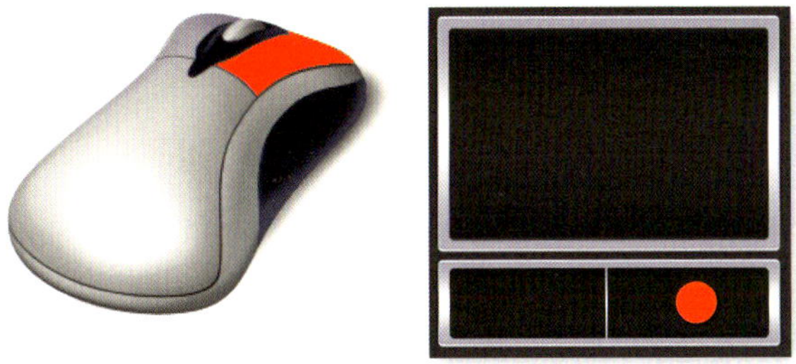

Soll statt der linken die rechte (Maus- oder Touchpad-)Taste gedrückt werden, weise ich Sie extra darauf hin. In diesem Fall erscheint also die Anweisung »klicken Sie mit der rechten Maustaste« oder auch »nach einem Rechtsklick«. Mit diesem Mausklick wird ein Kontextmenü auf dem Bildschirm eingeblendet, das spezielle Befehle zum ausgewählten Element bereithält (also zu dem Element, auf dem sich der Mauszeiger gerade befindet).

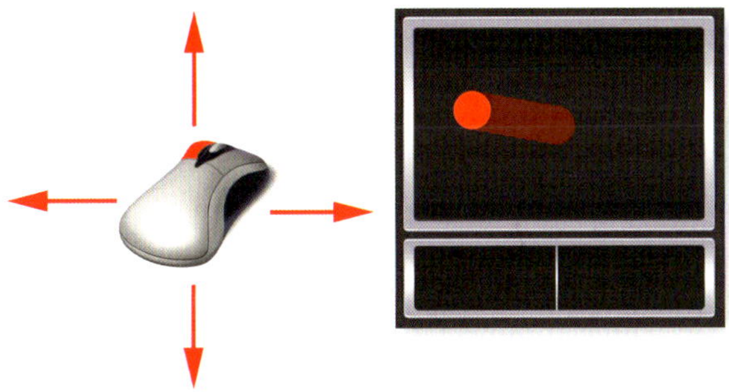

Manchmal müssen Sie ein Element auf dem Bildschirm verschieben. In der Anleitung lautet der entsprechende Hinweis »ziehen Sie« oder »verschieben Sie«. Halten Sie in diesem Fall die linke Taste gedrückt, während Sie den Mauszeiger auf dem Bildschirm neu positionieren.

^ *Die Maus- und Touchpad-Bedienung im Überblick*

Computermäuse mit Scrollrad

Die meisten Computermäuse besitzen zwischen der linken und der rechten Maustaste noch ein sogenanntes *Scrollrad*, ein kleines Rädchen, das sich vorwärts- und rückwärtsdrehen lässt. Es kommt beispielsweise beim Lesen von Internetseiten oder längeren Texten zum Einsatz und dient zum Blättern im entsprechenden Dokument.

Hat Ihre Maus kein Scrollrad, ist dies aber auch kein Problem. Wann immer das *Scrollen* (zu Deutsch *Blättern*) nötig ist, finden Sie am Seitenrand eine sogenannte *Bildlaufleiste*. Wie Sie sich damit durch Dokumente bewegen, lesen Sie im Kasten »Die Bildlaufleiste nutzen« auf Seite 21.

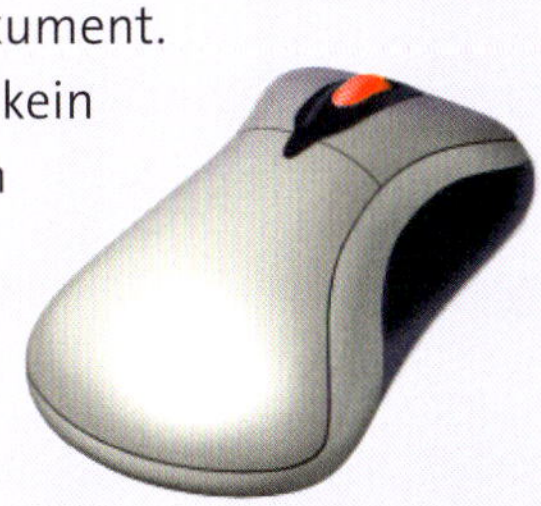

Arbeiten Sie mit einem *Touchscreen*, also einem berührungsempfindlichen Bildschirm, müssen Sie nicht mehr klicken. Stattdessen wird hier getippt oder auch gewischt. Auf einem Touchscreen ist auch kein Mauszeiger mehr zu sehen, denn alle Elemente können direkt mit dem Finger angewählt werden. Die wichtigsten *Fingergesten*, die Sie kennen sollten, sind folgende:

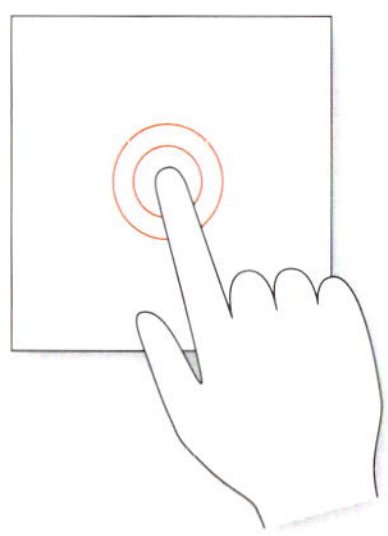	»Tippen« bedeutet – wie der Name bereits sagt –, einfach nur mit dem Finger kurz auf das gewünschte Element zu tippen.
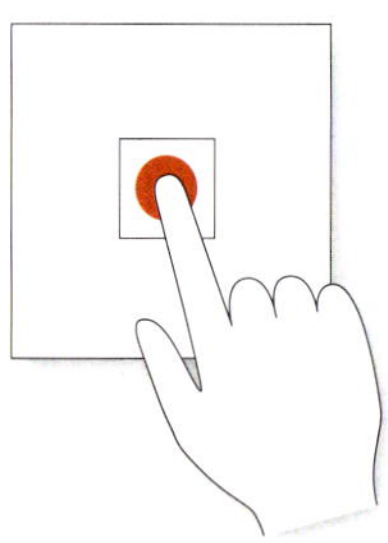 	Soll auf einem Touchscreen ein Kontextmenü eingeblendet werden (siehe auch die Tabelle auf Seite 19 zum Thema Rechtsklick), stehen unter Windows 8.1 zwei Varianten zur Auswahl: Sie halten den Finger etwas länger (zwei bis drei Sekunden) auf dem Element gedrückt, bis ein Quadrat eingeblendet wird und anschließend das Menü aufklappt. Manchmal ist es aber auch nötig, das Element ein paar Millimeter mit dem Finger nach unten zu ziehen. Welche Variante Sie einsetzen sollten, werde ich Ihnen bei der jeweiligen Gelegenheit sagen. Das längere Drücken wird meist auf der Desktop-Oberfläche eingesetzt, das Verschieben dagegen auf dem Startbildschirm.
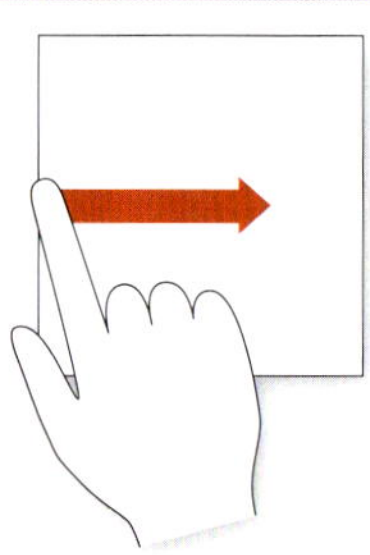	Wenn Sie »wischen« sollen, streichen Sie einfach mit dem Finger in der angegebenen Richtung über den Bildschirm, beispielsweise vom linken Bildschirmrand in Richtung Bildschirmmitte.

Bildschirminhalte vergrößern

Eine tolle Fingergeste ist das *Zoomen*. Dabei drücken Sie zwei Finger leicht auf den Bildschirm und ziehen sie beide gleichzeitig entweder nach außen oder nach innen. Das Ergebnis auf dem Bildschirm: Durch das Auseinanderziehen lässt sich der Bildschirminhalt – beispielsweise der Text einer Internetseite – vergrößern und durch das Zusammenziehen wieder verkleinern.

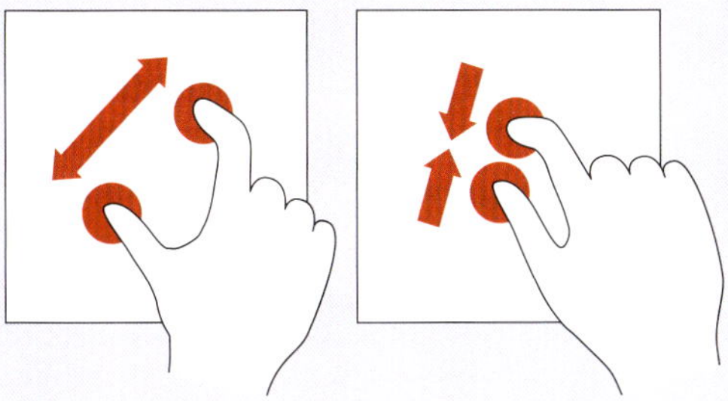

Die Bildlaufleiste nutzen

Positionieren Sie den Mauszeiger auf dem kleinen Schieberegler innerhalb der Leiste, können Sie ihn mit gedrückter linker Maustaste verschieben und so auf einer Seite von oben nach unten (oder mit der Bildlaufleiste am unteren Rand auch von links nach rechts) blättern. Das funktioniert natürlich jeweils auch wieder in die entgegengesetzte Richtung.

Egal, ob Touchscreen oder Maus, eine Tastatur ist für die Bedienung eines Computers unerlässlich, denn ohne sie lässt sich – klarer Fall – kein Text eingeben. Wie Sie eine klassische Tastatur bedienen, muss ich hier sicherlich nicht erklären. Allerdings haben sich in der Fachliteratur mittlerweile unterschiedliche Begriffe für ein und dieselben Tasten eingeschlichen. So spricht der eine etwa von einer *Eingabe-Taste*, bei einem anderen nennt sie sich (fälschlicherweise) *Enter-Taste*. Damit es auch hier keine Verwirrung gibt, habe ich für Sie eine Übersicht über die wichtigsten Tastennamen, wie ich sie verwende, zusammengestellt.

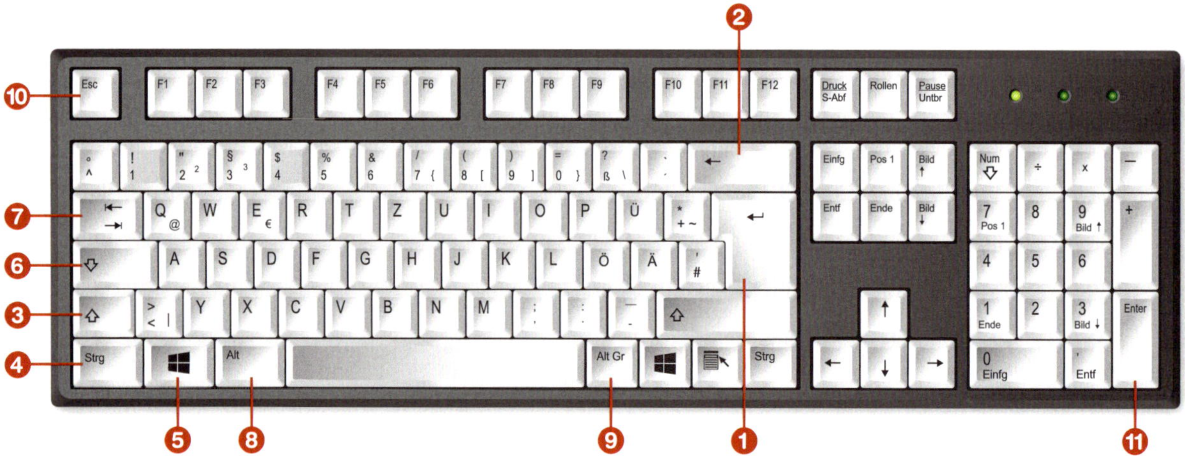

∧ *Eine klassische Tastatur im Überblick*

1. Eingabe-Taste (auch *Return-Taste* genannt)
2. Rück-Taste (auch *Backspace-Taste* genannt)
3. Umschalt-Taste (auch *Shift-Taste* genannt)
4. Strg-Taste (auch *Control-Taste* genannt)
5. Windows-Taste
6. Feststell-Taste (auch *Capslock-Taste* genannt)
7. Tabulator-Taste (kurz *Tab-Taste*)
8. Alt-Taste
9. Alt Gr-Taste
10. Escape-Taste
11. Enter-Taste

Nicht ganz so selbstverständlich zu bedienen sind die Bildschirmtastaturen, die bei Tablets zum Einsatz kommen. Sie bringen einige Besonderheiten mit sich, sodass ich ihnen einen eigenen Abschnitt widme.

Die Bildschirmtastatur für Tablets und Co.

Tablets sind ausgesprochen praktisch. Klein, handlich und leicht, sind sie die perfekten Begleiter für unterwegs. Im Gegensatz zu Notebooks oder auch Desktop-PCs haben die meisten Tablets allerdings keine eigene Tastatur. Stattdessen kommt eine *Bildschirmtastatur*, auch *virtuelle Tastatur*, zum Einsatz. Diese Tastatur wird automatisch eingeblendet, sobald Sie in ein Feld tippen, das eine Texteingabe erfordert. Die Bildschirmtastatur enthält zunächst – wie klassische Tastaturen auch – Tasten mit Buchstaben, die Sie einfach nur antippen müssen.

Möchten Sie einen Großbuchstaben verwenden, tippen Sie zuvor auf die Umschalt-Taste ⓬. Haben Sie sich vertippt, löschen Sie das zuletzt eingetippte Zeichen über die Rück-Taste ⓭. Über die beiden Pfeil-Tasten ⓮ verschieben Sie die Einfügemarke in Texten. Mit der Eingabe-Taste ⓯ erzeugen Sie einen neuen Absatz. Möchten Sie Zahlen oder Sonderzeichen eingeben, tippen Sie zunächst auf die Taste &123 ⓰.

‹ *Nach dem Aufruf der Bildschirmtastatur werden alle Buchstaben eingeblendet.*

Ist das gewünschte Zeichen in der nächsten Tastaturdarstellung noch nicht dabei, blenden Sie per Fingertipp auf den Pfeil im Kreis ⓱ weitere Sonderzeichen ein.

Mit der meist farbig hervorgehobenen Taste &123 ⓲ kehren Sie wieder zu den Buchstaben zurück. Niedlich sind auch die Emoticons, die Sie über die Taste mit dem Smiley ⓳ erreichen. Mithilfe dieser kleinen lachenden oder auch weinenden Gesichter können Sie beispielsweise in E-Mails, den elektronischen Nachrichten, Ihre aktuelle Gemütslage verdeutlichen.

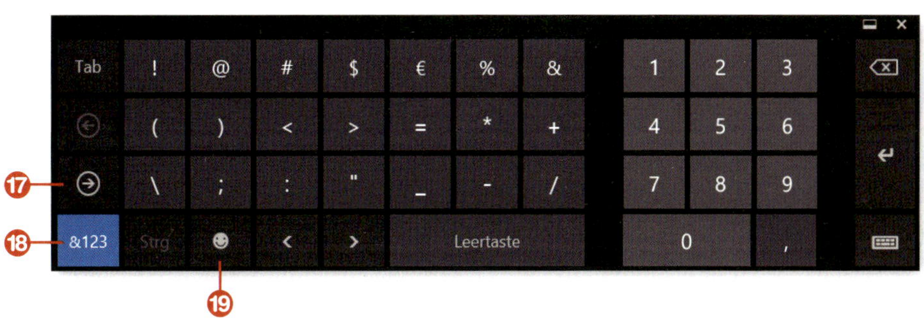

Bildschirmtastatur gezielt einblenden

Die Bildschirmtastatur erscheint bei Ihnen nicht, nachdem Sie in ein Textfeld getippt haben? Keine Sorge, Sie können sie auch gezielt einblenden. Wischen Sie hierzu mit dem Finger vom rechten Bildschirmrand in Richtung Bildschirmmitte. Am rechten Bildschirmrand wird nun eine Leiste eingeblendet, die *Charms-Leiste* (dazu erfahren Sie mehr in Kapitel 2, »Wischen, klicken oder tippen – erste Schritte in Windows 8.1«). Tippen Sie hier auf **Einstellungen**, wird im unteren Bereich die Schaltfläche **Tastatur** eingeblendet, auf die Sie nun ebenfalls tippen. Nun noch einmal auf **Bildschirmtastatur und Schreibbereich** tippen, und schon können Sie die Bildschirmtastatur auf dem Bildschirm nutzen. Soll die Tastatur wieder ausgeblendet werden, tippen Sie unten rechts auf das Tastatur-Symbol und in der kleinen aufklappenden Liste auf das Rechteck mit dem kleinen nach unten weisenden Pfeil .

Mit all diesen Informationen zu Maus, Fingergesten und Tastaturbefehlen haben Sie nun das nötige Rüstzeug in der Hand, um endlich mit Windows 8.1 loszulegen. Viel Spaß dabei!

Windows 8.1 zum ersten Mal starten

Nach dem theoretischen Blick auf die neuen Funktionen von Windows 8.1 gehen wir jetzt zum praktischen Teil über. In diesem Abschnitt zeige ich Ihnen die ersten Schritte, die Sie vornehmen müssen, wenn auf Ihrem Computer bereits Windows 8.1 installiert ist. Viele Computer werden allerdings immer noch mit der etwas älteren Version Windows 8 ausgeliefert. Sollte das auch für Ihren PC gelten, erfahren Sie im nächsten Abschnitt, »So installieren Sie Windows 8.1 aus dem Store«, ab Seite 30, wie Sie Ihr Gerät auf die neue Version hochrüsten.

Falls noch nicht geschehen, sollten Sie nun Ihren Computer einschalten. Wenn Sie den PC das erste Mal starten – sei es nach einer Neuinstallation von Windows 8.1 oder auch nach dem Kauf eines neuen Gerätes –, müssen Sie zunächst ein paar Einstellungen vornehmen, außer eine andere Person hat dies bereits für Sie erledigt. Keine Sorge, die folgenden Schritte sind schnell ausgeführt und einfach nachzuvollziehen:

1. Als Erstes werden Sie eventuell aufgefordert, die Lizenzbestimmungen zu bestätigen. Sollte dieser Dialog bei Ihnen erscheinen, klicken oder tippen Sie in das Kästchen vor **Ich stimme den Lizenzbedingungen zu** ❶. Im Kästchen erscheint nun ein Häkchen, und mit einem Klick oder durch Tippen auf **Akzeptieren** ❷ fahren Sie fort.

2. Als Nächstes legen Sie das Land respektive die Region und Sprache sowie das richtige Tastaturlayout fest. In den meisten Fällen ist hier bereits **Deutsch** bzw. **Deutschland** voreingestellt, sodass Sie den Dialog mit einem Klick auf **Weiter** ❸ bestätigen können.

3. Im nächsten Dialog dürfen Sie eine Hintergrundfarbe für den Startbildschirm wählen. Auch dies geschieht wieder entweder per Mausklick oder durch Antippen der gewünschten Farbe ❹. Anschließend geben Sie im Feld **Name des PCs** ❺ einen Namen ein. Klicken oder tippen Sie dann auf **Weiter** ❻.

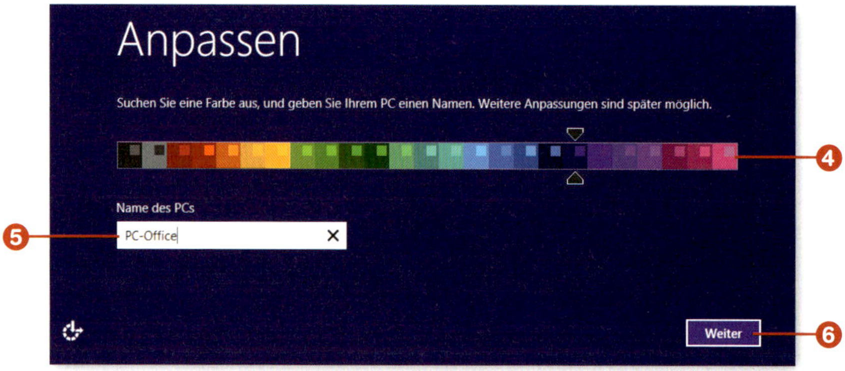

4. Als Nächstes fordert Windows 8.1 Sie auf, einige Grundeinstellungen vorzunehmen. All diese Einstellungen, beispielsweise den Umgang mit dem Windows Update, können Sie später jederzeit wieder ändern.

An dieser Stelle reicht es, wenn Sie die Schaltfläche **Express-Einstellungen verwenden** ❼ anklicken oder mit dem Finger antippen.

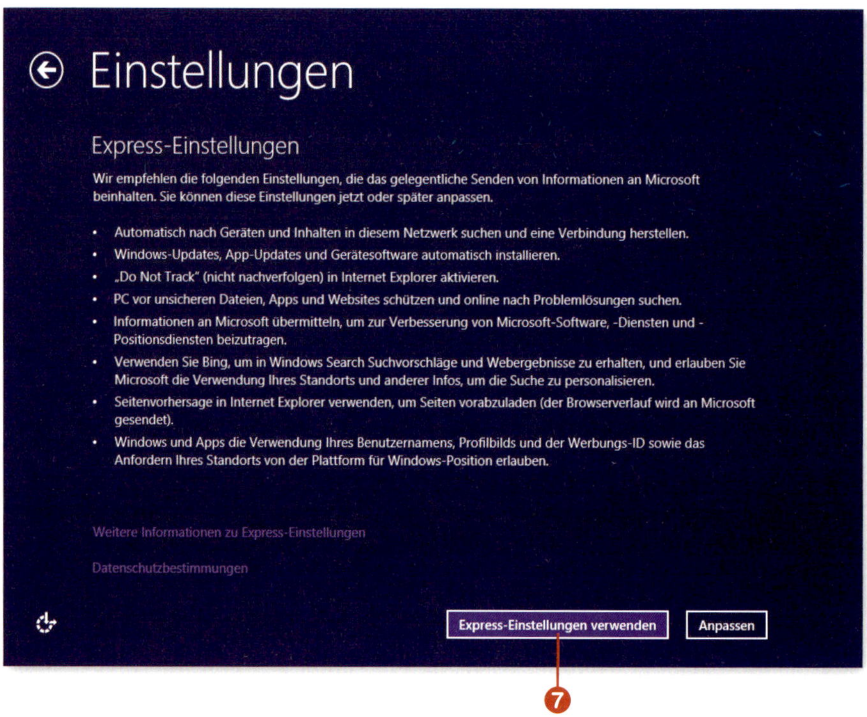

5. Als Letztes richten Sie das Benutzerkonto auf Ihrem PC ein. Ihnen stehen zwei verschiedene Arten von Benutzerkonten zur Auswahl:

- ein Microsoft-Konto
- ein lokales Konto

Im Dialog **Melden Sie sich bei Ihrem Microsoft-Konto an** sehen Sie zunächst die Anmeldung mit einem Microsoft-Konto, sprich mit einer E-Mail-Adresse. Dieses Konto benötigen Sie später beispielsweise, wenn Sie im Windows Store einkaufen oder Daten und Informationen in sozialen Netzwerken wie Facebook austauschen möchten. Welche Möglichkeiten die Anmeldung mit dem neuen Microsoft-Konto noch bietet und wie Sie dieses Konto auch zu einem späteren Zeitpunkt noch anlegen, erfahren Sie in Kapitel 5, »Ihr ganz persönliches Windows 8.1«.

Das Microsoft-Konto – ein alter Bekannter unter neuem Namen

Wenn Sie bereits mit einer älteren Windows-Version gearbeitet und einen der Windows-Live-Essentials-Dienste (z. B. Windows Live Mail oder auch Windows Family Safety) genutzt haben, besitzen Sie höchstwahrscheinlich bereits ein Microsoft-Konto. Denn dahinter verbirgt sich nichts anderes als die *Windows-Live-ID* – sie hat seit Windows 8 lediglich einen neuen Namen erhalten.

Ich zeige Ihnen zunächst, wie Sie ein lokales Konto einrichten. Es handelt sich hier letztlich um nichts anderes als um das aus früheren Zeiten bekannte klassische Benutzerkonto, das für normale Arbeiten am PC vollkommen ausreichend ist. Sollte Ihr Computer noch nicht mit dem Internet verbunden sein, wird der Dialog **Melden Sie sich bei Ihrem Microsoft-Konto an** nicht angezeigt. Sie können in diesem Fall gleich mit Schritt 2 fortfahren.

Um das lokale Benutzerkonto einzurichten, gehen Sie folgendermaßen vor:

1. Klicken oder tippen Sie auf **Neues Konto erstellen** (❶ auf Seite 28) und im nächsten Dialog auf **Ohne Microsoft-Konto anmelden** ❷.

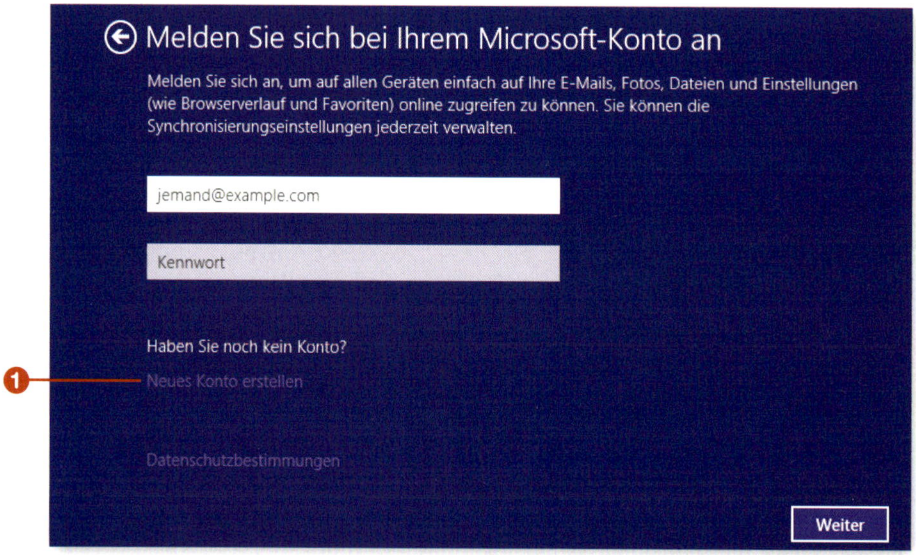

2. Im Dialog **Ihr Konto** geben Sie im Feld **Benutzername** ❸ einen Namen für das Benutzerkonto ein. Das kann beispielsweise Ihr Vorname sein.

3. Denken Sie sich ein Kennwort für das Benutzerkonto aus, und tragen Sie dieses im Feld **Kennwort** ❹ ein. Wiederholen Sie das Kennwort im Feld **Kennwort erneut eingeben** ❺, um Tippfehler auszuschließen. Anstelle von Buchstaben und Ziffern werden auf dem Bildschirm während der Kennworteingabe nur Punkte angezeigt. Dies dient der Sicherheit, damit niemand über Ihre Schultern hinweg das Passwort lesen kann. Möchten Sie dennoch prüfen, ob Sie es korrekt eingegeben haben, klicken Sie auf das Augen-Symbol ❻ am rechten Rand des Feldes. Solange Sie die linke Maustaste gedrückt halten, wird das Kennwort im Klartext eingeblendet.

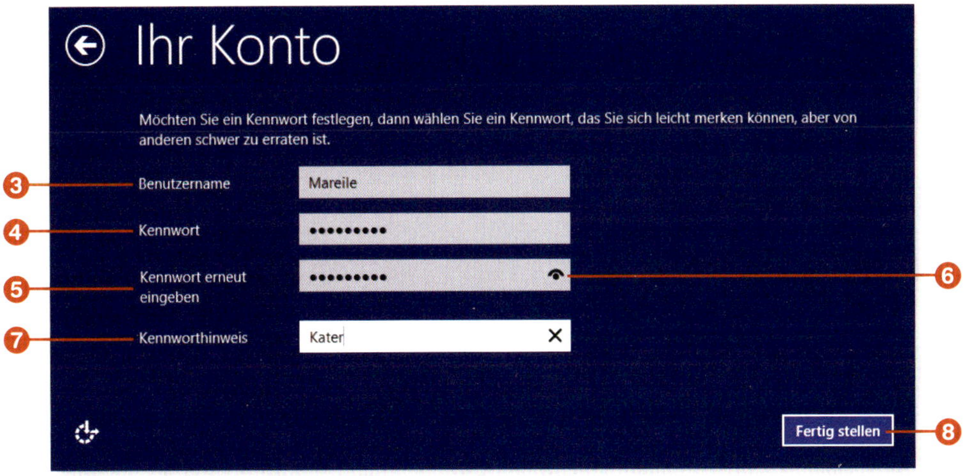

4. Das Kennwort sollte möglichst nicht leicht durch andere Personen zu erraten sein. Mein Tipp: Hinterlegen Sie im Feld **Kennworthinweis** ❼ eine Art Eselsbrücke. Sollten Sie Ihr Kennwort einmal vergessen und bei der Anmeldung ein falsches eingeben, erscheint dieser Hinweis, und das korrekte Kennwort fällt Ihnen – hoffentlich – wieder ein.

5. Nun noch ein Klick auf **Fertig stellen** ❽, und das Benutzerkonto wird eingerichtet.

Sie haben es geschafft – Ihr erstes Benutzerkonto ist angelegt, und Sie sind damit automatisch bei Windows 8.1 angemeldet! Jetzt können Sie bereits einen ersten Blick auf die neue Oberfläche von Windows 8.1 werfen. Mit ihr werden wir uns im Abschnitt »Der erste Blick auf den Startbildschirm« ab Seite 34 genauer befassen.

Im Abschnitt »So melden Sie sich bei Windows 8.1 an« ab Seite 32 zeige ich Ihnen, wie Sie sich zukünftig mit Ihrem soeben angelegten Benutzerkonto bei Windows 8.1 anmelden, wenn Sie den Computer gerade eingeschaltet haben.

Windows 8.1 aktualisieren

Wie im Kasten »Zur aktuellsten Version wechseln« auf Seite 12 erwähnt, hat Microsoft bereits wenige Monate nach Erscheinen von Windows 8.1 eine weitere Aktualisierung vorgenommen. Damit Sie in den Genuss der im April 2014 veröffentlichten Version *Windows 8.1 Update* kommen, die die Basis für alle Anleitungen in diesem Buch darstellt, müssen Sie ein Update, also eine entsprechende Aktualisierung, durchführen. Diese Schritte übernimmt Windows automatisch in den nächsten Tagen für Sie. Beim Ausschalten des Computers wird ein entsprechender Hinweis eingeblendet, und Sie müssen lediglich den Anweisungen auf dem Bildschirm folgen. Weitere Informationen zum Windows Update erhalten Sie auch im Abschnitt »Immer auf dem aktuellsten Stand mit Windows Update« ab Seite 341.

So installieren Sie Windows 8.1 aus dem Store

Viele neue Computer werden noch mit der etwas älteren Version Windows 8 ausgeliefert. Ein Wechsel zu Windows 8.1 ist nicht schwierig und vor allem kostenlos. Die Installation erfolgt über Microsofts *Windows Store*, auch *Store* (zu Deutsch »Geschäft«) genannt. Auch wenn Sie bisher nur wenig mit dem Computer gearbeitet haben: Die nächsten Schritte sind wirklich ganz einfach durchzuführen. Die einzige Voraussetzung ist, dass der Computer mit dem Internet verbunden ist. Ausführliche Informationen hierzu erhalten Sie im Abschnitt »So kommen Sie ins Internet« ab Seite 164. Wenn Sie ein Tablet oder Notebook nutzen, sollten Sie außerdem sicherstellen, dass das Gerät während des gesamten Vorgangs mit dem Stromnetz verbunden ist. Dann kann es auch schon mit der Installation von Windows 8.1 losgehen.

1. Klicken oder tippen Sie auf dem Startbildschirm auf die Kachel des Stores.

2. Direkt nach dem Start des Stores wird ein **Kostenloses Update auf Windows 8.1** ❶ angeboten (siehe auch den Kasten »Windows 8 auf den neuesten Stand bringen« auf Seite 32). Klicken oder tippen Sie darauf.

3. Im nächsten Dialog erhalten Sie einige Informationen über Windows 8.1. Um mit der Installation zu beginnen, klicken oder tippen Sie auf **Download** ❷. Das Herunterladen und Installieren von Windows 8.1 nimmt nun einige Zeit in Anspruch. In der Zwischenzeit können Sie problemlos am Computer weiterarbeiten.

4. War die Installation erfolgreich, erhalten Sie einen entsprechenden Hinweis. Klicken oder tippen Sie auf **Jetzt neu starten**. Nach dem Neustart des Computers müssen Sie noch einige Einstellungen, wie z. B. das Tastaturlayout oder die Hintergrundfarbe des Startbildschirms, vornehmen, wie es zuvor im Abschnitt »Windows 8.1 zum ersten Mal starten« beschrieben wurde.

Wenn Sie mit einem Desktop-PC oder Notebook arbeiten, bekommen Sie nach der Anmeldung am Computer nun statt des neuen Startbildschirms die Desktop-Oberfläche zu sehen. Im Falle eines Tablets werden Sie dagegen automatisch zum Startbildschirm geführt. Im nächsten Abschnitt zeige ich Ihnen, wie Sie sich zukünftig bei Windows 8.1 anmelden.

Windows 8 auf den neuesten Stand bringen

Nach dem Aufruf des Stores wird bei Ihnen die Aktualisierung auf Windows 8.1 nicht angezeigt? Wenn dies der Fall sein sollte, müssen Sie zuvor einige Updates installieren. Der Weg führt in diesem Fall nicht über den Store, sondern über die Funktion *Windows Update*. Wie Sie diese aufrufen und so einstellen, dass alle wichtigen Updates automatisch installiert werden, erfahren Sie im Abschnitt »Immer auf dem aktuellsten Stand mit Windows Update« ab Seite 341.

So melden Sie sich bei Windows 8.1 an

Wenn Sie den Computer einschalten oder ihn aus dem Ruhezustand aufwecken, sehen Sie zunächst den *Sperrbildschirm*. In den Ruhezustand wechselt der Computer immer dann, wenn längere Zeit keine Eingabe per Tastatur, Maus oder Touchscreen erfolgt ist. Gefällt Ihnen das Bild, das hier eingeblendet wird, nicht, können Sie es natürlich austauschen. Wie das funktioniert, zeige ich Ihnen im Abschnitt »Sperrbildschirm und Benachrichtigungen anpassen« ab Seite 70. Doch zunächst gilt es, sich bei Windows 8.1 anzumelden.

1. Klicken Sie mit der Maus auf das Bild. Alternativ können Sie auch eine beliebige Taste auf der Tastatur drücken. Falls Sie mit einem Touchscreen arbeiten, fahren Sie mit dem Finger vom unteren Bildschirmrand nach oben. In allen Fällen erscheint anschließend das Fenster mit dem Anmeldedialog.

Klicken oder tippen Sie auf den Sperrbildschirm, um zum Anmeldedialog zu gelangen.

2. Wurden an Ihrem Computer bereits mehrere Benutzerkonten eingerichtet, wählen Sie Ihr Konto per Mausklick aus, oder tippen Sie das Konto mit dem Finger an.

3. Geben Sie Ihr Kennwort ein ❶, und klicken oder tippen Sie auf die Pfeiltaste ❷.

Sie werden nun erfolgreich angemeldet. Wie anfangs erwähnt, gibt es unter Windows 8.1 quasi zwei Benutzeroberflächen. Wer mit einem Desktop-PC oder Notebook arbeitet, wird automatisch zur Desktop-Oberfläche geführt. Haben Sie bereits mit einer älteren Windows-Version gearbeitet, wird Ihnen diese Oberfläche bekannt vorkommen. In Kapitel 4, »Alte Bekannte: Desktop, Taskleiste und Startmenü«, werde ich Ihnen die Oberfläche im Detail vorstellen.

Wer ein Tablet nutzt, landet nach der Anmeldung am PC automatisch auf dem Startbildschirm. Dieser ist die zentrale Anlaufstelle für viele Aktionen unter Windows 8.1 und damit nicht nur für Tablet-Nutzer von Bedeutung. Im nächsten Abschnitt stelle ich Ihnen deshalb die wichtigsten Elemente des Startbildschirms vor.

Der erste Blick auf den Startbildschirm

Startmenü ade, es lebe der Startbildschirm, heißt es schon seit Windows 8. Denn das aus vielen früheren Windows-Versionen bekannte Startmenü, das sich per Klick auf das Windows-Logo in der linken unteren Ecke der Desktop-Oberfläche aufrufen ließ, gibt es nicht mehr. Das Logo ❶ ist zwar noch zu sehen, aber mit einem Klick hierauf gelangen Sie nun zum Startbildschirm.

> *Nach einem Klick auf das Windows-Logo ganz links gelangen Sie zum Startbildschirm.*

Was Sie nun zu sehen bekommen, ist eine recht übersichtliche Anordnung einzelner *Kacheln*. Jede Kachel stellt eine Verknüpfung zu einer Anwendung dar. Dabei kann es sich um eine App oder eine Windows-Anwendung handeln. Einige Apps ❷ sind bereits vorinstalliert, z. B. *Wetter*, *Sport*, *Spiele* oder auch *Musik*. Im Abschnitt »Alle wichtigen Apps auf einen Blick« ab Seite 36 finden Sie eine Übersicht über eine Vielzahl der in Windows 8.1 bereits vorinstallierten Apps und ihre Bedeutung. Wenn Sie Ihr Gerät (Desktop-PC, Notebook oder Tablet) neu erworben haben, kann es sein, dass auch der Gerätehersteller bereits einige Kacheln auf dem Startbildschirm hinterlegt hat, wie in meinem Beispiel der Hersteller Dell ❸.

Sind mehr Kacheln vorhanden, als auf einmal auf dem Bildschirm angezeigt werden können, ist Blättern angesagt. Bewegen Sie in diesem Fall den Mauszeiger auf den unteren Bildschirmrand. Positionieren Sie den Zeiger auf dem Balken innerhalb der Bildlaufleiste, die durch die Mausbewegung eingeblendet wird, und ziehen Sie die Maus mit gedrückter linker Maustaste nach rechts. Im Falle eines Touchscreens wischen Sie innerhalb des Bildschirms (nicht direkt vom Bildschirmrand aus) von rechts nach links. Mit den gleichen Wischbewegungen in umgekehrter Richtung blättern Sie wieder zum Anfang zurück.

^ *Auf dem Startbildschirm sind zahlreiche Kacheln zu sehen.*

Ist Ihr Computer z. B. mit dem Internet verbunden, können Sie beobachten, dass auf einigen Kacheln der Inhalt in kurzen Abständen aktualisiert wird ❹. Diese Kacheln werden auch als *Live-Kacheln* bezeichnet. Selbst wenn Sie nicht aktiv am PC arbeiten, reicht daher ein Blick auf den Startbildschirm, um über neu eingetroffene E-Mails, das aktuelle Wetter oder die neuesten Nachrichten aus aller Welt informiert zu sein. Viele dieser Anwendungen werden wir im Laufe des Buches noch genauer unter die Lupe nehmen.

Um eine App zu starten, reicht ein Mausklick oder das Antippen der entsprechenden Kachel. Wie Sie aus einer geöffneten Anwendung zum Startbildschirm zurückkehren, wie Sie aus einer Anwendung zu einer anderen Anwendung wechseln, wie Sie den alten Desktop wiederfinden und vieles mehr zeige ich Ihnen in Kapitel 2, »Wischen, klicken oder tippen – erste Schritte in Windows 8.1«.

Alle wichtigen Apps auf einen Blick

Nur anhand eines kleinen Symbols lässt sich schwer erahnen, was sich hinter den einzelnen Apps verbirgt. Die folgende kleine Übersicht bietet Ihnen daher eine kurze Information zur jeweiligen App sowie einen Hinweis dazu, in welchem Kapitel dieses Buches Sie ausführliche Anleitungen zum Aufruf und zur Bedienung der entsprechenden App finden. Für manche Apps ist ein Microsoft-Konto erforderlich. Wie Sie dieses einrichten, erfahren Sie in Kapitel 5, »Ihr ganz persönliches Windows 8.1«.

App-Name	Bedeutung	Kapitel
	Über die *Desktop*-App gelangen Sie zur altbekannten Desktop-Oberfläche.	Kapitel 4, »Alte Bekannte: Desktop, Taskleiste und Startmenü«, ab Seite 91
	Die App *Finanzen* fasst wichtige Informationen über den Börsenmarkt sowie Großunternehmen zusammen.	Kasten »Die neuesten Finanznachrichten« auf Seite 217
	Die *Fotos*-App bietet einen schnellen Zugriff auf Ihre Bilder.	Kapitel 9, »Fotos, Videos und Musik«, ab Seite 293
	In der App *Gesundheit & Fitness* finden Sie zahlreiche Ernährungstipps und Fitness-Anleitungen.	Abschnitt »Gesund genießen: Die Apps ›Kochen & Genuss‹ und ›*Gesundheit & Fitness*‹«, ab Seite 376
	Die App *Internet Explorer* ist die kleine Schwester des großen Internet Explorers, nur mit abgespecktem Funktionsumfang.	Kapitel 6, »Im Internet unterwegs«, ab Seite 163

App-Name	Bedeutung	Kapitel
	Der *Kalender* behält alle wichtigen Termine für Sie im Blick. Um diese App nutzen zu können, ist die Anmeldung über ein Microsoft-Konto erforderlich.	Abschnitt »Termine im Blick mit der ›Kalender‹-App« ab Seite 244
	Die *Kamera*-App ermöglicht das Fotografieren und Filmen z. B. mit einer angeschlossenen Webcam.	Kapitel 9, »Fotos, Videos und Musik«, ab Seite 293
	Benötigen Sie einen Stadtplan oder Routenplaner? Die *Karten*-App bietet beides. Vor der ersten Nutzung muss ein sogenannter *Positionsdienst* aktiviert werden.	Kasten »Anregungen für Ihre nächste Urlaubsreise« auf Seite 221
	*Kochen & Genuss* bietet eine große Rezeptesammlung, ermöglicht aber auch das Speichern eigener Rezepte.	Abschnitt »Gesund genießen: Die Apps ›Kochen & Genuss‹ und ›Gesundheit & Fitness‹«, ab Seite 376
	Eine Anmeldung mit einem Microsoft-Konto vorausgesetzt, ermöglicht die *Kontakte*-App Zugriff auf all Ihre E-Mail-Kontakte und Kontakte in sozialen Netzwerken wie etwa Facebook.	Kapitel 7, »E-Mails, Adressen und Termine«, ab Seite 223
	Die *Leseliste* bietet einen schnellen Zugriff auf beliebte Webseiten.	Abschnitt »Die App für den Internet Explorer«, ab Seite 171

App-Name	Bedeutung	Kapitel
	Die *Mail*-App dient dem Empfangen und Senden von E-Mails; zur Nutzung ist die Anmeldung mit einem Microsoft-Konto nötig.	Kapitel 7, »E-Mails, Adressen und Termine«, ab Seite 223
	Die App *Musik* ermöglicht den Zugriff auf die eigene Musikbibliothek und den *Xbox-Music*-Marktplatz.	Kapitel 9, »Fotos, Videos und Musik«, ab Seite 293
	Die App *News* zeigt die wichtigsten Schlagzeilen aus aller Welt an.	Abschnitt »Die Informations-Apps von Windows 8.1« ab Seite 213
	*Reisen* zeigt Panoramabilder und Informationen zu beliebten Reisezielen.	Kasten »Anregungen für Ihre nächste Urlaubsreise« auf Seite 221
	Die App *OneDrive* (früher »SkyDrive«) bietet Zugriff auf den gleichnamigen Online-Speicher (ein Microsoft-Konto vorausgesetzt).	Abschnitt »Dateien online speichern auf OneDrive« ab Seite 283
	*Spiele* bietet Zugriff auf die Plattform *Xbox Spiele*.	Abschnitt »Der Windows Store – noch mehr Apps für Sie« ab Seite 381
	Die App *Sport* informiert über die neuesten Nachrichten aus dem Bereich Sport.	Abschnitt »Die Informations-Apps von Windows 8.1« ab Seite 213

App-Name	Bedeutung	Kapitel
	Hierüber gelangen Sie zum *Windows Store*, in dem Sie weitere Apps erwerben können (erfordert die Anmeldung über ein Microsoft-Konto).	Abschnitt »Der Windows Store – noch mehr Apps für Sie« ab Seite 381
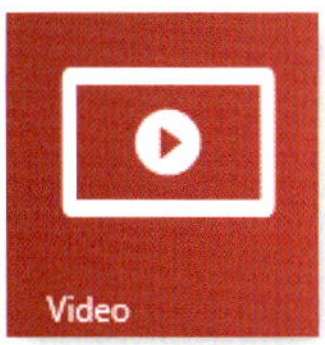	*Video* bietet Zugriff auf eigene Videos und den Filme-Marktplatz.	Kapitel 9, »Fotos, Videos und Musik«, ab Seite 293
	Die *Wetter*-App zeigt aktuelle Wetterdaten an.	Abschnitt »Die Informations-Apps von Windows 8.1« ab Seite 213

^ *Die wichtigsten in Windows 8.1 integrierten Apps auf einen Blick*

Microsoft und seine Apps

Einige der in Windows 8.1 bereits vorinstallierten Apps wie etwa *Wetter, News* oder auch *Sport* basieren auf Bing, der Suchmaschine von Microsoft. Wie Sie in den einzelnen Apps navigieren oder nach speziellen Nachrichten recherchieren, erfahren Sie ausführlich in Kapitel 6, »Im Internet unterwegs«. Für manche Apps, z. B. *Kalender, Mail* oder *Kontakte*, ist ein Microsoft-Konto erforderlich. Wie Sie dieses anlegen, erkläre ich Ihnen in Kapitel 5, »Ihr ganz persönliches Windows 8.1«.

Als Nächstes möchte ich Ihnen zeigen, wie Sie eine App starten, wieder zum Startbildschirm zurückkehren und zwischen den einzelnen Apps wechseln.

Wenn bei Ihnen nach dem Start des Computers die Desktop-Oberfläche zu sehen ist, wie im Abschnitt »Windows 8.1 zum ersten Mal starten« auf Seite 24 beschrieben, müssen Sie zunächst zum Startbildschirm wechseln. Mit einem Klick auf die ⊞-Taste auf Ihrer Tastatur ist dies blitzschnell erledigt. Wer ein Tablet nutzt, kann auf diesen Schritt verzichten, denn er bekommt den Startbildschirm bereits direkt nach dem Start des Computers zu Gesicht.

Öffnen Sie nun die erste App. Klicken Sie dazu mit der linken Maustaste auf die Kachel **News** ❶, oder tippen Sie die Kachel mit dem Finger an, wenn Sie an einem Gerät mit Touchdisplay arbeiten. Es wird die Anwendung *News* mit den neuesten Nachrichten des Tages geöffnet.

Starten Sie die App »News« per Mausklick oder Fingertipp.

Alle Apps – also auch die soeben geöffnete Anwendung *News* – werden unter Windows 8.1 im Vollbildmodus geöffnet, das heißt, sie füllen den gesamten Bildschirm aus. Möchten Sie zum Startbildschirm zurückkehren – in unserem Beispiel etwa, um anschließend eine andere Anwendung zu öffnen –, haben Sie folgende Möglichkeiten:

- Drücken Sie die Taste [Windows] auf Ihrer Tastatur. (Auf einigen neuen Tablets, die speziell für die Nutzung mit Windows 8.1 optimiert wurden, finden Sie am Gehäuserand eine kleine Schaltfläche mit dem Windows-Logo.)
- Bewegen Sie den Mauszeiger in die äußerste linke untere Ecke des Bildschirms. Sobald das Windows-Logo ❷ eingeblendet wird, drücken Sie die linke Maustaste.
- Wenn Sie einen Touchscreen nutzen, wischen Sie vom rechten Bildschirmrand in Richtung Bildschirmmitte und tippen dann auf **Start**.

Bewegen Sie den Mauszeiger in die äußerste linke untere Ecke, wird das Windows-Logo eingeblendet.

In allen Fällen gelangen Sie so wieder zum Startbildschirm zurück. Öffnen Sie nun probeweise die nächste App, indem Sie auf die Kachel **Sport** klicken oder tippen. Auch diese App wird wieder im Vollbildmodus geöffnet.

Weitere Kacheln einblenden

Je nach Bildschirmgröße und Anzahl der Kacheln kann es sein, dass bei Ihnen eine der hier erwähnten Kacheln nicht sofort zu sehen ist. In diesem Fall müssen Sie auf dem Bildschirm blättern, wie auf den Seiten 19 und 21 beschrieben. Sobald die gewünschte App sichtbar wird, in unserem Beispiel etwa *Sport*, wählen Sie sie per Mausklick oder durch Antippen aus.

Die zuvor gestartete App *News* wurde in der Zwischenzeit nicht geschlossen, Sie haben lediglich über den Startbildschirm eine weitere App geöffnet. Wenn Sie wieder zur *News*-Anwendung zurückkehren möchten, bewegen Sie den Mauszeiger in die äußerste linke obere Ecke des Bildschirms. Es erscheint daraufhin eine kleine Miniaturansicht der *News*-App ❸. Per Mausklick darauf kehren Sie zu ihr zurück. Falls Sie einen Touchscreen nutzen, reicht ein Wischen vom linken Bildschirmrand zur Bildschirmmitte.

❸

^ *Über die linke obere Bildschirmecke erreichen Sie per Maus die bereits geöffneten Apps.*

Als drittes Element bringen wir nun den *Desktop* ins Spiel. Computeranwendern, die mit früheren Windows-Versionen groß geworden sind, galt er als Herzstück der Benutzeroberfläche; seit Windows 8 hat er nun den Status einer App und lässt sich daher auch entsprechend öffnen. Hierzu kehren Sie zunächst wieder zum Startbildschirm zurück. Sie erinnern sich: Entweder drücken Sie die [Windows]-Taste, klicken mit der Maus in die linke untere Bildschirmecke oder wischen von rechts nach links und tippen dann **Start** an, und schon befinden Sie sich wieder auf dem Startbildschirm.

Auf dem Startbildschirm finden Sie die Kachel **Desktop** 4. Klicken oder tippen Sie sie einfach an, um die Desktop-Oberfläche aufzurufen.

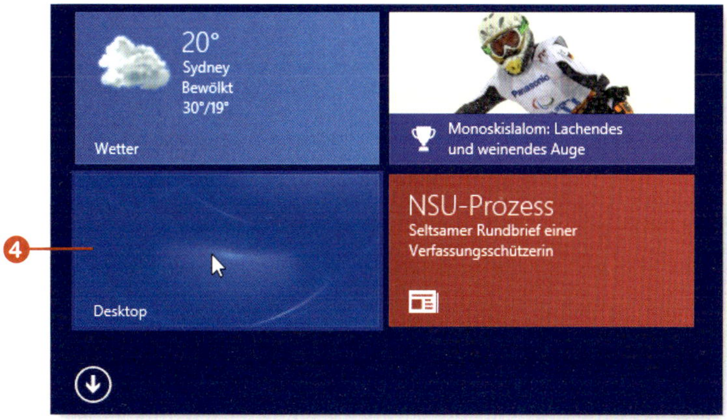

Mit einem Klick oder Tipp auf die gleichnamige Kachel gelangen Sie zum Desktop.

Falls Sie bereits mit einer älteren Windows-Version gearbeitet haben, ist Ihnen die Desktop-Oberfläche größtenteils sicher bekannt. Den Hintergrund des Desktops ziert eine Grafik (5 in der Abbildung auf Seite 46), die Sie auch austauschen können (siehe dazu den Abschnitt »Ein Desktop nach Ihrem Geschmack« ab Seite 102). Auch das *Papierkorb*-Symbol 6 ist nach wie vor vorhanden. Haben Sie bereits Windows-Anwendungen auf dem Computer installiert, die auf dem Desktop ihre Programmsymbole (auch *Icons* genannt) ablegen, finden Sie auch diese hier wieder 7. Zu den alten Bekannten zählt auch die *Taskleiste* 8 am unteren Bildschirmrand. An ihrem rechten Rand befindet sich die Infoleiste 9. Links finden Sie unter anderem die Symbole des *Explorers* (Programm zum Verwalten von Dateien und Ordnern) 10, des *Internet Explorers* (Programm zum Anzeigen von Webseiten) 11, der App *Store* (zu Deutsch »Geschäft«, in dem Sie weitere Apps beziehen können) 12 sowie der beiden in unserem

Der Desktop wird Nutzern früherer Windows-Versionen bekannt vorkommen.

Beispiel bereits geöffneten Apps *News* ⓭ sowie *Sport* ⓮. Letzteres gilt allerdings nur, wenn Sie mit einem Desktop-PC oder einem Notebook arbeiten. Bei einem Tablet werden die Symbole der geöffneten Apps in der Taskleiste nicht angezeigt.

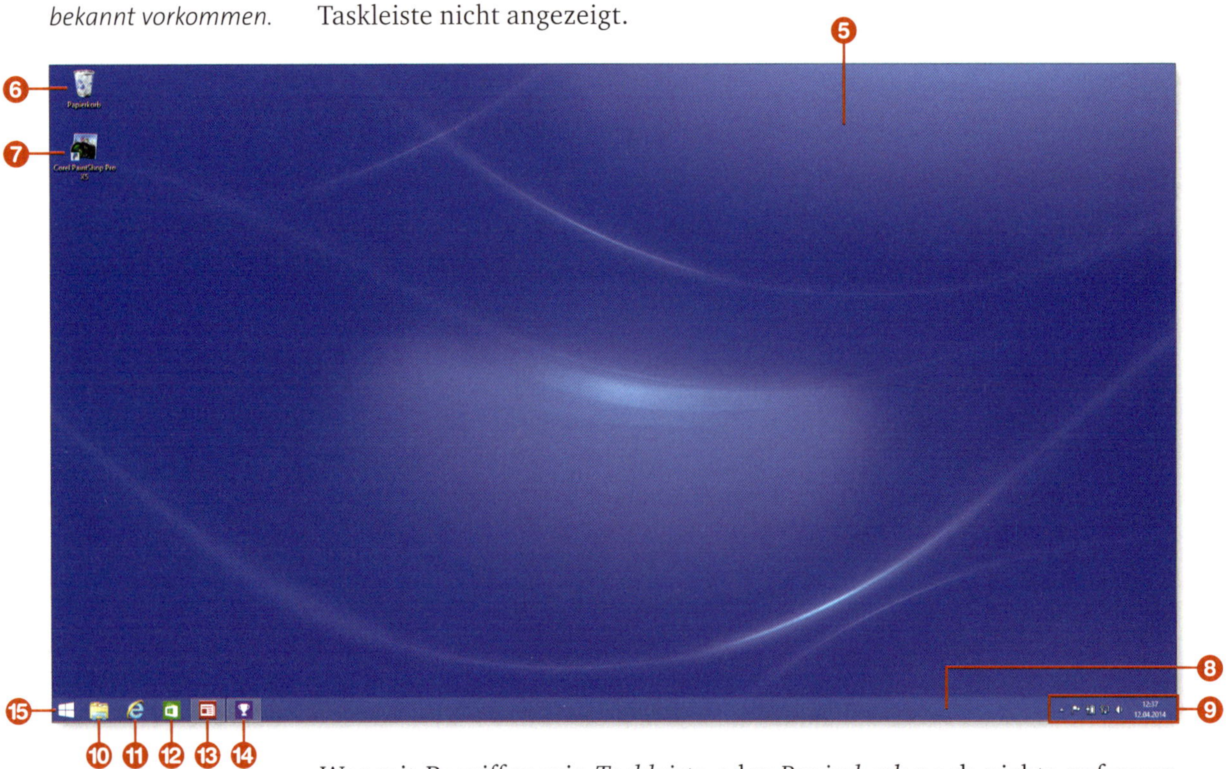

Wer mit Begriffen wie *Taskleiste* oder *Papierkorb* noch nichts anfangen kann: keine Sorge! In Kapitel 4, »Alte Bekannte: Desktop, Taskleiste und Startmenü«, werde ich Ihnen den Desktop ausführlich vorstellen und Ihnen zeigen, wie Sie ihn optimal nutzen und Ihren Wünschen entsprechend anpassen. Denn auch wenn es einen zentralen Startbildschirm gibt, spielt der Desktop gerade im Zusammenhang mit der Verwendung bestimmter Programme eine wichtige Rolle.

An dieser Stelle geht es uns zunächst aber nur um die allgemeine Navigation in Windows 8.1. Angenommen, Sie möchten zu einer der bereits geöffneten Apps wechseln, reicht ein Mausklick auf das entsprechende Symbol in der Taskleiste. Wenn Sie dagegen zum Startbildschirm zurückkehren möchten, tippen oder klicken Sie auf das Windows-Logo am linken Rand der Taskleiste ⓯. Die *Desktop*-App ist – ebenso wie die zuvor aufgerufenen Apps *Sport* und *News* – weiterhin im Hintergrund geöffnet.

Schneller Wechsel zur letzten verwendeten App

Über das Windows-Logo in der linken unteren Bildschirmecke gelangen Sie immer wieder zum Startbildschirm zurück. Noch schneller gelingt dies durch Drücken der ⊞-Taste. Wenn Sie auf dem Startbildschirm selbst den Mauszeiger in die linke untere Ecke bewegen oder die ⊞-Taste drücken, gelangen Sie automatisch zur zuletzt genutzten App, in unserem Beispiel also zum Desktop.

Bewegen Sie den Mauszeiger in die linke obere Bildschirmecke, wird am oberen Rand zunächst die zuletzt geöffnete App eingeblendet – im Beispiel der Desktop ❶. Ziehen Sie den Mauszeiger etwas nach unten, sehen Sie am linken Bildschirmrand eine Leiste, in der alle geöffneten Apps ❷ angezeigt werden.

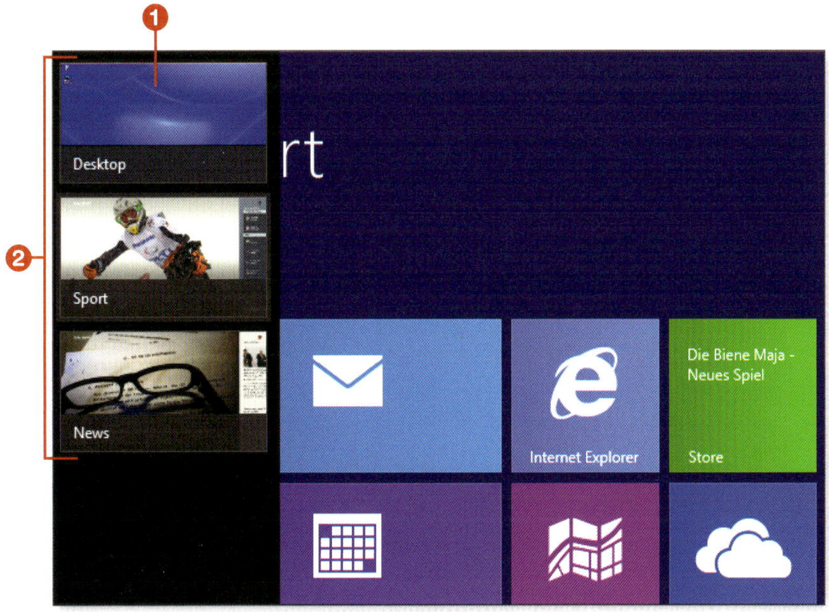

^ *Ziehen Sie den Mauszeiger in der linken oberen Bildschirmecke etwas nach unten, werden alle geöffneten Apps angezeigt.*

Falls Sie mit einem Touchscreen arbeiten, wischen Sie einfach vom linken Bildschirmrand in Richtung Bildschirmmitte und sofort wieder in Richtung Bildschirmrand zurück. Lassen Sie dabei den Finger immer auf dem Bildschirm. Das Ganze erfordert ein wenig Übung.

Sobald Sie wieder am Bildschirmrand angelangt sind, wird die zuvor erwähnte Leiste eingeblendet. Mit einem Klick auf das Bild der gewünschten App oder durch Antippen dieses Bildes wechseln Sie in die entsprechende Anwendung.

Das Beenden von Apps

Wechseln Sie in eine andere App oder kehren Sie zum Startbildschirm zurück, wird die App weiterhin im Hintergrund ausgeführt, allerdings verbraucht sie dabei so gut wie keine Systemressourcen. Erst wenn der Arbeitsspeicher wirklich an seine Grenzen gerät, schließt Windows 8.1 automatisch diejenige App, die die längste Zeit nicht genutzt wurde. Welche Möglichkeiten Sie selbst haben, eine App zu schließen, zeige ich Ihnen im Abschnitt »Programme starten und beenden« ab Seite 57.

Durch die Darstellung im Vollbildmodus ist es normalerweise nur möglich, eine einzige App auf dem Bildschirm anzuzeigen. Wenn Sie sich über die neuesten Nachrichten informieren oder die letzten Urlaubsbilder auf dem Bildschirm betrachten, ist dies auch durchaus praktisch. Sollen aber beispielsweise die Nachrichten eingeblendet werden, während Sie auf dem Desktop arbeiten, wäre es schön, wenn beide Apps parallel angezeigt würden. Mit einem kleinen Trick lässt sich dies auch erreichen, und zwar folgendermaßen:

1. Öffnen Sie zunächst nacheinander die Apps, die parallel auf dem Bildschirm angezeigt werden sollen. Für unser Beispiel klicken oder tippen Sie auf dem Startbildschirm also zuerst auf die **News**-Kachel, kehren zum Startbildschirm zurück und klicken nun auf die **Desktop**-Kachel. Der Desktop befindet sich damit im Vordergrund.

2. Bewegen Sie den Mauszeiger auf den oberen Rand des Desktops, und ziehen Sie ihn mit gedrückter linker Maustaste etwas nach unten. Sobald die Desktop-Darstellung verkleinert wird (❶ auf Seite 49), bewegen Sie den Mauszeiger mit immer noch gedrückter linker Maustaste an den rechten oder linken Bildschirmrand. Sobald eine dunkle Trennlinie in der Bildschirmmitte ❷ eingeblendet wird, lassen Sie die Maustaste los. Das Desktop-Fenster wird nun an diesem Bildschirmrand angedockt.

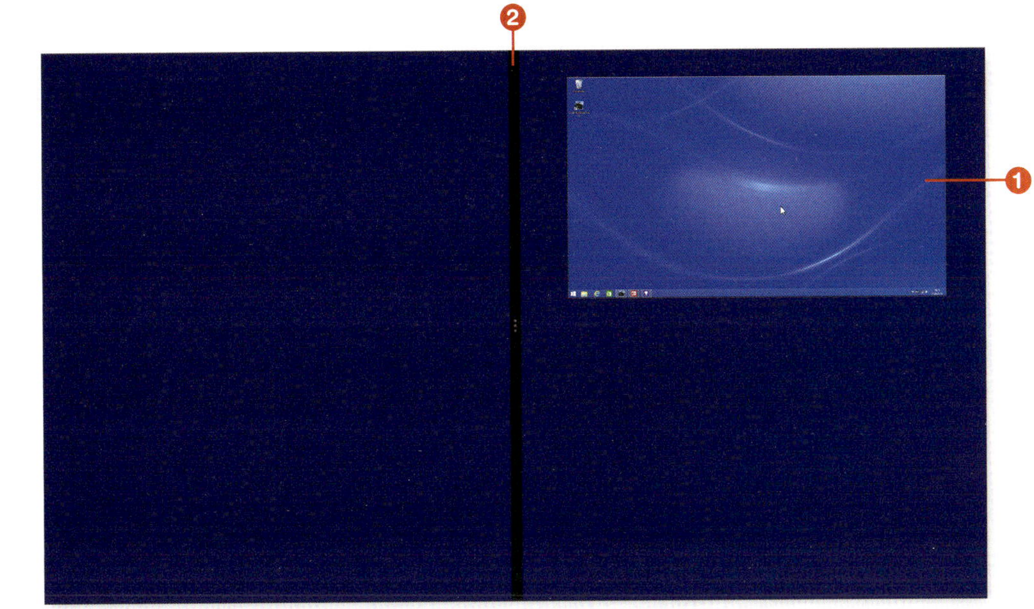

3. Als Nächstes holen Sie die *News*-App auf den Bildschirm. Arbeiten Sie mit der Maus, gelingt dies am schnellsten per Klick auf das Symbol der *News*-App in der Taskleiste ❸. Alternativ können Sie auch den Mauszeiger in die linke obere Bildschirmecke bewegen. Wenn auf diese Weise die Miniaturansicht ❹ der *News*-App eingeblendet wird, klicken Sie darauf. Bei einem Touchscreen reicht ein Wischen vom linken Bildschirmrand zur Bildschirmmitte ❺, um die *News*-App einzublenden.

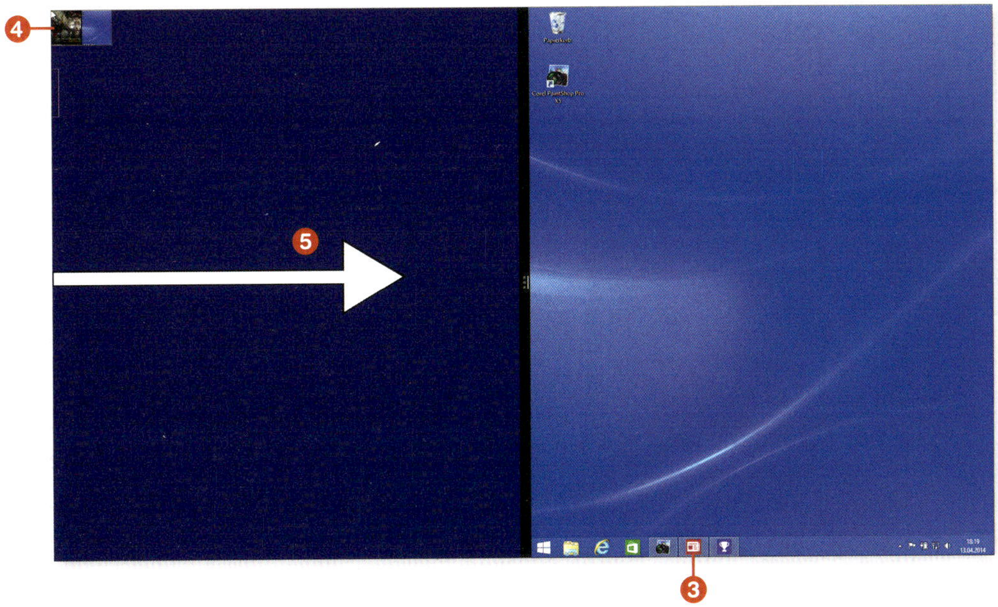

4. Beide Apps sind nun auf dem Bildschirm zu sehen. Bewegen Sie den Mauszeiger auf die schwarze Trennlinie ❻ zwischen den beiden Apps, nimmt er die Form eines Doppelpfeils an. Sie können nun die Linie mit gedrückter linker Maustaste nach rechts oder links verschieben und so bestimmen, wie viel Platz eine App auf dem Bildschirm erhält. Bei einem Touchscreen verschieben Sie die Linie einfach mit dem Finger.

Anders als noch in Windows 8, wo sich nur maximal zwei Anwendungen parallel einblenden ließen, gestattet Windows 8.1 die Anzeige von bis zu drei Apps gleichzeitig – bei einem sehr großen Bildschirm, wie ihn z. B. professionelle Grafiker verwenden, können es sogar bis zu vier Apps sein. In unserem Beispiel soll die *Sport*-App zusätzlich zum Desktop und zur *News*-App angezeigt werden. Auch hier führen wieder mehrere Wege zum Ziel, je nachdem, mit welcher Art Computer (Desktop-PC, Notebook oder Tablet) Sie arbeiten. Ich werde Ihnen einen Weg vorstellen, der auf allen Computern gleichermaßen funktioniert:

5. Drücken Sie die Taste [Windows-Taste], um zum Startbildschirm zurückzukehren. Tippen oder klicken Sie dort auf die Kachel der *Sport*-App. Die App erscheint nun als kleines Rechteck auf der Trennlinie zwischen den beiden bereits geöffneten Apps ❼. Positionieren Sie den Mauszeiger auf der App. Verschieben Sie die App probeweise mit gedrückter linker Maustaste an den linken und an den rechten Bildschirmrand und dann wieder in die Mitte. Sie können dabei beobachten, wie die beiden bereits geöffneten Apps jeweils weichen, um Platz für die dritte App zu schaffen. Außerdem wird eine weitere Trennlinie eingeblendet. Wenn sich die *Sport*-App an der gewünschten Position befindet – etwa in der Bildschirmmitte – und zwei Trennlinien zu sehen sind, lassen Sie die Maustaste los. Nun sind alle drei Apps auf dem Bildschirm zu sehen. Die Trennlinien lassen sich genauso wie zuvor beschrieben verschieben.

❼

Die Platzierung der Apps ist nicht in Stein gemeißelt, sondern kann jederzeit geändert werden. Möchten Sie beispielsweise die mittlere App an den rechten Seitenrand verschieben, gehen Sie folgendermaßen vor:

6. Positionieren Sie den Mauszeiger am oberen Rand der mittleren App, und ziehen Sie ihn mit gedrückter linker Maustaste etwas nach unten. Die App wird nun minimiert, und Sie können sie an den rechten Bildschirmrand verschieben. Die Maustaste bleibt hierbei weiterhin gedrückt. Erst wenn die ursprünglich rechts befindliche App in die Mitte weicht ❽, lassen Sie die Taste los. Entsprechend können Sie auch die beiden anderen Apps von rechts nach links oder in die Mitte verschieben.

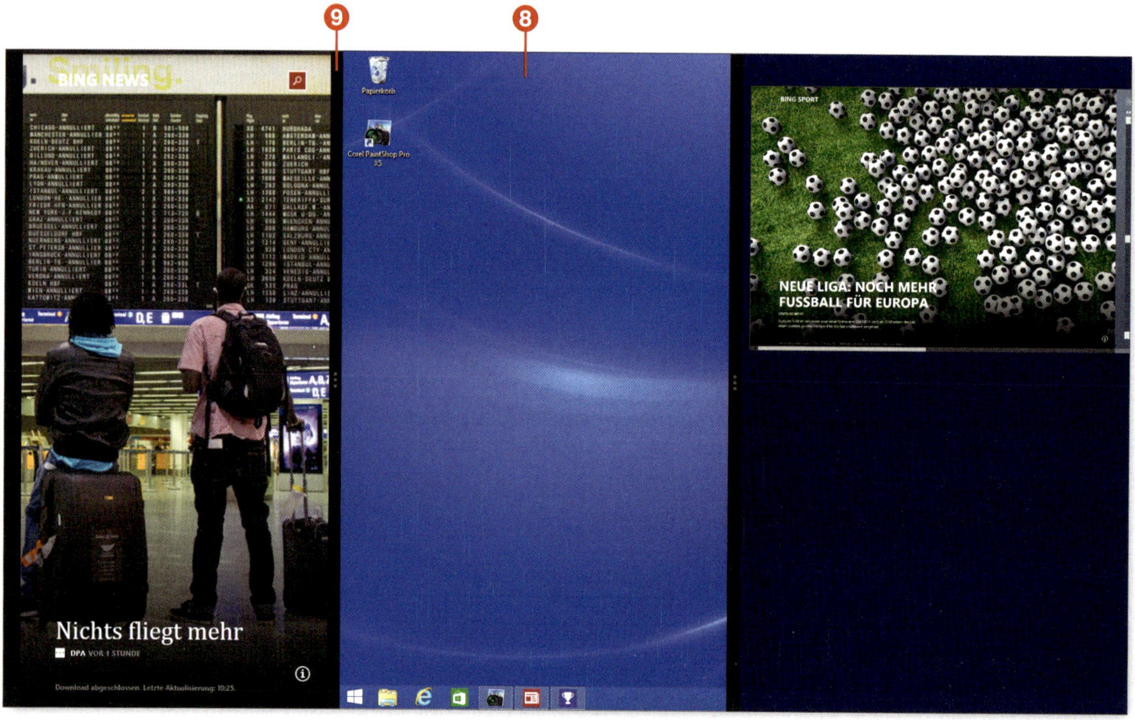

7. Möchten Sie die linke oder rechte App wieder ausblenden, ziehen Sie die schwarze Linie, die diese App von der mittleren App trennt, ganz bis zum äußeren Rand dieser App. Befindet sich die *News*-App beispielsweise links, wird die Trennlinie rechts von der App ❾ entsprechend an den linken Bildschirmrand gezogen. Die beiden verbliebenen Apps, also der Desktop und die *Sport*-App, teilen sich nun wieder den Bildschirm. Auf die gleiche Weise können Sie auch eine dieser beiden Apps, etwa den Desktop, ausblenden. Die letzte App, sprich die *Sport*-App, wird dann wieder im Vollbildmodus angezeigt.

Sie können jederzeit eine der angezeigten Apps durch eine andere ersetzen. Alle bisher vorgestellten Techniken, wie etwa der Wechsel zwischen bereits geöffneten Apps (siehe Seite 44) oder auch das Öffnen einer Anwendung per Klick auf die entsprechende Kachel auf dem Startbildschirm (siehe Seite 42), funktionieren auch, während mehrere Apps parallel dargestellt werden. Probieren Sie es einfach einmal aus. Anfangs sind die Schritte sicherlich etwas ungewohnt und klappen auch nicht immer auf Anhieb. Aber mit etwas Übung gewöhnen Sie sich schnell daran und werden es dann auch nicht mehr missen wollen.

Wie Sie einzelne Apps starten und zwischen den geöffneten Anwendungen wechseln, haben Sie nun bereits gelernt. Als Nächstes zeige ich Ihnen, wie Sie wichtige Funktionen von Windows 8.1 aufrufen.

Die Charms-Leiste: So erreichen Sie wichtige Funktionen

Wie Sie im vorherigen Abschnitt bereits gesehen haben, spielen unter Windows 8.1 die Bildschirmränder und -ecken eine große Rolle. Bisher haben wir uns auf die linke Bildschirmseite konzentriert, die dem Wechsel zwischen geöffneten Apps und dem Startbildschirm dient. Aber auch der rechte Bildschirmrand wird in Windows 8.1 genutzt, hier versteckt sich die sogenannte *Charms-Leiste* (oft auch *Charms-Bar* genannt), über die Sie Zugriff auf alle wichtigen Funktionen erhalten. Der englische Begriff *charm* lässt sich im Deutschen mit »Talisman« oder auch »Amulett« übersetzen.

Die Charms-Leiste erscheint immer dann, wenn Sie den Mauszeiger in die rechte obere oder die rechte untere Bildschirmecke bewegen. Alternativ können Sie auch die Tastenkombination [Windows] + [C] drücken.

Wer einen Touchscreen nutzt, hat die Charms-Leiste im Laufe dieses Kapitels bereits kurz zu Gesicht bekommen, als es darum ging, zum Startbildschirm zurückzukehren. Auf einem Touchscreen blenden Sie die Charms-Leiste einfach per Wischen vom rechten Bildschirmrand in Richtung Bildschirmmitte ein.

Anfangs ist die Charms-Leiste noch transparent, sprich, der Hintergrund ist weiterhin sichtbar. Wenn Sie den Mauszeiger nicht mehr bewegen, wird die Leiste nach einem kurzen Moment wieder ausgeblendet. Ziehen Sie den Mauszeiger dagegen in Richtung der Charm-Symbole, wird die

Leiste schwarz und bleibt nun so lange sichtbar, wie sich der Mauszeiger im Bereich dieser schwarzen Leiste befindet.

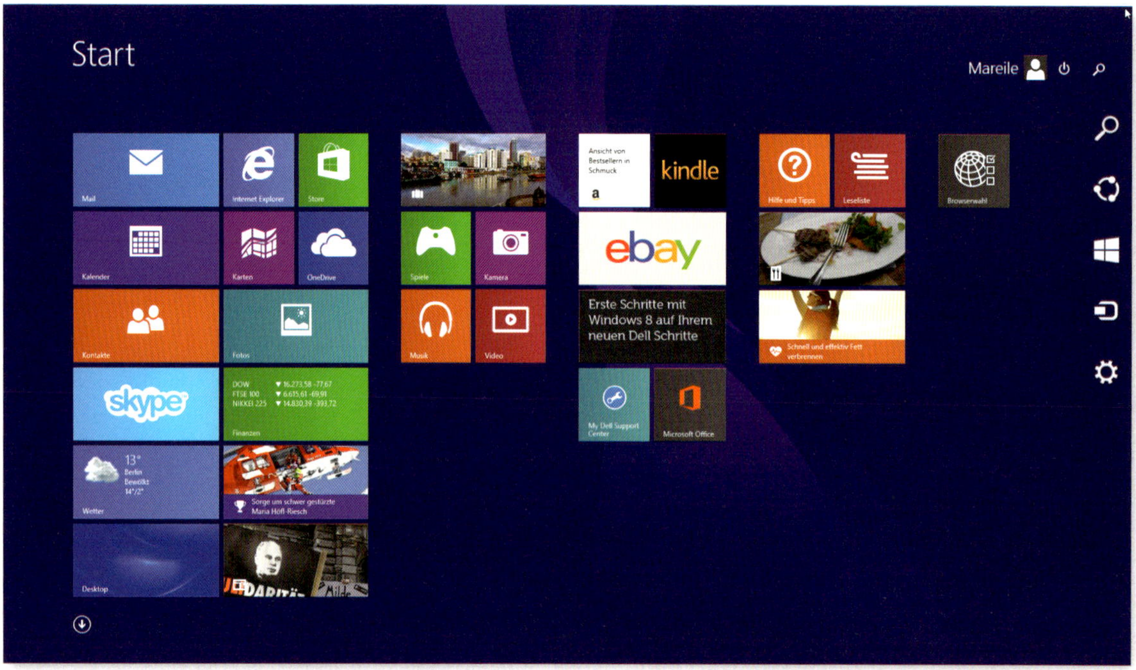

^ *Positionieren Sie den Mauszeiger in der rechten oberen oder unteren Bildschirmecke, wird die Charms-Leiste eingeblendet.*

Datum und Uhrzeit einblenden

Sobald Sie den Mauszeiger etwas nach unten ziehen, wird nicht nur rechts die Charms-Leiste eingeblendet, sondern dann sind unten links auch Uhrzeit, Datum, das Netzwerk-Symbol sowie – wenn Sie mit einem mobilen Gerät arbeiten – ein Hinweis zum Akkuladezustand zu sehen.

Die Charms-Leiste enthält die fünf Symbole **Suchen**, **Teilen**, **Start**, **Geräte** und **Einstellungen**. Welche Funktionen genau Sie über diese Schaltflächen erreichen, hängt von der jeweiligen Anwendung ab, aus der Sie die Charms-Leiste aufrufen. Im Laufe des Buches werden Sie viele dieser Funktionen noch im Detail kennenlernen. An dieser Stelle möchte ich Ihnen nur einen kurzen, allgemeinen Überblick über die fünf Charms bieten. Ich beginne oben beim Charm **Suchen**.

Nach einem Klick auf das Lupen-Symbol in der Charms-Leiste wird in der rechten Fensterhälfte ein Suchfeld eingeblendet, in das Sie den gewünschten Suchbegriff eingeben. Oberhalb des Feldes sehen Sie die Schaltfläche **Überall**. Klicken Sie auf den Pfeil rechts davon, können Sie in der aufklappenden Liste die Suche auf **Einstellungen**, **Dateien**, **Webbilder** oder auch **Webvideos** eingrenzen. Die Suchfunktion stelle ich Ihnen unter anderem im Abschnitt »Programme starten und beenden« ab Seite 57 noch genauer vor.

Nach einem Klick auf den Pfeil rechts von »Überall« können Sie die Suche auf bestimmte Bereiche einschränken.

Über den Charm **Teilen** können Sie blitzschnell Fotos, Musik, wichtige Nachrichten und andere Informationen mit Freunden teilen, also z. B. per E-Mail versenden. Die Funktion steht entsprechend nur in denjenigen Apps zur Verfügung, wo das Teilen auch möglich ist. Wenn Sie den Charm beispielsweise über den Startbildschirm aufrufen, erhalten Sie den Hinweis, dass Sie zunächst eine App auswählen müssen.

Über den Charm »Teilen« tauschen Sie wichtige Informationen, Bilder und mehr mit Freunden aus.

Der Charm **Start** ist schnell erklärt: Ein Klick oder Fingertipp hierauf, und Sie gelangen wieder zum Startbildschirm.

Wenn Sie den Inhalt einer App ausdrucken möchten, rufen Sie über den Charm »Geräte« den Drucken-Dialog auf.

Mithilfe des Charms **Geräte** können Sie aus einigen Apps heraus Inhalte an Geräte wie Drucker oder Projektoren (Beamer) schicken. Ähnlich wie beim Charm **Teilen** steht diese Funktion nicht in allen Apps zur Verfügung. Voraussetzung ist außerdem natürlich, dass entsprechende Geräte an den Computer angeschlossen und eingeschaltet sind.

Der Charm **Einstellungen** ist neben dem Charm **Suchen** sicherlich der Charm, den Sie am häufigsten nutzen werden. Über ihn erreichen Sie die Netzwerkeinstellungen, können die Lautstärke regulieren oder auch allgemeine PC-Einstellungen vornehmen, z. B. Benutzerkonten einrichten oder Geräte wie einen Drucker installieren. Gerade die **PC-Einstellungen** sind ein wichtiges Thema und werden daher in einem eigenen Kapitel behandelt (siehe Kapitel 5, »Ihr ganz persönliches Windows 8.1«). Wenn Sie den Charm **Einstellungen** aus einer App heraus aufrufen, stehen Ihnen außerdem speziell auf diese App zugeschnittene Einstellungsmöglichkeiten zur Verfügung.

Wenn Sie den Charm »Einstellungen« über den Desktop aufrufen, erhalten Sie Zugriff auf die Systemsteuerung, Lautstärkeregulierung und mehr.

An dieser kleinen Zusammenfassung sehen Sie bereits, wie viele wichtige Funktionen die Charms-Leiste bietet. Sie werden ihr im Laufe des Buches daher immer wieder begegnen. Doch zunächst wenden wir uns einem anderen Thema zu: dem Starten und Beenden von Programmen.

Programme starten und beenden

Am Anfang dieses Kapitels haben Sie bereits erfahren, wie Sie Apps starten, die über eine Verknüpfung in Form einer Kachel auf dem Startbildschirm verfügen. Nicht für jede App und auch nicht für jedes Programm, das Sie auf Ihrem Computer installieren, existiert auf dem Startbildschirm aber eine eigene Kachel. Wie starten Sie die Anwendungen in diesem Fall? Die entsprechenden Kacheln finden sich unter anderem in der sogenannten *App-Übersicht*, die Sie gleich noch kennenlernen werden. Für manche Programme werden aber auch, wie von älteren Windows-Versionen gewohnt, entsprechende Verknüpfungen auf dem Desktop angelegt. Ich möchte Ihnen nun ein paar Möglichkeiten vorstellen, wie Sie diese Anwendungen öffnen können.

Als Erstes zeige ich Ihnen den Weg über die Suchfunktion an einem kleinen Beispiel: Es soll das Textverarbeitungsprogramm WordPad geöffnet werden, das mit Windows 8.1 bereits installiert, aber nicht mit einer Kachel auf dem Startbildschirm verknüpft wurde.

1. Stellen Sie sicher, dass Sie sich auf dem Startbildschirm befinden.

2. Beginnen Sie nun einfach, den Namen des gesuchten Programms einzutippen, hier »Word«. Bereits nach der Eingabe des ersten Buchstabens, »W«, wechselt Windows 8.1 automatisch in das Suchmenü, das Sie bereits kurz im Zusammenhang mit der Charms-Leiste kennengelernt haben. Im Feld oberhalb des Suchfeldes ist **Überall** ❶ eingestellt, das heißt, Windows 8.1 durchsucht alles – von Apps bis hin zu Internetadressen. Im Suchfeld wird der bereits eingegebene Buchstabe ❷ angezeigt.

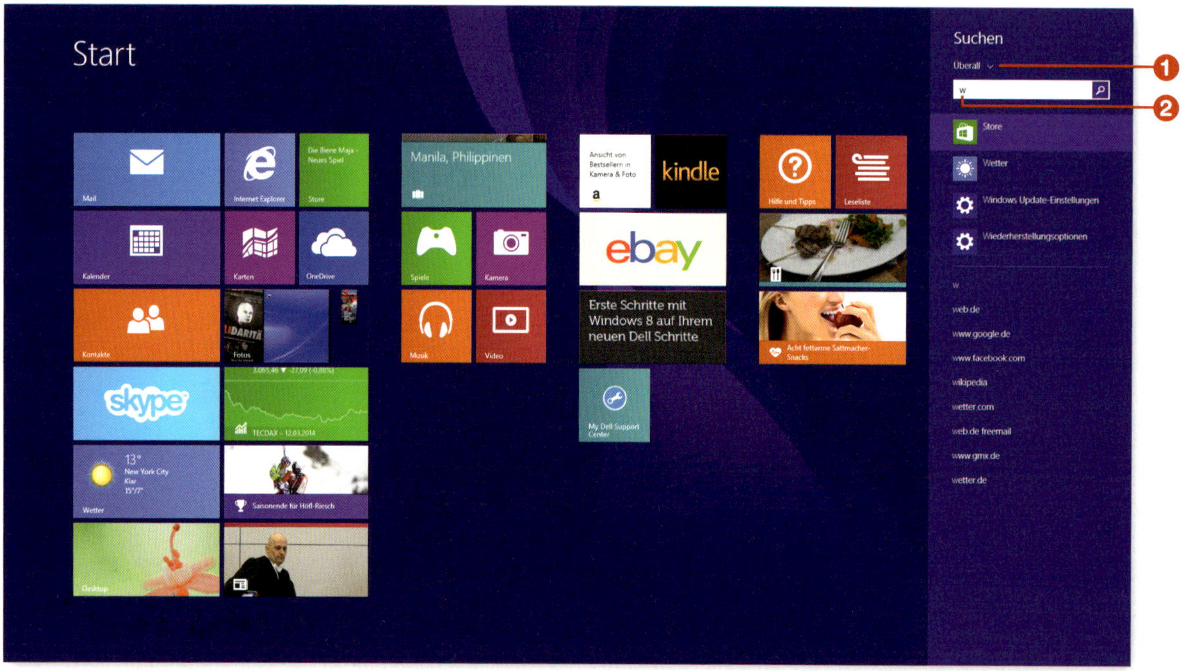

3. Je mehr Buchstaben Sie eingeben, desto weiter wird die Ergebnisliste eingeschränkt. Sobald Sie die gewünschte Anwendung, hier also WordPad, entdeckt haben, öffnen Sie sie per Mausklick oder Fingertipp auf den Eintrag. Wird im Suchfeld bereits der richtige Vorschlag angezeigt, reicht auch das Drücken der [↵]-Taste.

Wer sich nicht mehr genau an einen Programmnamen erinnern kann, dem nützt die Suchfunktion nicht sehr viel. In diesem Fall können Sie sich aber eine Übersicht über alle Apps und auf dem PC installierten Programme anzeigen lassen und der gewünschten Anwendung vielleicht so auf die Spur kommen.

Unter Windows 8 war die Anzeige der App-Übersicht noch recht kompliziert. Hier musste zunächst per rechtem Mausklick auf eine freie Fläche des Startbildschirms eine Leiste eingeblendet werden. In dieser Leiste fand sich der Befehl **Alle Apps**, über den die Übersicht geöffnet wurde. Unter Windows 8.1 geht es nun weitaus kürzer:

1. Bewegen Sie auf dem Startbildschirm den Mauszeiger ein wenig, wird in der linken unteren Ecke ein nach unten weisendes kleines Pfeil-Symbol  eingeblendet ❸. Ein Klick hierauf, und schon sehen Sie alle Apps und auf Ihrem PC installierten Programme. Falls Sie einen Touchscreen nutzen, reicht eine Wischbewegung vom unteren Rand des Startbildschirms nach oben.

2. Wenn auf dem Bildschirm nicht alle Apps angezeigt werden, blättern Sie auch hier wieder mithilfe der Bildlaufleiste am unteren Bildschirmrand oder durch Wischgesten von links nach rechts und umgekehrt. Die Bildlaufleiste wird erst sichtbar, wenn Sie den Mauszeiger in Richtung unterer Bildschirmrand bewegen. Vorsicht: Ziehen Sie den Mauszeiger bei einem Desktop-PC oder Tablet sehr weit und vor allem schwungvoll nach unten, wird für einen kurzen Moment die Taskleiste der Desktop-

Oberfläche eingeblendet. Bewegen Sie in diesem Fall den Mauszeiger einfach wieder etwas nach oben, und es wird wieder die Bildlaufleiste sichtbar.

3. Haben Sie das gesuchte Programm gefunden, öffnen Sie es per Mausklick oder Fingertipp.

Für manche Programme wird, wie erwähnt, während der Installation ein Programmsymbol auf dem Desktop angelegt. Um ein solches Programm zu öffnen, gehen Sie folgendermaßen vor:

1. Klicken Sie auf dem Startbildschirm auf die Kachel **Desktop**.

2. Doppelklicken oder -tippen Sie auf das gewünschte Programmsymbol. Der kleine Pfeil 1 am Programmsymbol symbolisiert die Verknüpfung.

Bisher haben Sie verschiedene Verfahren kennengelernt, ein Programm vom Startbildschirm aus, über das Suchmenü, über die App-Übersicht oder vom Desktop aus aufzurufen. Irgendwann kommt aber auch der Zeitpunkt, an dem Sie die App oder das Programm nicht mehr benötigen.

Programme wie WordPad, die in einem eigenen Fenster geöffnet werden, lassen sich – wie von alten Windows-Versionen her gewohnt – schnell per Klick oder Fingertipp auf die **Schließen**-Schaltfläche ❷ in der rechten oberen Ecke des Programmfensters beenden.

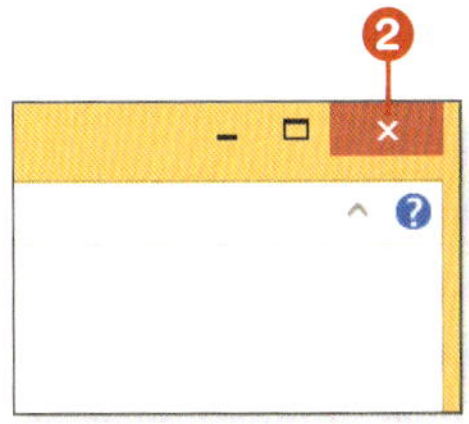

^ *Mit einem Klick auf die Schaltfläche »Schließen« oben rechts werden Programme wie WordPad beendet.*

Apps wie etwa *News* oder auch *Sport* werden, wie schon erwähnt, im Vollbildmodus geöffnet. Bis zu Windows 8.1 gab es keine Schaltfläche zum Schließen, wie sie im Programmfenster zur Verfügung steht. Das hat sich mit dem ersten Update, das im April 2014 veröffentlicht wurde, zum Glück geändert. Um in den Genuss dieser Schaltfläche zu kommen, müssen Sie allerdings mit einem Desktop-PC oder einem Notebook arbeiten. Doch auch für Tablet-Nutzer gibt es natürlich eine Möglichkeit, eine App zu beenden, wie ich Ihnen nun als Erstes zeigen werde. Sie funktioniert übrigens nicht nur per Finger auf einem Touchscreen, sondern lässt sich auch per Mausbedienung durchführen.

- Positionieren Sie den Finger am oberen Bildschirmrand, und ziehen Sie ihn nach unten bis zum unteren Bildschirmrand. Ist die App nur noch zur Hälfte sichtbar, nehmen Sie den Finger vom Bildschirm. Die App wird nun beendet. Arbeiten Sie mit einer Maus, bewegen Sie den Mauszeiger an den oberen Bildschirmrand. Führen Sie dann die gleiche Bewegung mit gedrückter linker Maustaste durch.

v *Ziehen Sie den Mauszeiger mit gedrückter linker Maustaste vom oberen bis zum unteren Bildschirmrand, wird die App beendet.*

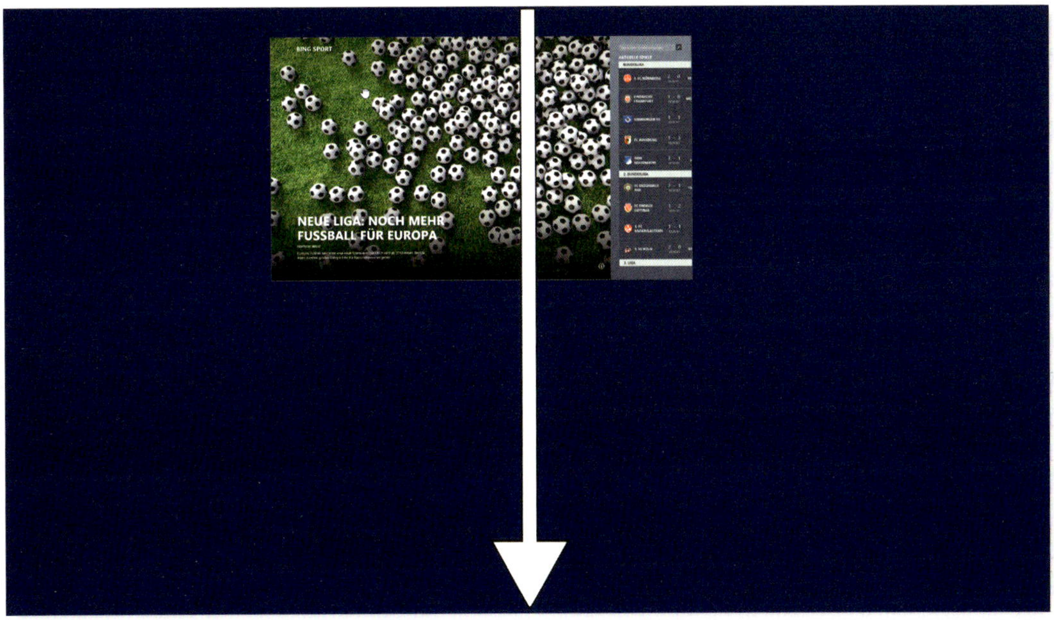

- Wenn Sie mit der Maus oder einem Touchpad arbeiten, steht Ihnen, wie gerade schon erwähnt, eine weitere Möglichkeit zur Verfügung: die Schließen-Schaltfläche. Sie wird allerdings erst eingeblendet, wenn Sie den Mauszeiger am oberen Bildschirmrand positionieren. In der nun sichtbaren Titelleiste klicken Sie ganz rechts auf das Schließen-Symbol ✕ ❶.

- Noch schneller gelingt das Schließen einer App über die Tastenkombination Alt + F4.

- Verwenden Sie einen Desktop-PC oder ein Tablet und befinden sich auf der Desktop-Oberfläche, können Sie auch hier eine App schließen. Bewegen Sie den Mauszeiger hierzu auf das entsprechende Symbol der App in der Taskleiste ❷. Wird die kleine Vorschau eingeblendet, bewegen Sie den Mauszeiger darauf ❸. Nun sehen Sie in der rechten oberen Ecke das

bereits bekannte Schließen-Symbol ❹. Ein Klick hierauf, und die App wird beendet.

- Ist die App zwar geöffnet, wird aber nicht auf dem Bildschirm angezeigt, bewegen Sie den Mauszeiger in die linke obere Bildschirmecke. Ziehen Sie den Mauszeiger etwas nach unten, bis die gewünschte App in der linken Seitenleiste eingeblendet wird ❺. Klicken Sie dann mit der rechten Maustaste auf die App, und wählen Sie im aufklappenden Kontextmenü den Befehl **Schließen**.

  Bei einem Touchscreen wischen Sie vom linken Bildschirmrand in die Bildschirmmitte und sofort wieder zurück zum Bildschirmrand, um die Leiste einzublenden. Tippen Sie dann mit dem Finger auf die gewünschte App, und ziehen Sie sie aus der Leiste heraus zum unteren Bildschirmrand, um sie zu schließen.

< Nach einem Rechtsklick auf eine App in der Seitenleiste lässt sich diese schließen, auch wenn sie gerade nicht angezeigt wird.

Die Charms-Leiste und die »Schließen«-Schaltfläche

Im zweiten Abschnitt dieses Kapitels haben Sie kurz die Charms-Leiste kennengelernt, die Sie über die rechte obere Bildschirmecke einblenden. Wird das Programmfenster, das Sie schließen möchten, über den gesamten Bildschirm hinweg angezeigt, kommen sich die Charms-Leiste und die Schaltfläche zum Schließen für einen kurzen Moment ins Gehege, sobald Sie den Mauszeiger in die rechte obere Bildschirmecke bewegen. Nun wird deutlich, warum die Charms-Leiste anfangs transparent ist: Sie können – trotz der eingeblendeten Charms – auf das **Schließen**-Symbol klicken, um das Programm zu beenden.

Die Bedienung von Windows 8.1 unterscheidet sich, wie Sie in den vorangegangenen Abschnitten gesehen haben, stark von der Bedienung älterer Windows-Versionen. Dies setzt sich auch beim Ausschalten des Computers fort, wie ich Ihnen im folgenden Abschnitt zeigen werde.

Den PC wieder ausschalten

In früheren Windows-Versionen war das Herunterfahren des Computers einfach: ein Klick auf das Windows-Logo in der linken unteren Ecke des Bildschirmfensters und dann ein Klick auf **Herunterfahren** im Startmenü, fertig. Doch das Startmenü ist seit Windows 8 verschwunden. Manch einer mag sich nun fragen, wie er stattdessen den Computer ausschaltet.

Wie sich schon an anderen Stellen gezeigt hat, bietet Windows 8.1 auch hierfür wieder mehrere Möglichkeiten an, die ich Ihnen nun kurz aufzeigen möchte. Der erste Weg führt Sie über den Startbildschirm:

1. Kehren Sie zunächst – falls Sie sich noch nicht dort befinden – zum Startbildschirm zurück.

2. Arbeiten Sie mit einem Desktop-PC oder Tablet, finden Sie in der rechten oberen Ecke des Startbildschirms rechts von Ihrem Benutzernamen das Symbol ⏻. Bei Tablets steht es leider häufig nicht zur Verfügung. Klicken Sie auf das Symbol, klappt ein kleiner Dialog mit den drei Befehlen **Energie sparen**, **Herunterfahren** und **Neu starten** auf. Mit einem Klick auf den Befehl **Herunterfahren** wird der Computer ausgeschaltet.

Ein Weg, der bei allen Computern funktioniert, führt über die Charms-Leiste:

1. Um diese einzublenden, bewegen Sie den Mauszeiger wie zuvor bereits beschrieben in eine der beiden Ecken am rechten Bildschirmrand.

Im Falle eines Touchscreens wischen Sie einfach vom rechten Bildschirmrand zur Bildschirmmitte.

2. Klicken oder tippen Sie dann auf den Charm **Einstellungen** und anschließend am unteren Rand auf **Ein/Aus** ❶.

3. In der aufklappenden Liste finden Sie nun den gewünschten Befehl **Herunterfahren** ❷, den Sie ebenfalls anklicken oder antippen. Daraufhin wird Windows 8.1 automatisch beendet.

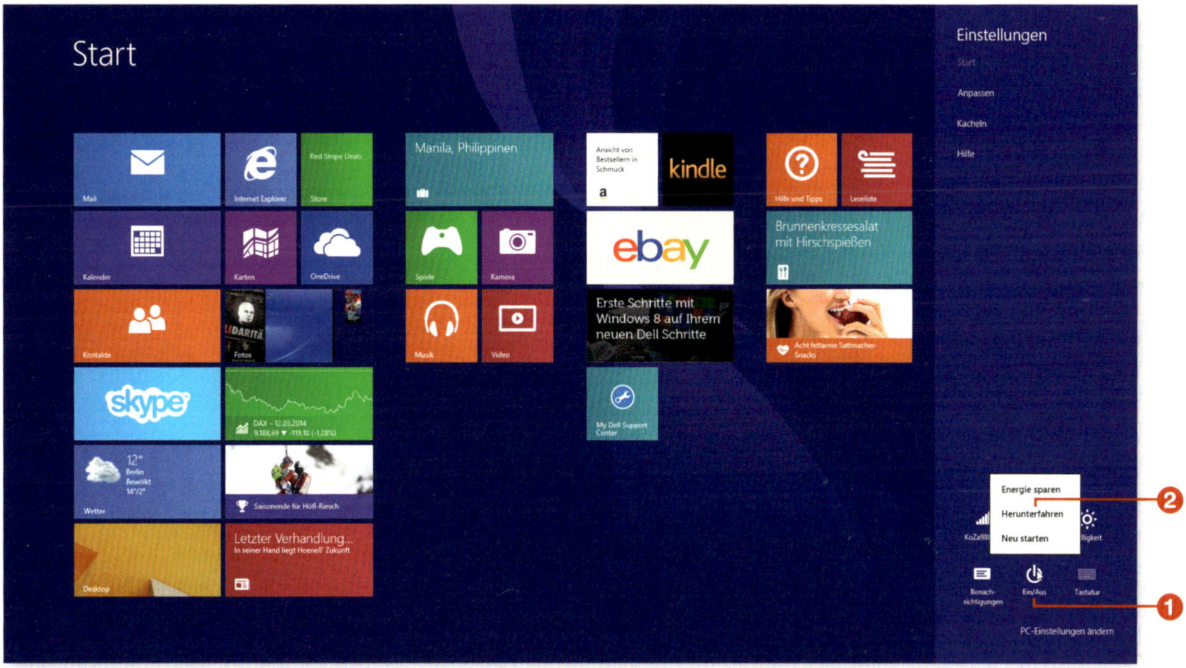

Energie sparen und Neustart

Wählen Sie den Befehl **Energie sparen**, wird der Computer in einen speziellen Energiesparmodus versetzt, in dem er nur wenig Strom verbraucht. Dies ist vor allem für Notebooks und Tablets interessant, um den Akku zu schonen.

Bei einem Neustart wiederum wird der Computer zunächst vollständig heruntergefahren und anschließend sofort wieder gestartet. Dies ist beispielsweise nach der Installation mancher Programme und Windows-Updates nötig, damit die vorgenommenen Einstellungen wirksam werden.

Nicht immer möchte man den Computer vollständig ausschalten; manchmal reicht auch ein Abmelden, etwa wenn ein anderes Familienmitglied unter einem anderen Benutzerkonto weiter am PC arbeiten möchte. Wenn Sie sich lediglich abmelden möchten, gehen Sie folgendermaßen vor:

1. Stellen Sie sicher, dass Sie sich auf dem Startbildschirm befinden. Klicken oder tippen Sie dann in der rechten oberen Ecke auf Ihren Benutzernamen. Auch hier klappt eine Liste mit Befehlen auf.

2. Wählen Sie per Mausklick oder Fingertipp den Eintrag **Abmelden** ❶ aus. Es wird nun der Sperrbildschirm angezeigt, den Sie bereits vom Anmeldeprozedere her kennen (siehe dazu auch den Abschnitt »So melden Sie sich bei Windows 8.1 an« ab Seite 32).

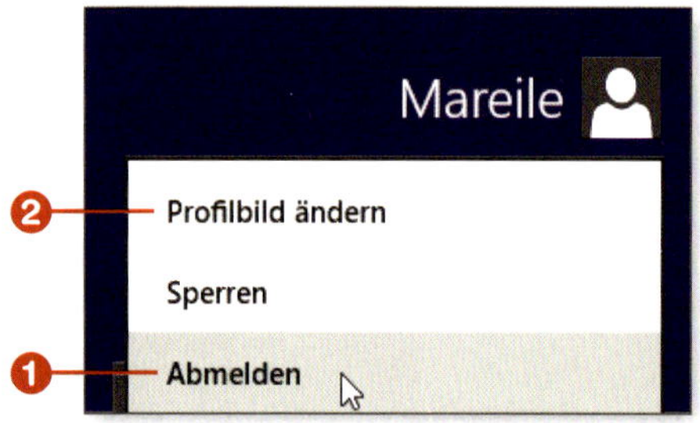

Computer zeitweise sperren

Interessant ist auch der Befehl **Sperren**: In diesem Fall bleiben Sie weiterhin am Computer angemeldet, aber es wird – wie auch beim Abmelden – der Sperrbildschirm eingeblendet. Erst wenn Sie den Sperrbildschirm per Mausklick oder durch eine Wischgeste weggeschoben und Ihr Kennwort eingegeben haben, können Sie weiter am Computer arbeiten. Dies ist vor allem praktisch, wenn Sie kurz den Raum verlassen müssen und verhindern möchten, dass andere Personen in der Zwischenzeit Zugang zu Ihrem Computer erhalten. Wie Sie Ihr Profilbild ändern ❷ – den Befehl hierzu sehen Sie ebenfalls in der Abbildung oben –, zeige ich Ihnen in Kapitel 5, »Ihr ganz persönliches Windows 8.1«.

Damit haben Sie die ersten wichtigen Schritte unter Windows 8.1 kennengelernt. Abschließend erhalten Sie nochmals eine kurze Zusammenfassung über die wichtigsten Befehle und Wischgesten.

Wichtige Wischgesten und Tastenkürzel auf einen Blick

Das Bedienkonzept von Windows 8.1 ist zunächst vollkommen neu und teilweise auch verwirrend. In diesem Kapitel haben Sie bereits sehr viele Informationen erhalten, die man sich nicht immer gleich auf Anhieb merken kann. Aus diesem Grund habe ich nochmals für Sie die wichtigsten Wischgesten, die Sie mit dem Finger durchführen können, in einer Abbildung zusammengestellt.

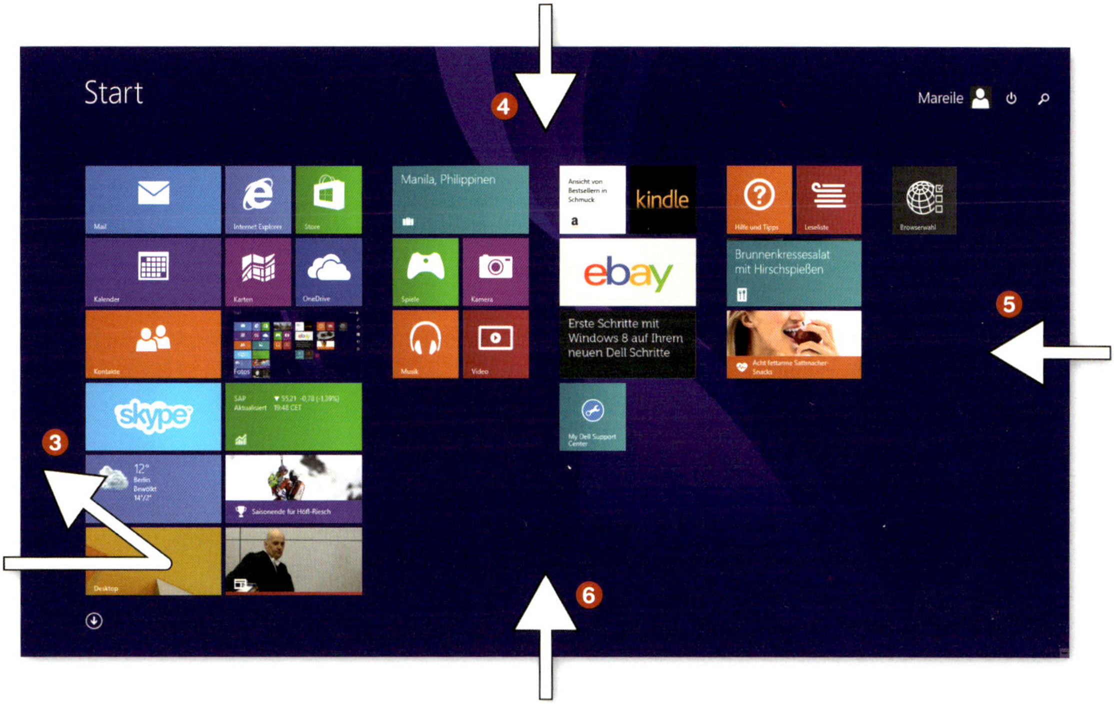

❸ Die Seitenleiste für den Wechsel zwischen bereits geöffneten Apps einblenden

❹ Eine geöffnete App beenden

❺ Die Charms-Leiste einblenden

❻ Eine Übersicht über alle Apps einblenden

Wenn Sie Maus und Tastatur für Ihre Arbeiten am PC nutzen, erreichen Sie manche Funktionen schneller per Tastenkombination. Wie Sie hier vorgehen, erfahren Sie in der Tabelle auf der folgenden Seite.

Taste/Tastenkombination	Funktion
Windows-Taste	Den Startbildschirm einblenden oder vom Startbildschirm zur letzten Anwendung zurückkehren
Windows-Taste + Tab	Die linke Seitenleiste mit allen geöffneten Apps einblenden
Windows-Taste + C	Die Charms-Leiste einblenden
Windows-Taste + F	Den Charm **Suchen** starten
Windows-Taste + H	Den Charm **Teilen** starten
Windows-Taste + K	Den Charm **Geräte** starten
Windows-Taste + I	Den Charm **Einstellungen** starten
Alt + F4	Eine App beenden

Wichtige Tastenkombinationen auf einen Blick

Kapitel 3
Der Startbildschirm im Einsatz

Ein wahres Meer an bunten Kacheln, so könnte man den Startbildschirm von Windows 8.1 beschreiben. Nach der Installation von Windows 8.1 mag die Anzahl an Kacheln noch auf die bereits vorinstallierten Basis-Apps (siehe dazu den Abschnitt »Alle wichtigen Apps auf einen Blick« ab Seite 36) und eventuell vom Computerhersteller hinzugefügte Kacheln für spezielle Anwendungen beschränkt sein. Doch spätestens dann, wenn Sie beginnen, Apps aus dem Windows Store und eigene Programme zu installieren, kommt eine Kachel nach der anderen hinzu. Reicht die Bildschirmgröße für die Anzeige aller Kacheln nicht mehr aus, ist fleißiges Blättern angesagt.

Neben den Standard-Apps finden sich auf dem Startbildschirm häufig auch vom Computerhersteller hinzugefügte Kacheln.

Auch wenn das Blättern per Maus oder mit dem Finger nicht aufwendig ist, kann es mit der Zeit durchaus lästig werden, sich erst von Seite zu Seite hangeln zu müssen, bis Sie zur gewünschten Kachel gelangen. Doch das lässt sich schnell ändern. In diesem Kapitel zeige ich Ihnen, wie

Sie nicht benötigte Kacheln vom Startbildschirm entfernen, Kacheln für wichtige Programme hinzufügen und diese so anordnen, dass Sie häufig genutzte Apps und Windows-Anwendungen schnell erreichen.

Bevor wir uns aber der Kachelanordnung widmen, erfahren Sie zunächst, wie Sie den Sperrbildschirm und den Hintergrund des Startbildschirms an Ihre eigenen Wünsche anpassen.

Sperrbildschirm und Benachrichtigungen anpassen

Der Sperrbildschirm von Windows 8.1 erscheint, sobald Sie den PC hochfahren oder ihn längere Zeit nicht nutzen und der Computer somit in den Energiesparmodus wechselt. Das Bild, das in der Standardeinstellung eingeblendet wird, ist nicht jedermanns Geschmack. Wenn Sie möchten, ersetzen Sie diese Grafik durch ein anderes Bild. Hierzu gehen Sie folgendermaßen vor:

1. Blenden Sie die Charms-Leiste ein, indem Sie den Mauszeiger in der rechten oberen oder rechten unteren Bildschirmecke positionieren. Wenn Sie einen Touchscreen nutzen, reicht ein Wischen vom rechten Bildschirmrand in Richtung Bildschirmmitte.

2. Klicken oder tippen Sie auf **Einstellungen** und anschließend auf **PC-Einstellungen ändern**.

3. Auf der darauffolgenden Seite klicken Sie in der linken Spalte auf die Kategorie **PC und Geräte**; **Sperrbildschirm** ❶ ist dann schon ausgewählt.

4. Windows 8.1 bietet Ihnen ein paar alternative Bilder zum aktuellen Bild an. Sagt Ihnen eine der Grafiken ❷ zu, wählen Sie sie einfach per Klick oder Fingertipp aus.

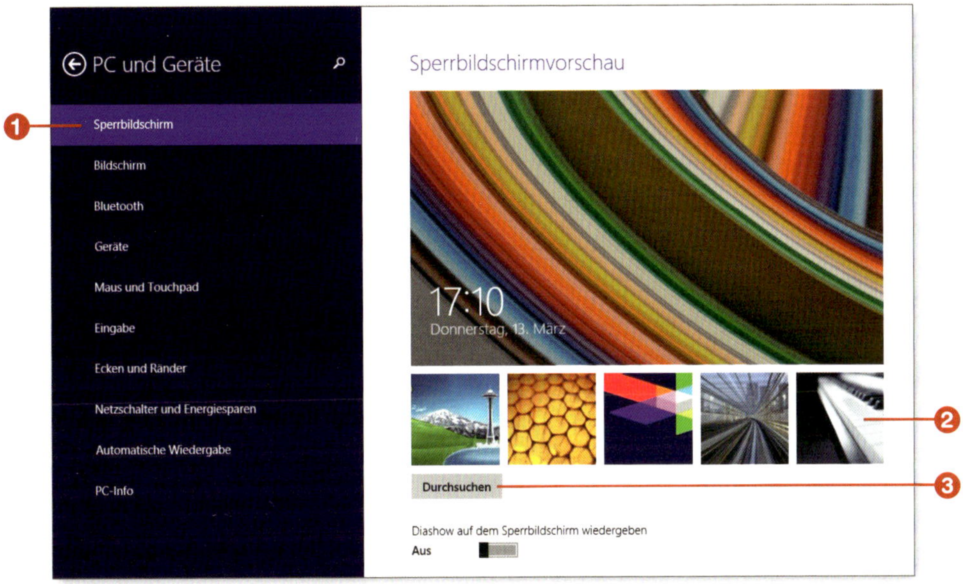

5. Haben Sie bereits eigene Fotos auf Ihrem PC gespeichert, können Sie auch eines dieser Bilder auswählen. In diesem Fall klicken oder tippen Sie auf **Durchsuchen** ❸. Windows 8.1 öffnet nun automatisch die Bibliothek **Bilder**.

6. Falls Sie mehrere Bildordner angelegt haben, wählen Sie den gewünschten Ordner per Mausklick aus ❹.

7. Markieren Sie dann das Foto, das zukünftig auf dem Sperrbildschirm zu sehen sein soll ❺, und klicken oder tippen Sie auf **Bild auswählen** ❻. Fertig!

Fotos auf den Computer überspielen

In Kapitel 9, »Fotos, Videos und Musik«, erfahren Sie unter anderem, wie Sie Ihre Bilder direkt von der Digitalkamera auf den Computer überspielen, sie in Ordnern sortieren oder kleine Bildkorrekturen vornehmen.

Statt nur ein einzelnes Foto auf dem Sperrbildschirm anzuzeigen, können Sie in Windows 8.1 auch eine Diashow einblenden lassen. Diese Möglichkeit gab es unter Windows 8 übrigens noch nicht.

1. Bewegen Sie den Mauszeiger im Fenster **Sperrbildschirmvorschau** auf den Schieberegler unterhalb von **Diashow auf dem Sperrbildschirm wiedergeben**. Ziehen Sie den Regler mit gedrückter linker Maustaste nach rechts, um die Funktion einzuschalten ❶. Arbeiten Sie mit einem Touchscreen, führen Sie die Bewegung per Finger aus.

2. Es werden nun weitere Einstellungsmöglichkeiten eingeblendet. Per Standardeinstellung wählt Windows 8.1 Fotos aus Ihrem Bilderordner aus ❷. Über die Schaltfläche **Ordner hinzufügen** ❸ haben Sie die Möglichkeit, noch andere Verzeichnisse auszuwählen.

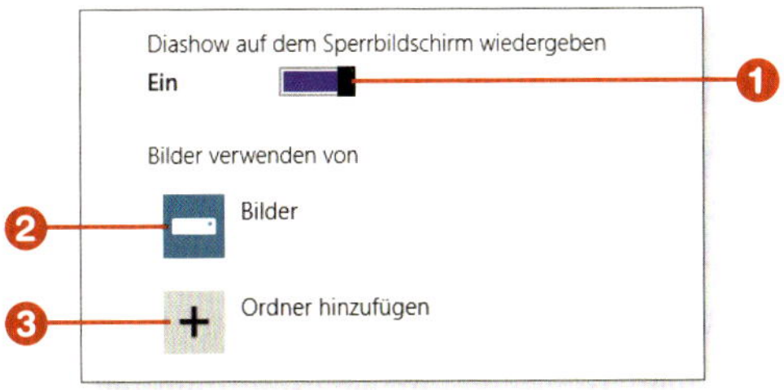

3. Da die Anzeige der Diashow durchaus Energie kostet, sollten Sie den Schieberegler unterhalb von **Diashow im Akkumodus wiedergeben** besser auf **Aus** ❹ belassen. Der Akku Ihres Notebooks oder auch Tablets dankt es Ihnen.

4. Wenn die Diashow nicht endlos wiedergegeben werden soll, klicken Sie auf den Pfeil rechts von **Nicht ausschalten**. In der aufklappenden Liste wählen Sie die Zeitspanne aus, über die Ihre Fotos auf dem Bildschirm angezeigt werden sollen, z. B. **30 Minuten**.

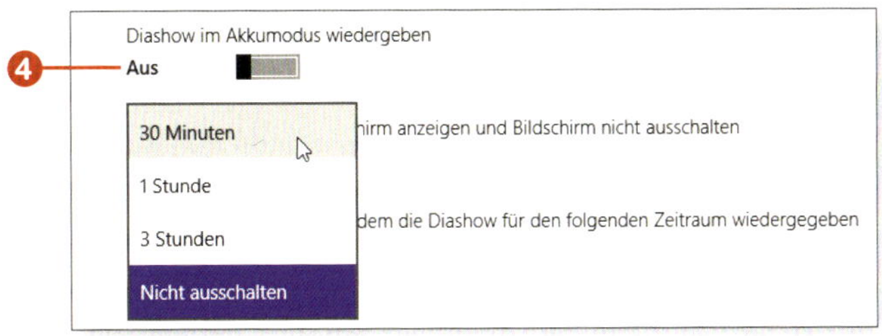

Direkt vom Sperrbildschirm aus fotografieren

Neben der Diashow bietet Windows 8.1 eine weitere neue Funktion, über die sich Nutzer eines Tablets mit integrierter Webcam freuen werden, denn nun können Sie die Kamera direkt vom Sperrbildschirm aus aufrufen. Sie müssen lediglich am unteren Rand des Fensters **Sperrbildschirmvorschau** im Bereich **Kamera** den Schieberegler nach rechts auf die Position **Ein** schieben. Wenn Sie von nun an einen Schnappschuss aufnehmen möchten, obwohl der Sperrbildschirm aktiviert ist, reicht es, auf dem Bildschirm von oben nach unten zu wischen. Damit wird die *Kamera*-App direkt aufgerufen. Sie erinnern sich: Normalerweise wird der Sperrbildschirm durch eine Wischbewegung in umgekehrter Richtung, also von unten nach oben, entsperrt. Mehr Informationen zur *Kamera*-App erhalten Sie auf Seite 328.

Arbeiten Sie mehrere Minuten lang nicht mit Ihrem Computer, wird automatisch der Sperrbildschirm aktiviert. Haben Sie die Diashow eingeschaltet, werden nun nacheinander die Fotos Ihrer Bildersammlung auf dem Bildschirm eingeblendet. Ist die Diashow nicht aktiviert, erscheint lediglich das ausgewählte Bild für den Sperrbildschirm. Solange der Sperrbildschirm aktiviert ist, werden alle geöffneten Apps angehalten. Diese Aktionen erfolgen automatisch, sie sind bereits in den Standardeinstellungen festgehalten. Wenn Sie möchten, informiert Windows 8.1 Sie aber weiterhin beispielsweise über eingehende E-Mails, Nachrichten, im Kalender eingetragene Termine und andere wichtige Dinge.

Wenn Sie allein vor Ihrem Computer sitzen, sind die Benachrichtigungen natürlich praktisch. Was aber, wenn Sie selbst nicht im Zimmer sind und fremde Personen die Hinweise auf eingegangene E-Mails auf dem Sperrbildschirm zu sehen bekommen? Für diesen Fall lassen sich die entsprechenden Standardeinstellungen schnell folgendermaßen ändern:

1. Scrollen Sie im Fenster **Sperrbildschirmvorschau** nach unten, bis der Bereich **Sperrbildschirm-Apps** sichtbar wird. Sie sehen nun die Symbole aller Apps, deren Statusinformationen auf dem Sperrbildschirm angezeigt werden.

2. Um die automatische Benachrichtigung zu unterbinden, klicken oder tippen Sie auf das Symbol der entsprechenden App, also etwa auf **Mail** ❶.

3. Ein Fenster klappt auf, in dem Sie auf **Hier keine kurzen Statusinfos anzeigen** klicken oder tippen. Das reicht bereits, um keine weiteren Status-

meldungen der ausgewählten App auf dem Sperrbildschirm angezeigt zu bekommen. Wiederholen Sie dies gegebenenfalls für weitere Apps, deren Symbole im Bereich **Sperrbildschirm-Apps** aufgeführt werden.

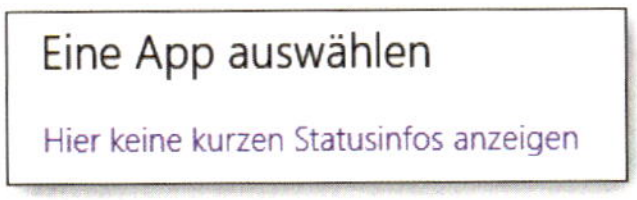

4. Wenn Sie dagegen die Statusinformationen einer App angezeigt bekommen möchten, die im Moment noch nicht aktiviert ist, klicken oder tippen Sie im Bereich der App-Symbole auf ein Plus-Symbol **+** ❷.

5. In der nun aufklappenden Liste wählen Sie per Mausklick oder Fingertipp die gewünschte App aus, z. B. **Wetter** ❸. Auch das genügt, um zukünftig die entsprechenden Informationen auf dem Sperrbildschirm angezeigt zu bekommen.

Den Sperrbildschirm aktivieren

Wie beschrieben, wird der Sperrbildschirm automatisch eingeblendet, wenn Sie den Computer ein paar Minuten lang nicht nutzen. Sie können aber auch selbst den PC sperren. Rufen Sie hierzu den Startbildschirm mit einem Klick auf die [Windows]-Taste auf. Nach einem Klick oder Tippen auf Ihr Profilbild in der rechten oberen Bildschirmecke klicken oder tippen Sie wiederum in der aufklappenden Liste auf **Sperren**.

Mithilfe der Tastenkombination [Windows] + [L] gelingt das Sperren sogar noch schneller. Wie Sie den Computer wieder »entsperren«, haben Sie bereits im Abschnitt »So melden Sie sich bei Windows 8.1 an« ab Seite 32 erfahren.

Damit sind die Einstellungen für den Sperrbildschirm abgeschlossen. Sie können das Fenster **Sperrbildschirmvorschau** nun schließen, indem Sie den Mauszeiger am oberen Bildschirmrand positionieren und in der nun sichtbaren Titelleiste rechts auf das Symbol × klicken. Arbeiten Sie mit einem Touchscreen, wischen Sie mit dem Finger vom oberen bis zum unteren Bildschirmrand.

Neben dem Sperrbildschirm lässt sich auch der Startbildschirm individuell einrichten. Wie das funktioniert, zeige ich Ihnen im folgenden Abschnitt.

Den Startbildschirm anpassen: Farben und Muster anpassen

Haben Sie selbst Windows 8.1 auf Ihrem Computer eingerichtet, konnten Sie ganz zu Anfang die Hintergrundfarbe des Startbildschirms – der teilweise auch *Startseite* genannt wird – festlegen (siehe dazu auch den Abschnitt »Windows 8.1 zum ersten Mal starten« ab Seite 24). Diese Farbe, aber auch das Muster des Startbildschirms lassen sich jederzeit ändern.

1. Kehren Sie, falls noch nicht geschehen, zum Startbildschirm zurück, indem Sie beispielsweise die ⊞-Taste drücken. Rufen Sie die Charms-Leiste am rechten Bildschirmrand auf, wie in Schritt 1 auf Seite 70 gezeigt. Nach einem Klick auf **Einstellungen** tippen Sie in der Leiste oben auf **Anpassen**.

2. Im Gegensatz zum Sperrbildschirm und zur Desktop-Oberfläche können Sie beim Startbildschirm leider kein eigenes Foto verwenden. Zur Auswahl stehen lediglich die Bilder, die Sie nun in der rechten Spalte sehen ❶. Wählen Sie per Mausklick oder Fingertipp das gewünschte Muster aus.

3. Die Hintergrund- ❷ sowie die Akzentfarbe ❸ des Startbildschirms legen Sie analog über die Farbskala fest. In der linken Fensterhälfte können Sie sofort begutachten, ob Ihnen die ausgewählte Farbkombination gefällt.

Im weiteren Verlauf dieses Kapitels werden wir uns mit den Kacheln auf dem Startbildschirm beschäftigen: Welche Kacheln sollen wo und in welcher Größe angezeigt werden, und welche können ganz entfernt werden?

Welche Kachel wird auf dem Startbildschirm angezeigt?

Egal, mit welcher App oder welchem Programm Sie auch gerade arbeiten mögen, der Startbildschirm ist von überallher blitzschnell erreichbar. Sie müssen nur die Taste [Windows] drücken oder von rechts nach links wischen und dann auf **Start** tippen, schon befinden Sie sich wieder auf dem Startbildschirm. Damit bietet der Startbildschirm mit seinen Kacheln auch den schnellsten Zugriff auf Apps und Windows-Anwendungen.

Doch nicht jedes Programm verfügt hier über eine eigene Kachel, wie Sie bereits im Abschnitt, »Programme starten und beenden« ab Seite 57 am Beispiel von WordPad gesehen haben. Im Folgenden möchte ich Ihnen deshalb an zwei Beispielen zeigen, wie Sie häufig genutzte Programme und Ordner an den Startbildschirm heften. Für das erste Beispiel wähle ich wieder das Windows-eigene Textverarbeitungsprogramm WordPad.

1. Stellen Sie sicher, dass Sie sich auf dem Startbildschirm befinden, und klicken Sie in der linken unteren Ecke des Startbildschirms auf das Symbol, um die Apps-Übersicht aufzurufen. Arbeiten Sie mit einem Touchscreen, wischen Sie von der Mitte des Startbildschirms nach oben.

2. Klicken oder tippen Sie in das Suchfeld oben rechts, und geben Sie den Suchbegriff ein, hier »WordPad«. Bereits nach den ersten Buchstaben wird in der linken Fensterhälfte das gesuchte Programm angezeigt.

3. Sobald der Programmname **WordPad** in der linken Fensterhälfte eingeblendet wird, klicken Sie mit der rechten Maustaste darauf. Im aufklappenden Kontextmenü klicken Sie auf **An »Start« anheften**.

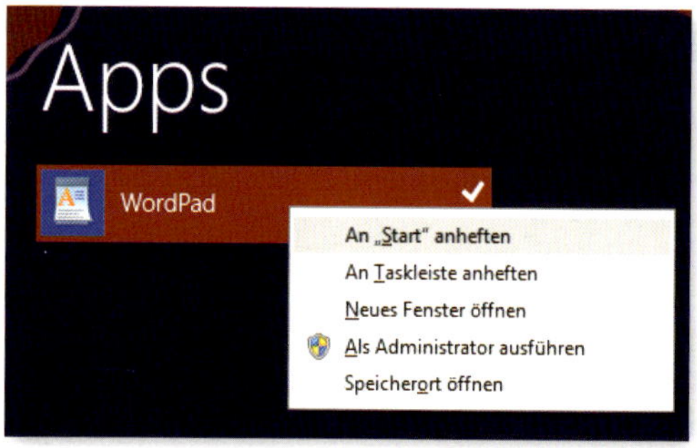

4. Bei einem Touchscreen halten Sie den Finger so lange auf dem **WordPad**-Symbol, bis am unteren Bildschirmrand die sogenannte *App-Leiste* eingeblendet wird. Sobald Sie dort den Befehl **An »Start« anheften** ausgewählt haben, wird auf dem Startbildschirm eine Kachel für WordPad ergänzt.

Programmstart statt App-Leiste

Wenn Sie zwischen den Schritten 2 und 3 (Seite 78) nach Eingabe des Suchbegriffs versehentlich die [↵]-Taste gedrückt oder – bei der Bildschirmtastatur – auf **Eingabe** getippt haben, wird automatisch die entsprechende Anwendung – hier also WordPad – gestartet. In diesem Fall beenden Sie das Programm über die **Schließen**-Schaltfläche in der rechten oberen Ecke des Programmfensters und wiederholen die Schritte 1 und 2.

Neben Programmen lassen sich auch häufig genutzte Verzeichnisse, also Ordner, mit dem Startbildschirm verknüpfen. Normalerweise führt hier der Weg zum Öffnen über die Desktop-Oberfläche und den Explorer. Wenn Sie viel mit dem Startbildschirm arbeiten und einen Ordner häufiger benötigen, sind diese Schritte allerdings recht umständlich. Am Beispiel des Ordners *Dokumente* zeige ich Ihnen, wie Sie ein Verzeichnis schnell an den Startbildschirm anheften. Ausführliche Informationen rund um den Explorer und zum Umgang mit Ordnern und Dateien erhalten Sie übrigens in Kapitel 8, »Der Explorer – mit Dateien und Ordnern umgehen«.

1. Wechseln Sie mit einem Klick oder durch Tippen auf die **Desktop**-Kachel zur Desktop-Oberfläche.

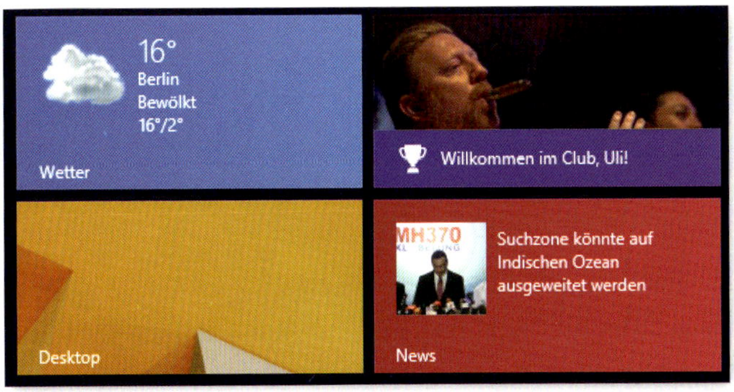

2. In der Taskleiste am unteren Bildschirmrand sehen Sie ein Ordner-Symbol. Klicken oder tippen Sie darauf, dann wird der Explorer geöffnet. Dieser zeigt nach dem Start eine Übersicht über »Dieser PC« ❶.

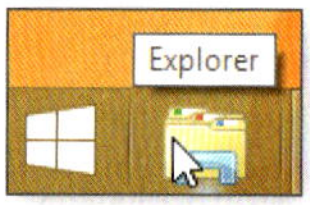

3. Klicken Sie in der rechten Fensterhälfte mit der rechten Maustaste auf **Dokumente** ❷. Falls Sie einen Touchscreen haben, tippen Sie auf **Dokumente** und halten den Finger so lange auf dem Eintrag, bis ein Quadrat eingeblendet wird.

4. Sowohl bei der Mausnutzung als auch bei der Fingergeste wird nun ein Kontextmenü eingeblendet, in dem Sie auf den Befehl **An »Start« anheften** klicken oder tippen ❸.

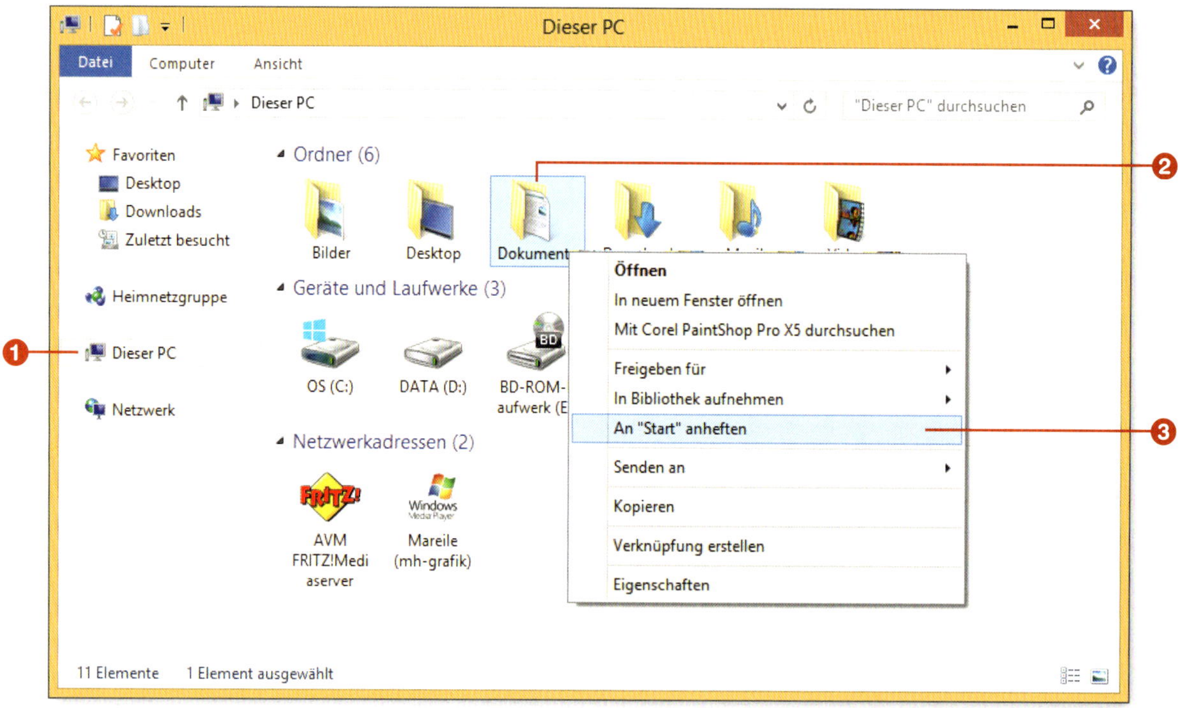

Der Ordner kann nun vom Startbildschirm aus über die entsprechende Kachel aufgerufen werden. Alle neu hinzugefügten Kacheln werden in Windows 8.1 rechts neben den vorhandenen Kacheln ergänzt.

Verknüpfte Programme an den Startbildschirm heften

Sie möchten ein Programm, das über ein Desktop-Symbol auf der Desktop-Oberfläche verfügt, mit dem Startbildschirm verknüpfen? Auch das ist schnell erledigt: Klicken Sie mit der rechten Maustaste auf das Desktop-Symbol, oder tippen Sie mit dem Finger etwas länger auf das Symbol. Im aufklappenden Kontextmenü finden Sie den nun bereits bekannten Befehl **An »Start« anheften**. Wird der Befehl nicht angezeigt, wurde das Programm bereits mit dem Startbildschirm verknüpft.

Im Laufe der Zeit sammeln sich immer mehr Kacheln auf dem Startbildschirm. Nicht alle verknüpften Anwendungen benötigt man aber tatsächlich. Um sich besser zurechtzufinden, sollten Sie zwischendurch immer einmal aufräumen und überflüssige Kacheln vom Startbildschirm entfernen. Dies funktioniert ganz einfach. Verwenden Sie eine Maus oder ein Touchpad, gehen Sie folgendermaßen vor:

1. Klicken Sie mit der rechten Maustaste auf die betreffende Kachel 4.

2. Wenn Sie gleich mehrere Kacheln in einem Rutsch vom Startbildschirm entfernen möchten, halten Sie die Taste Strg gedrückt, während Sie die Kacheln wie in Schritt 1 gezeigt markieren. Die markierten Kacheln werden mit einem Häkchen gekennzeichnet 5. Neben der zuletzt ausgewählten Kachel wird außerdem ein Kontextmenü eingeblendet.

3. Nach einem Klick oder durch Tippen auf **Von »Start« lösen** 6 werden die Kacheln nicht mehr auf dem Startbildschirm angezeigt.

Arbeiten Sie mit einem Touchscreen, markieren Sie die zu entfernenden Kacheln, indem Sie den Finger etwas länger auf der Kachel halten. Wird die App-Leiste am unteren Bildschirmrand eingeblendet, tippen Sie dort auf **Von »Start« lösen** (siehe auch die Abbildung auf Seite 81).

Keine Sorge, die Apps oder Windows-Anwendungen werden dadurch nicht deinstalliert! Benötigen Sie eine Anwendung später doch wieder häufiger, können Sie sie jederzeit wieder an den Startbildschirm heften, wie zuvor beschrieben. Wie Sie Apps gänzlich von Ihrem Computer entfernen, erfahren Sie in Kapitel 11, »Nützliche Windows-Anwendungen und -Apps«, auf Seite 387.

Kacheln können nicht nur zum Startbildschirm hinzugefügt oder wieder davon gelöst werden. Sie können sie auch beliebig platzieren und in Gruppen zusammenfassen, wie ich Ihnen im nächsten Abschnitt zeigen werde.

Kacheln auf dem Startbildschirm verschieben

Die Anordnung der Kacheln auf dem Startbildschirm folgt einem ganz einfachen Schema: Ganz links finden Sie die Kacheln der Basis-Apps (also der in Windows 8.1 vorinstallierten Apps), gefolgt von Verknüpfungen, die eventuell vom Gerätehersteller angelegt wurden. Am rechten Rand werden dann nacheinander alle Kacheln der neu installierten Apps und Windows-Anwendungen angefügt. Die Kacheln werden zeilen- und spaltenweise angezeigt und lassen sich außerdem in Gruppen zusammenfassen, wie Sie gleich noch sehen werden. Bei der Anordnung wird die Bildschirmhöhe voll ausgenutzt, sodass Sie lediglich nach links oder rechts, nicht aber nach oben oder unten blättern können. Gefällt Ihnen die Anordnung der Kacheln nicht, können Sie sie blitzschnell ändern:

- Bewegen Sie den Mauszeiger auf die Kachel, die verschoben werden soll, und ziehen Sie sie mit gedrückter linker Maustaste an die neue Position.
- Wenn Sie mit einem Touchscreen arbeiten, ziehen Sie die Kachel einfach an die gewünschte Position.

Probieren Sie es gleich einmal mit der **Desktop**-Kachel aus, indem Sie sie in die linke obere Ecke, also quasi an die erste Stelle des Startbildschirms, direkt unterhalb des Titels **Start**, verschieben.

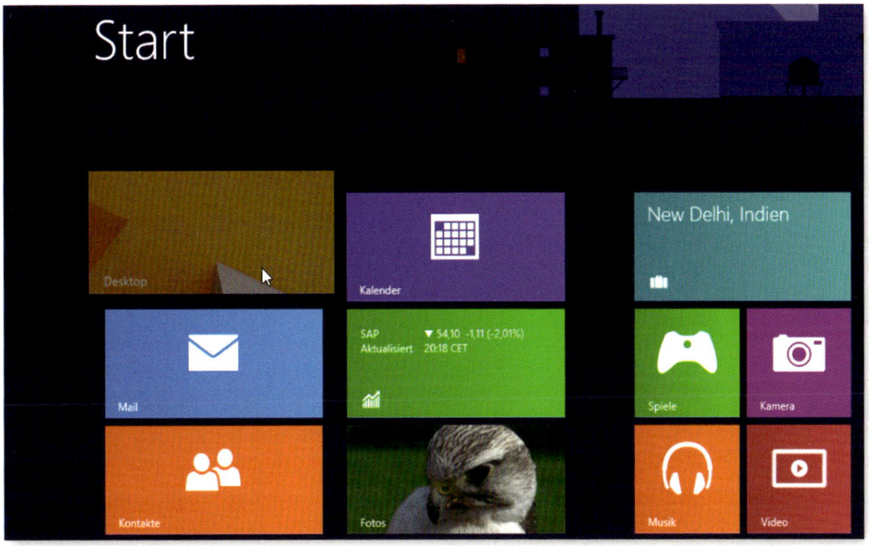

Positionieren Sie die »Desktop«-Kachel direkt in der oberen linken Ecke des Startbildschirms.

Die Desktop-Oberfläche schneller aufrufen

Der Kachel, die direkt unterhalb des Schriftzugs **Start** auf dem Startbildschirm positioniert ist, kommt eine besondere Bedeutung zu. Vom Startbildschirm ausgehend, reicht nun das Drücken der [↵]-Taste, um die mit dieser Kachel verknüpfte Anwendung zu starten. Wenn Sie also die **Desktop**-Kachel oben links positionieren, können Sie auf diese Weise schnell zwischen den beiden Oberflächen wechseln. Das Drücken der [⊞]-Taste bringt Sie zum Startbildschirm und das Drücken der [↵]-Taste von dort zur Desktop-Oberfläche.

Auf die beschriebene Weise lassen sich alle Kacheln beliebig auf dem Startbildschirm positionieren. Möchten Sie eine Kachel an eine Stelle verschieben, die gerade nicht auf dem Startbildschirm zu sehen ist, ziehen Sie die Kachel einfach bis zum entsprechenden Bildschirmrand, also z. B. ganz nach links. Sobald die Kachel den Rand »berührt«, wird automatisch die nächste Seite des Startbildschirms angezeigt. Blättern Sie nun so weit nach links bzw. rechts, bis die gewünschte Position sichtbar wird, an der Sie die Kachel ablegen möchten.

Um sich zwischendurch eine Übersicht über alle vorhandenen Kacheln zu verschaffen, bewegen Sie den Mauszeiger in die rechte untere Ecke des Startbildschirms und klicken oder tippen auf das nun sichtbare kleine Minus-Symbol ▬. Die Kacheln werden daraufhin stark verkleinert angezeigt, sodass alle Kacheln auf dem Startbildschirm Platz finden. Man spricht in diesem Zusammenhang auch von *Zoomen*.

> *Mit nur einem Mausklick oder Fingertipp können Sie sich eine Übersicht über alle auf dem Startbildschirm verfügbaren Kacheln anzeigen lassen.*

Wenn Sie einen Touchscreen nutzen, setzen Sie einfach zwei Finger auf den Bildschirm und ziehen sie zusammen, als wollten Sie mit den Fingern etwas Kleines anfassen. Um die Zoom-Funktion wieder zu deaktivieren, klicken Sie auf eine beliebige freie Stelle auf dem Startbildschirm bzw. ziehen die beiden Finger wieder auseinander.

Kacheln zu Gruppen zusammenfassen

Durch das Neuplatzieren von Kacheln lässt sich bereits für etwas Ordnung auf dem Startbildschirm sorgen. Windows 8.1 bietet aber eine weitere Möglichkeit des Aufräumens an: Betrachten Sie die Anordnung der Kacheln etwas genauer, werden Sie bemerken, dass zwischen einigen Kachelspalten ein größerer Abstand besteht als zwischen anderen. Durch diesen größeren Abstand lassen sich Kacheln zu Gruppen zusammenfassen und diese anschließend sogar benennen. Auf diese Art können Sie beispielsweise eine Gruppe mit allen Apps erstellen, die Sie zur Verwaltung und Bearbeitung Ihrer Bildersammlung benötigen, beliebte Spiele zusammenfassen und vieles mehr. Um die Gruppe auf dem Startbildschirm schnell zu finden, geben Sie ihr am besten einen passenden Namen. Die zu einer Gruppe zusammengefassten Kacheln lassen sich anschließend in einem Rutsch auf dem Startbildschirm verschieben.

Wie all dies funktioniert, zeige ich Ihnen im Folgenden. Im Beispiel werden Sie vier Basis-Apps (*News*, *Finanzen*, *Sport* und *Reisen*) zu einer Gruppe zusammenfassen, der Sie dann beispielsweise den Namen »Informationen« geben.

1. Bewegen Sie den Mauszeiger oder Ihren Finger auf die erste Kachel, die der neuen Gruppe angehören soll, im Beispiel **News** ❶.

2. Ziehen Sie die **News**-Kachel mit gedrückter linker Maustaste oder mit dem Finger von der bisherigen Position auf den nächsten breiteren Zwischenraum zwischen zwei Spalten. Denken Sie daran, dass Sie bei der Touchbedienung die Kachel zunächst etwas nach unten ziehen müssen, bevor Sie sie verschieben können.

3. Sobald ein Balken ❷ zwischen den beiden Spalten eingeblendet wird, lassen Sie die Kachel »fallen«, indem Sie die Maustaste loslassen bzw. den Finger vom Touchscreen nehmen.

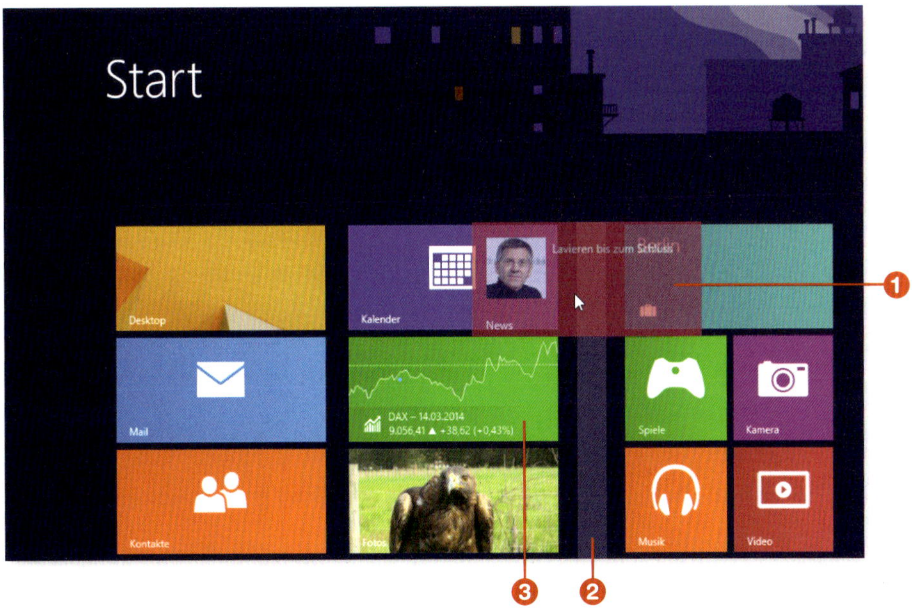

Diese drei Schritte reichen bereits aus, um eine neue Gruppe anzulegen. Noch besteht sie lediglich aus einer Kachel; aber das ändert sich schnell.

4. Ziehen Sie nun wie zuvor beschrieben die Kachel **Finanzen** (❸ auf Seite 85) unter die **News**-Kachel.

5. Wiederholen Sie Schritt 4 für die Kacheln **Sport** ❹ und **Reisen** ❺. Falls der Platz in der Spalte nicht mehr ausreicht, platziert Windows 8.1 die neu hinzugefügte Kachel in einer neuen Spalte innerhalb dieser Gruppe. Wie viele Kacheln innerhalb einer Spalte angezeigt werden können, hängt von der Größe Ihres Bildschirms ab.

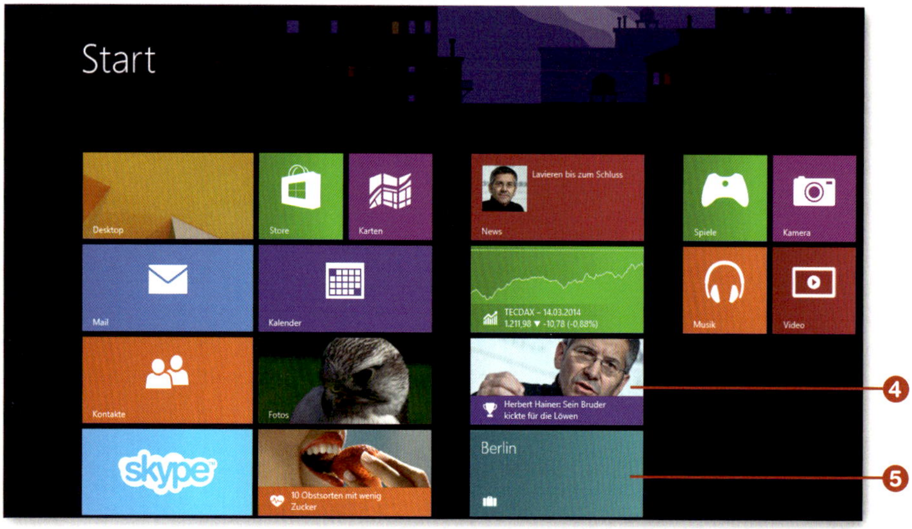

Die neue Gruppe unseres Beispiels ist damit vollständig, hat aber noch keinen Namen. Um sie zu benennen, gehen Sie folgendermaßen vor:

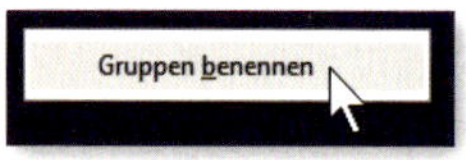

6. Klicken Sie eine beliebige freie Fläche auf dem Startbildschirm mit der rechten Maustaste an und wählen im Kontextmenü **Gruppen benennen**. Auf einem Touchscreen wischen Sie vom unteren Bildschirmrand Richtung Bildmitte und tippen in der aufklappenden Leiste auf **Anpassen**.

7. Oberhalb der einzelnen Gruppen wird nun jeweils die Schaltfläche **Gruppen benennen** eingeblendet. Klicken oder tippen Sie auf die Schaltfläche der zuvor erstellen Gruppe mit den Kacheln **News**, **Finanzen**, **Sport** und **Reisen**. Geben Sie in das nun weiße Feld die gewünschte Gruppenbezeichnung ein, hier »Informationen« ❻, und schließen Sie die Eingabe durch Drücken der Taste [↵] ab.

8. Mit einem Klick auf einen freien Bereich ❼ auf dem Startbildschirm oder, im Falle eines Touchscreens, einem Antippen der Schaltfläche **Anpassen** kehren Sie wieder zur normalen Ansicht des Startbildschirms zurück.

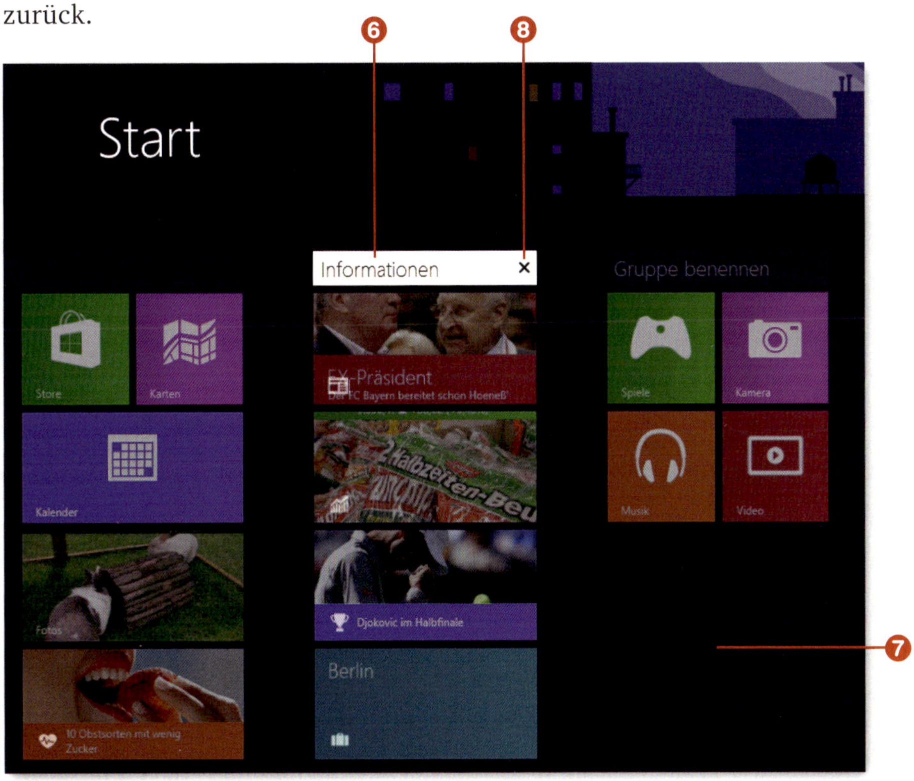

9. Der Gruppentitel **Informationen** wird jetzt oberhalb der Gruppe eingeblendet. Wenn Sie möchten, ziehen Sie die Gruppe nun noch an die gewünschte Position auf dem Startbildschirm. Das Verschieben einer ganzen Gruppe funktioniert analog zu dem einer einzelnen Kachel. Wichtig ist lediglich, dass die Zoom-Funktion aktiviert ist, die ich bereits im vorangegangenen Abschnitt vorgestellt habe. Bewegen Sie den Mauszeiger in die rechte untere Ecke des Startbildschirms, und klicken Sie dort auf das Symbol [–]. Nutzen Sie einen Touchscreen, ziehen Sie zwei Finger wie zuvor beschrieben zusammen. Durch den größeren Spaltenabstand erkennen Sie gut, wo eine Gruppe endet und die nächste beginnt.

10. Bewegen Sie den Mauszeiger auf die neu angelegte Gruppe **Informationen**, und ziehen Sie sie mit gedrückter linker Maustaste an die gewünschte neue Position. Wenn Sie mit einem Touchscreen arbeiten, müssen Sie die Gruppe wie gewohnt zunächst etwas nach unten ziehen, bevor Sie sie verschieben können.

11. Wurde die Gruppe wie gewünscht positioniert, können Sie die Zoom-Funktion deaktivieren, indem Sie auf eine beliebige freie Stelle auf dem Desktop klicken oder zwei Finger auf dem Touchscreen auseinanderziehen.

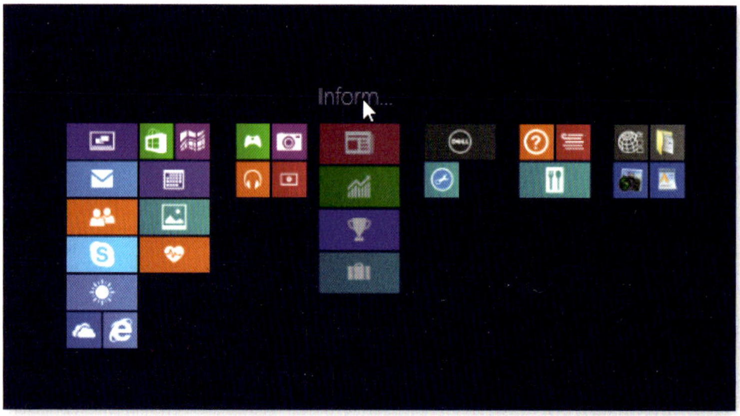

Gruppenbezeichnung entfernen

Um den Gruppennamen wieder zu entfernen, wiederholen Sie einfach die Schritte 6 und 7. Wird in Schritt 7 der Gruppenname eingeblendet, klicken oder tippen Sie auf das kleine Kreuz-Symbol ✕ im Dialog (8 auf Seite 87), fertig.

Jede Kachel einer Gruppe lässt sich übrigens nicht nur beliebig innerhalb einer Gruppe neu positionieren, sondern auch einfach in eine andere Gruppe verschieben. Auf diese Art können Sie eine Gruppe auch wieder auflösen. Sobald Sie alle Kacheln aus einer Gruppe entfernt haben, verschwindet auch die Gruppe vom Startbildschirm.

Damit haben Sie das Einrichten des Startbildschirms fast abgeschlossen. Im letzten Abschnitt dieses Kapitels zeige ich Ihnen noch, wie Sie die Größe einiger Kacheln verändern.

Das Aussehen der Kacheln anpassen

Einige Kacheln sind groß, andere etwas kleiner. Manche Kacheln zeigen immer wieder neue Informationen oder Bilder an, auf anderen dagegen ist immer das gleiche Bild zu sehen. Auch wenn Sie an dieser Darstellung nicht allzu viel ändern können, ein bisschen was geht doch.

Unter Windows 8 standen lediglich zwei Kachelgrößen zur Auswahl – in Windows 8.1 sind es nun bereits vier. Wenn Sie die Größe einer Kachel ändern möchten, gehen Sie folgendermaßen vor:

1. Klicken Sie mit der rechten Maustaste auf eine Kachel auf dem Startbildschirm, oder halten Sie den Finger etwas länger auf der Kachel gedrückt.

2. Im Falle eines Touchscreens erscheint am unteren Bildschirmrand die App-Leiste (siehe die Abbildung unten). Arbeiten Sie mit der Maus, wird neben der Kachel ein Kontextmenü eingeblendet (siehe die Abbildung rechts). Bei beiden finden Sie den Eintrag **Größe ändern** ❶. Klicken oder tippen Sie hierauf, klappt eine Liste auf, in der die aktuelle Kachelgröße farbig hervorgehoben ist bzw. ein Häkchen aufweist.

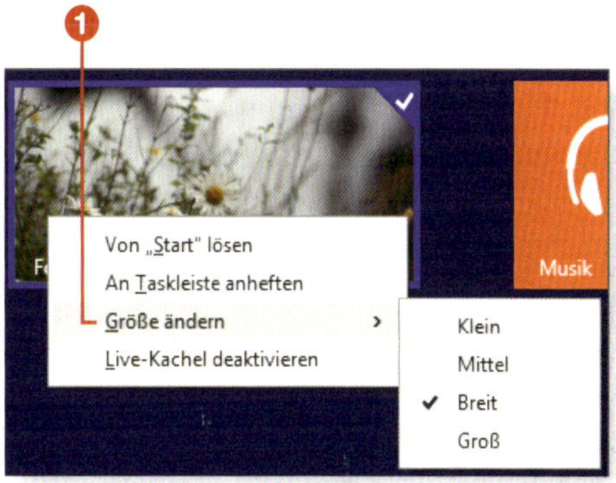

3. Mit einem Klicken oder durch Tippen auf den gewünschten Eintrag **Klein**, **Mittel**, **Breit** oder **Groß** verändern Sie die Kachelgröße.

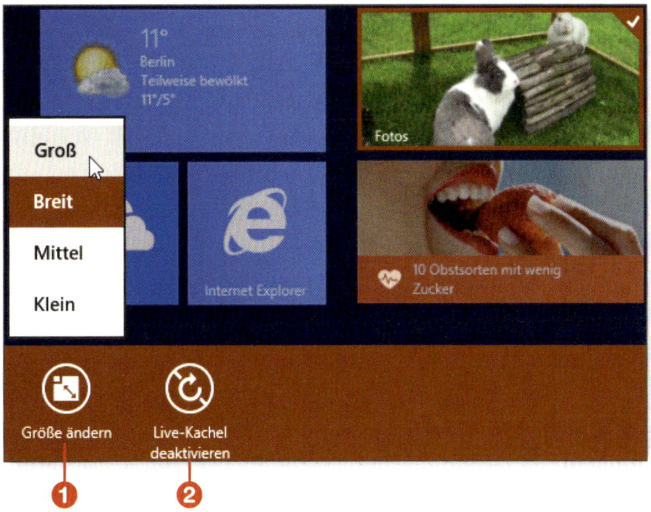

Einige Basis-Apps, z. B. *News*, *Wetter* oder auch *Reisen*, zeigen in ihren Kacheln wechselnde Informationen an. Diese Kacheln werden auch als *Live-Kacheln* bezeichnet. In der kleinsten Kachelgröße reicht der Platz zur Anzeige dieser Informationen nicht aus. Wenn Sie auch für eine der drei anderen Größen die Aktualisierungen abstellen möchten, gehen Sie folgendermaßen vor:

1. Wiederholen Sie Schritt 1 der vorherigen Anleitung (Seite 89), um das Kontextmenü bzw. die App-Leiste einzublenden. Mit einem Klick oder durch Tippen auf **Live-Kachel deaktivieren** (❷ auf Seite 89) schalten Sie die Aktualisierungen aus.

2. Sind Sie irgendwann doch einmal wieder an den aktuellen Informationen einer App interessiert, können Sie auf dem gleichen Weg – durch Klicken auf oder Antippen von **Live-Kachel aktivieren** – diese Einstellung wieder rückgängig machen.

Damit sind Sie am Ende des Kapitels rund um die Optik des Startbildschirms angelangt. Vielen Apps, die Sie hier bereits kurz kennengelernt haben, werden Sie im weiteren Verlauf des Buches erneut begegnen. Doch zuvor nehmen wir die Desktop-Oberfläche genauer unter die Lupe. Im nächsten Kapitel zeige ich Ihnen, wie Sie mit beiden Oberflächen – Startbildschirm und Desktop – optimal arbeiten.

Apps beenden

Im Eifer des Gefechts kann es schon einmal passieren, dass Sie eine App versehentlich öffnen, obwohl Sie eigentlich nur ihr Kontextmenü einblenden wollten. Das ist aber kein Problem. Beenden Sie die App einfach, wie bereits im Abschnitt »Programme starten und beenden« ab Seite 57 gezeigt: Positionieren Sie den Mauszeiger am oberen Bildschirmrand, und klicken Sie in der nun sichtbaren Titelleiste auf ×. Arbeiten Sie mit einem Touchscreen, ziehen Sie den Finger vom oberen Bildschirmrand ganz nach unten.

Kapitel 4
Alte Bekannte: Desktop, Taskleiste und Startmenü

Über viele Windows-Generationen hinweg wurde der Anwender nach dem Start seines Computers von der Desktop-Oberfläche begrüßt. Unter Windows 8 nahm kurzzeitig der Startbildschirm diesen Platz ein, was bei vielen Nutzern aber zu großen Protesten führte. Mit dem ersten Update von Windows 8.1 im April 2014 ruderte Microsoft daher etwas zurück. Nun hängt es vom verwendeten Computertyp ab, welche Oberfläche nach dem Start zu sehen ist. Arbeiten Sie mit einem Desktop-PC oder einem Tablet, wird weiterhin der Desktop angezeigt. Im Falle eines Tablets mit Touchscreen gelangen Sie dagegen automatisch zum Startbildschirm. Der Grund für diesen vermeintlichen Schritt zurück ist verständlich: Viele – sogar Microsoft-eigene – Programme nutzen immer noch die altbewährte Oberfläche. Der Desktop spielt also nach wie vor eine wichtige Rolle. In diesem Kapitel werden wir uns deshalb ausführlich mit der Desktop-Oberfläche beschäftigen. Diejenigen unter Ihnen, die bereits mit einer älteren Windows-Version gearbeitet haben, werden dabei sicherlich viel Bekanntes wiederfinden, aber auch einiges Neues über den Desktop erfahren.

Übersicht über den Desktop

In Kapitel 3, »Der Startbildschirm im Einsatz«, haben Sie bereits gelernt, wie Sie für häufig genutzte Programme eine Verknüpfung in Form einer Kachel auf dem Startbildschirm anlegen können. Klicken oder tippen Sie diese Kachel an, wird direkt die entsprechende Anwendung gestartet.

Eine speziell für Windows 8.1 entwickelte App wird im Vollbildmodus geöffnet. Bei klassischen Windows-Anwendungen, wie etwa Microsoft Word oder einem Bildbearbeitungsprogramm, wird das Programm dagegen in einem eigenen Programmfenster gestartet. Parallel hierzu passiert außerdem etwas anderes: Zusätzlich zum Programm ❶ erscheint, auch wenn Sie sich zuvor auf dem Startbildschirm befunden haben, automatisch der Desktop ❷ auf dem Bildschirm.

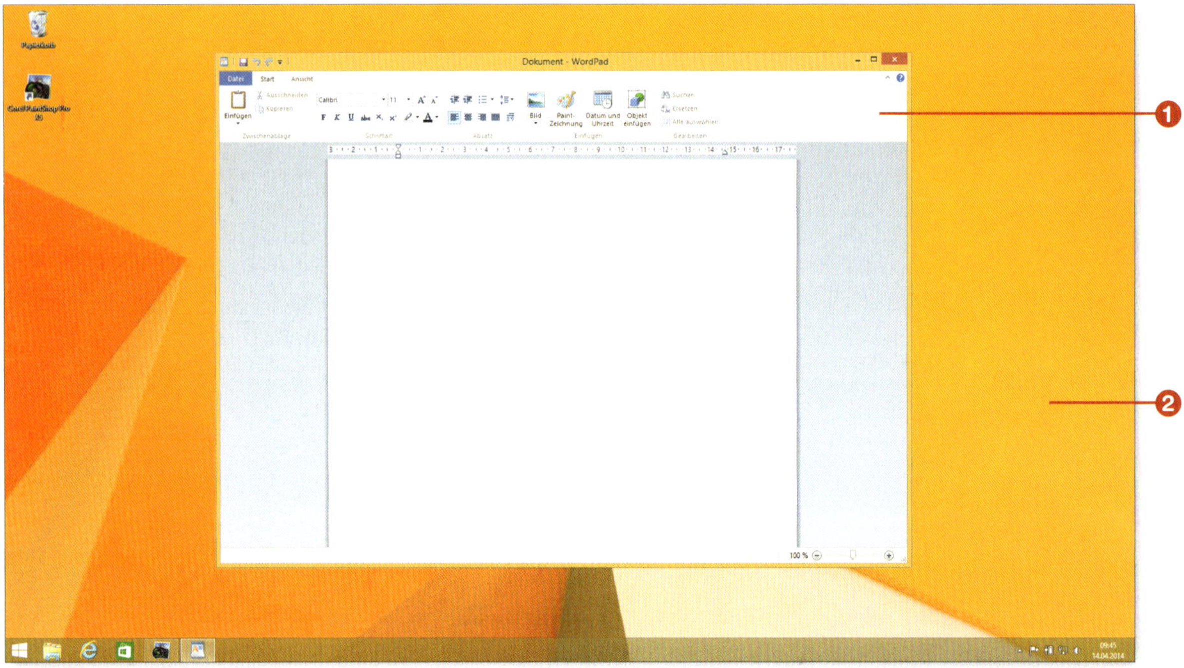

Für Programme, die die Desktop-Oberfläche nutzen, hat sich deshalb unter Windows 8.1 auch die Bezeichnung *Desktop-Apps* eingebürgert. Ich werde im Buch in diesem Zusammenhang aber weiterhin von *Windows-Anwendungen* sprechen.

Wie Sie bereits im Abschnitt »Erste Schritte auf dem Startbildschirm – Apps starten« ab Seite 41 gesehen haben, findet sich auf dem Startbildschirm die Kachel **Desktop** ❸. Sollte sich also gerade der Startbildschirm im Vordergrund befinden, gelangen Sie jederzeit mit einem Klick oder durch Tippen zur Desktop-Oberfläche.

❸

Mit einem Klick oder Tipp auf die »Desktop«-Kachel gelangen Sie schnell vom Startbildschirm zum Desktop.

Den Desktop schneller aufrufen per Tastenkombination

Arbeiten Sie mit einer Tastatur, gelangen Sie auch über die Tastenkombination [Win]+[D] schnell zur Desktop-Oberfläche. Wenn Sie die **Desktop**-Kachel in der linken obersten Ecke des Startbildschirms positionieren (siehe dazu auch den Abschnitt »Kacheln auf dem Startbildschirm verschieben« ab Seite 82), reicht außerdem das Drücken der [↵]-Taste, und schon wird der Desktop eingeblendet.

Bevor ich Ihnen in den folgenden Abschnitten zeige, wie Sie den Desktop ganz nach Ihren Bedürfnissen einrichten, werfen wir zur besseren Orientierung zunächst einen kurzen Blick auf die Oberfläche mit all ihren Bestandteilen.

Die größte Fläche des Desktops nimmt ein Hintergrundbild (❹ auf Seite 94) ein. Dieses kann auf jedem Computer anders aussehen. Wie Sie dieses Bild austauschen und durch ein eigenes Foto ersetzen, zeige ich Ihnen im Abschnitt »Ein Desktop nach Ihrem Geschmack« ab Seite 102.

Sobald Sie eine Windows-Anwendung öffnen, wird das Hintergrundbild des Desktops zumindest teilweise, wenn nicht sogar ganz verdeckt. Immer auf dem Desktop sichtbar bleibt aber die sogenannte *Taskleiste* ❺, die sich am unteren Bildschirmrand befindet. Rechts finden Sie Informationen wie Uhrzeit und Datum sowie Symbole, z. B. ein Lautsprecher-Symbol, das anzeigt, ob der Ton ein- oder ausgeschaltet ist. Dieser Abschnitt wird daher auch als *Infobereich* ❻ bezeichnet. Am linken Rand der Taskleiste sehen Sie einige Schaltflächen, über die Sie wichtige Programme, z. B. den Internet Explorer ❼ oder den Explorer ❽, zur Verwaltung von Dateien und Ordnern, aufrufen. Mit dem Update im April 2014 ist außerdem ein Symbol zum Aufruf des *Stores* (zu Deutsch »Geschäft«) hinzugekommen ❾. Über den Store können Sie weitere Apps beziehen, wie ich Ihnen ausführlich im Abschnitt »Der Windows Store – noch mehr Apps für Sie« ab Seite 381 zeigen werde.

Die Bestandteile des Desktops im Überblick

Sobald Sie eine Windows-Anwendung oder eine App starten, wird für sie ebenfalls eine Schaltfläche in der Taskleiste eingeblendet. Ausnahme: Wenn Sie mit einem Touchscreen arbeiten, finden Sie für die geöffneten Apps zunächst keinerlei Symbol in der Taskleiste. Wie Sie dies aber einstellen können, zeige ich Ihnen im Abschnitt »Die Taskleiste im Überblick« ab Seite 109. Dort erfahren Sie auch, wie Sie die Taskleiste optimal nutzen und welche Möglichkeiten sie bietet.

Unter Windows 8 verschwunden, in Windows 8.1 nun wieder vorhanden, ist das Windows-Logo ❿, das Sie ganz links auf der Taskleiste finden. Im Gegensatz zu älteren Windows-Versionen klappt nach einem Klick auf das Logo allerdings kein Startmenü auf. Stattdessen werden Sie automatisch zum Startbildschirm geführt. Weitere Informationen zu dieser Schaltfläche erhalten Sie im Abschnitt »So holen Sie sich das Startmenü zurück« ab Seite 120.

Werfen Sie einen Blick auf das Hintergrundbild des Desktops, werden Sie mindestens ein Symbol entdecken, nämlich den Papierkorb ⓫, in dem Windows alle gelöschten Dateien und Ordner ablegt (weitere Informationen zum Papierkorb finden Sie ab Seite 273 im Abschnitt »Dateien und Ordner kopieren, verschieben und löschen«). Sobald Sie weitere Programme installieren, kommen auf dem Desktop entsprechend weitere Symbole ⓬ hinzu. Diese *Desktop-Symbole* stellen, wie auch die Kacheln auf dem Startbildschirm, Verknüpfungen zu Programmen, Ordnern oder Dateien dar. Ein Doppelklick oder schnelles zweimaliges Tippen auf ein Symbol reicht, um das mit dem Symbol verknüpfte Programm oder den Ordner zu öffnen.

Im nächsten Abschnitt erfahren Sie, wie Sie selbst auf dem Desktop Verknüpfungen zu Ordnern und häufig genutzten Programmen anlegen.

Verknüpfungen zu Programmen und Ordnern anlegen

Der Mensch ist bekanntlich ein Gewohnheitstier. Auch wenn Microsoft seit Windows 8 in erster Linie den Startbildschirm als Schaltzentrale für alle auf dem Computer installierten Apps und Windows-Anwendungen vorsieht, wollen viele mit älteren Versionen vertraute Anwender trotzdem nicht auf den Desktop als Ausgangspunkt für ihre Arbeiten am PC verzichten. Auch viele Computerneulinge finden sich hier wegen der Übersichtlichkeit auf Anhieb besser zurecht. Als Nächstes stelle ich Ihnen daher verschiedene Wege vor, wie Sie Verknüpfungen zu Programmen und Ordnern auf dem Desktop anlegen.

Windows 8.1 legt per Standardeinstellung lediglich das Symbol für den Papierkorb auf dem Desktop ab. Unter Windows XP gab es noch ein weiteres sinnvolles Symbol auf dem Desktop: den *Arbeitsplatz*. Per Doppelklick oder zweimaligen Fingertipp auf dieses Symbol erhielt der Anwender eine Übersicht über alle Laufwerke, Ordner und Dateien seines

3. Klicken Sie mit der rechten Maustaste auf **Bilder** ❷. Auf einem Touchscreen tippen Sie auf **Bilder** und halten den Finger so lange auf dem Eintrag, bis ein Quadrat eingeblendet wird.

4. Sowohl bei der Mausnutzung als auch bei der Fingergeste wird nun ein Kontextmenü eingeblendet, in dem Sie zunächst **Senden an** ❸ auswählen und anschließend **Desktop (Verknüpfung erstellen)** ❹.

5. Möchten Sie keine weiteren Verknüpfungen auf dem Desktop anlegen, schließen Sie den Explorer mit einem Klick oder durch Tippen auf das **Schließen**-Symbol × ❺ des Programmfensters.

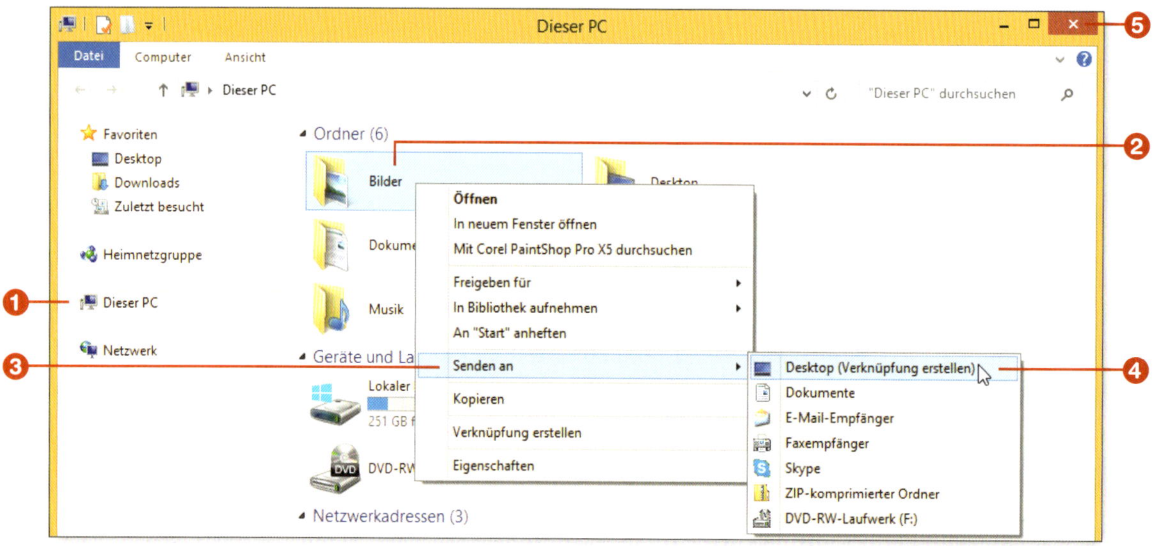

Diese wenigen Schritte reichen bereits aus, um eine Verknüpfung zum gewünschten Ordner auf dem Desktop zu erstellen. Analog können Sie auch Verknüpfungen zu einzelnen Dateien oder Laufwerken anlegen.

Verknüpfung umbenennen

Unterhalb des Desktop-Symbols erscheint im Falle eines Ordners der Zusatz »Verknüpfung«. Möchten Sie diesen umbenennen, klicken Sie mit der rechten Maustaste darauf bzw. halten den Finger etwas länger auf dem Desktop-Symbol. Wählen Sie im Kontextmenü, das sich dann öffnet, den Befehl **Umbenennen**. Der Text wird nun blau markiert, und Sie können ihn überschreiben. Durch Drücken der ↵-Taste übernehmen Sie den neuen Namen.

Im Abschnitt »Welche Kachel wird auf dem Startbildschirm angezeigt?« ab Seite 77 habe ich Ihnen bereits gezeigt, wie Sie eine Kachel als Verknüpfung zu einer Windows-Anwendung an den Startbildschirm anheften. Selbstverständlich können Sie eine solche Verknüpfung auch auf dem Desktop einrichten. Bei vielen Programmen geschieht dies sowieso automatisch während der Installation, aber eine Verknüpfung lässt sich auch im Nachhinein noch einrichten. In den Versionen vor Windows 8 wurde hierzu das Startmenü aufgerufen. Das Startmenü gibt es nun aber seit Windows 8 nicht mehr. Daher führt der Weg nun über den Startbildschirm.

In unserem Beispiel werden Sie eine Verknüpfung zum beliebten Programm Windows Media Player auf dem Desktop anlegen, das zum Abspielen von Musiktiteln dient (mehr zum Windows Media Player erfahren Sie in Kapitel 9, »Fotos, Videos und Musik«).

1. Drücken Sie die Taste [Windows], oder rufen Sie die Charms-Leiste am rechten Bildschirmrand auf, und tippen Sie hier auf **Start**.

2. Klicken Sie links unterhalb der Kacheln auf das Symbol [↓], oder wischen Sie von der Bildschirmmitte zum oberen Bildschirmrand. Sie erhalten eine Übersicht über alle auf dem Computer installierten Apps und Windows-Anwendungen.

3. Blättern Sie gegebenenfalls auf dem Bildschirm so weit nach rechts, bis die gewünschte Windows-Anwendung angezeigt wird, im Beispiel also der Windows Media Player.

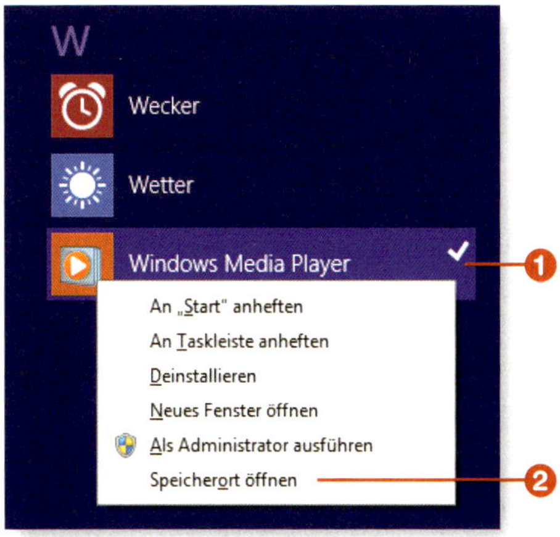

4. Klicken Sie mit der rechten Maustaste auf das Symbol des Windows Media Players, wird ein Kontextmenü (siehe Abbildung rechts) eingeblendet. Nutzen Sie einen Touchscreen, drücken Sie mit dem Finger etwas länger auf das Symbol, bis es farbig markiert ist und ein Häkchen hat ❶. Am unteren Seitenrand wird nun eine App-Leiste (siehe Abbildung auf Seite 100) eingeblendet.

5. Klicken Sie im Kontextmenü bzw. in der App-Leiste auf **Speicherort öffnen** ❷.

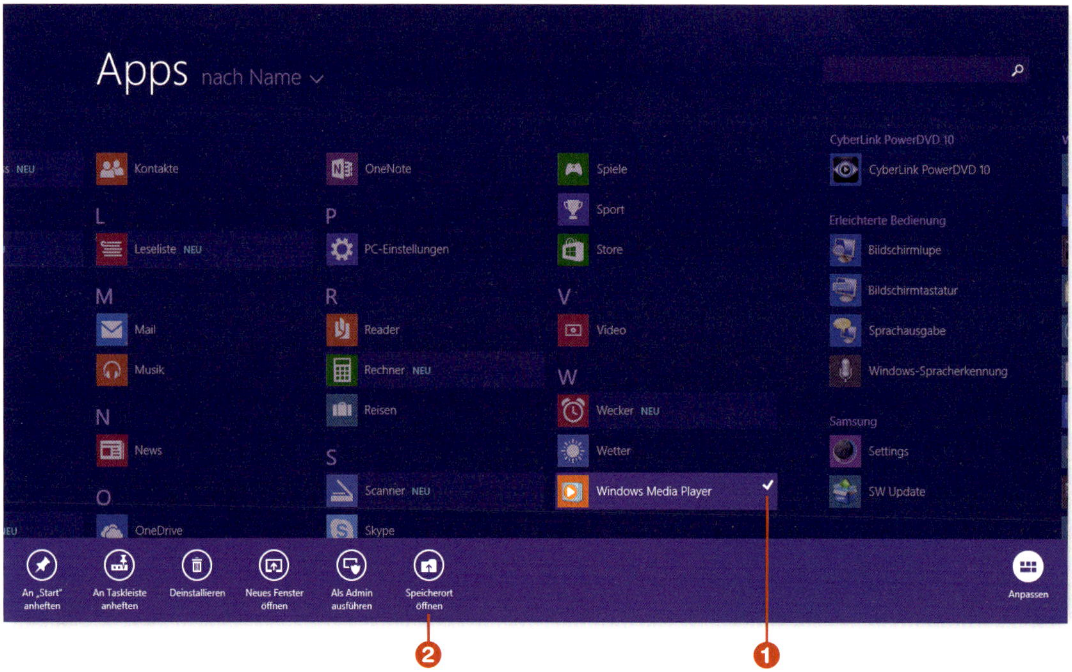

6. Sie kommen nun automatisch zum Desktop, und das Programmfenster des Explorers wird wieder eingeblendet. In der rechten Fensterhälfte ist der Eintrag **Windows Media Player** bereits farbig markiert. Klicken Sie mit der rechten Maustaste darauf. Falls Sie einen Touchscreen nutzen, halten Sie den Finger wieder etwas länger auf dem Eintrag, bis das Quadrat erscheint.

7. Im Kontextmenü wählen Sie nun wie zuvor für den Ordner gezeigt nacheinander die Befehle **Senden an** und dann **Desktop (Verknüpfung erstellen)** aus.

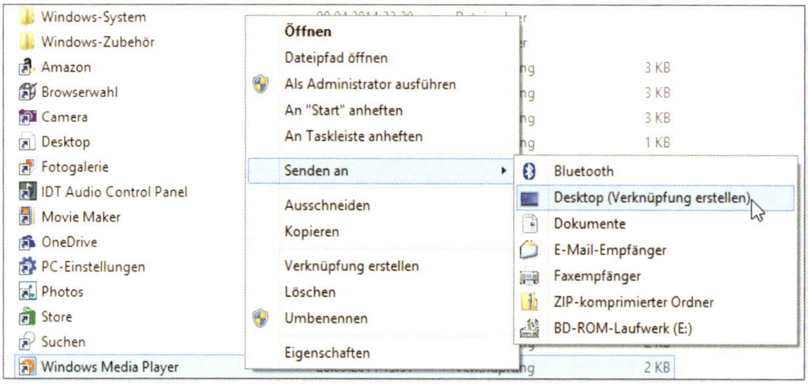

Auf dem Desktop erscheint nun das Symbol für den Windows Media Player. Auf die gleiche Weise können Sie weitere Windows-Anwendungen mit dem Desktop verknüpfen. Der Befehl **Speicherort öffnen** steht allerdings nur für Windows-Anwendungen zur Verfügung. Für Windows-8.1-Apps, wie etwa *News* oder *Mail*, lässt sich keine Verknüpfung auf dem Desktop erstellen (siehe auch den Kasten »Für Tablet-Nutzer: App-Symbole auf der Taskleiste einblenden« auf Seite 110).

Windows-Anwendung suchen

Statt wie hier beschrieben vorzugehen, können Sie die gewünschte Windows-Anwendung natürlich auch über das Suchmenü auswählen, wie im Abschnitt »Die Charms-Leiste: So erreichen Sie wichtige Funktionen« ab Seite 53 gezeigt. Das Suchmenü lässt sich übrigens auch sehr bequem per Klick auf das Lupen-Symbol aufrufen, das Sie in der rechten oberen Ecke des Startbildschirms rechts von Ihrem Benutzernamen finden.

Wie auch auf dem Startbildschirm können Sie alle Desktop-Symbole ganz nach Belieben anordnen. Bewegen Sie hierzu einfach den Mauszeiger auf das betreffende Symbol, und ziehen Sie es dann mit gedrückter linker Maustaste an die neue Position. Bei einem Touchscreen verschieben Sie das Element einfach mit dem Finger.

Starrsinnige Desktop-Symbole

Die Desktop-Symbole zeigen sich hartnäckig und springen immer wieder zur alten Position zurück? In diesem Fall müssen Sie nur eine Einstellung ändern: Klicken Sie mit der rechten Maustaste auf eine freie Fläche auf dem Desktop. Auf einem Touchscreen drücken Sie den Finger so lange auf den Bildschirm, bis wieder das kleine Quadrat eingeblendet wird. Bewegen Sie dann den Mauszeiger oder Ihren Finger im Kontextmenü auf **Ansicht**. Ist der Befehl **Symbole automatisch anordnen** mit einem Häkchen versehen, lassen sich die Desktop-Symbole nicht individuell verschieben. Klicken oder tippen Sie auf den Befehl, um das Häkchen davor zu entfernen und die Funktion entsprechend zu deaktivieren. Nun können Sie die Elemente frei auf dem Desktop positionieren.

Nicht mehr benötigte Desktop-Symbole sind übrigens genauso schnell entfernt, wie Sie sie eingerichtet haben. Gehen Sie dazu wie folgt vor:

1. Klicken Sie mit der rechten Maustaste auf das zu löschende Symbol. Wenn Sie mit einem Touchscreen arbeiten, halten Sie den Finger etwas länger auf dem Symbol, bis das Quadrat eingeblendet wird.

2. Klicken oder tippen Sie im Kontextmenü auf **Löschen**, bestätigen Sie mit **Ja**, und schon ist das Desktop-Symbol vom Desktop verschwunden.

Im nächsten Abschnitt beschäftigen wir uns mit dem Desktop-Hintergrund selbst. Wer möchte, hinterlegt hier beispielsweise ein eigenes Foto, das anschließend auch in der **Desktop**-Kachel auf dem Startbildschirm erscheint.

Ein Desktop nach Ihrem Geschmack

Die größte Fläche des Desktops wird wie bereits erwähnt von einem Hintergrundbild eingenommen. Das angezeigte Bild ist aber nicht unbedingt jedermanns Sache. Wenn Sie möchten, können Sie es durch ein oder auch mehrere eigene Fotos ersetzen und diese sogar als Diashow abspielen lassen. In diesem Fall wird das Bild in regelmäßigen Abständen ausgetauscht. Auch die Farbe von Programmfenstern lässt sich anpassen, wie Sie in den folgenden Schritten sehen werden.

1. Wechseln Sie, falls noch nicht geschehen, zur Desktop-Oberfläche. Nach einem Rechtsklick auf eine freie Fläche des Hintergrunds oder nach längerem Drücken mit dem Finger wählen Sie im Kontextmenü den Befehl **Anpassen**.

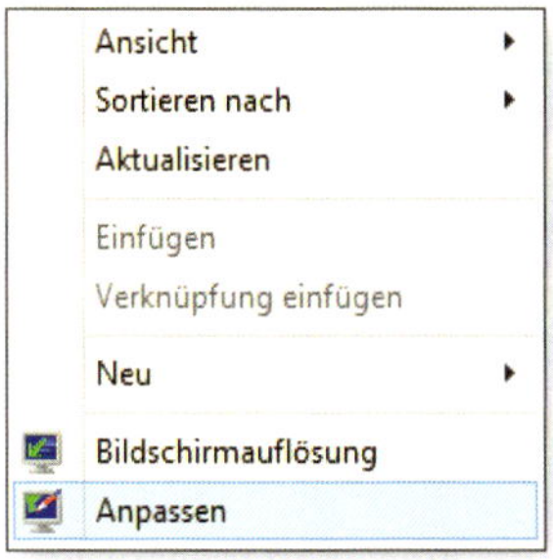

2. Klicken oder tippen Sie am unteren Rand des Fensters **Anpassung** auf **Desktophintergrund** ❶.

3. Windows 8.1 bringt bereits einige Bilder für den Desktop-Hintergrund mit. Möchten Sie sich diese Bilder ansehen, stellen Sie sicher, dass im Auswahlfeld **Bildpfad** ❷ der Eintrag **Windows-Desktophintergründe** angezeigt wird. Ist dies nicht der Fall, klicken oder tippen Sie auf den nach unten zeigenden kleinen Pfeil ❸ am rechten Rand des Auswahlfeldes, um eine Liste aufzuklappen, und wählen darin **Windows-Desktophintergründe** aus.

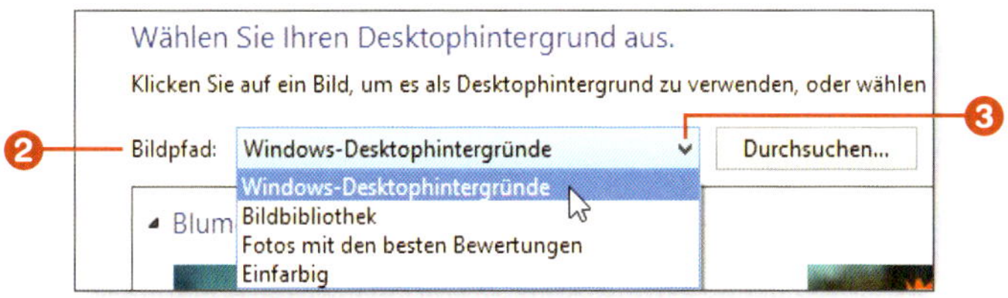

4. Unterhalb des Auswahlfeldes werden nun alle von Windows 8.1 zur Verfügung gestellten Hintergrundbilder angezeigt. Je nach Fenstergröße kann es sein, dass nicht alle Bilder Platz finden. In diesem Fall finden Sie am rechten Rand der Auswahlliste eine Bildlaufleiste ❹. Den darin befindlichen Balken können Sie mit gedrückter linker Maustaste oder auch per Finger verschieben und sich so alle Bilder in Ruhe ansehen.

5. Gefällt Ihnen eines der Bilder, klicken oder tippen Sie zunächst auf die Schaltfläche **Alle löschen** ❺. Damit heben Sie die aktuelle Auswahl des Desktop-Hintergrundbildes auf. Mit einem Mausklick oder durch Fingertippen wählen Sie dann das gewünschte Bild aus, das auch sofort als Desktop-Hintergrund erscheint.

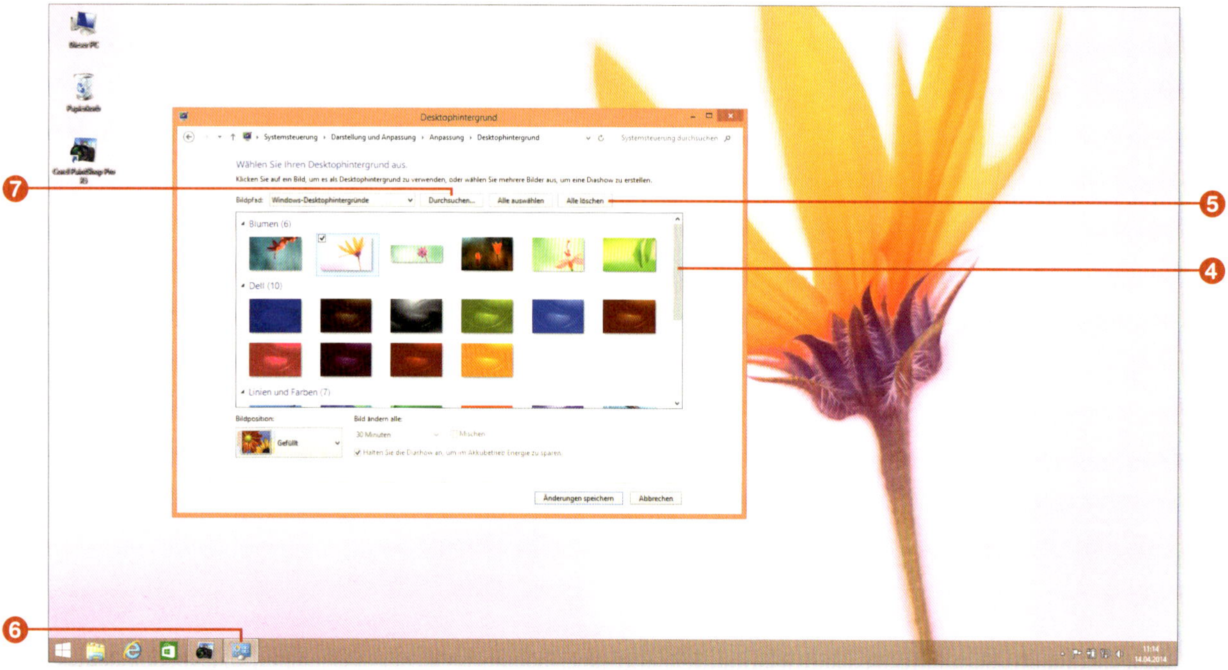

6. Um das ausgewählte Bild in voller Schönheit auf dem Desktop bewundern zu können, klicken oder tippen Sie unten links in der Taskleiste auf das Symbol ❻.

7. Das Dialogfenster **Desktophintergrund** wird damit minimiert. Mit einem erneuten Klick auf das Symbol holen Sie das Fenster wieder in den Vordergrund zurück.

Gefällt Ihnen keines der vorgeschlagenen Bilder, können Sie auch eine Aufnahme aus Ihrer eigenen Fotosammlung wählen. Voraussetzung hierfür ist natürlich, dass Sie bereits eigene Bilder auf dem Computer gespeichert haben. Wie dies funktioniert, zeige ich Ihnen in Kapitel 9, »Fotos, Videos und Musik«. Um ein eigenes Foto auszuwählen, gehen Sie folgendermaßen vor:

1. Klicken oder tippen Sie im Dialog **Desktophintergrund** auf die Schaltfläche **Durchsuchen** (7 auf Seite 104). Im Dialog **Ordner suchen**, der sich daraufhin öffnet, klicken oder tippen Sie nacheinander auf **Bibliotheken ▸ Bilder ▸ Bilder**. Wenn Sie bereits einen eigenen Bildordner angelegt haben, wählen Sie ihn mit einem Klick oder Tipp aus 8, bevor Sie den Dialog mit **OK** beenden.

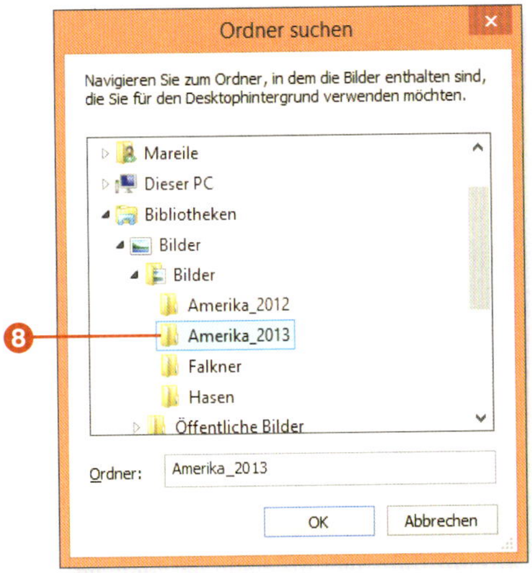

Zunächst sind alle Bilder des ausgewählten Ordners markiert; dies erkennen Sie an dem kleinen Häkchen in der linken oberen Ecke der jeweiligen Bildvorschau. Wenn Sie diese Einstellung so belassen, werden die Fotos nacheinander in einer Art Diashow eingeblendet.

2. Sollen nicht alle, sondern lediglich eines oder eine bestimmte Auswahl an Fotos angezeigt werden, entfernen Sie per Mausklick oder durch Fingertippen in der Bildvorschau jeweils das Häkchen des Fotos, das nicht zur Auswahl gehören soll.

3. Haben Sie mehrere Bilder markiert, lässt sich der Abstand zwischen ihrem Erscheinen verändern. Den Wert geben Sie im Feld **Bild ändern alle** (9 auf Seite 106) vor. Klicken Sie hierzu auf den Pfeil rechts neben dem Feld, und wählen Sie in der Liste die gewünschte Zeit aus, z. B. **5 Minuten**.

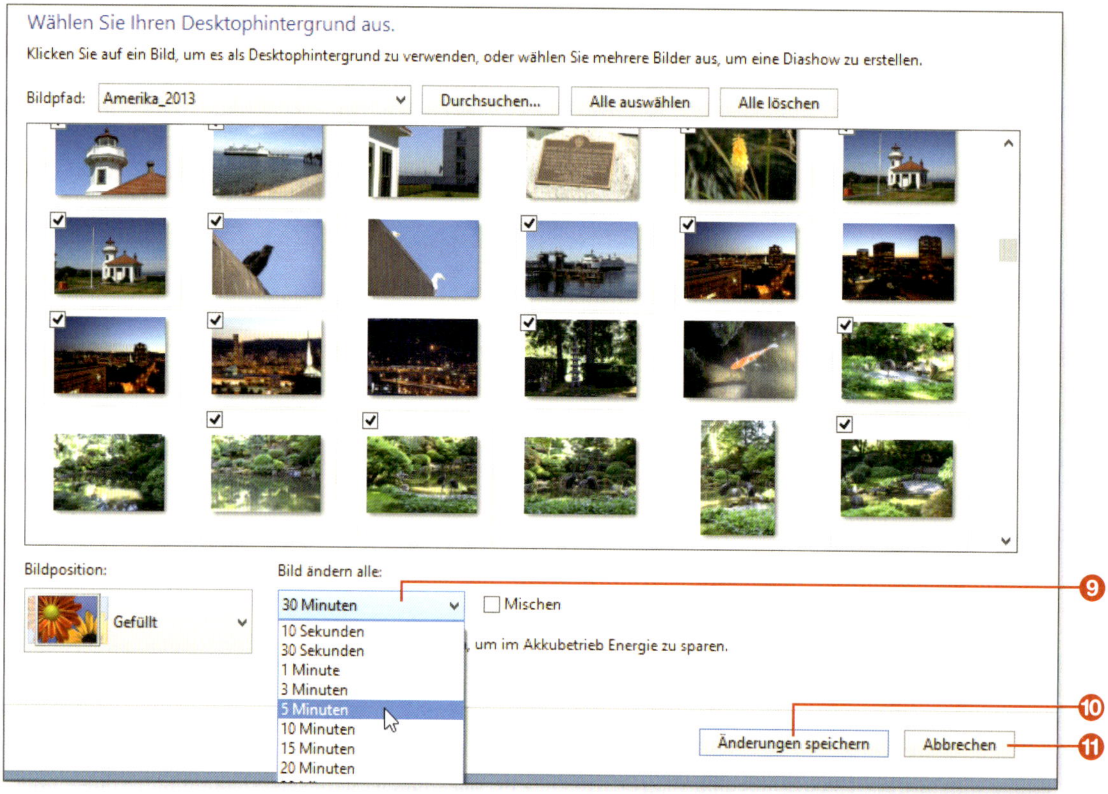

4. Mit einem Klick oder Tipp auf **Änderungen speichern** ⑩ übernehmen Sie Ihre Einstellungen. Möchten Sie dagegen den ursprünglichen Desktop-Hintergrund mit allen weiteren Einstellungen beibehalten, klicken oder tippen Sie auf **Abbrechen** ⑪. In beiden Fällen wird wieder das Fenster **Anpassung** angezeigt.

Energie sparen bei Tablet und Notebook

Arbeiten Sie mit einem Tablet oder Notebook, steht Ihnen im Dialog **Desktophintergrund** noch die Einstellung **Halten Sie die Diashow an, um im Akkubetrieb Energie zu sparen** zur Verfügung. Wenn dieses Kontrollkästchen aktiviert, also mit einem Häkchen versehen ist, verzichtet Windows 8.1 auf das Austauschen der Bilder, was der Akku Ihnen wiederum mit einer längeren Laufzeit dankt.

Neben dem Desktop-Hintergrundbild können Sie auch die Farbe der Programm- und Dialogfenster sowie der Taskleiste festlegen. Die entsprechenden Einstellungen nehmen Sie im Dialog **Anpassung** vor, der nach wie vor geöffnet ist.

1. Klicken oder tippen Sie am unteren Rand des Dialogs **Anpassung** auf **Farbe** ❶.

2. Im nächsten Dialog, **Farbe und Darstellung**, finden Sie nun einige Farbblöcke. Wählen Sie einen der Farbtöne, der am ehesten Ihrem Geschmack entspricht, per Mausklick oder Fingertipp aus. Die Wirkung auf Fenster und Taskleiste können Sie sofort beurteilen. Über den Schieberegler **Farbintensität** ❷ können Sie die Farbe noch etwas anpassen. Schieben Sie hierzu den Regler mit gedrückter linker Maustaste oder mit dem Finger in die gewünschte Richtung. Probieren Sie es einfach aus!

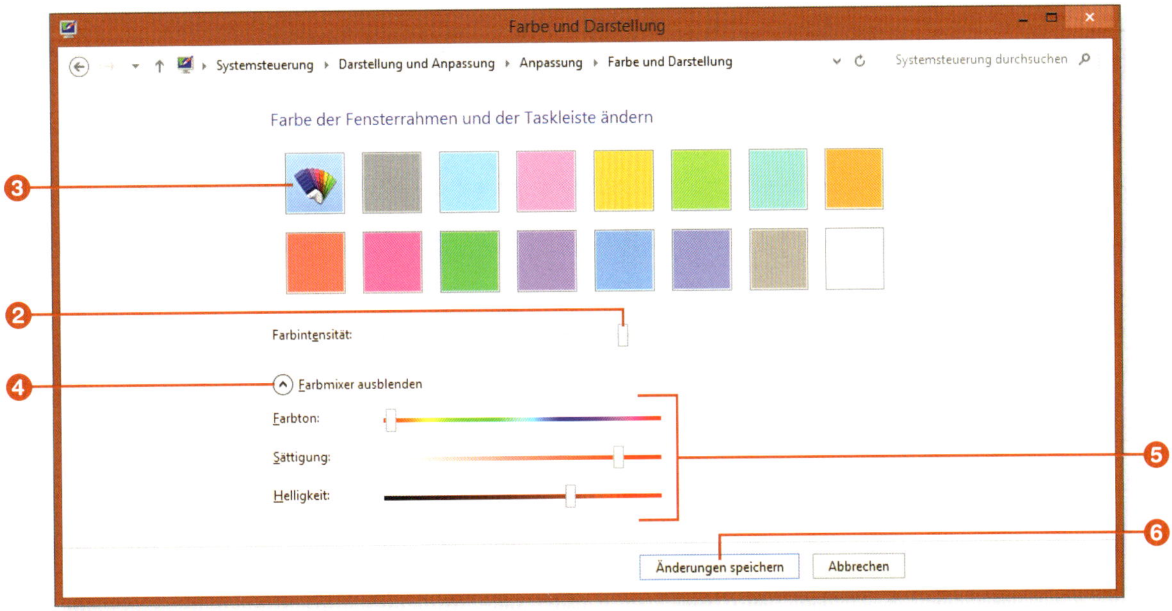

3. Dem Block oben links, der einen kleinen Fächer zeigt ❸, kommt eine besondere Bedeutung zu: Wählen Sie ihn per Mausklick oder Fingertipp

aus, passt sich die Farbe von Fenstern und Taskleiste jeweils automatisch an das Desktop-Hintergrundbild an.

4. Gefällt Ihnen keiner der angebotenen Farbtöne, klicken oder tippen Sie auf den nach unten weisenden kleinen Pfeil ❹ links neben **Farbmixer einblenden** (das Menü heißt dann **Farbmixer ausblenden**, und der Pfeil zeigt nach oben). Über die drei Schieberegler **Farbton**, **Sättigung** und **Helligkeit** ❺ können Sie sich nun selbst einen Farbton mischen.

5. Mit einem Klick oder Tipp auf **Änderungen speichern** ❻ übernehmen Sie wieder Ihre Einstellungen und kehren zum Dialog **Anpassung** zurück.

Vorgefertigte Designs wählen

Statt selbst das Hintergrundbild, die Fensterfarbe, Sounds und Bildschirmschoner festzulegen, können Sie auch auf vorgefertigte Designs zugreifen, die alle vier Punkte vereinen. Die entsprechende Auswahl treffen Sie im Dialogfenster **Anpassung**.

Sagt Ihnen keines der in Windows 8.1 integrierten Designs zu, können Sie nach einem Klick oder Fingertipp auf **Weitere Designs online beziehen** ❶ zusätzliche Designs über das Internet **herunterladen**. Das ausgewählte Design **speichern** Sie. Klicken oder tippen Sie dann auf **Ordner öffnen**, und doppelklicken bzw. -tippen Sie im folgenden Fenster auf die bereits markierte Datei. Wenn Sie nun wieder einen Blick in den Dialog **Anpassung** werfen, finden Sie das gerade heruntergeladene Design in der Designübersicht ❷. Ein Mausklick oder das Tippen auf ein Design reicht schon, damit es angewendet wird.

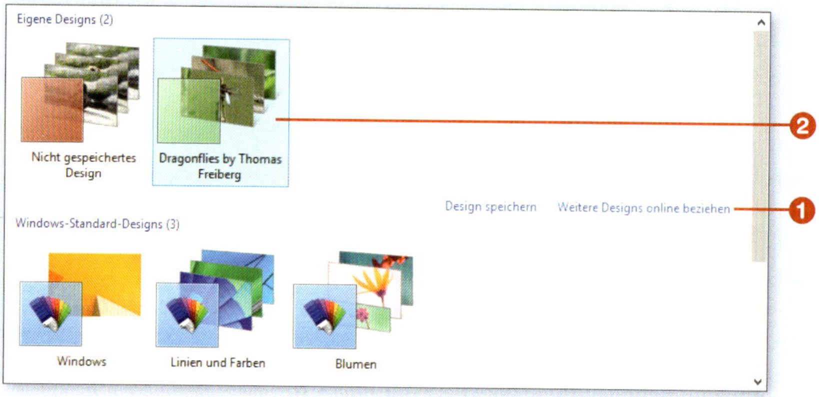

Neben dem Desktop-Hintergrund und der Fensterfarbe lassen sich auch die *Windows-Sounds* anpassen. Dahinter verbergen sich beispielsweise die Melodien, die bei bestimmten Ereignissen zu hören sind, etwa beim Eingang einer E-Mail. Aus Platzgründen gehe ich in diesem Buch allerdings nicht darauf ein. Auch das Thema Bildschirmschoner muss ich aus diesem Grund leider aussparen. Wie bei der bereits vorgestellten Diashow wird auch beim Bildschirmschoner in regelmäßigen Abständen das aktuelle Hintergrundbild durch ein neues ersetzt.

Haben Sie alle Einstellungen zum gewünschten Erscheinungsbild des Desktops vorgenommen, schließen Sie den Dialog **Anpassung** über das **Schließen**-Symbol × in der rechten oberen Ecke des Fensters.

Im nächsten Abschnitt wenden wir uns der Taskleiste zu. So unscheinbar die Taskleiste am unteren Rand der Desktop-Oberfläche auch wirken mag, beim täglichen Arbeiten mit Windows-Anwendungen kommt ihr eine sehr wichtige Bedeutung zu. Schnell wird deutlich, dass man auch unter Windows 8.1 nicht auf sie verzichten kann.

Die Taskleiste im Überblick

Die Taskleiste hat ihren Platz am unteren Rand der Desktop-Oberfläche. Links befinden sich von Anfang an vier Schaltflächen. Mit einem Klick auf das Windows-Logo ganz links gelangen Sie zum Startbildschirm. Die beiden Symbole rechts vom Windows-Logo stellen jeweils Verknüpfungen zu den beiden Programmen Explorer und Internet Explorer dar. Ein Klick oder Tipp auf eine der Schaltflächen reicht, um das entsprechende Programm zu öffnen. Das Gleiche gilt für das nächste Symbol, das des Windows Stores: Ein Klick hierauf, und die App *Store* wird geöffnet.

Wann immer Sie eine Windows-Anwendung oder eine App öffnen, wird in der Taskleiste auch ein Symbol für dieses Programm ergänzt (siehe hierzu auch den Kasten »Für Tablet-Nutzer: App-Symbole in der Taskleiste einblenden« auf Seite 110). Probieren Sie es gleich einmal aus, indem Sie beispielsweise das Textverarbeitungsprogramm WordPad öffnen. Falls Sie, wie im Abschnitt »Welche Kachel wird auf dem Startbildschirm angezeigt?« ab Seite 77 beschrieben, eine Kachel für diese Anwendung auf dem Startbildschirm hinterlegt haben, reicht zum Öffnen auch ein Klicken oder Tippen auf die entsprechende Kachel.

Für Tablet-Nutzer: App-Symbole auf der Taskleiste einblenden

Arbeiten Sie mit einem Tablet, werden in der Taskleiste zunächst keinerlei Symbole von geöffneten Apps angezeigt. Möchten Sie hierauf aber nicht verzichten, müssen Sie eine kleine Einstellung ändern: Drücken Sie hierzu mit dem Finger so lange auf die Taskleiste, bis das Quadrat sichtbar wird. Im nun aufklappenden Kontextmenü tippen Sie auf **Eigenschaften**. Im Dialog **Taskleisten- und Navigationseigenschaften** versehen Sie im Register **Taskleiste** den Eintrag **Windows Store-Apps auf der Taskleiste anzeigen** durch Antippen mit einem Häkchen. Bestätigen Sie die Einstellung mit einem Tipp auf **Übernehmen** und **OK**, und schon werden auch bei Ihnen die Symbole der geöffneten Apps in der Taskleiste sichtbar.

Starten Sie für die weiteren Schritte das Textprogramm WordPad.

Die **WordPad**-Schaltfläche wird in der Taskleiste von einem zarten Rahmen umgeben. Damit kennzeichnet Windows 8.1 bereits geöffnete Anwendungen.

Geöffnete Programme sind in der Taskleiste am Rahmen erkennbar.

Unsere folgende kleine Tour durch die Taskleiste bietet Ihnen die Möglichkeit, sich etwas besser mit ihr vertraut zu machen:

1. Klicken oder tippen Sie im geöffneten WordPad-Fenster auf das Symbol **Minimieren** ❶ in der rechten oberen Fensterecke, wird das WordPad-Fenster ausgeblendet.

2. Die **WordPad**-Schaltfläche in der Taskleiste ❷ bleibt bestehen. Bewegen Sie den Mauszeiger auf diese Schaltfläche, sehen Sie eine kleine Miniaturvorschau ❸ des WordPad-Fensters.

3. Positionieren Sie den Mauszeiger auf dieser Vorschau, wird zusätzlich das Programmfenster wieder in der ursprünglichen Größe ❹ eingeblendet. In der Miniaturvorschau selbst erscheint in der rechten oberen

Ecke das **Schließen**-Symbol ❺, über das Sie WordPad jetzt auch beenden könnten. An dieser Stelle verzichten wir aber darauf.

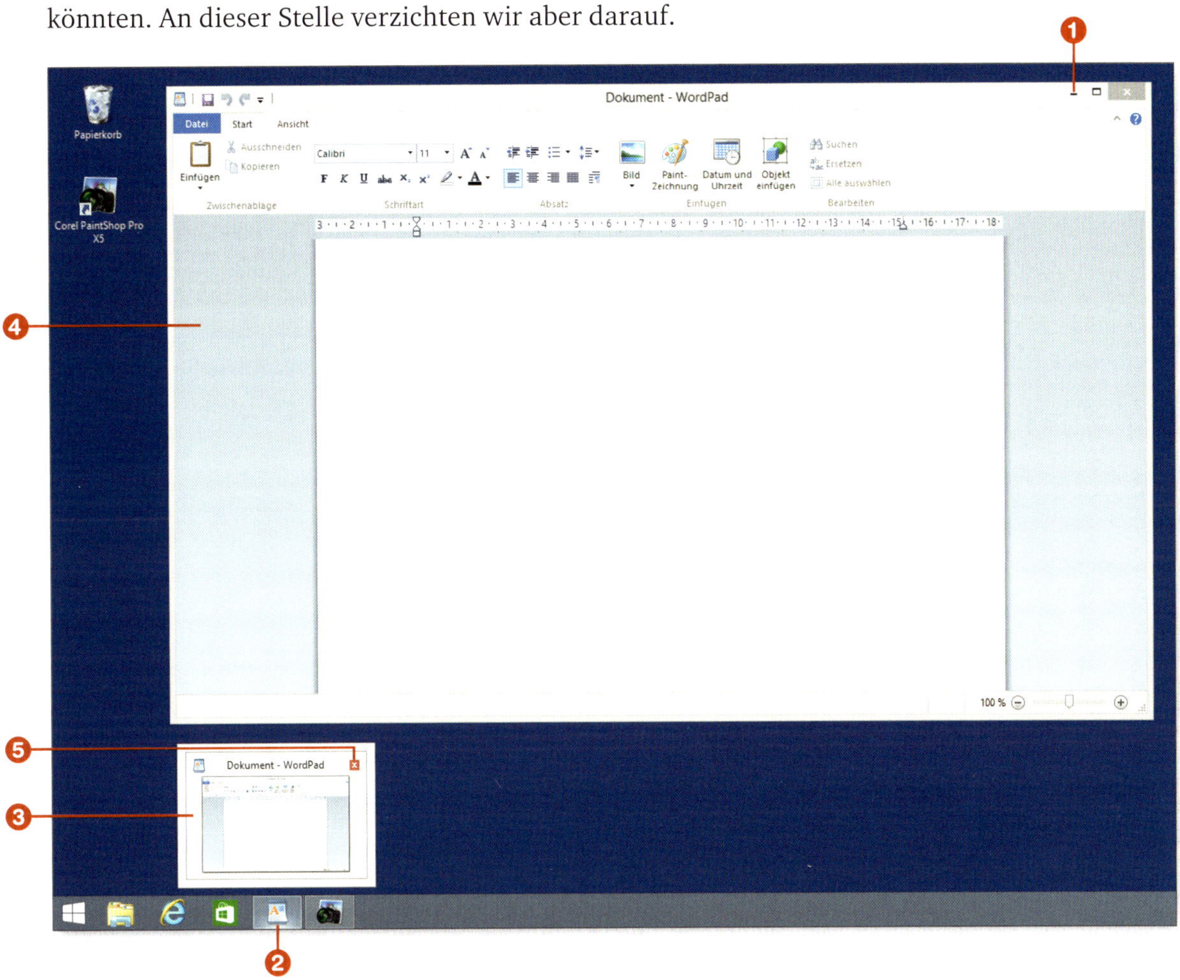

4. Ziehen Sie den Mauszeiger nun in der Taskleiste über die Schaltfläche für den Explorer, wird – vorausgesetzt, Sie haben das Programm nicht geöffnet – lediglich der Programmname in einer sogenannten *QuickInfo* ❻ angezeigt. Das Gleiche gilt für den Internet Explorer.

5. Soll wieder das WordPad-Programmfenster auf dem Desktop angezeigt werden, reicht ein Klick oder das Tippen auf die entsprechende Schaltfläche ❼ in der Taskleiste.

6. Öffnen Sie per Klick oder Tipp auf die entsprechende Schaltfläche den Explorer. Auch diese Schaltfläche wird in der Taskleiste nun von einem Rahmen umgeben.

7. Per Mausklick bzw. Fingertipp auf die beiden Schaltflächen von WordPad und Explorer können Sie nun blitzschnell zwischen den beiden geöffneten Anwendungen wechseln und jeweils das gewünschte Programmfenster in den Vordergrund holen.

Wie Sie an diesem kleinen Beispiel bereits gesehen haben, können Sie mithilfe der Taskleiste nicht nur schnell Programme aufrufen, sondern auch alle geöffneten Anwendungen gut im Blick behalten.

Touchscreen-Nutzer im Nachteil

Die Taskleiste ist – ebenso wie der gesamte Desktop – quasi ein Relikt aus alten Zeiten, als es noch keine Touchscreens gab. Die Bedienung ist daher in erster Linie auf Maus und Tastatur ausgelegt und nicht, wie beim neuen Startbildschirm der Fall, auf Fingergesten. Beim Arbeiten mit der Taskleiste bedeutet dies, dass Sie zwar per Tippen auf eine der Schaltflächen Programme öffnen und auch wieder ausblenden können, die kleinen Miniaturvorschauen bleiben Ihnen aber vorenthalten.

Wie der Startbildschirm und der Desktop lässt sich auch die Taskleiste selbstverständlich um Schaltflächen und damit um Verknüpfungen zu Programmen erweitern. Im Gegensatz zum Startbildschirm ist allerdings der Platz begrenzt, sodass Sie sich hier wirklich auf die wichtigsten Windows-Anwendungen und -Apps beschränken sollten. Die ersten Schritte hierfür sind identisch mit denen, die ich Ihnen im Abschnitt »Verknüpfungen zu Programmen und Ordnern anlegen« ab Seite 95 für die Desktop-Symbole der Windows-Anwendungen bereits gezeigt habe:

1. Kehren Sie zum Startbildschirm zurück, und klicken Sie links unten auf das Symbol ⓘ, oder wischen Sie von der Bildschirmmitte zum oberen Bildschirmrand.

2. Blättern Sie dann zur gewünschten Windows-Anwendung oder App, und klicken Sie mit der rechten Maustaste auf das Symbol. Es wird nun ein Kontextmenü eingeblendet. Arbeiten Sie mit einem Touchscreen, halten Sie den Finger etwas länger auf der App, bis am unteren Bildschirmrand die App-Leiste erscheint.

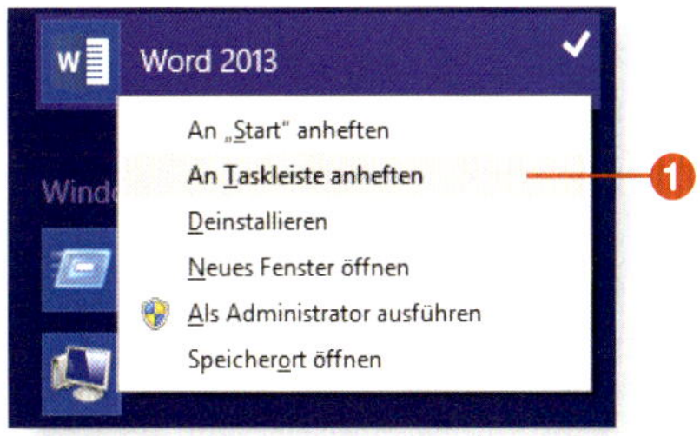

3. Im Kontextmenü bzw. der App-Leiste wird jetzt der Befehl **An Taskleiste anheften** ❶ eingeblendet. Klicken oder tippen Sie darauf.

4. Mit einem Klick oder Tippen auf das Symbol oder mit einer Wischbewegung vom oberen Bildschirmrand Richtung Bildmitte gelangen Sie wieder zum Startbildschirm zurück.

Kehren Sie wieder zum Desktop zurück, finden Sie nun in der Taskleiste die Schaltfläche zur gerade ausgewählten Windows-Anwendung bzw. App.

Die Schaltfläche des Internet Explorers

Bereits unter Windows 7 wurde darüber gestritten, ob Microsoft sein Betriebssystem mit dem Internet Explorer, dem Programm zur Darstellung von Webseiten (auch *Browser* genannt), ausliefern darf oder nicht. Die Entscheidung fiel zwar zugunsten Microsofts aus, allerdings muss Microsoft dem Anwender die Möglichkeit geben, auch einen alternativen Browser wie etwa Mozilla Firefox zu wählen. Den entsprechenden Hinweis hierzu erhalten Sie frühestens nach dem ersten Aufruf des Browsers. Bis zu diesem Zeitpunkt befindet sich in der Taskleiste die Schaltfläche des Internet Explorers. In Kapitel 6, »Im Internet unterwegs«, werde ich noch etwas genauer auf dieses Thema eingehen. An dieser Stelle nur eines vorab: Sobald Sie zur Browserauswahl aufgefordert werden, verschwindet die Schaltfläche des Internet Explorers zunächst von der Taskleiste. Falls Sie das Symbol später wieder hierher zurückholen möchten, gehen Sie einfach wie gerade beschrieben vor.

Die Reihenfolge aller Schaltflächen auf der Taskleiste können Sie übrigens individuell festlegen. Die Symbole lassen sich ganz leicht mit gedrückter linker Maustaste oder mit dem Finger verschieben.

Wird der Platz in der Taskleiste zu eng, können Sie natürlich jederzeit die zuvor angehefteten Windows-Anwendungen und -Apps wieder entfernen. Dies gilt auch für die Symbole, die bereits von Anfang an in der

Taskleiste angezeigt werden, wie etwa das des Windows Stores. Um ein Symbol von der Taskleiste zu lösen, gehen Sie wie folgt vor:

1. Klicken Sie mit der rechten Maustaste auf die entsprechende Schaltfläche, oder halten Sie den Finger etwas länger auf dem Symbol gedrückt, bis das Quadrat eingeblendet wird.

2. Im aufklappenden Kontextmenü wählen Sie nun den Befehl **Dieses Programm von der Taskleiste lösen** aus.

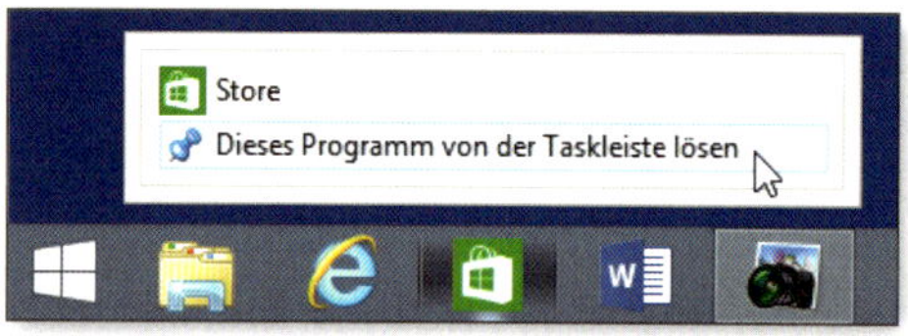

Damit verschwindet die Schaltfläche aus der Taskleiste. Auf die Symbole der aktiven, sprich geöffneten Windows-Anwendungen und -Apps hat dies aber keinen Einfluss. Wann immer Sie ein Programm starten, erscheint die entsprechende Schaltfläche wieder in der Taskleiste (sie ist dort dann eben nur nicht verknüpft und verschwindet wieder, sobald Sie das Programm schließen).

Die Taskleiste auf dem Startbildschirm und in Apps

Arbeiten Sie mit einer Maus oder – im Falle eines Notebooks – mit einem Touchpad, steht Ihnen die Taskleiste nicht nur auf dem Desktop zur Verfügung, sondern auch auf dem Startbildschirm sowie in geöffneten Apps. Im Gegensatz zum Desktop wird sie hier allerdings nicht permanent angezeigt. Sie erscheint erst, wenn Sie den Mauszeiger schwungvoll weit an den unteren Bildschirmrand ziehen. Diese Bewegung erfordert durchaus etwas Übung. Sobald Sie den Mauszeiger von der Taskleiste entfernen, ist sie auch schon wieder verschwunden. Verwenden Sie einen Touchscreen, ist die Taskleiste nur auf dem Desktop verfügbar.

Die Schaltflächen in der Taskleiste sind nicht nur für das schnelle Öffnen und Wechseln zwischen bereits geöffneten Programmen praktisch. Seit Windows 7 bieten sie eine weitere nützliche Funktion: die *Sprunglisten*, im Englischen auch *jumplist* genannt. Wer schon mit einer älteren Windows-Version gearbeitet hat, erinnert sich vielleicht an den Eintrag

Zuletzt verwendet im Startmenü. Das Startmenü existiert ja nun nicht mehr; an die zuletzt mit einem Programm verwendeten Dateien oder im Falle des Internet Explorers auch Webseiten kommen Sie dank der Sprunglisten aber trotzdem sehr schnell heran. Die Sprunglisten sind nur für Windows-Anwendungen, nicht für Apps verfügbar.

Bei der Sprungliste handelt es sich letztlich um nichts anderes als um das Kontextmenü einer geöffneten oder an die Taskleiste gehefteten Windows-Anwendung. Entsprechend wird sie mit einem Rechtsklick auf die Schaltfläche des gewünschten Programms geöffnet. Arbeiten Sie mit einem Touchscreen, tippen Sie einfach wieder etwas länger mit dem Finger auf die Schaltfläche, bis das Quadrat eingeblendet wird.

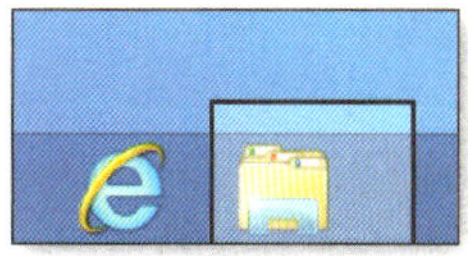

^ Bei einem Touchscreen drücken Sie etwas länger auf das Symbol.

In der aufklappenden Sprungliste finden Sie nun einige Befehle. Welche genau, hängt vom ausgewählten Programm ab. Im Falle des Internet Explorers handelt es sich beispielsweise um die zuletzt oder auch häufig besuchten Webseiten, beim Windows Media Player finden Sie häufig abgespielte Musiktitel, beim Explorer die am häufigsten aufgerufenen Dateien und Ordner. Mit einem Klick oder Tipp auf einen dieser Einträge öffnen Sie direkt die dazugehörige Seite oder Datei.

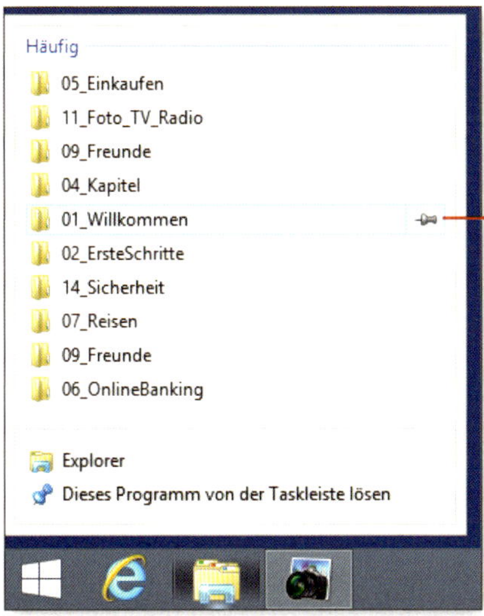

< Über Sprunglisten lassen sich häufig genutzte Dateien und Ordner blitzschnell aufrufen.

Nach der Standardeinstellung finden in der Sprungliste die zehn am häufigsten verwendeten Dateien, Ordner etc. Platz. Nutzen Sie eine Datei oder ein Verzeichnis immer wieder, können Sie dieses Element auch fest an die Sprungliste anheften.

1. Rufen Sie die Sprungliste des entsprechenden Programms wie zuvor beschrieben auf.

2. Bewegen Sie den Mauszeiger auf das Element, das Sie an die Sprungliste heften möchten, und klicken Sie auf das nun sichtbare Pinnnadel-Symbol rechts neben dem Eintrag (❶ auf Seite 115). Wenn Sie mit einem Touchscreen arbeiten, tippen Sie das Element wieder etwas länger an, bis das Quadrat erscheint. In dem kleinen Kontextmenü, das nun eingeblendet wird, tippen Sie auf **An diese Liste heften**.

3. In der Sprungliste erscheint nun zusätzlich zum Bereich **Häufig** ❷ der Bereich **Angeheftet** ❸ mit dem soeben ausgewählten Eintrag. Mit einem Klick oder durch Antippen öffnen Sie die entsprechende Webseite, Datei oder den Ordner direkt in der Anwendung.

4. Um ein Element wieder aus der Sprungliste zu entfernen, wiederholen Sie die Schritte 1 und 2. Wenn Sie mit der Maus arbeiten, reicht wieder ein Klick auf das Pinnnadel-Symbol, um das Element von der Sprungliste zu lösen ❹. Auf einem Touchscreen wählen Sie stattdessen den Befehl **Aus Liste entfernen**.

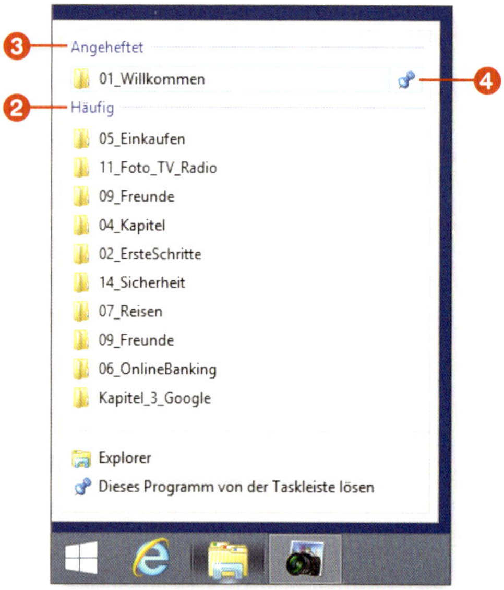

In diesem Abschnitt haben Sie nun alles Wichtige rund um die Schaltflächen der Taskleiste erfahren. Als Nächstes werden wir den Infobereich am rechten Rand der Taskleiste etwas genauer unter die Lupe nehmen.

Die Eigenschaften der Taskleiste anpassen

Wie auch in früheren Windows-Versionen lässt sich die Taskleiste vom unteren Desktop-Rand an einen der beiden Seitenränder schieben. Um die entsprechenden Einstellungen vorzunehmen, klicken Sie mit der rechten Maustaste auf einen freien Bereich der Taskleiste oder drücken so lange mit dem Finger auf einen freien Bereich, bis das bereits bekannte Quadrat eingeblendet wird. Wählen Sie im Kontextmenü dann den Befehl **Eigenschaften**. Im Dialog **Taskleisten- und Navigationseigenschaften** bestimmen Sie nach einem Klick oder Tipp auf den Pfeil rechts neben dem Feld **Position der Taskleiste auf dem Bildschirm** nun die neue Position. Denken Sie aber daran, dass dem linken und rechten Bildschirmrand unter Windows 8.1 jeweils eine besondere Bedeutung zukommt. Wenn Sie die Taskleiste etwa am rechten Bildschirmrand positionieren, wird sie sich hier öfter mit der Charms-Leiste ins Gehege kommen.

Wechseln Sie im Dialog in das Register **Sprunglisten**, können Sie die Anzahl der zuletzt verwendeten, in Sprunglisten anzuzeigenden Elemente festlegen. Mit einem Klick oder Tipp auf **OK** übernehmen Sie die vorgenommenen Einstellungen, mit **Abbrechen** schließen Sie den Dialog, ohne die Einstellungen zu speichern.

Der Infobereich der Taskleiste

Wie der Name bereits sagt, werden im Infobereich der Taskleiste einige wichtige Informationen für Sie zusammengefasst. Ganz rechts erfahren Sie beispielsweise die aktuelle Uhrzeit und das Datum (❶ auf Seite 118). Klicken oder tippen Sie auf das kleine Lautsprecher-Symbol ❷, um über den nun sichtbaren Schieberegler beispielsweise die Lautstärke eines abgespielten Musiktitels zu beeinflussen. Wenn Sie ein mobiles Gerät wie etwa ein Tablet oder Notebook nutzen, wird im Infobereich außerdem ein kleines Batterie-Symbol ❸ angezeigt. Bewegen Sie den Mauszeiger darauf oder tippen Sie es an, dann sehen Sie auf einen Blick, wie es um den Ladezustand des Akkus ❹ bestellt ist.

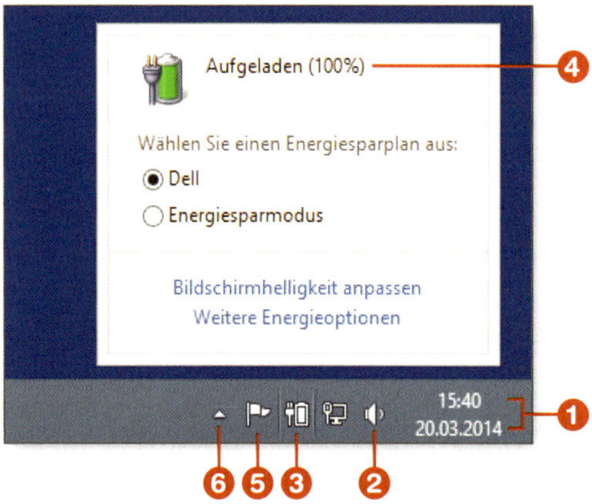

> *Der Infobereich informiert Sie z. B. über die Uhrzeit oder den Ladezustand des Akkus.*

Eine ganz besondere Bedeutung hat die kleine Flagge ❺, denn sie zeigt Ihnen, wie es um die Sicherheit Ihres Computers bestellt ist. Weist die Flagge ein kleines weißes Kreuz auf rotem Grund auf, sieht Windows 8.1 sozusagen rot, was die Sicherheit Ihres Computers angeht. Was genau das Problem ist, erfahren Sie nach einem Klick oder durch Tippen auf das Flaggen-Symbol. Eventuell haben Sie den Virenschutz noch nicht aktiviert. Wie Sie die entsprechenden Probleme schnell beheben, erfahren Sie ausführlich in Kapitel 10, »Windows 8.1 und die Sicherheit«.

Der Infobereich bietet nur beschränkten Platz. Klicken oder tippen Sie auf den nach oben weisenden kleinen Pfeil ❻, werden weitere Symbole ❼ eingeblendet. Welche dies im Einzelnen sind, hängt unter anderem von den auf Ihrem Computer installierten Programmen ab. Viele Anwendungen blenden beispielsweise einen kleinen Hinweis ein, wenn eine aktuellere Programmversion (*Update*) verfügbar ist.

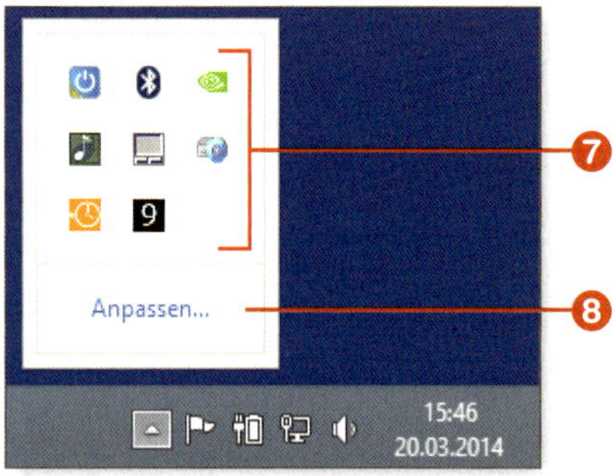

> *Klicken oder tippen Sie auf den kleinen, nach oben weisenden Pfeil, werden weitere Symbole eingeblendet.*

Manche Anwendungen übertreiben es dabei allerdings mit ihren Meldungen. Welches Programm seine Meldungen im Infobereich anzeigen darf, können Sie selbst bestimmen.

1. Klicken oder tippen Sie im Infobereich wie gerade beschrieben auf den nach oben weisenden Pfeil und im aufklappenden Fenster auf **Anpassen** ❽.

2. Im nächsten Dialogfenster **Infobereichsymbole** erhalten Sie eine Übersicht über alle im Infobereich verfügbaren Symbole. Wenn Sie in der Spalte **Verhalten** jeweils auf den Pfeil ❾ am rechten Rand eines Feldes klicken oder tippen, klappt eine Liste auf, in der Sie das gewünschte Verhalten auswählen. Möchten Sie beispielsweise über wichtige Programmaktualisierungen benachrichtigt werden, ohne aber permanent das Symbol im Infobereich zu sehen, wählen Sie **Nur Benachrichtigungen anzeigen**.

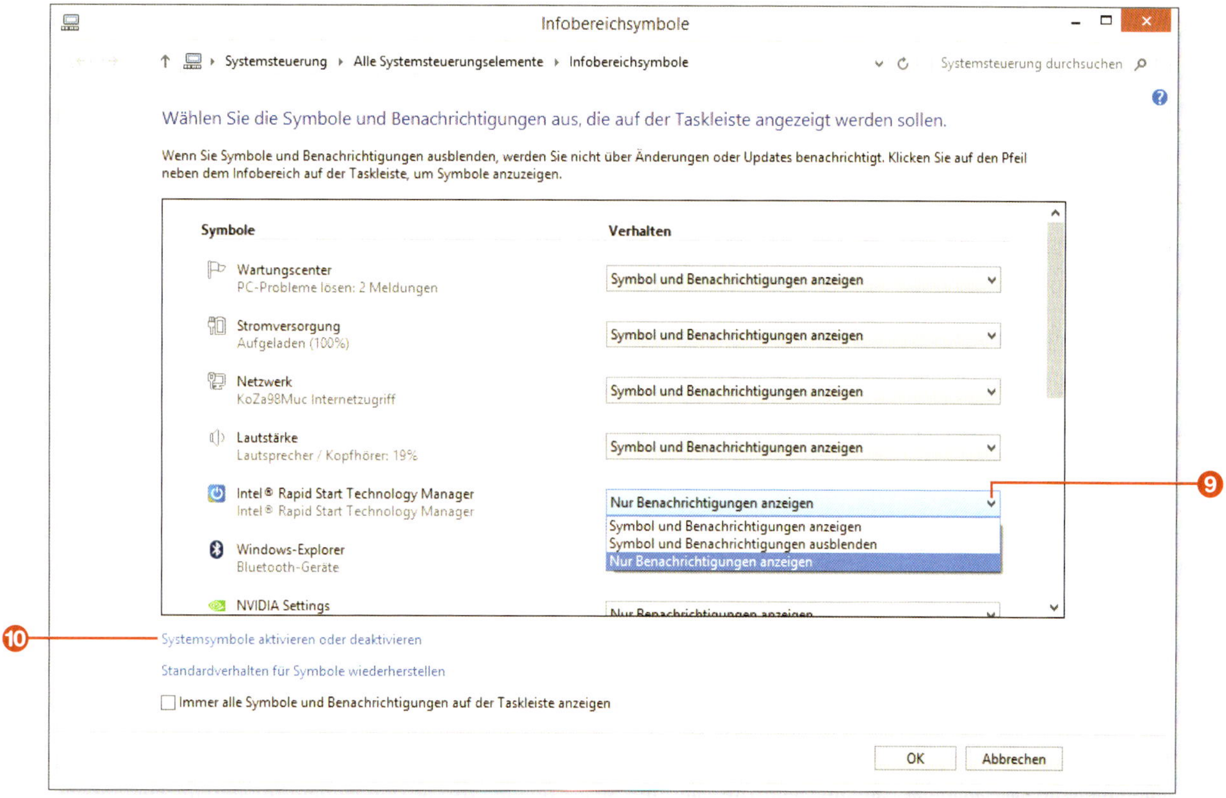

3. Klicken oder tippen Sie auf **Systemsymbole aktivieren oder deaktivieren** ❿. In der darauf folgenden Übersicht werden alle Systemsymbole, z.B. für Uhrzeit und Lautsprecher, aufgelistet. Über das jeweilige Feld in der Spalte **Verhalten** geben Sie vor, welches dieser Symbole im Infobereich ein- oder ausgeblendet wird (**Ein** oder **Aus**).

4. Mit einem Klick oder Tipp auf **OK** übernehmen Sie die vorgenommenen Einstellungen.

Von nun an werden nur noch die Anwendungen ihre Meldungen im Infobereich anzeigen, die Sie freigegeben haben.

Die Bildschirmtastatur im Infobereich

Arbeiten Sie mit einem Touchscreen, benötigen Sie für die Texteingabe jeweils die Bildschirmtastatur, die ich Ihnen im Abschnitt »Die Bildschirmtastatur für Tablets und Co.« ab Seite 22 vorgestellt habe. Über ein Symbol im Infobereich der Taskleiste lässt sich die Bildschirmtastatur schnell in der Desktop-Oberfläche einblenden. Wird das Symbol noch nicht angezeigt, klicken Sie mit der rechten Maustaste auf einen freien Bereich der Taskleiste oder halten den Finger etwas länger darauf gedrückt. Im Kontextmenü klicken oder tippen Sie auf **Symbolleisten** und versehen dann den Eintrag **Bildschirmtastatur** per Klick oder durch Tippen mit einem Häkchen. Links neben dem kleinen Pfeil des Infobereichs finden Sie nun das Symbol zum Aufruf der Bildschirmtastatur.

Damit haben Sie fast alles Wichtige über die Taskleiste erfahren. In früheren Windows-Versionen gab es am linken Rand noch die Schaltfläche zum Aufruf des Startmenüs. Das Symbol selbst ist in Windows 8.1 zwar wieder zurückgekehrt, doch führt es Sie lediglich zum Startbildschirm zurück. Ein kleines Stückchen des praktischen Startmenüs ist dennoch übrig geblieben, wie Sie im folgenden Abschnitt sehen werden.

So holen Sie sich das Startmenü zurück

Über viele Windows-Versionen hinweg begleitete das Startmenü den Anwender und stellte den Ausgangspunkt für mehr oder weniger alle Aktionen am Computer dar. Ob Sie ein Programm starten, eine bestimmte Datei suchen, die Systemsteuerung öffnen oder einen Ordner anzeigen wollten, ein möglicher Weg führte immer über das Startmenü. Unter Windows 8.1 wurde es jedoch vom großen Startbildschirm mit seinen typischen Kacheln abgelöst. Aber keine Sorge: Alles, was sich im Startmenü befand, erreichen Sie auch über den Startbildschirm!

Ein kleines Überbleibsel des Startmenüs gibt es aber doch noch – gut versteckt zwar, aber immerhin vorhanden. Unter Windows 8 kamen nur diejenigen in den Genuss, die mit Maus oder Tastatur arbeiten. Dank des Windows-Logos, das unter Windows 8.1 wieder Einzug in der Taskleiste gehalten hat, steht das abgespeckte Startmenü nun auch Nutzern von Touchscreens zur Verfügung. Zum Aufruf klicken Sie einfach mit der rechten Maustaste auf das Windows-Logo am linken Rand der Taskleiste. Alternativ zur Mausbenutzung können Sie auch die Tastenkombination [Win] + [X] drücken. Die Tastenkombination funktioniert immer, egal, auf welcher Oberfläche Sie sich befinden (Startbildschirm oder Desktop) oder welche App gerade geöffnet sein mag. Beim Touchscreen führt Sie der Weg über die Desktop-Oberfläche. Halten Sie hier den Finger etwas länger auf dem Windows-Logo gedrückt.

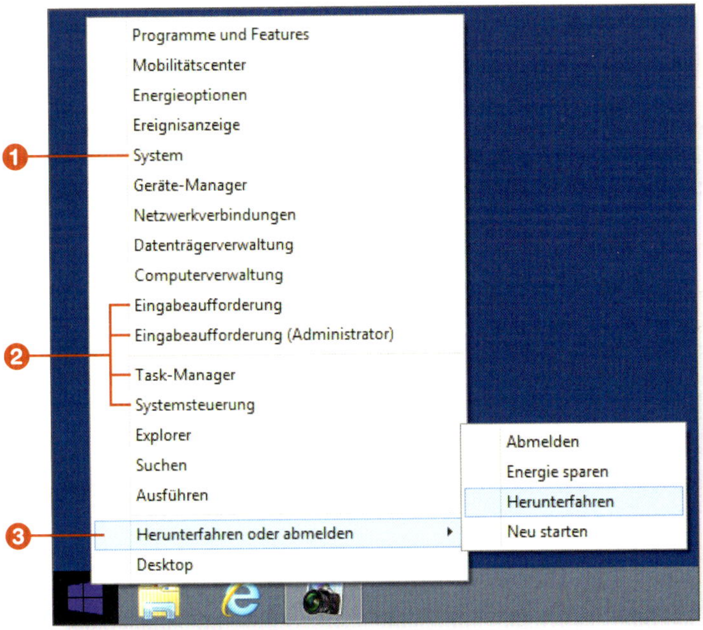

Es klappt nun ein Menü auf (teilweise auch *Schnellzugriffsmenü* genannt), das vor allem für Profianwender wichtige Befehle enthält. Mit einem Klick oder Tipp auf **System** ❶ werden Ihnen beispielsweise alle Basisinformationen über den Computer angezeigt. Auch die Funktionen **Task-Manager**, **Eingabeaufforderung** (sogar mit Administratorrechten) und **Systemsteuerung** sind in diesem »kleinen Startmenü« zu finden ❷. Viele Anwender wird es auch freuen, dass der Befehl **Herunterfahren oder**

abmelden ❸ nun im Menü integriert wurde; bei Windows 8 war dies leider noch nicht der Fall. Bewegen Sie den Mauszeiger auf den Befehl oder tippen ihn an, klappt ein Untermenü auf, in dem Sie alle wichtigen Befehle zum Ausschalten (sprich **Herunterfahren**), **Neu starten** oder auch **Abmelden** finden.

Auf die Bedeutung aller Funktionen im Schnellzugriffsmenü einzugehen sprengt leider den Rahmen dieses Buches und ist für den alltäglichen Gebrauch des Computers zum Glück auch nicht nötig. Manches Element, beispielsweise die Systemsteuerung, werden Sie aber bereits im nächsten Kapitel genauer kennenlernen, wenn es daran geht, weitere Benutzerkonten einzurichten, Drucker an den PC anzuschließen etc.

Nach dem Start zum Desktop oder Startbildschirm?

Nach dem Einschalten des Computers und dem Anmelden bei Windows 8 wurde automatisch der Startbildschirm angezeigt. Viele Anwender, die in erster Linie mit der Desktop-Oberfläche arbeiten, ärgerten sich hierüber. Für Windows 8.1 hat Microsoft mit dem im April 2014 erschienenen Update deshalb nachgebessert. Windows erkennt nun automatisch, mit welcher Art von Computer Sie arbeiten. Handelt es sich um ein Tablet mit Touchscreen, erscheint nach dem Start der Startbildschirm, im Falle eines Desktop-PCs oder auch Tablets gelangen Sie direkt zur Desktop-Oberfläche. Sie können aber auch selbst bestimmen, welche Oberfläche direkt nach dem Start des Computers angezeigt werden soll. Hierzu müssen Sie lediglich eine kleine Einstellungskorrektur vornehmen:

1. Wechseln Sie, falls noch nicht geschehen, zur Desktop-Oberfläche.

2. Klicken Sie mit der rechten Maustaste auf einen freien Bereich der Taskleiste. Nutzen Sie einen Touchscreen, halten Sie den Finger etwas länger auf der Taskleiste gedrückt, bis das bereits bekannte Quadrat angezeigt wird. Im aufklappenden Kontextmenü wählen Sie den Befehl **Eigenschaften**.

3. Wechseln Sie im Dialog **Taskleisten- und Navigationseigenschaften** in das Register **Navigation** (❶ auf Seite 123).

4. Wenn der Desktop nach dem Start erscheinen soll, stellen Sie sicher, dass im Bereich Startseite das Kästchen **Beim Anmelden oder Schließen sämtlicher Apps anstelle der Startseite den Desktop anzeigen** ❷ mit einem Häkchen versehen ist. Fehlt hier das Häkchen, gelangen Sie nach dem Computerstart automatisch zum Startbildschirm.

5. Gefällt Ihnen der ausgewählte Desktop-Hintergrund besonders gut und möchten Sie ihn auch für den Startbildschirm verwenden, aktivieren Sie das Kästchen **Desktophintergrund auf der Startseite anzeigen** ❸.

6. Bestätigen Sie Ihre Einstellung mit **OK** ❹.

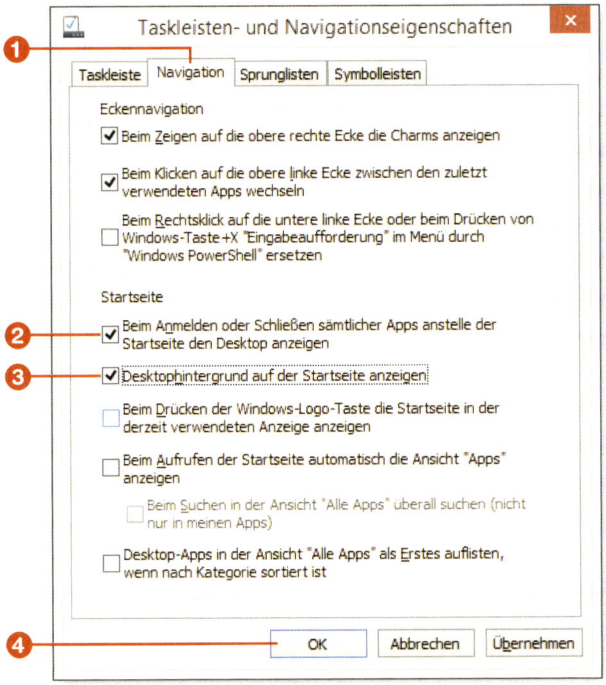

Wenn Sie den Computer das nächste Mal starten und sich anmelden, wird die von Ihnen gewählte Oberfläche angezeigt. Vom Desktop aus gelangen Sie immer wieder per Klick oder Tippen auf das Windows-Logo in der Taskleiste zum Startbildschirm zurück. Für den Wechsel zum Desktop wiederum ist nur ein Klick oder Tippen auf die Desktop-Kachel nötig.

Kapitel 5

Ihr ganz persönliches Windows 8.1

Bevor Sie mit der Arbeit am Computer loslegen, melden Sie sich an Ihrem Benutzerkonto an. Wie dies funktioniert, habe ich in Kapitel 1 bereits kurz angerissen (siehe den Abschnitt »Windows 8.1 zum ersten Mal starten« ab Seite 24). Als Kontotyp für die erste Anmeldung haben wir ein lokales Benutzerkonto gewählt, bei dem Sie zur Authentifizierung neben Ihrem Benutzernamen ein Kennwort eingeben. Statt über ein Kennwort können Sie sich unter Windows 8.1 aber auch über einen Bildcode oder eine PIN anmelden. Was sich dahinter verbirgt und wie Sie unter Windows 8.1 weitere Benutzerkonten für sich selbst und Ihre Familienmitglieder anlegen, zeige ich Ihnen in diesem Kapitel. Neben dem lokalen Benutzerkonto lernen Sie hier nun auch das Microsoft-Konto kennen, das Sie beispielsweise benötigen, wenn Sie Ihre Termine mit der *Kalender*-App im Blick behalten möchten.

Auch für die Nutzung der »Kalender«-App benötigen Sie ein Microsoft-Konto.

Im weiteren Verlauf dieses Kapitels erfahren Sie, wie Sie wichtige Windows-Einstellungen wie Schriftgröße, Datum, Uhrzeit etc. ändern. Auch das Anschließen von externen Geräten, also von Druckern und Lautsprechern, sowie die Installation und Deinstallation wichtiger Programme wird Thema dieses Kapitels sein. Als Resultat werden Sie am Ende dieses Kapitels auf Ihr ganz persönlich eingerichtetes Windows 8.1 blicken können.

Ihr Benutzerkonto anpassen

Mithilfe eines Benutzerkontos wird festgelegt, wer am Computer was vornehmen darf. Damit nicht jeder sofort Zugriff auf Ihre Daten hat, schützen Sie das Benutzerkonto, wie in Kapitel 1, »Schnelleinstieg in Windows 8.1« gezeigt, durch ein Kennwort. Erst nach korrekter Eingabe gelangen Sie zum Startbildschirm.

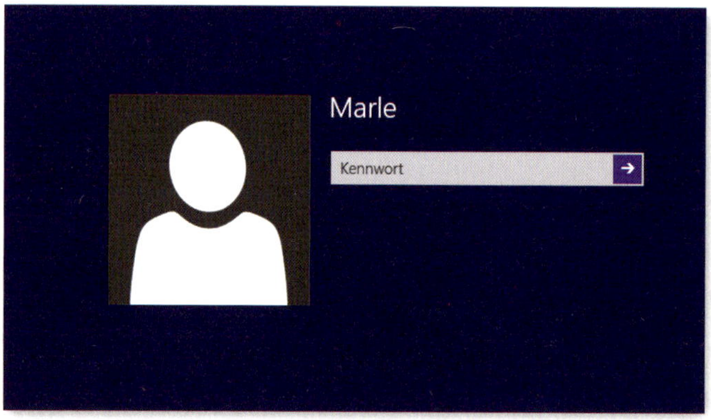

> *Für die Anmeldung am lokalen Benutzerkonto ist ein Kennwort nötig.*

Ein sicheres Kennwort sollte möglichst aus einer Kombination von Buchstaben, Zahlen und Sonderzeichen wie § oder ; bestehen. Je komplizierter die Zeichenfolge ist, desto besser. Leider kann man sich ein solches Kennwort meist nur schwer merken. Für Touchscreen-Nutzer ist die Eingabe über die Bildschirmtastatur außerdem recht beschwerlich. Aus diesem Grund bietet Windows 8.1 zwei weitere Möglichkeiten zum Schutz des Benutzerkontos an: den *Bildcode* und die *PIN* (*Persönliche Identifikationsnummer*).

Beim Bildcode wird bei der Anmeldung ein Foto eingeblendet, auf dem Sie in einer von Ihnen vorgegebenen Reihenfolge bestimmte Elemente per Finger oder Maus markieren. Bei der Anmeldung per PIN-Code wird eine ebenfalls von Ihnen festgelegte vierstellige Zeichenfolge abgefragt. Letzteres ist nicht sonderlich sicher, denn die vier Ziffern lassen sich schnell erraten. Aus diesem Grund werde ich auch nicht näher auf den PIN-Code eingehen. Der Bildcode dagegen ist gerade bei Touchscreens eine feine Sache und macht auch bei anderen Computertypen Spaß. Um ihn einzurichten, gehen Sie folgendermaßen vor:

1. Rufen Sie zunächst über die Tastenkombination [Win] + [C] oder per Wischgeste vom rechten Bildschirmrand zur Bildschirmmitte die Charms-Leiste auf.

2. Klicken oder tippen Sie auf **Einstellungen** und anschließend auf **PC-Einstellungen ändern** ❶, um den Dialog **PC-Einstellungen** aufzurufen.

3. Wählen Sie in der linken Spalte die Kategorie **Konten** aus und anschließend die **Anmeldeoptionen** ❷. Klicken oder tippen Sie in der rechten Spalte unterhalb von **Bildcode** auf **Hinzufügen** ❸.

4. Im nächsten Fenster wird Ihr aktuelles Kennwort abgefragt. Die Eingabe bestätigen Sie mit **OK**.

5. Sie erhalten nun eine kurze Information zum Bildcode, die Sie sich durchlesen sollten, bevor Sie über **Bild auswählen** ein eigenes Bild festlegen.

6. Im nächsten Fenster wählen Sie den Ordner aus, in dem sich das Foto befindet, das Sie für den Bildcode verwenden möchten. Finden Sie das gewünschte Bild doch nicht im ausgewählten Ordner, kehren Sie mit einem Klick oder Fingertipp auf **Nach oben** 4 wieder zur Ordnerübersicht zurück. Nun wählen Sie ein neues Verzeichnis aus.

7. Markieren Sie das Bild per Mausklick oder durch Antippen. Es wird nun mit einem Häkchen 5 versehen. Öffnen Sie es dann mit einem Klick oder durch Tippen auf **Öffnen** 6.

8. Bestätigen Sie die Bildauswahl nochmals mit **Dieses Bild verwenden**.

Die nächsten Schritte sind besonders wichtig, denn mit ihnen legen Sie den eigentlichen Bildcode fest.

9. Markieren Sie, wie am linken Bildschirmrand beschrieben, mit drei Gesten bestimmte Bildbereiche. Bei den Gesten kann es sich um Linien, Kreise oder auch nur um einfaches Antippen oder Anklicken von Bildelementen handeln. In der folgenden Abbildung bin ich beispielsweise zuerst den Rand der Laterne entlanggefahren ❼, habe anschließend auf die untere Sonnenblume geklickt ❽ und dann auf der Laternenhalterung von links nach rechts eine Linie gezogen ❾.

10. Sobald Sie die erforderlichen drei Bewegungen auf Ihrem Bild vorgenommen haben, werden Sie aufgefordert, sie zu wiederholen.

11. Haben Sie den Bildcode erfolgreich erstellt, waren die drei Bewegungen also identisch mit den zuvor festgelegten Gesten, schließen Sie den Vorgang mit **Fertig stellen** ab.

Nun wird wieder der Dialog **Konten** angezeigt. Von nun an steht Ihnen die Anmeldung sowohl per Kennwort als auch per Bildcode zur Auswahl. Probieren Sie es doch gleich einmal aus!

1. Kehren Sie zunächst zum Startbildschirm zurück, und klicken oder tippen Sie auf Ihren Benutzernamen ❶ und anschließend auf **Abmelden** ❷.

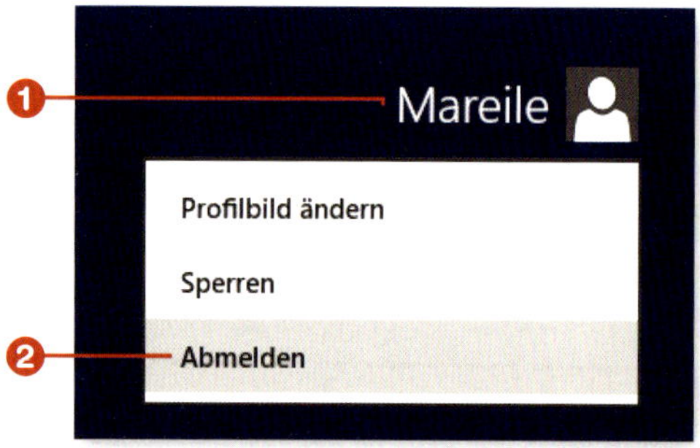

2. Es wird nun wieder der Sperrbildschirm eingeblendet, den Sie durch Wischen oder per Klick zur Seite schieben.

3. Im Anmeldebildschirm wird jetzt das von Ihnen für den Bildcode ausgewählte Foto angezeigt. Führen Sie nun die drei Gesten auf dem Bild aus. Dabei ist es wichtig, nicht nur die richtigen Bildelemente zu markieren, sondern auch die korrekte Reihenfolge einzuhalten. Haben Sie versehentlich eine falsche Bewegung ausgeführt, klicken oder tippen Sie links einfach auf **Von vorn** und beginnen den Vorgang erneut.

Waren die Bewegungen korrekt, meldet Windows 8.1 Sie erfolgreich am Computer an. Die Anmeldung per Kennwort ist trotz eingerichteten Bildcodes natürlich auch weiterhin möglich. In diesem Fall klicken Sie im Anmeldebildschirm einfach auf **Zu Kennwort wechseln** und geben Ihr Kennwort ein.

Kennwort regelmäßig ändern

Aus Sicherheitsgründen sollten Sie regelmäßig Ihr Kennwort ändern. Hierzu rufen Sie einfach die Kategorie **Konten** unter **PC-Einstellungen** auf und klicken oder tippen dann im Bereich **Anmeldeoptionen** unter **Kennwort** auf **Ändern**. Nachdem Sie das aktuelle Kennwort eingegeben haben, legen Sie ein neues Kennwort fest und folgen den weiteren Anweisungen. Über die Schaltfläche **Ändern** unterhalb von **Bildcode** wählen Sie analog einen neuen Bildcode aus. Möchten Sie ganz auf die Anmeldung per Gesten verzichten, klicken oder tippen Sie in den Anmeldeinformationen auf **Entfernen**.

Sowohl im Anmeldebildschirm als auch auf dem Startbildschirm wird neben Ihrem Benutzernamen ein kleines Bild mit der Silhouette einer Person angezeigt. Das mausgraue Bild lässt sich leicht durch ein fröhlicheres Foto ersetzen.

1. Rufen Sie wie zuvor beschrieben über die Charms-Leiste den Dialog **PC-Einstellungen** auf. Stellen Sie sicher, dass links die Kategorie **Konten** ausgewählt ist, und klicken oder tippen Sie dann auf **Ihr Konto** ❸, falls dieses noch nicht ausgewählt ist.

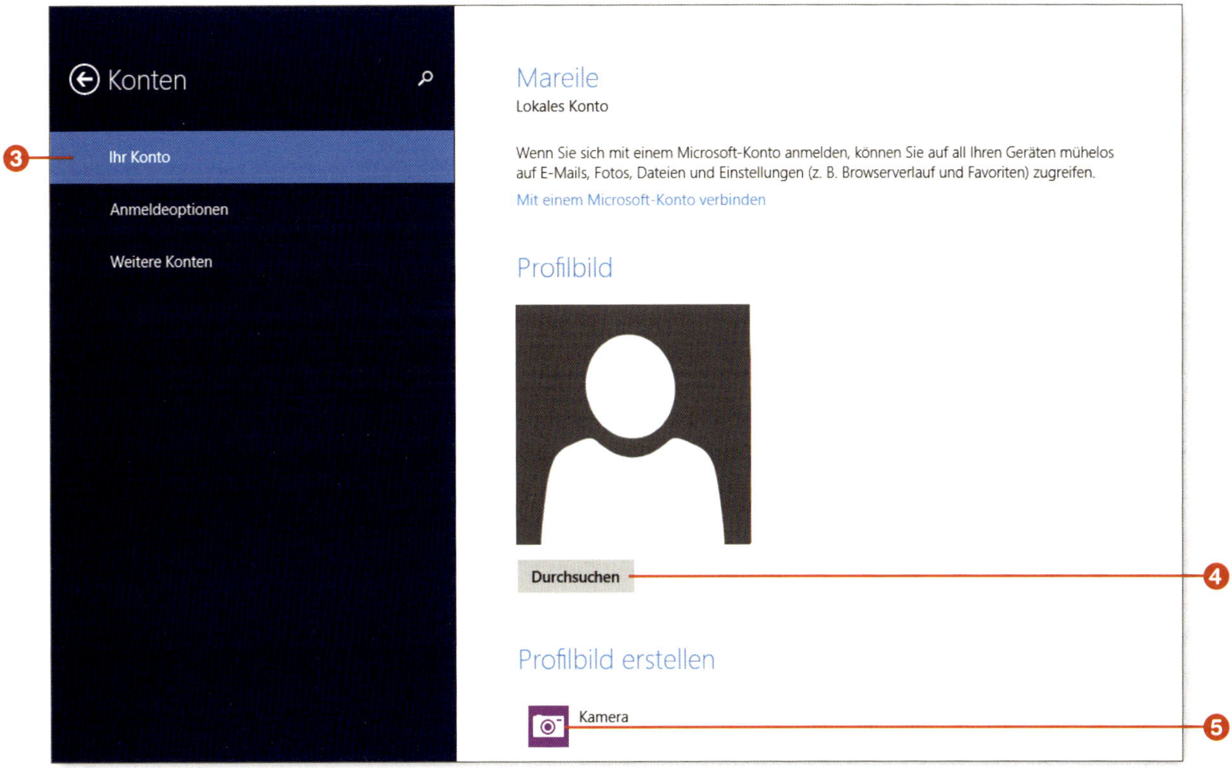

2. Nach einem Klick oder Fingertipp auf **Durchsuchen** ❹ gelangen Sie wieder zur Übersicht über Ihre Bildordner. Wechseln Sie in das Verzeichnis, in dem sich das gewünschte Foto befindet.

3. Markieren Sie die Aufnahme per Mausklick oder per Fingertipp. Nun noch ein Klick oder Tipp auf **Bild auswählen**, und schon haben Sie ein neues Profilbild!

Profilbild direkt per Webcam aufnehmen

Ist an Ihrem Computer eine Webcam angeschlossen, wie es bei vielen Notebooks und Tablets mittlerweile der Fall ist, können Sie auch mit dieser Kamera direkt ein Profilbild aufnehmen. Klicken oder tippen Sie in diesem Fall nicht auf **Durchsuchen**, sondern auf das Kamera-Symbol (❺ in der Abbildung auf Seite 131). Windows 8.1 schaltet automatisch die Kamera ein. Die darauffolgenden Schritte können je nach Kameratyp etwas anders verlaufen. In den meisten Fällen reicht es nun aber, etwas länger auf den Bildschirm zu klicken oder zu tippen, um ein Foto aufzunehmen. Sobald das bereits bekannte Quadrat erscheint, wird auf dem Bildschirm ein Rahmen mit vier Eckpunkten eingeblendet. Diese Punkte können Sie verschieben, um den gewünschten Bildausschnitt selbst festzulegen. Mit **OK** übernehmen Sie das Foto als Profilbild.

Möchten Sie später einmal das Profilbild austauschen, müssen Sie nicht unbedingt den zuvor beschriebenen Weg über die Charms-Leiste gehen. Alternativ hierzu können Sie auch auf das Profilbild auf dem Startbildschirm und anschließend auf **Profilbild ändern** ❻ klicken bzw. tippen.

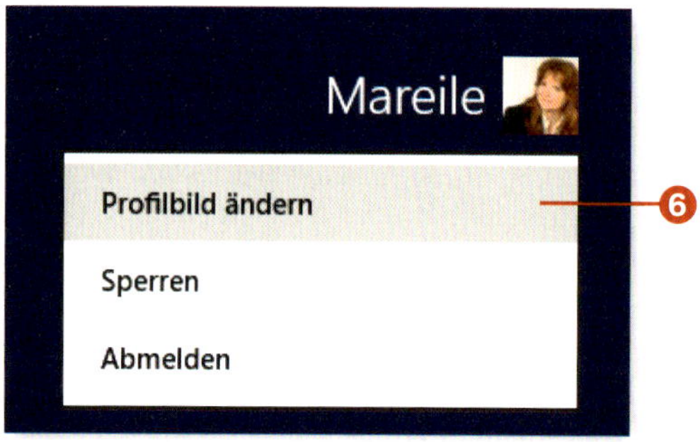

> Das Profilbild lässt sich jederzeit über den Startbildschirm ändern.

Im nächsten Abschnitt geht es daran, weitere Benutzerkonten anzulegen. Dabei werden Sie das für diverse Apps benötigte Microsoft-Konto kennenlernen.

Ein Microsoft-Konto einrichten

Das erste Benutzerkonto wird gleich beim ersten Start von Windows 8.1 angelegt. Arbeiten nicht nur Sie selbst mit dem Computer, sondern auch andere Personen, sollten Sie für jeden Einzelnen ein eigenes Konto einrichten. So bleibt die Privatsphäre eines jeden geschützt, und es gibt keinen Streit über eventuell gelöschte Daten oder geänderte Systemeinstellungen.

Aber nicht nur für andere Benutzer des Computers ist ein zusätzliches Konto interessant, sondern auch für Sie selbst. Wie schon häufiger erwähnt, wird bei Windows 8.1 zwischen zwei verschiedenen Kontotypen unterschieden: dem lokalen Benutzerkonto und einem mit einem Microsoft-Konto verknüpften Benutzerkonto. Für viele Aktionen reicht das lokale Konto, für das wir uns anfangs entschieden haben, nicht aus. Möchten Sie beispielsweise die *Kalender*-App zur Organisation Ihrer Termine nutzen, benötigen Sie ein Microsoft-Konto.

Die Anmeldung bei einem Microsoft-Konto erfolgt über eine E-Mail-Adresse, die bei Microsoft registriert werden muss. Es kann durchaus sein, dass Sie bereits ein Microsoft-Konto besitzen. Nur zwei Beispiele: Wenn Sie über eine kostenlose Hotmail-Adresse verfügen oder unter Windows 7 mit einem der Windows-Live-Essentials-Programme gearbeitet haben (z. B. Windows Live Mail oder Windows Live Movie Maker), haben Sie sich bereits für ein Microsoft-Konto registrieren müssen. Früher sprach man dabei allerdings von einer *Windows-Live-ID*. Wer bereits ein solches Konto angelegt hat, kann dieselben Daten auch ganz bequem für die Anmeldung bei Windows 8.1 nutzen.

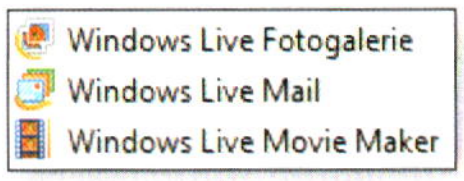

^ Wer mit einem der Windows-Live-Essentials-Programme gearbeitet hat, verfügt bereits über ein Microsoft-Konto.

Selbstverständlich können Sie sich aber auch neu registrieren, wie ich Ihnen im folgenden Schritt-für-Schritt-Beispiel zeigen werde. In früheren Windows-Versionen führte der Weg zum Einrichten von Benutzerkonten über die Systemsteuerung. Seit Windows 8 ist hierfür nun das Menü **PC-Einstellungen** zuständig.

1. Rufen Sie die Charms-Leiste wie gewohnt auf, und wählen Sie **Einstellungen ▸ PC-Einstellungen ändern** aus.
2. Wechseln Sie in die Kategorie **Konten**, und klicken Sie in der linken Spalte auf **Weitere Konten** (❶ auf Seite 134).
3. Klicken oder tippen Sie rechts auf **Konto hinzufügen** ❷.

Die nächsten Schritte unterscheiden sich nun je nachdem, ob Sie bereits über eine bei Microsoft registrierte E-Mail-Adresse verfügen oder diese erst neu anlegen müssen. Ich beschreibe zunächst, wie Sie sich neu registrieren:

4. Klicken oder tippen Sie auf **Neue E-Mail-Adresse einrichten** ❸.

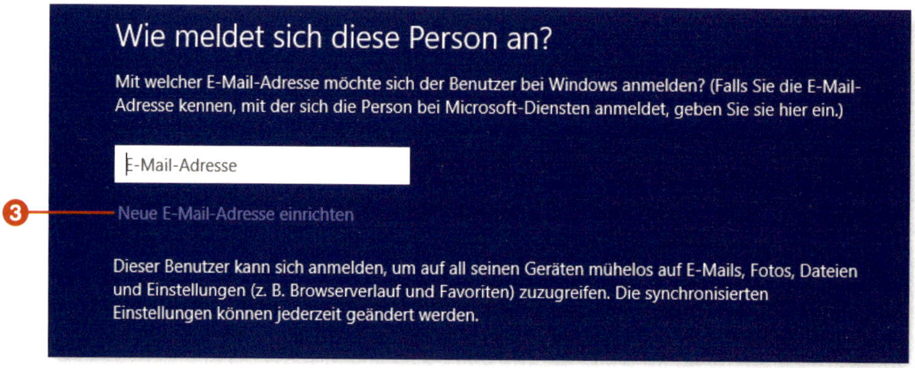

5. Auf der nächsten Seite tragen Sie zunächst in den entsprechenden Feldern Ihren Vor- und Nachnamen ein. In der nächsten Zeile legen Sie die gewünschte E-Mail-Adresse fest. Tragen Sie hierzu im linken Feld den Namen ein ❹. Wenn Sie dann im rechten Feld auf den Pfeil ❺ klicken oder tippen, klappt eine Liste auf, in der Sie eine der drei E-Mail-Dienste von Microsoft markieren.

6. Die ausgewählte E-Mail-Adresse wird nun geprüft. Sollte sie bereits vergeben sein, erhalten Sie einen entsprechenden Hinweis sowie Vorschläge, welche Adressen Sie stattdessen wählen können. Gefällt Ihnen einer der Vorschläge, markieren Sie ihn einfach per Mausklick ❻. Selbst-

verständlich können Sie auch einen eigenen neuen Namen ausprobieren. Doppelklicken Sie hierzu in das linke Feld der E-Mail-Adresse ❹, und überschreiben Sie den nun blau markierten Namen.

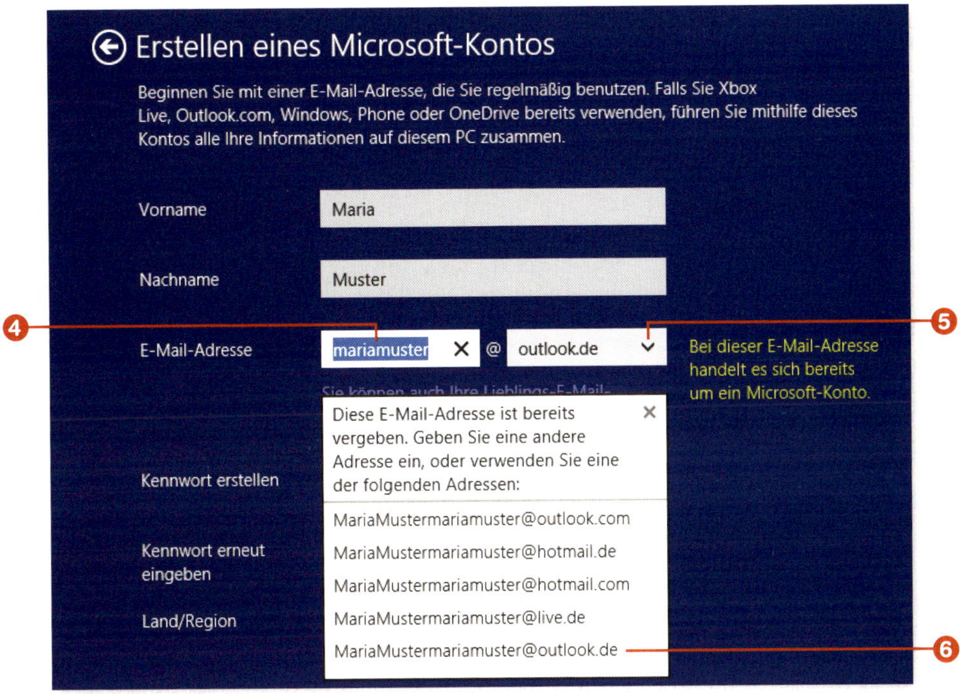

7. Ergänzen Sie in den übrigen Feldern ein Kennwort, und wiederholen Sie es, bevor Sie auf **Weiter** ❼ klicken oder tippen.

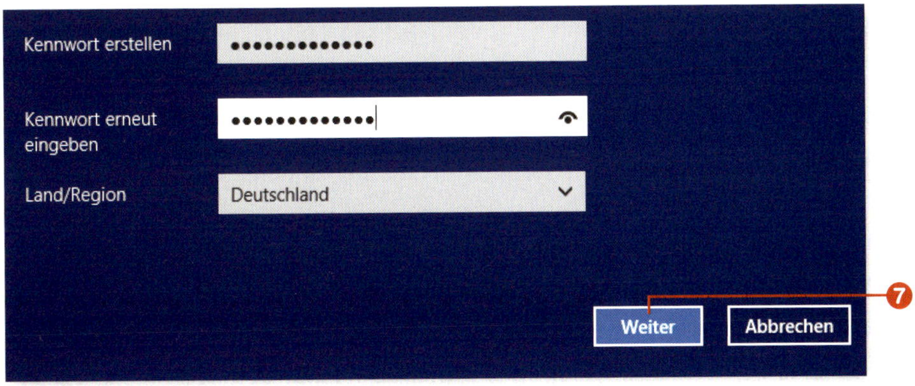

Mit einem Microsoft-Konto können Sie sich nicht nur bei Windows 8.1 anmelden, sondern auch zahlreiche Internetdienste wie etwa *OneDrive*

nutzen, den Sie in Kapitel 8, »Der Explorer – mit Dateien und Ordnern umgehen«, noch genauer kennenlernen werden. Um das Konto optimal zu schützen, werden auf der nächsten Seite weitere private Daten abgefragt.

8. Wählen Sie jeweils nach einem Klick auf den Pfeil neben den drei Feldern bei **Geburtsdatum** ⑧ Ihren Geburtstag, den -monat und das -jahr aus sowie im Feld **Geschlecht** ⑨ **Weiblich** oder **Männlich**.

9. Ob Sie eine Telefonnummer angeben, ist Ihnen freigestellt.

10. Eine **Alternative E-Mail-Adresse** ⑩ (sprich eine bereits vorhandene E-Mail-Adresse bei einem beliebigen E-Mail-Dienst) anzugeben ist durchaus sinnvoll. Sollten Sie sich einmal nicht anmelden können, weil Sie z. B. das Kennwort vergessen haben, kann Microsoft Ihnen über diese Adresse beim Zurücksetzen des Kennworts behilflich sein. Haben Sie alle Daten eingetragen, klicken oder tippen Sie auf **Weiter** ⑪.

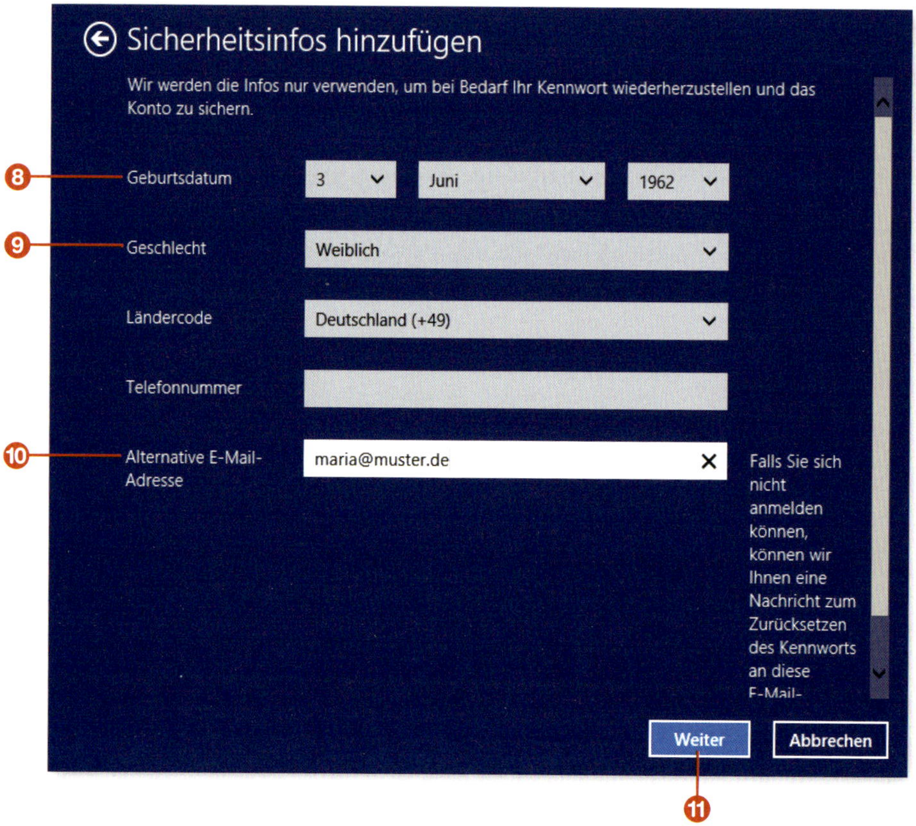

11. Als Nächstes müssen Sie die Zeichenfolge, die auf dem Bildschirm angezeigt wird, im darunter befindlichen Feld eintippen, um sicherzustellen, dass sich auch ein echter Benutzer und nicht etwa eine Maschine bei Windows 8.1 anmeldet ⓬.

12. Zusätzlich können Sie sich nach einem Klick oder Tipp auf den jeweiligen Link den **Microsoft-Servicevertrag** ⓭ sowie die **Bestimmungen zu Datenschutz und Cookies** ⓮ durchlesen, bevor Sie Ihre vorherigen Angaben mit **Weiter** ⓯ bestätigen.

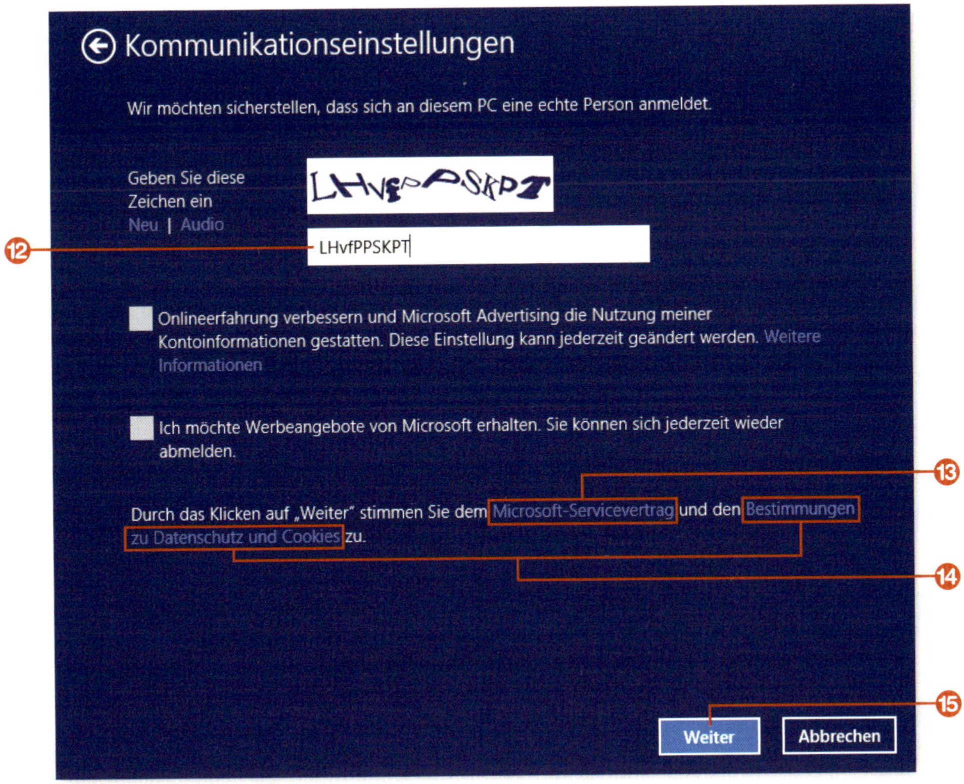

13. Nun noch ein Klick bzw. Tipp auf **Weiter**, anschließend auf **Fertig stellen**, und es ist geschafft!

Das neue Benutzerkonto – in diesem Fall also ein Microsoft-Konto – steht nun für den Benutzer, für den Sie es angelegt haben, bereit. Im Dialog **PC-Einstellungen**, der jetzt wieder angezeigt wird, sehen Sie im Bereich **Konten ▸ Weitere Konten** den Namen.

Wenn Sie zum Startbildschirm zurückkehren und auf Ihr Profilbild klicken oder tippen, wird dieser neue Benutzer ⑯ angezeigt. Nun können Sie per Klick oder Tipp auf den Benutzernamen schnell zu Ihrem Microsoft-Konto wechseln.

> Das neu angelegte Benutzerkonto wird nach einem Klick auf das Profilbild auf dem Startbildschirm angezeigt.

Mehr Informationen zum Microsoft-Konto gebe ich Ihnen im Verlauf des Buches immer dann, wenn Sie die Anmeldedaten benötigen, um bestimmte Dienste wie etwa die *Mail*-App zu nutzen.

Weitere Benutzerkonten anlegen

Zunächst aber zurück zum Einrichten weiterer Benutzerkonten. Richten Sie für eine Person ein neues Benutzerkonto ein, die bereits über eine registrierte E-Mail-Adresse verfügt, wiederholen Sie die im vorangegangenen Abschnitt aufgeführten Schritte 1 bis 3 (Seite 133): Rufen Sie den Dialog **PC-Einstellungen** auf, wechseln Sie in die Kategorie **Konten ▸ Weitere Konten** ❶, und klicken oder tippen Sie dort auf **Konto hinzufügen** ❷.

> Weitere Benutzer fügen Sie über die Kategorie »Konten« hinzu.

Im nächsten Dialog tragen Sie die registrierte E-Mail-Adresse im entsprechenden Feld ein ❸. Nach einem Klick oder Fingertipp auf **Weiter** und **Fertig stellen** wird das neue Benutzerkonto eingerichtet.

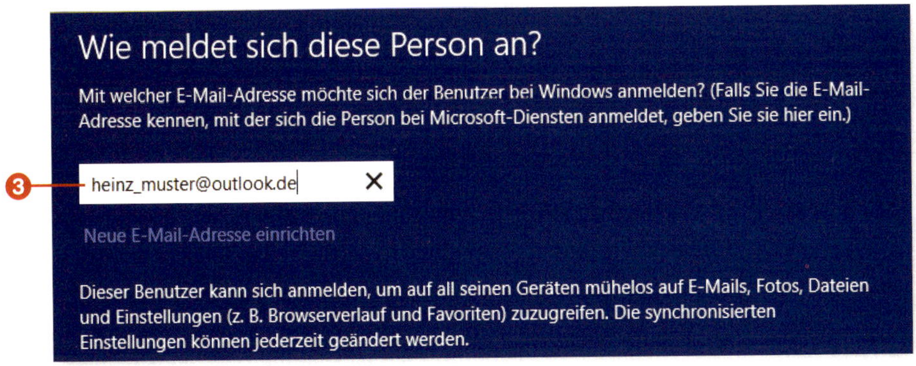

^ Existiert bereits eine registrierte E-Mail-Adresse, ist das Benutzerkonto schnell eingerichtet.

Auch dieses Konto wird nun im Dialog **PC-Einstellungen** unter **Weitere Benutzer** sowie nach einem Klick auf das Profilbild auf dem Startbildschirm angezeigt. Meldet sich die Person das erste Mal mit ihrem Microsoft-Konto am Computer an, benötigt Windows 8.1 einige Minuten für die Konfiguration des Systems, bevor der Anwender am PC loslegen kann.

Zwei Möglichkeiten zur Einrichtung eines zusätzlichen Benutzerkontos haben Sie nun schon kennengelernt. Im ersten Fall wurde eine neue E-Mail-Adresse registriert, im zweiten war diese E-Mail-Adresse bereits vorhanden. Bei beiden handelte es sich um ein mit einem Microsoft-Konto verknüpftes Benutzerkonto. Natürlich können Sie für weitere Benutzer – wie auch schon in früheren Windows-Versionen – ein lokales Benutzerkonto einrichten, das nur auf dem vorhandenen Computer gilt. Dies ist vor allem dann interessant, wenn Sie für Kinder ein eigenes Konto auf Ihrem Computer anlegen.

Um ein lokales Konto einzurichten, klicken oder tippen Sie in Schritt 4 auf Ohne Microsoft-Konto anmelden und anschließend auf Lokales Konto (siehe Abschnitt »Ein Microsoft-Konto einrichten«, Seite 134). Tragen Sie auf der nächsten Seite einen Benutzernamen und ein Kennwort ein (❹ auf Seite 140). Letzteres wiederholen Sie, und Sie sollten auch einen Kennworthinweis ergänzen, bevor Sie auf **Weiter** ❺ klicken oder tippen.

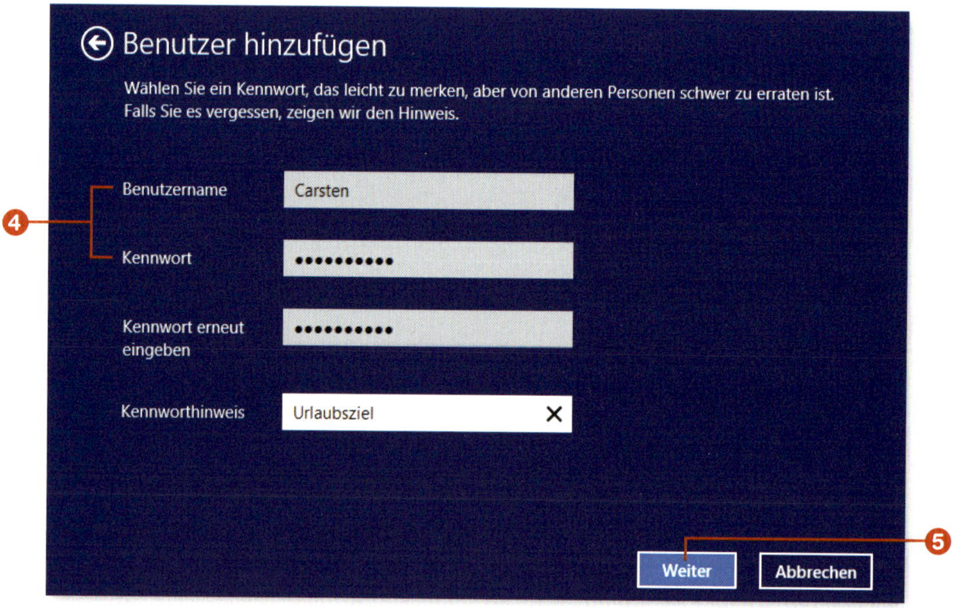

> *Zusätzlich zum Benutzernamen sollten Sie ein Kennwort festlegen.*

Sobald Sie auf **Fertig stellen** klicken oder tippen, wird auch dieses Benutzerkonto angelegt. Wann immer von nun an der Computer eingeschaltet wird, stehen neben dem ganz zu Anfang angelegten Benutzerkonto (im Abschnitt »Windows 8.1 zum ersten Mal starten« ab Seite 24) auch die neuen Konten zur Auswahl.

Wird bei Ihnen auf dem Anmeldebildschirm zunächst nur der Name des ersten Benutzerkontos angezeigt, klicken oder tippen Sie auf den nach links weisenden kleinen Pfeil ⊖, und schon erscheinen alle Konten. Zur Anmeldung wählen Sie einfach das gewünschte Benutzerkonto per Mausklick oder durch Tippen aus. Nach Eingabe des Kennworts steht dann der Arbeit am Computer nichts mehr im Wege.

Nach dem Einrichten der Benutzerkonten möchte ich natürlich auch nicht verschweigen, wie Sie ein Konto wieder entfernen:

1. Rufen Sie die Charms-Leiste am rechten Bildschirmrand auf, und klicken oder tippen Sie auf **Einstellungen ▸ PC-Einstellungen ändern**.
2. Wechseln Sie in die Kategorie **Konten ▸ Weitere Konten** ❶.
3. Markieren Sie das Benutzerkonto, das gelöscht werden soll ❷, und klicken Sie dann auf **Entfernen** ❸.

4. Im folgenden Dialog bestätigen Sie mit einem Klick auf **Konto und Daten löschen**, dass alle Dateien des Benutzers auf dem PC gelöscht werden sollen.

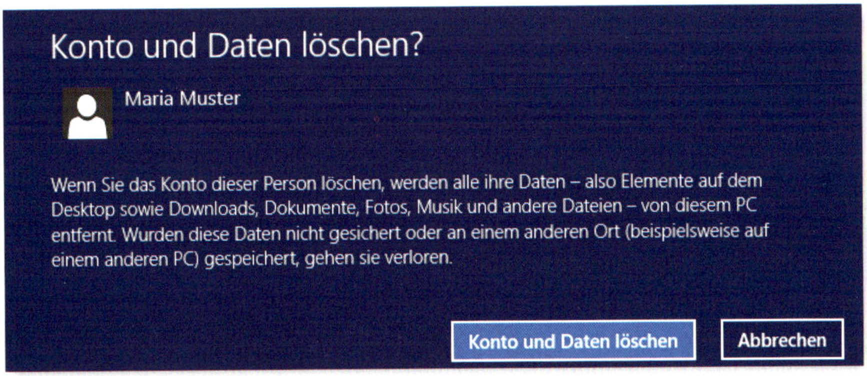

Das Entfernen des Kontos kann einen Moment dauern. Handelt es sich um ein Microsoft-Konto, wird lediglich das Benutzerkonto auf dem Computer entfernt. Das Konto selbst, sprich die E-Mail-Adresse, können Sie weiterhin für Ihre Aktionen bei Microsoft nutzen.

Damit sind wir vorerst mit dem Thema Benutzerkonten am Ende angelangt. In Kapitel 10, »Windows 8.1 und die Sicherheit«, werde ich es noch einmal kurz aufgreifen, wenn es um die sogenannte *Benutzerkontensteuerung* geht. Doch davon, wie gesagt, später mehr. Zunächst werden wir einen Blick auf weitere Windows-Einstellungen werfen.

Microsoft-Konto weiterhin nutzen

Selbst wenn Sie das mit dem Microsoft-Konto verknüpfte Benutzerkonto entfernen, können Sie weiterhin mit Apps arbeiten, die ein Microsoft-Konto benötigen, beispielsweise mit der *Mail*-App. Denn bei jeder App ist es möglich, sich gezielt mit dem Microsoft-Konto anzumelden. Konkret heißt das: Sind Sie am lokalen Benutzerkonto angemeldet, geben Sie nur beim Aufruf einer bestimmten App, die ein Microsoft-Konto benötigt, die E-Mail-Adresse und das Passwort Ihres Microsoft-Kontos an. Wie dies funktioniert, erfahren Sie ausführlich in Kapitel 7, »E-Mails, Adressen und Termine«.

Wichtige Einstellungen vornehmen: Schriftgröße, Klickgeschwindigkeit und mehr

Können Sie die Texte und den Mauszeiger auf dem Bildschirm gut erkennen? Falls Sie dabei Schwierigkeiten haben, lassen sich diese leicht beheben. Denn sowohl die Schriftgröße als auch die Größe von Desktop-Symbolen oder des Mauszeigers lässt sich anpassen. Somit kann sich jeder sein Windows 8.1 so einstellen, wie es ihm am besten gefällt – und wie die Arbeit am leichtesten fällt. Legen wir zunächst mit der Maus los. Die Einstellungen erfolgen über die Systemsteuerung, die Sie über verschiedene Wege erreichen:

1. Stellen Sie sicher, dass Sie sich auf der Desktop-Oberfläche befinden, und rufen Sie die Charms-Leiste am rechten Seitenrand auf. Klicken oder tippen Sie hier auf **Einstellungen** und anschließend auf **Systemsteuerung**.

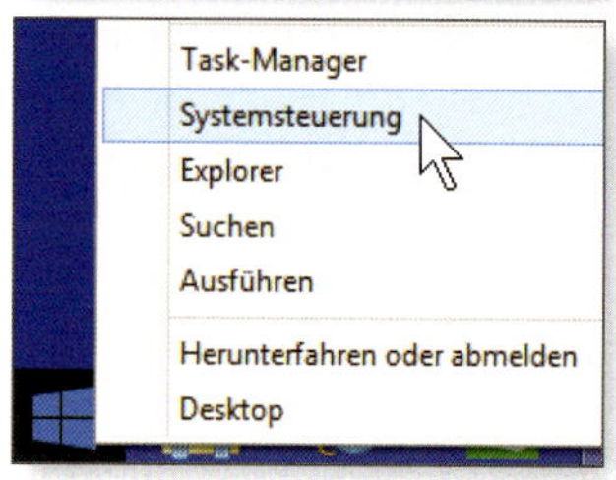

Wer eine Tastatur zur Verfügung hat kann alternativ die Tastenkombination ⊞ + X drücken und dann im aufklappenden Schnellstartmenü auf **Systemsteuerung** klicken oder tippen.

2. Weiter geht es mit den Einstellungen für die Computermaus. Wählen Sie die Kategorie **Hardware und Sound** ❶ aus, und klicken oder tippen Sie dann im Bereich **Geräte und Drucker** auf **Maus** ❷.

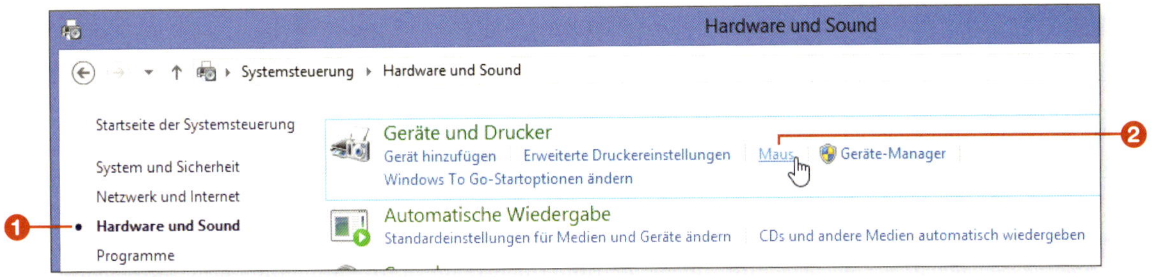

Das Dialogfenster **Eigenschaften von Maus** wird geöffnet. Wenn es Ihnen schwerfällt, den Mauszeiger auf dem Bildschirm zu finden, sollten Sie die Anzeige etwas vergrößern.

3. Wechseln Sie dazu in das Register **Zeiger** ❸. In der Liste **Anpassen** ❹ erhalten Sie eine schöne Übersicht über alle möglichen Formen, die der Mauszeiger annehmen kann, und über deren Bedeutung.

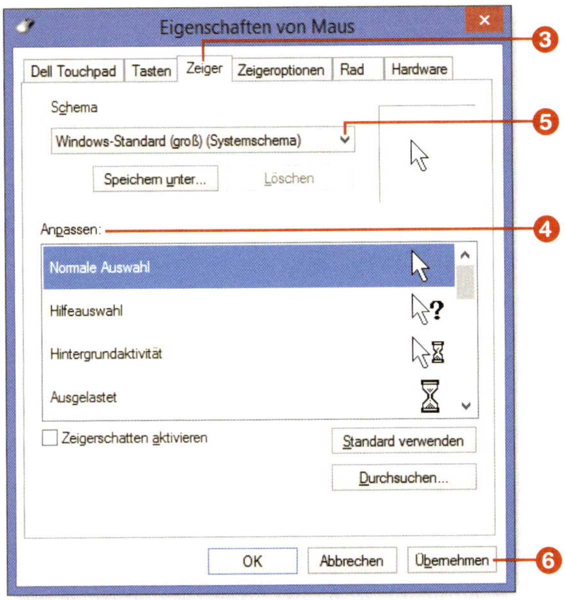

4. Um die Größe des Mauszeigers anzupassen, klicken oder tippen Sie auf den Pfeil rechts neben dem Feld **Schema** ❺. Wählen Sie in der aufklappenden Liste eines der Schemen aus. Die Maus-Symbole werden sofort in der Liste **Anpassen** aktualisiert.

5. Sagt Ihnen die neue Größe zu, bestätigen Sie die Auswahl mit einem Klick oder Tipp auf die Schaltfläche **Übernehmen** ❻.

Wer mit der Maus am Computer arbeitet, muss häufig einen sogenannten *Doppelklick* ausführen. Gelingt Ihnen das schnelle zweimalige Drücken der linken Maustaste nicht immer, passen Sie einfach die Geschwindigkeit im Dialog **Eigenschaften von Maus** an.

1. Wechseln Sie in das Register **Tasten** ❼. Im Bereich **Doppelklickgeschwindigkeit** verschieben Sie den Schieberegler ❽ mit gedrückter linker Maustaste etwas nach links in Richtung **Langsam**.

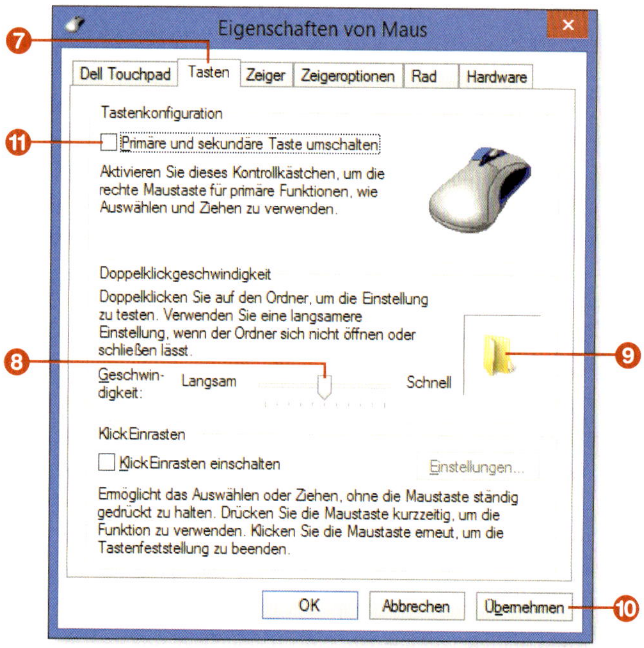

2. Probieren Sie die neue Einstellung aus, indem Sie auf das Ordner-Symbol ❾ doppelklicken bzw. -tippen. Öffnet sich der Ordner und schließt er sich nach einem erneuten Doppelklick, haben Sie die perfekte Geschwindigkeit für sich eingestellt. Falls sich noch nichts tut, verändern Sie die Geschwindigkeit einfach noch etwas.

3. Auch hier bestätigen Sie die Einstellung wieder mit **Übernehmen** ⑩. Schließen Sie dann den **Eigenschaften**-Dialog mit **OK**.

Linkshänder aufgepasst

Noch ein kleiner Trick am Rande für Linkshänder: Versehen Sie im Register **Tasten** das Kontrollkästchen **Primäre und sekundäre Taste umschalten** (⑪ in der Abbildung auf Seite 144) per Mausklick mit einem Häkchen, können Sie die Maus zukünftig ganz bequem mit der linken Hand bedienen. Die rechte Maustaste übernimmt nun die Funktion der linken. Um eine App per Mausklick auf die entsprechende Kachel zu starten, drücken Sie also nicht mehr die linke Maustaste, sondern die rechte. Das Öffnen eines Kontextmenüs erfolgt dann umgekehrt durch Drücken der linken Maustaste.

Nicht nur der Mauszeiger ist manchmal schwer zu erkennen, auch Texte sind nicht immer gut lesbar. Aber auch das ist schnell geändert. Die entsprechenden Einstellungen müssen Sie jeweils für die Desktop-Oberfläche mit ihren Windows-Anwendungen und für den Startbildschirm mit seinen Apps gesondert vornehmen. Beginnen wir mit dem Desktop:

1. Sollten Sie die Systemsteuerung bereits geschlossen haben, rufen Sie sie erneut auf. Wechseln Sie in die Kategorie **Darstellung und Anpassung**. Ist nach den letzten Schritten der Dialog **Hardware und Sound** noch geöffnet, reicht ein Klick oder Tipp auf **Darstellung und Anpassung** ①.

2. Wählen Sie unter **Anzeige** den Befehl **Text und weitere Elemente vergrößern oder verkleinern** ② aus.

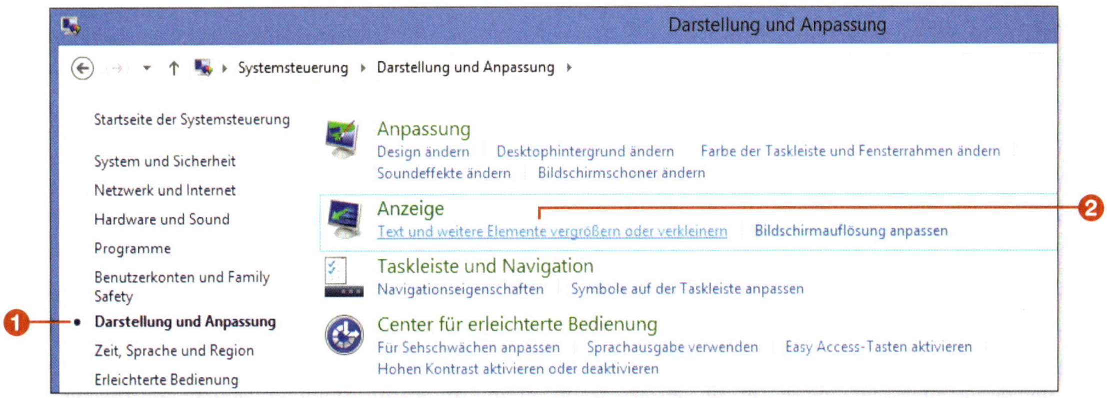

3. Im nächsten Fenster versehen Sie das Kästchen **Manuell eine Skalierungsstufe für alle Anzeigegeräte auswählen** mit einem Häkchen ❸. Wählen Sie nun eine der angebotenen Optionen aus, etwa **Mittel – 125 %** ❹. Bestätigen Sie die Auswahl mit **Übernehmen** ❺.

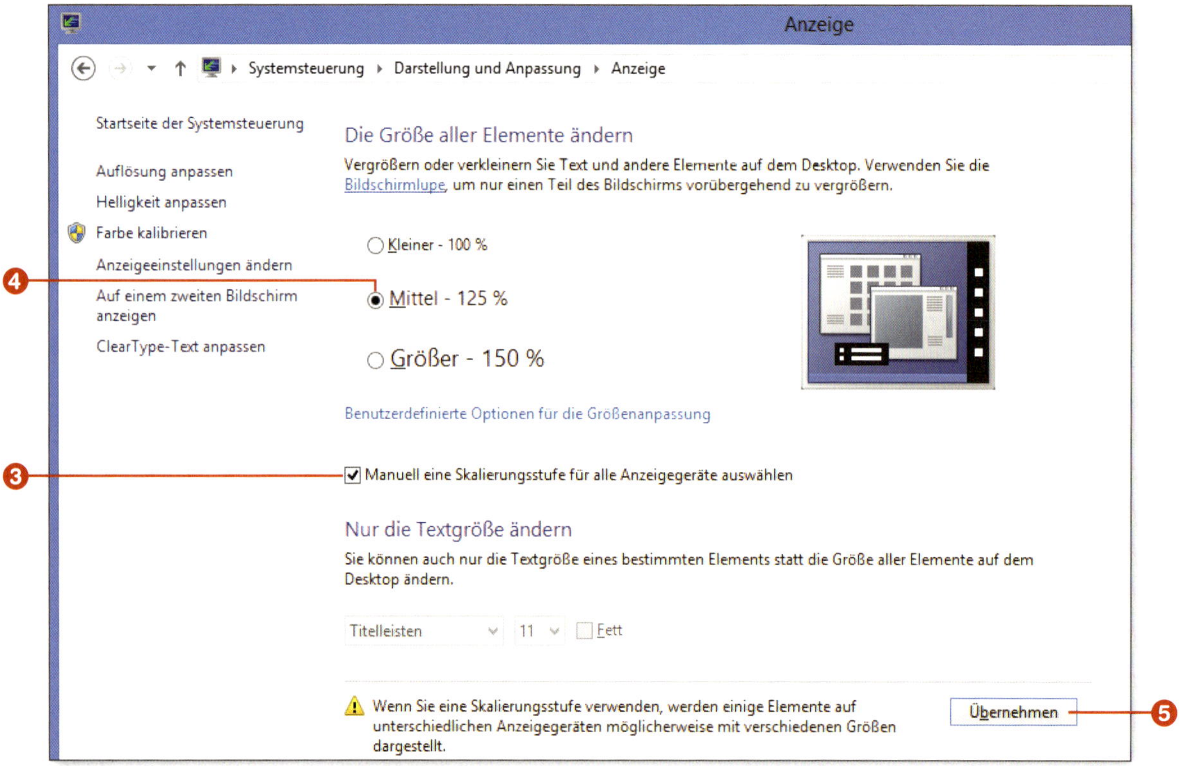

4. Windows informiert Sie, dass eine Neuanmeldung am Computer nötig ist, damit die Änderungen übernommen werden. Klicken oder tippen Sie auf **Jetzt abmelden**, und melden Sie sich anschließend wie gewohnt wieder an.

Wenn Sie nach der Neuanmeldung wieder einen Blick auf die Desktop-Oberfläche werfen, sehen Sie, dass alle Desktop-Symbole sowie die Taskleiste mit ihren Elementen größer dargestellt werden. Auch die Textgröße in Windows-Anwendungen wird entsprechend angepasst. Schauen Sie sich das Ergebnis einmal an, indem Sie z. B. den Explorer über das entsprechende Symbol in der Taskleiste (siehe Seite 111 im Abschnitt »Die Taskleiste im Überblick«) starten.

Auf den Startbildschirm haben die bisher vorgenommenen Einstellungen keinerlei Einfluss. Doch auch hier lässt sich die Darstellungsgröße der Kacheln und der diversen Apps erhöhen, vorausgesetzt, Ihr Computer unterstützt dies. Bei einigen Tablets mit kleinerem Bildschirm steht die in den folgenden Schritten vorgestellte Funktion nicht zur Verfügung.

1. Rufen Sie in der Charms-Leiste das Menü **Einstellungen** und dann **PC-Einstellungen ändern** auf.

2. Wechseln Sie in der linken Spalte in die Kategorie **PC und Geräte**, und klicken oder tippen Sie dann auf **Bildschirm**.

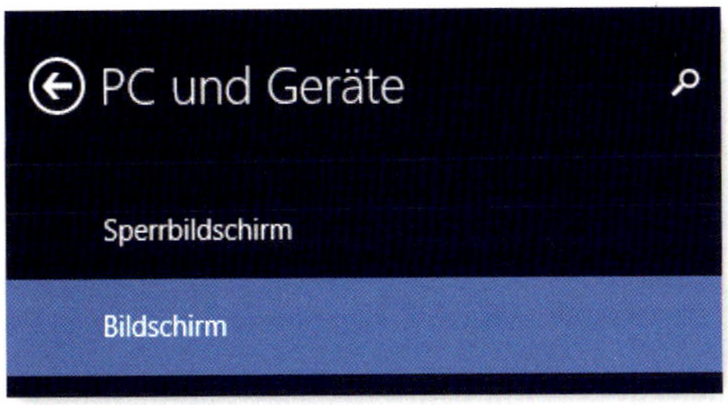

3. Blättern Sie in der rechten Spalte nach unten, bis der Bereich **Weitere Optionen** sichtbar ist. Nach einem Klick oder Tippen auf den Pfeil rechts vom Feld **Standard** wählen Sie in der aufklappenden Liste **Größer**. Die Wirkung macht sich sofort bemerkbar: Die Texte sind nun um einiges größer.

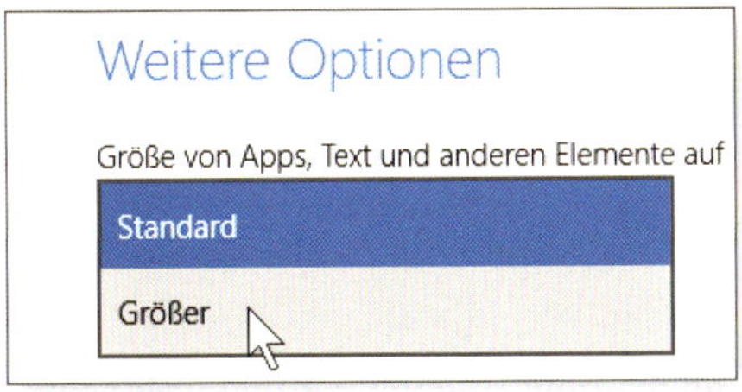

Für diejenigen Anwender, die stark sehbeeinträchtigt sind, bietet Windows 8.1 eine bereits aus älteren Versionen bekannte Funktion: die *Bildschirmlupe*.

1. Um die Bildschirmlupe zu aktivieren, rufen Sie ebenfalls in der Charms-Leiste das Menü **Einstellungen** und dann **PC-Einstellungen ändern**

auf. Übrigens: Ist bei Ihnen der Dialog **PC-Einstellungen** noch geöffnet, gelangen Sie über das Pfeil-Symbol ❶ oben links immer wieder zur übergeordneten Kategorie zurück. Von dort können Sie dann bequem zur nächsten gewünschten Kategorie wechseln.

2. Klicken Sie in der linken Spalte auf **Erleichterte Bedienung** und anschließend auf **Bildschirmlupe** ❷.

3. Ziehen Sie in der rechten Spalte den Schieberegler unterhalb von **Bildschirmlupe** mit gedrückter linker Maustaste nach rechts ❸. Wenn Sie mit einem Touchscreen arbeiten, führen Sie die Bewegung einfach per Finger aus. Die Bildschirmlupe wird sofort aktiviert.

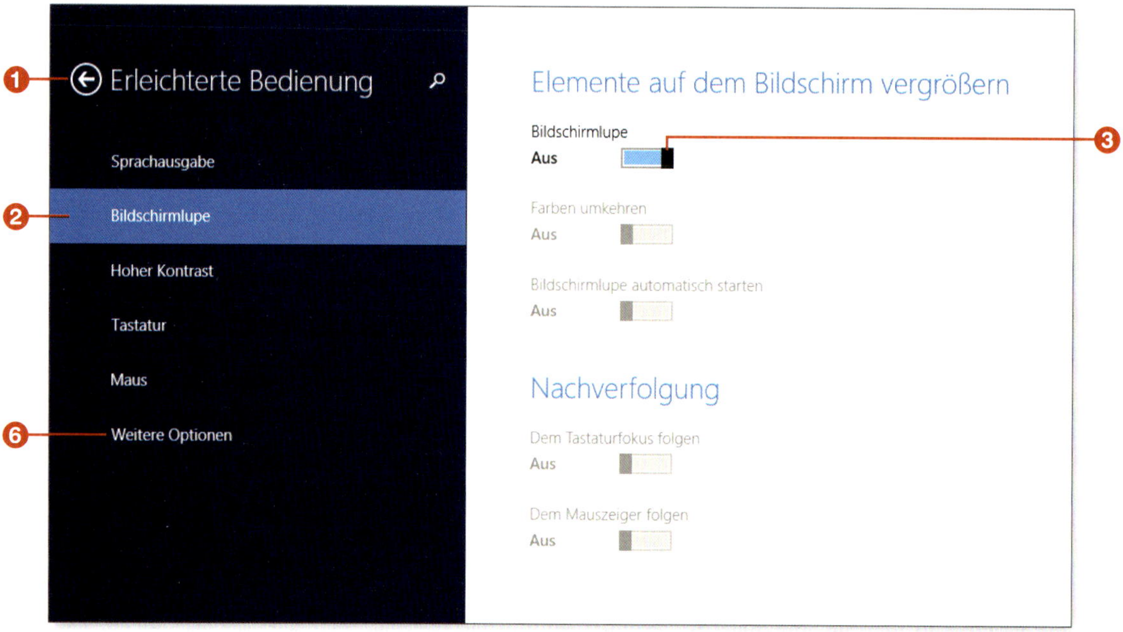

4. Wenn Sie Maus und Tastatur nutzen, bewegen Sie jeweils den Mauszeiger in Richtung Bildschirmränder, um den aktuellen Bildausschnitt, der stark vergrößert angezeigt wird, zu verschieben. Bei einem Touchscreen lässt sich der Ausschnitt jeweils per Finger verschieben.

5. Auf dem Bildschirm wird außerdem eine Lupe eingeblendet. Klicken oder tippen Sie darauf, erscheint die Bildschirmlupen-Leiste ❹. Über die hier sichtbaren Plus- und Minus-Symbole können Sie den Bildschirmausschnitt jeweils noch stärker vergrößern oder auch verkleinern.

6. Um die Bildschirmlupe wieder zu deaktivieren, klicken oder tippen Sie auf das **Schließen**-Symbol ✕ ❺ in der rechten oberen Ecke der Leiste.

Anzeigedauer von Benachrichtigungen verlängern

Es kommt immer wieder vor, dass Windows Sie über bestimmte Aktionen informiert, etwa wenn ein externes Gerät an den PC angeschlossen wird oder wenn Programmaktualisierungen verfügbar sind. Laut der Standardeinstellung verschwinden diese Benachrichtigungen bereits nach fünf Sekunden. Damit sie Ihnen bei einem Blick aus dem Fenster oder beim Griff zur Kaffeetasse nicht durch die Lappen gehen, sollten Sie die entsprechende Einstellung ändern. Klicken Sie hierzu im Dialog **Erleichterte Bedienung** in der linken Spalte auf **Weitere Optionen** (❻ in der Abbildung auf Seite 148). Nun können Sie rechts im Feld **Benachrichtigungen anzeigen für** einen höheren Wert einstellen.

Damit wollen wir es mit den Anzeigeoptionen unter Windows 8.1 erst einmal gut sein lassen. Im nächsten Abschnitt stehen die Themen Spracheinstellungen, Datum und Uhrzeit im Mittelpunkt.

Zeitzonen: Windows 8.1 und seine Ortskenntnisse

Beim allerersten Start von Windows 8.1 werden bereits Land und Region, Spracheinstellungen sowie das Tastaturlayout festgelegt. Die Uhrzeit synchronisiert das System automatisch über das Internet – eine bestehende Internetverbindung natürlich vorausgesetzt. Damit sollte eigentlich alles in bester Ordnung sein. Im Zeitalter der mobilen Geräte, in dem man gerne mal sein Notebook oder Tablet auf Reisen in ferne Länder mitnimmt, gilt die eingestellte Zeitzone aber womöglich nicht mehr. Möchten Sie eine andere Zeitzone einstellen, gehen Sie folgendermaßen vor:

1. Rufen Sie wieder die Charms-Leiste am rechten Bildschirmrand auf, und klicken oder tippen Sie nacheinander auf **Einstellungen ▸ PC-Einstellungen ändern**. Rufen Sie dann in der linken Spalte die Kategorie **Zeit und Sprache** auf.

2. Der Eintrag **Datum und Uhrzeit** ist nun links bereits markiert ❶. Befinden Sie sich mit Ihrem mobilen Gerät gerade auf Reisen in einer anderen Zeitzone, klicken oder tippen Sie auf den Pfeil rechts neben dem Feld **Zeitzone** ❷. Markieren Sie die Region, in der Sie sich gerade befinden, etwa **(UTC – 08:00) Pacific Zeit (USA & Kanada)**, falls Sie an der Westküste von Amerika oder Kanada unterwegs sind. Mithilfe der Bildlaufleiste am rechten Rand blättern Sie in der aufgeklappten Zeitzonen-Liste.

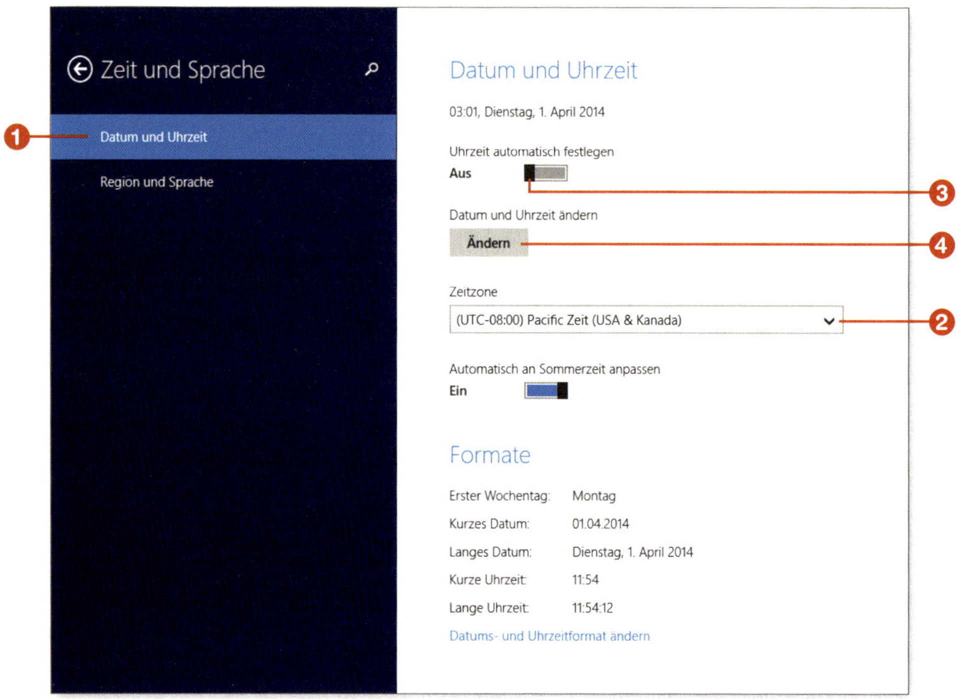

Auch wenn es eher selten der Fall ist, ab und an geht auch die Computeruhr einmal vor oder nach. Doch auch das ist schnell korrigiert:

1. Schieben Sie den Schieberegler unterhalb von **Uhrzeit automatisch festlegen** nach links ❸, und klicken Sie dann auf die Schaltfläche **Ändern** ❹.
2. Nach einem Klick auf die Pfeiltasten können Sie nun in den jeweiligen Feldern das Datum oder auch die Uhrzeit korrigieren ❺.
3. Bestätigen Sie Ihre Korrekturen mit **Ändern** ❻.

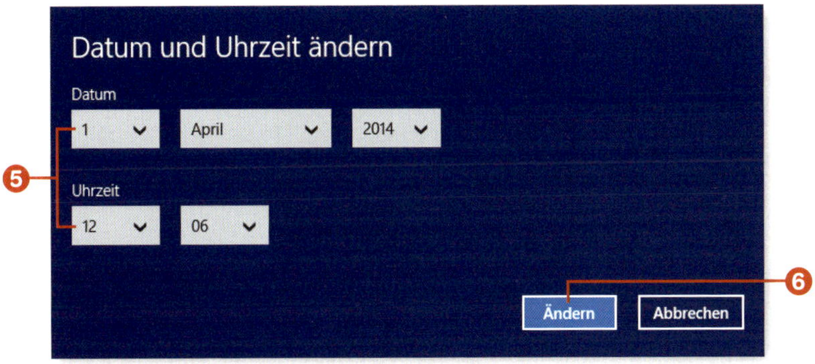

Drucker, Lautsprecher und andere Geräte anschließen

Wer sich einen Computer anschafft, benötigt meist recht schnell noch weitere Geräte. Ein Muss für viele Anwender ist etwa der Drucker, mit dem die Korrespondenz, die letzten Urlaubsbilder oder auch ein interessanter Artikel aus dem Internet zu Papier gebracht werden. Besitzen Sie einen Desktop-PC, zählen Tastatur und Maus normalerweise zum Lieferumfang. Wenn Sie ab und an Musik hören möchten, steht dafür aber die Anschaffung von Lautsprechern an. In einem Notebook oder Tablet sind diese bereits integriert. Allerdings fehlt bei Letzterem wiederum die Tastatur. Auf Reisen ist dies praktisch und aus Gründen des leichteren Gewichts auch gewollt. Doch wer daheim in den eigenen vier Wänden mit dem Tablet längere Texte tippen muss, sehnt sich bald nach einer »anständigen« Tastatur. All die aufgeführten Geräte und noch mehr lassen sich unter Windows 8.1 schnell anschließen – sofern natürlich die hierfür nötigen Anschlüsse am Computer verfügbar sind.

Beginnen wir mit dem Gerät, das sich am unproblematischsten am Computer anschließen lässt: dem Lautsprecher. Beim Verbinden des Lautsprecherkabels mit dem Computer hilft häufig ein Farbcode weiter. Das bedeutet, der grüne Stecker gehört auch in die grüne Buchse. Bei manchen Geräten ist der Anschluss auch durch ein Kopfhörer-Symbol gekennzeichnet.

> *Der Anschluss für einen Lautsprecher ist meist gut an der grünen Farbe erkennbar. (Quelle: Laura Schleicher)*

Die meisten Lautsprecher verfügen über eine eigene Stromversorgung und müssen außerdem direkt am Gerät eingeschaltet werden. Ist all dies geschehen, steht einem Hörgenuss eigentlich nichts mehr im Wege. Die Lautstärkeregulierung nehmen Sie am Lautsprecher selbst vor und zusätzlich in Windows 8.1. Hier stehen mehrere Varianten zur Auswahl:

- Rufen Sie die Charms-Leiste am rechten Seitenrand auf (zur Erinnerung: entweder per Wischgeste vom rechten Bildschirmrand in Richtung Bildschirmmitte oder indem Sie den Mauszeiger in der oberen oder unteren Bildschirmecke positionieren), und wählen Sie **Einstellungen**. Im unteren Bereich der Leiste sehen Sie nun ein kleines Lautsprecher-Symbol. Wenn Sie darauf klicken oder tippen, klappt ein kleines Fenster mit einem Schieberegler auf, über den Sie die Lautstärke regulieren. Klicken oder tippen Sie innerhalb dieses Fensters auf das Lautsprecher-Symbol (1), bleibt der Lautsprecher stumm. Neben dem Symbol erscheint entsprechend ein Kreuz. Ein erneuter Klick bzw. Tipp hebt die Stummschaltung wieder auf.

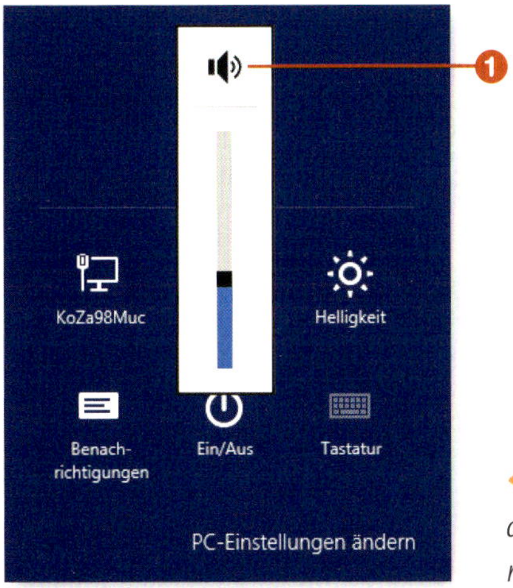

Über das Lautsprecher-Symbol in den Einstellungen der Charms-Leiste regulieren Sie die Lautstärke.

- Befinden Sie sich auf der Desktop-Oberfläche, finden Sie im Infobereich der Taskleiste ebenfalls ein kleines Lautsprecher-Symbol ❷. Auch hier klappt nach einem Klick oder Tipp auf das Symbol ein Fenster mit Schieberegler auf, über den Sie die Lautstärke einstellen. Mit einem Klick auf das Lautsprecher-Symbol wird der Lautsprecher ebenfalls aktiviert bzw. deaktiviert. Klicken oder tippen Sie auf die Schaltfläche **Mixer**, klappt ein größerer Dialog auf, in dem Sie nun zwei Schieberegler finden. Der Schieberegler **Gerät** ❸ steuert die Lautstärke des Lautsprechers, während Sie mit dem Regler **Anwendungen** ❹ die Lautstärke der Systemsounds einstellen. Dahinter verbergen sich akustische Signale, die etwa beim Eingang einer E-Mail ertönen.

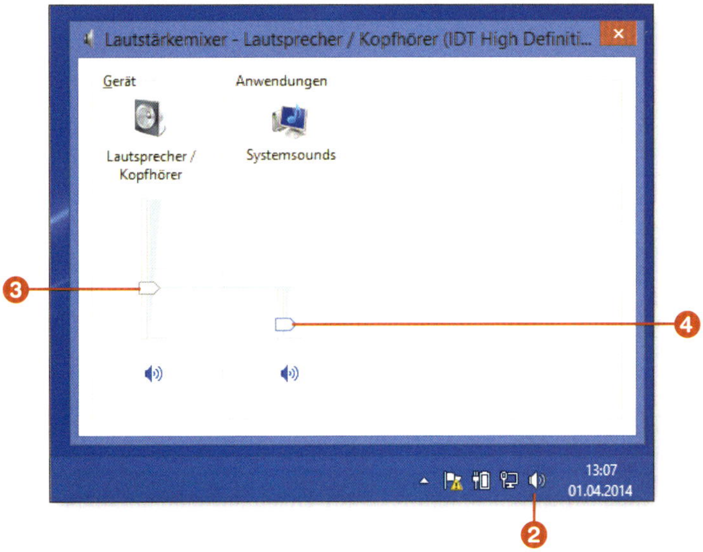

Die Lautstärke lässt sich für Musik und Systemsounds getrennt einstellen.

- In vielen Programmen – etwa dem Windows Media Player, den Sie in Kapitel 9, »Fotos, Videos und Musik«, genauer kennenlernen – finden Sie ebenfalls eine Möglichkeit zur Lautstärkeeinstellung ❺.

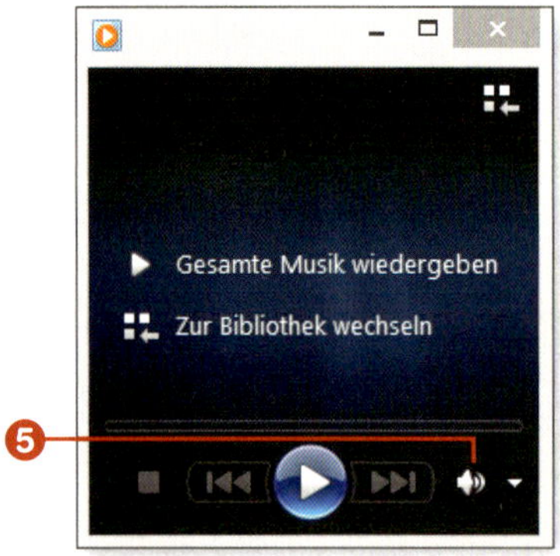

Viele Programme, hier der Windows Media Player, bieten ebenfalls eine Lautstärkeregulierung an.

Der nächste Anschluss, den wir unter die Lupe nehmen wollen, ist der *USB-Anschluss*. Jeder Computer – egal, ob Desktop-PC, Notebook oder Tablet – verfügt heutzutage über mindestens einen, wenn nicht mehrere USB-Anschlüsse. Es versteht sich fast schon von selbst, dass deshalb auch die meisten Geräte wie Drucker, Mäuse, Tastaturen und Digitalkameras diesen Anschluss nutzen. Am Beispiel eines Druckers zeige ich Ihnen nun, wie Windows 8.1 mit derart angeschlossenen Geräten umgeht und welche Schritte Ihrerseits eventuell noch nötig sind. Verbinden Sie zunächst den Drucker und den Computer mithilfe eines USB-Kabels.

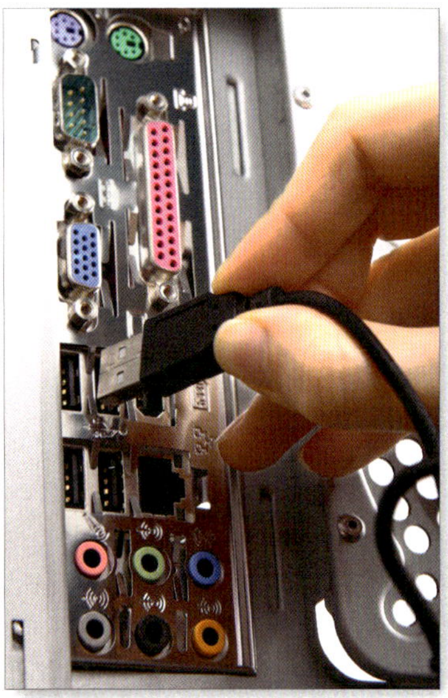

Die meisten Drucker werden mittels USB-Kabel mit dem Computer verbunden. (Quelle: iStockphoto, Krzysztof_Kwiatkowski)

Wenn der Drucker bereits eingeschaltet ist bzw. Sie ihn jetzt einschalten, beginnt Windows 8.1 automatisch, nach den nötigen Gerätetreibern zu suchen, die zum Betrieb des angeschlossenen externen Geräts nötig sind. Viele Tests haben mittlerweile gezeigt, dass Windows 8.1 die meisten Drucker automatisch erkennt und die nötigen Treiber installiert. Dieser Vorgang passiert meist so rasch, dass Sie kaum etwas davon mitbekommen. Ob der Drucker erfolgreich eingerichtet wurde, können Sie schnell prüfen:

1. Blenden Sie die Charms-Leiste ein, und klicken oder tippen Sie hier auf **Einstellungen** und dann auf **PC-Einstellungen ändern**.

2. Wechseln Sie in die Kategorie **PC und Geräte**. Falls Sie zuvor eine andere Kategorie aufgerufen hatten, gelangen Sie über das Symbol ⊖ zur Kategorienübersicht zurück.

3. Nach einem Klick auf **Geräte** ❶ in der linken Spalte werden in der rechten Spalte alle an Ihrem Computer angeschlossenen Geräte aufgeführt.

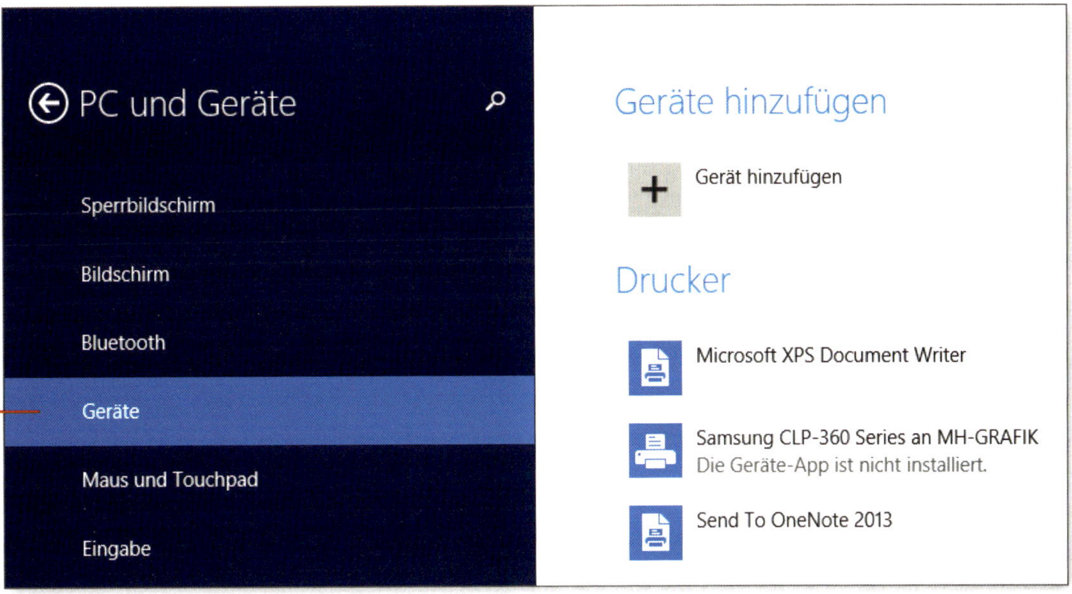

Auch Ihren gerade angeschlossenen Drucker sollten Sie hier nun finden. Ist dies nicht der Fall, probieren Sie folgende Schritte aus:

4. Öffnen Sie die Systemsteuerung. Am schnellsten gelingt dies über die Suchfunktion, die Sie entweder per Klick auf das Lupen-Symbol auf dem Startbildschirm oder über die Charms-Leiste aufrufen. Geben Sie im Suchfeld »Systemsteuerung« ein, und klicken oder tippen Sie dann auf das gefundene Ergebnis ❷.

5. Klicken oder tippen Sie unter **Hardware und Sound** auf **Geräte und Drucker anzeigen** ❸.

12. Geben Sie einen Namen für den Drucker an, und klicken oder tippen Sie auf **Weiter**. In einigen Fällen meldet sich nun die Benutzerkontensteuerung, die ich Ihnen in Kapitel 10, »Windows 8.1 und die Sicherheit«, genauer vorstellen werde. Bestätigen Sie gegebenenfalls den Hinweis mit **Ja**.

13. Windows 8.1 installiert nun die nötigen Druckertreiber. Nach einem Klick auf **Weiter** können Sie den Drucker noch als Standarddrucker festlegen. Dies ist vor allem interessant, wenn Sie mehrere Drucker oder auch ein Faxgerät an Ihrem Computer angeschlossen haben. Das als Standarddrucker gekennzeichnete Gerät wird damit als Erstes in der Liste der Drucker aufgeführt. Mit einem Klick oder Tipp auf **Fertig stellen** schließen Sie die Installation des Druckers ab.

Gerätetreiber per DVD installieren

Wurde zu Ihrem Drucker eine DVD mitgeliefert, können Sie auch diese zur Installation Ihres Geräts verwenden. Klicken oder tippen Sie in diesem Fall nach Schritt 10 auf **Datenträger** (⑩ in der Abbildung auf Seite 157), und folgen Sie den weiteren Anweisungen. In manchen Fällen wird die DVD auch automatisch wiedergegeben, und Sie können einfach den Installationsanweisungen des Druckerherstellers folgen.

Wurde der Drucker erfolgreich eingerichtet, wird er nun sowohl in der Übersicht **Geräte und Drucker** in der Systemsteuerung als auch in der Kategorie **Geräte** des Menüs **PC-Einstellungen** angezeigt. Wie Sie aus den verschiedenen Anwendungen heraus drucken können, erfahren Sie im Verlauf des Buches bei der Beschreibung der jeweiligen Anwendung.

Doch zuvor möchte ich Ihnen noch eine weitere Anschlussmöglichkeit vorstellen. Viele Computer, speziell Notebooks und Tablets, bieten neben einer USB-Schnittstelle auch die Möglichkeit, ein Gerät mittels *Bluetooth*, also per Funk, am Computer anzuschließen. Wie dies funktioniert, zeige ich Ihnen am Beispiel einer externen Tastatur, die an ein Tablet angeschlossen wird. Bluetooth wird ebenfalls von vielen Smartphones unterstützt, sodass Sie auch diese mit Ihrem Computer synchronisieren können.

Damit ein Gerät, in unserem Beispiel also eine Tastatur, per Bluetooth mit dem Computer verbunden werden kann, muss seine Bluetooth-Funktion eingeschaltet sein und es muss für andere sichtbar sein – in diesem Fall also für den Computer. Wie Sie dies im Einzelnen für Ihr drahtloses Gerät einstellen, entnehmen Sie bitte dem Benutzerhandbuch, das normalerweise dem Gerät beim Kauf beiliegt. Wenn Sie gleich wie beschrieben die Verbindung zwischen der Tastatur und dem Computer aufbauen, sollte der räumliche Abstand zwischen den beiden Geräten nicht zu groß sein. Die folgenden Schritte nehmen Sie am Windows-8.1-Computer vor:

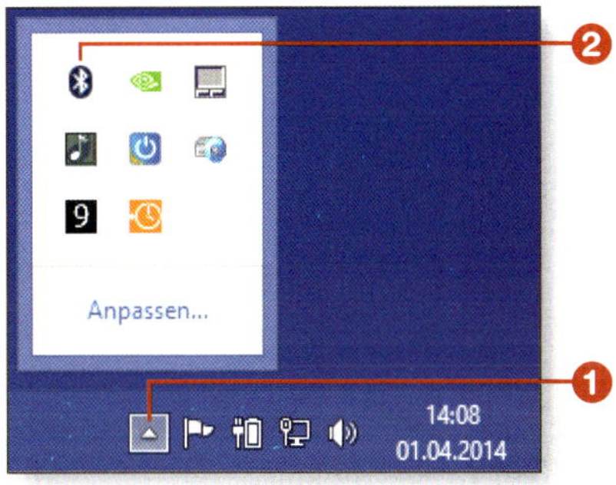

1. Wechseln Sie zur Desktop-Oberfläche, und klicken oder tippen Sie hier im Infobereich der Taskleiste auf das Bluetooth-Symbol. Wird es nicht angezeigt, klicken oder tippen Sie auf den kleinen nach oben weisenden Pfeil ❶. In der nun aufklappenden Liste sollte auch das Bluetooth-Symbol ❷ zu finden sein. Eventuell ist nun noch ein Klick oder Tipp auf **Bluetooth-Gerät hinzufügen** nötig.

Nun wird automatisch das Menü **PC-Einstellungen** mit der Kategorie **Geräte** geöffnet. Sollten Sie das in Schritt 1 erwähnte Bluetooth-Symbol nicht finden, können Sie die PC-Einstellungen natürlich auch wie gewohnt über die Charms-Leiste öffnen.

2. Klicken oder tippen Sie auf **Gerät hinzufügen**. Windows 8.1 sucht nun nach Bluetooth-fähigen Geräten in der Umgebung. Sobald das gewünschte Gerät aufgeführt wird ❸, wählen Sie es aus. Sollten Sie dazu aufgefordert werden, klicken oder tippen Sie auf **Koppeln** ❹.

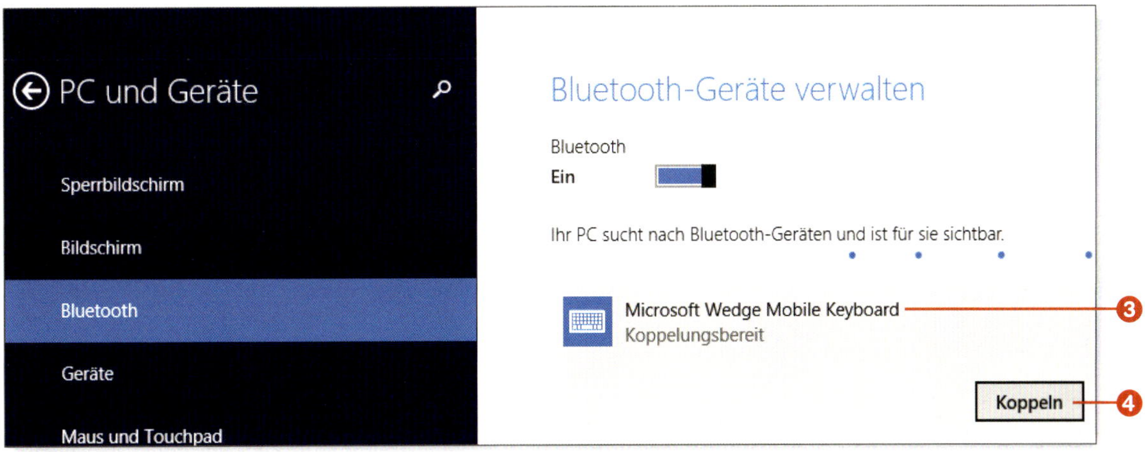

3. Auf dem Bildschirm wird eine Kennnummer eingeblendet, die Sie nun auf dem Gerät – hier auf der Tastatur – eingeben. Beim Anschließen einer Tastatur müssen Sie die Eingabe auf der neu angeschlossenen Tastatur durch Drücken der [↵]-Taste bestätigen.

Die Tastatur wird nun in der Geräteliste des Menüs **PC-Einstellungen** aufgeführt und kann wie gewohnt genutzt werden. In Kapitel 9, »Fotos, Videos und Musik«, erfahren Sie außerdem, wie Sie eine Digitalkamera an Ihren Computer anschließen und Ihre Fotos auf den PC übertragen.

Programme installieren und wieder entfernen

Windows 8.1 bringt bereits zahlreiche Apps und Windows-Anwendungen mit. Dennoch werden Sie das eine oder andere Lieblingsprogramm vielleicht vermissen. Zur am häufigsten eingesetzten Software gehört beispielsweise Microsoft Office, das unter anderem die beiden Anwendungen Microsoft Word und Microsoft Excel enthält. Aber auch ein gutes Bildbearbeitungsprogramm oder eine Software, die Sie bei der Steuererklärung unterstützt, wird häufig auf dem Computer nachgerüstet. Die Installation eines solchen Programms ist meist sehr einfach: Legen Sie die Produkt-CD oder -DVD in das entsprechende Laufwerk Ihres Computers ein. In den meisten Fällen startet sofort die automatische Wiedergabe, und Sie müssen lediglich den Anweisungen auf dem Bildschirm folgen. Ab und an wird sich dabei eventuell die Benutzerkontensteuerung melden, deren Hinweis Sie mit einem Klick auf **Ja** einfach bestätigen.

Installationsdatei manuell starten

Wird die automatische Wiedergabe der CD oder DVD nicht gestartet, wechseln Sie zur Desktop-Oberfläche und klicken oder tippen in der Taskleiste auf das Ordner-Symbol des Explorers. Markieren Sie in der linken Spalte das CD-/DVD-Laufwerk (siehe dazu auch Kapitel 8, »Der Explorer – mit Dateien und Ordnern umgehen«). In der rechten Spalte werden nun alle auf dem Datenträger befindlichen Dateien und Ordner angezeigt. Die Installationsdatei – auch *Set-up-Datei* genannt – trägt meist den Namen *Setup.exe* oder auch *Install.exe*. Doppelklicken oder -tippen Sie auf den entsprechenden Dateinamen, beginnt die Installation des Programms, und Sie müssen nur noch den weiteren Anweisungen folgen.

Benötigen Sie ein Programm nicht mehr? Oder wurden vom Computerhersteller Programme auf dem PC installiert, die Sie nicht interessieren? Selbstverständlich können Sie jede Windows-Anwendung auch wieder entfernen. Der Weg führt wieder über die Systemsteuerung. Zum Aufruf verwenden wir dieses Mal die Suchfunktion.

1. Klicken Sie auf dem Startbildschirm auf das Lupen-Symbol ❶.

2. Markieren Sie nach einem Klick auf den Pfeil rechts von **Überall** in der aufklappenden Liste den Eintrag **Einstellungen** ❷. Geben Sie nun im Suchfeld »Programme deinstallieren« ein ❸.

3. Die Funktion **Programm deinstallieren** wird als letztes Suchergebnis aufgeführt ❹. Klicken oder tippen Sie auf das Ergebnis, wechselt Windows 8.1 automatisch zum Desktop und zeigt das Fenster **Programme und Features** der Systemsteuerung an.

4. Windows 8.1 listet nun alle auf Ihrem Computer installierten Windows-Anwendungen auf. Markieren Sie das Programm, das Sie entfernen möchten ❺.

5. Oberhalb der Liste wird nun der Befehl **Deinstallieren/ändern** ❻ eingeblendet, auf den Sie klicken oder tippen.

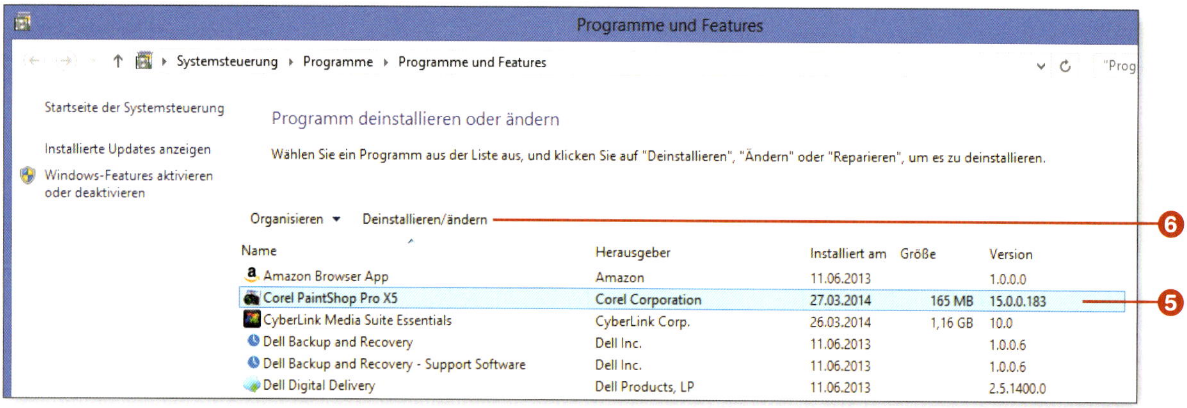

Die nächsten Schritte sind von Anwendung zu Anwendung unterschiedlich und können deshalb an dieser Stelle nicht detailliert beschrieben werden. Das Vorgehen ist aber nicht weiter schwierig. Sie müssen lediglich den weiteren Anweisungen auf dem Bildschirm folgen. Ab und an wird sich auch hier eventuell die Benutzerkontensteuerung melden und eine Bestätigung durch einen Klick oder Tipp auf **Ja** fordern. Bei einigen Programmen ist nach der erfolgreichen Deinstallation ein Neustart von Windows 8.1 erforderlich.

Nur für Windows-Anwendungen!

Das hier beschriebene Verfahren zum Installieren und Entfernen von Programmen gilt nur für Windows-Anwendungen, die auf der Desktop-Oberfläche basieren. Die Apps dagegen können Sie ausschließlich über den Windows Store erwerben und installieren. Hierfür ist, wie bereits erwähnt, ein Microsoft-Konto nötig. Weitere Informationen hierzu erhalten Sie in Kapitel 11, »Nützliche Windows-Anwendungen und -Apps«. Hier erfahren Sie auch, wie Sie Apps deinstallieren.

Kapitel 6
Im Internet unterwegs

Ein Leben ohne Internet ist für viele kaum mehr vorstellbar. Sich informieren, einkaufen, Urlaub buchen oder auch Kontakte pflegen sind nur ein paar der Dinge, die das Internet ermöglicht. Es verbindet Jung und Alt und lässt so manch eine Entfernung winzig klein erscheinen. War der Enkel im fernen Amerika früher unerreichbar, ist er nun dank E-Mail oder Internettelefonie nur noch einen Mausklick entfernt.

Auch in Windows 8.1 wird deutlich, welch großen Stellenwert das Internet mittlerweile einnimmt. Über die Hälfte der Basis-Apps greift beispielsweise auf Informationen aus dem Internet zu. In diesem und dem nächsten Kapitel wollen wir diese Apps nun genauer unter die Lupe nehmen. Außerdem zeige ich Ihnen, wie Sie im Internet surfen, E-Mails verschicken und vieles mehr. Voraussetzung hierfür ist natürlich, dass Ihr Computer mit dem Internet verbunden ist. Und genau damit fangen wir an.

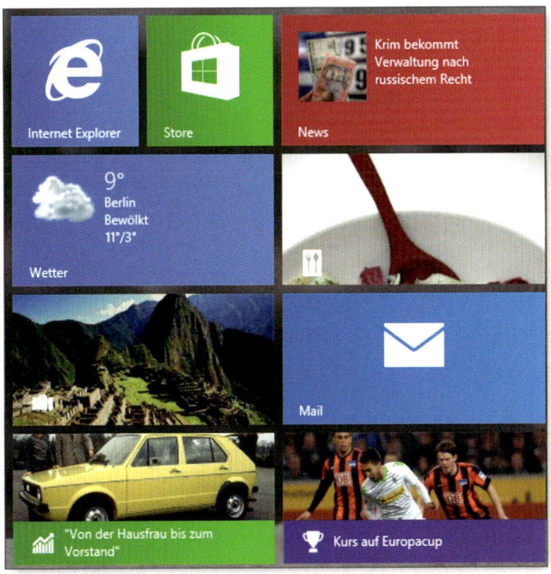

< Viele Basis-Apps von Windows 8.1 nutzen das Internet.

So kommen Sie ins Internet

Für den Zugang zum Internet benötigen Sie zwei Dinge: einen Internetdienstanbieter sowie die nötige Hardware. Die drei größten Anbieter in Deutschland sind die Telekom, Vodafone sowie 1&1. In den meisten Fällen erfolgt die Datenübertragung über die Telefonleitung. Einen schnellen Weg mit hoher Datenübertragungsrate bietet ein sogenannter *DSL-Anschluss*. DSL (Abkürzung für *Digital Subscriber Line*) wird in unterschiedlichen Geschwindigkeitsstufen angeboten. Je höher der Wert hinter DSL (etwa *DSL 16000*) ist, desto schneller ist auch die Verbindung.

Die erforderliche Hardware erhalten Sie in den meisten Fällen von Ihrem Internetdienstanbieter. Neben einem *DSL-Modem*, das für die eigentliche Verbindung des Computers mit dem Internet sorgt, benötigen Sie bei älteren Telefonanschlüssen einen *Splitter*. Dieser trennt die Datensignale (Internet), die über die Telefonleitung übertragen werden, von den Telefonsignalen (Sprache). Bei neueren Telefonleitungen entfällt der Splitter, in diesem Fall übernimmt das Modem bereits die Funktion. Als DSL-Modem kommt heutzutage häufig ein *Router* zum Einsatz. Ein bekanntes Beispiel hierfür ist die beliebte FRITZ!Box. Mithilfe eines Routers kann nicht nur ein einzelner Computer mit dem Internet verbunden werden, sondern gleich mehrere.

Kompetente Hilfe

Das Anschließen der Hardware und das Einrichten eines Routers sind nicht schwer. Normalerweise liegen den Geräten eine gute Dokumentation sowie eine Installations-DVD bei, die bei der Einrichtung des Routers hilft. Wer es sich dennoch nicht selbst zutraut, kann gegen einen Aufpreis bei seinem Internetdienstanbieter auch einen Techniker zur Unterstützung anfordern.

Klassischerweise wird ein Computer per Netzwerkkabel an den Router angeschlossen. Alternativ lassen sich die Geräte aber häufig auch per Funk miteinander verbinden. Man spricht in diesem Fall auch von einem *WLAN*. WLAN ist die Abkürzung für *Wireless Local Area Network*, also *kabelloses lokales Netzwerk*. Gerade Notebooks und die neuen Tablets sind häufig bereits mit einem entsprechenden WLAN-Adapter ausgestattet.

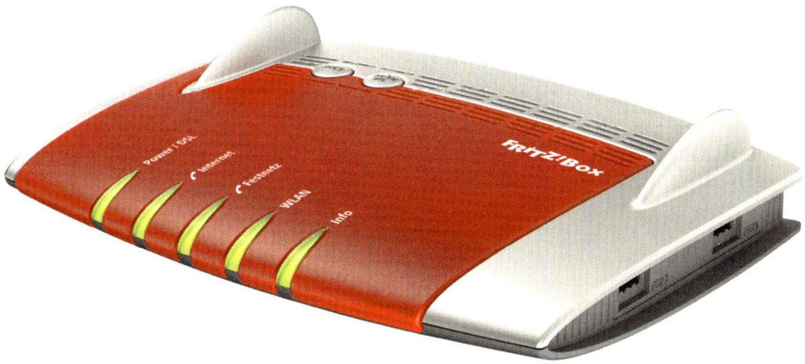

Über die FRITZ!Box von AVM können Sie Computer per Kabel oder Funk mit dem Internet verbinden. (Quelle: AVM)

Die Reichweite eines Funknetzwerks ist meist größer als die eigene Wohnung bzw. das Haus. Damit nicht auch Fremde auf Ihr Netzwerk und damit Ihren PC Zugriff haben, sollten Sie ein WLAN mit einem Kennwort schützen. Dieser Sicherheitsschlüssel wird normalerweise bei der ersten Verbindung des Computers mit dem Router abgefragt. Doch dazu gleich mehr.

Für eine Verbindung per Netzwerkkabel reicht es meist aus, das Ethernetkabel an die beiden entsprechenden Buchsen am Router und am Computer anzuschließen. Ein paar Sekunden warten, und schon steht die Internetverbindung. Mit einem Blick auf die Charms-Leiste lässt sich dies schnell überprüfen.

1. Rufen Sie die Charms-Leiste über die Tastenkombination [Win] + [C] oder per Wischbewegung von der rechten Bildschirmhälfte zur Bildschirmmitte auf.

2. Klicken oder tippen Sie auf **Einstellungen**. In der kleinen Übersicht unten rechts wird das Netzwerk-Symbol ❶ angezeigt.

3. Das gleiche Symbol finden Sie auch im Infobereich der Taskleiste auf dem Desktop. Sieht das Symbol wie im Menü **Einstellungen** aus, steht dem Surfen im Internet bereits nichts mehr im Wege. Ist dagegen ein weißes X auf roter Fläche zu sehen, ist der Computer noch nicht mit dem Internet verbunden. Klicken oder tippen Sie in diesem Fall auf das Netzwerk-Symbol.

4. Sie erhalten nun einen Hinweis, dass keine Verbindungen verfügbar sind. Klicken oder tippen Sie auf **Problembehandlung**, startet Windows 8.1 die Netzwerkdiagnose. Häufig ist ein nicht korrekt angeschlossenes Netzwerkkabel schuld an der fehlerhaften Verbindung. Prüfen Sie in diesem Fall die Kabelverbindungen, und klicken oder tippen Sie dann auf **Überprüfen Sie, ob das Problem behoben wurde** ❷.

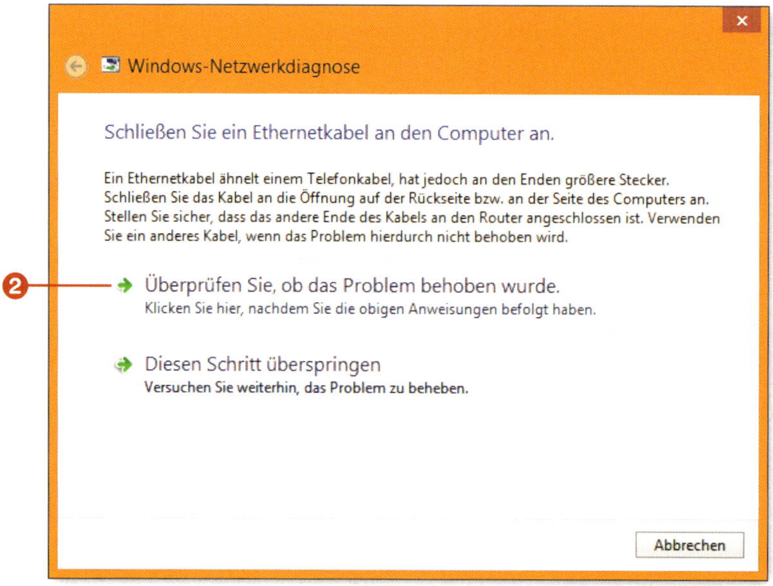

5. Gibt Windows 8.1 immer noch eine Fehlermeldung aus, sollten Sie den Computer neu starten. Klicken oder tippen Sie hierzu in der Charms-Leiste auf **Einstellungen**, dann auf **Ein/Aus** und auf **Neu starten**.

Sollte die automatische Verbindung des Computers mit dem Router nicht klappen, lässt sie sich auch manuell herstellen. Da die Internetverbindung bei Tablets im Normalfall über ein WLAN hergestellt wird, beziehen sich die folgenden Schritte nur auf Tastatur- und Mausbedienung.

1. Wechseln Sie über die Tastenkombination [Windows] + [D] zur Desktop-Oberfläche.

2. Setzen Sie einen Rechtsklick auf das Netzwerk-Symbol, und wählen Sie im aufklappenden Kontextmenü den Befehl **Netzwerk- und Freigabecenter öffnen**.

3. Im darauffolgenden Dialog **Netzwerk- und Freigabecenter** klicken oder tippen Sie auf **Neue Verbindung oder neues Netzwerk einrichten**.

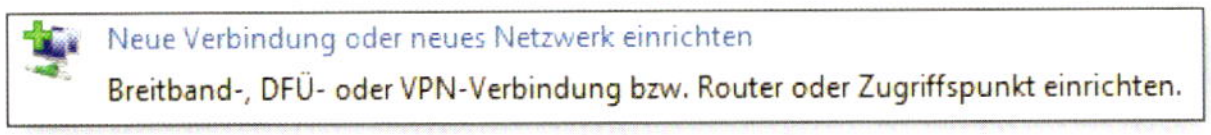

4. Markieren Sie die Verbindungsoption **Verbindung mit dem Internet herstellen**, und bestätigen Sie mit **Weiter**.

5. Sie werden nun gefragt, wie Sie die Verbindung herstellen möchten. Klicken oder tippen Sie auf **Breitband (PPPoE)**.

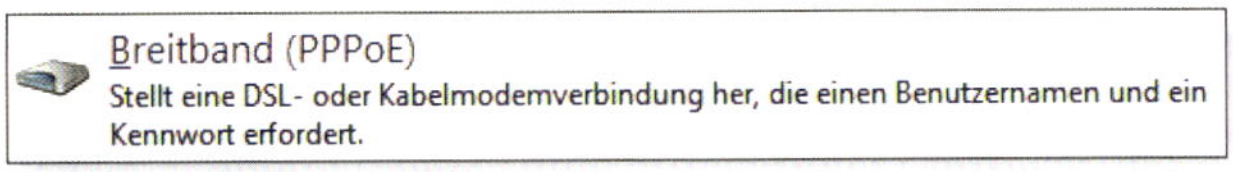

6. Als Nächstes benötigen Sie den Benutzernamen (❸ auf Seite 168) sowie das Kennwort ❹, das Sie von Ihrem Internetdienstanbieter (ISP, *Internet Service Provider*) erhalten haben. Tragen Sie beides in den entsprechend dafür vorgesehenen Feldern ein. Versehen Sie das Kontrollkästchen **Dieses Kennwort speichern** ❺ mit einem Häkchen. Im Feld **Verbindungsname** ❻ können Sie eine frei wählbare Bezeichnung für das Netzwerk eintragen. Nutzen auch andere Personen Ihren PC, sollten Sie das Kontrollkästchen **Anderen Benutzern erlauben, diese Verbindung zu verwenden** ❼ aktivieren. Sind Sie derzeit nicht als *Administrator*, sondern als Standardnutzer angemeldet, werden Sie aufgefordert, Ihr Administratorkennwort einzugeben (siehe hierzu auch Seite 355). Anschließend wird wieder der Dialog **Verbindung mit dem Internet herstellen** angezeigt, in dem Sie auf **Verbinden** ❽ klicken oder tippen. Windows 8.1 stellt nun die Verbindung zum Internet her.

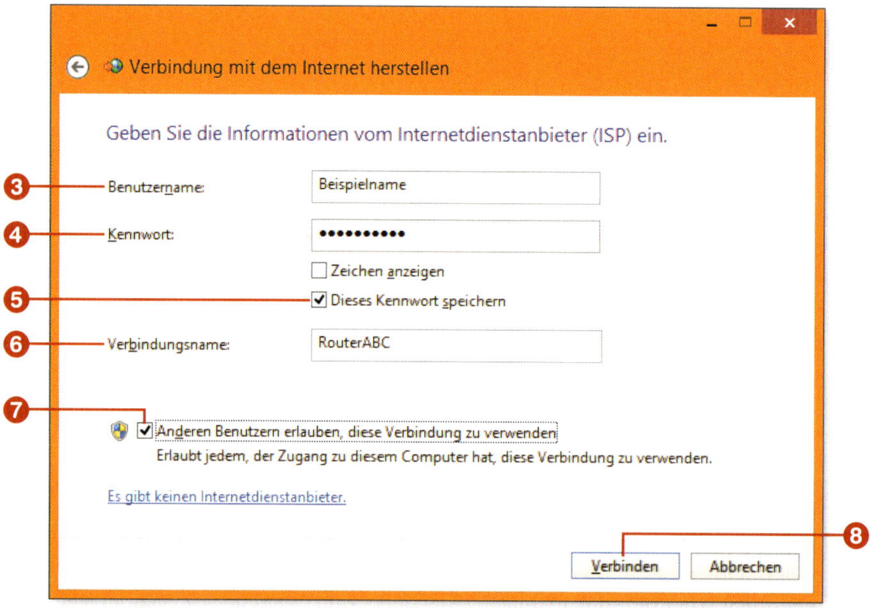

Netzwerkstandort festlegen

Innerhalb eines Netzwerks können Computer untereinander Daten austauschen oder Geräte, wie etwa einen Drucker, teilen. Richten Sie ein Netzwerk zum ersten Mal ein, fragt Windows 8.1 nach, ob Sie dieses Teilen zulassen möchten. Innerhalb der eigenen vier Wände ist dies durchaus praktisch, und Sie können die Frage mit **Ja, Teilen aktivieren und mit Geräten verbinden** beantworten. Befinden Sie sich aber an einem öffentlichen Ort, etwa in einem Hotel, sollten Sie dem nicht zustimmen und mit **Nein, Teilen nicht aktivieren und nicht mit Geräten verbinden** antworten.

Die bisherigen Schritte bezogen sich ausschließlich auf ein kabelverbundenes Netzwerk. Als Nächstes möchte ich das drahtlose Netzwerk vorstellen.

Ist Ihr Computer mit einem WLAN-Adapter ausgestattet, erkennt Windows 8.1 ein in der näheren Umgebung verfügbares drahtloses Netzwerk automatisch. Dabei kann es sich um Ihr eigenes handeln oder auch um das eines Nachbarn. Befinden Sie sich gerade auf Reisen, möchten Sie eventuell das vom Hotel zur Verfügung gestellte WLAN nutzen. Auch an öffentlichen Orten, wie etwa Flughäfen, finden sich sogenannte *Hotspots*, die Zugang zu einem Funknetz bieten. Unabhängig davon, wo Sie sich gerade befinden – die nächsten Schritte, die Sie vornehmen müssen, sind immer gleich:

1. Rufen Sie die Charms-Leiste am rechten Bildschirmrand auf, und wählen Sie **Einstellungen**. Anschließend klicken oder tippen Sie auf das kleine Netzwerk-Symbol.

2. Stellen Sie sicher, dass in der Leiste der Schieberegler unterhalb von **WiFi** (Synonym für WLAN) auf **Ein** gestellt ist ❶. In der Leiste werden nun alle gefundenen Drahtlosnetzwerke der Umgebung aufgeführt. Die Anzahl der weiß markierten Balken innerhalb des Netzwerk-Symbols zeigt die Stärke des jeweiligen Funksignals an ❷. Wird rechts neben dem Netzwerk, das Sie verwenden möchten, **Verbunden** angezeigt, besteht die Verbindung zum Internet bereits, und Sie können auf die weiteren Schritte verzichten. Steht die Verbindung noch nicht, klicken oder tippen Sie auf den Namen des gewünschten Netzwerks.

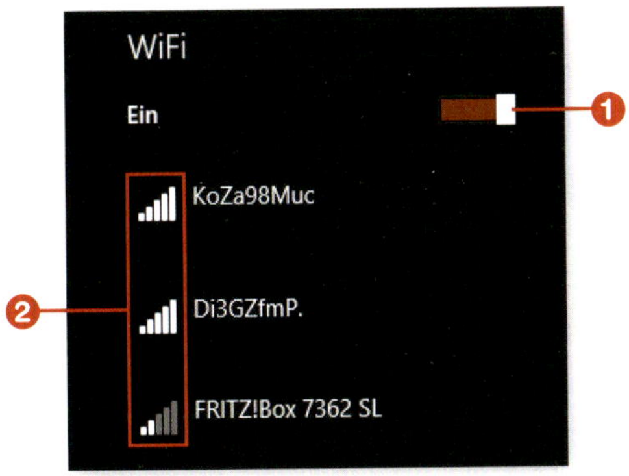

3. Um die Verbindung nicht bei jedem Neustart des Computers erneut herstellen zu müssen, sollten Sie das Kontrollkästchen **Automatisch verbinden** ❸ per Klicken oder Antippen mit einem Häkchen versehen. Klicken oder tippen Sie dann auf **Verbinden** ❹.

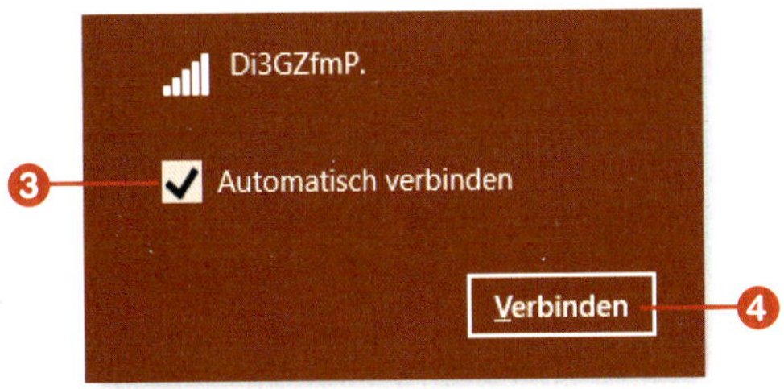

4. Ist Ihr drahtloses Netzwerk mit einem Kennwort geschützt, fordert Windows 8.1 nun die Eingabe des Netzwerksicherheitsschlüssels ❺. Nach einem Klick oder Tippen auf **Weiter** ❻ wird die Verbindung zum Internet hergestellt.

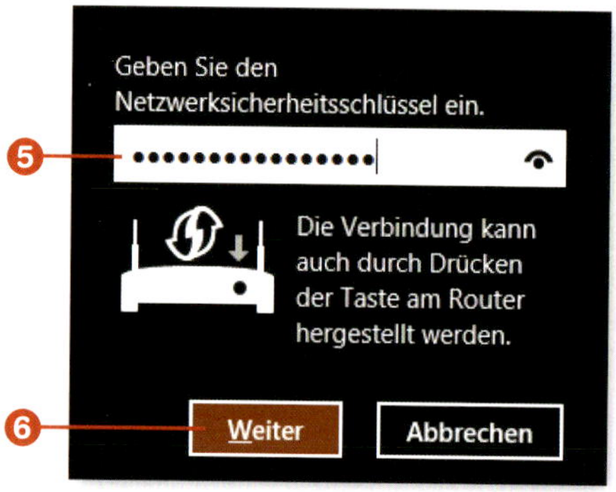

Der nächste Schritt ist vor allem wichtig, wenn Sie sich an einem öffentlichen Ort wie Flughafen, Bahnhof oder auch Internetcafé befinden.

5. Windows 8.1 fragt Sie nun, ob Sie einen Datenaustausch zwischen den Geräten innerhalb des Netzwerks gestatten. Befinden Sie sich daheim, können Sie auf **Ja, Teilen aktivieren und mit Geräten verbinden** ❼ klicken oder tippen. In einem öffentlichen Netzwerk, also etwa am Flughafen, sollten Sie dagegen **Nein, Teilen nicht aktivieren und nicht mit Geräten verbinden** ❽ wählen. Damit verhindern Sie, dass andere Geräte auf die Daten Ihres eigenen Computers zugreifen.

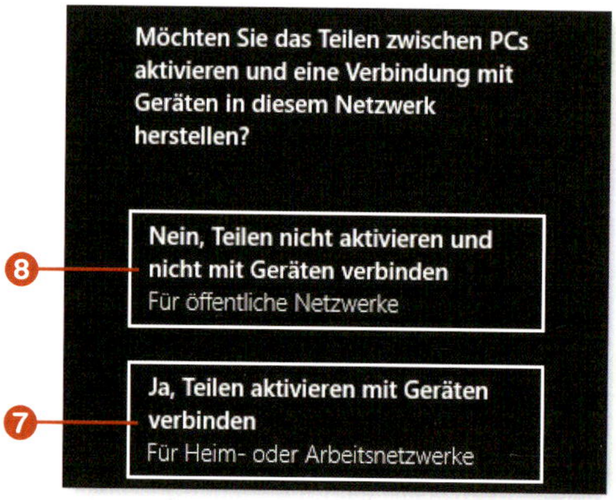

Die Verbindung zum Drahtlosnetzwerk steht nun. In der Verbindungsübersicht (siehe Schritt 2) sollten Sie hinter dem Namen Ihres Netzwerks jetzt die Angabe **Verbunden** sehen. Nutzen Sie das WLAN in einem Hotel oder an einem Hotspot, werden eventuell weitere Zugangsdaten abgefragt, wenn Sie Ihren Browser – also das Programm, mit dem Sie Webseiten öffnen – zum ersten Mal aufrufen.

Wenn das WLAN nicht funken will

Ihr Funknetz wird in der Übersicht nicht aufgeführt, oder die Verbindung bricht immer wieder ab? Hierfür kann es mehrere Gründe geben. Der erste ist ganz profan: Prüfen Sie, ob sowohl bei Ihrem Computer als auch beim verwendeten Router das WLAN-Modul eingeschaltet bzw. aktiviert ist. Nähere Informationen hierzu erhalten Sie in den jeweiligen Gerätehandbüchern. Ein anderer wichtiger Faktor bei Drahtlosnetzwerken ist der Standort. Sowohl Betondecken als auch eine hohe Luftfeuchtigkeit können beispielsweise ein WLAN negativ beeinflussen. Befinden sich in der näheren Umgebung weitere WLAN-Router, kann auch der vom Router verwendete Funkkanal die Ursache des Problems sein. Für ein WLAN stehen insgesamt 13 verschiedene Funkkanäle zur Verfügung. Eventuell nutzen mehrere Geräte den gleichen Kanal und blockieren sich damit gegenseitig. Versuchen Sie in diesem Fall, für Ihr Drahtlosnetzwerk einen anderen Funkkanal zu wählen. Auch hierzu erhalten Sie nähere Informationen im Router-Handbuch.

Die App für den Internet Explorer

Ist Ihr Computer erfolgreich mit dem Internet verbunden, steht dem Surfen nichts mehr im Wege. Als Programm zum Aufruf von Webseiten bietet Windows 8.1 wie bisher auch den Internet Explorer an, und das sogar in doppelter Ausführung. Neben dem klassischen Internet Explorer, der nach wie vor auf der Desktop-Oberfläche zur Verfügung steht, gibt es eine kleine Schwester, die App *Internet Explorer*. Auch wenn ihre Funktionalität im Vergleich zur Desktop-Version stark eingeschränkt ist, reicht sie für die einfachen Aktionen vollkommen aus. Wie alle Windows-8.1-Apps wurde auch die App *Internet Explorer* speziell für die Nutzung auf einem Touchscreen optimiert. Sie lässt sich aber auch wunderbar per Tastatur und Maus bedienen, wie Sie gleich sehen werden. Die klassische Desktop-Variante des Internet Explorers stelle ich Ihnen ab Seite 186 vor.

Der Ausgangspunkt zum Aufruf der *Internet-Explorer*-App ist – wie bei allen Apps – der Startbildschirm. Sollte sich dieser bei Ihnen noch nicht im Vordergrund befinden, holen Sie dies bitte nach. Am schnellsten gelingt es per Klick auf die [Windows]-Taste. Tippen oder klicken Sie dann auf die Kachel **Internet Explorer**, gut erkennbar an der gleichnamigen Beschriftung.

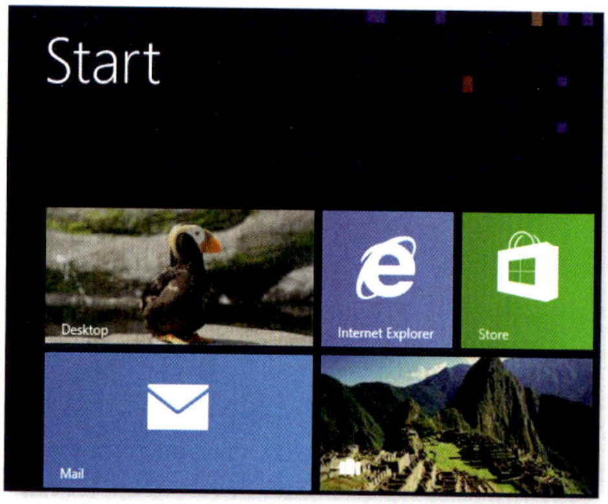

> *Der Aufruf der »Internet-Explorer«-App erfolgt über die gleichnamige Kachel.*

Wie bei Apps üblich, wird die App *Internet Explorer* nun im Vollbildmodus, sprich über den gesamten Bildschirm hinweg, geöffnet. Geben Sie nichts anderes vor, startet der Browser mit der Internetseite von MSN, dem Webportal von Microsoft.

> *Die »Internet Explorer«-App öffnet nach dem Start automatisch die Webseite von MSN.*

Wie Sie Ihre Lieblingswebseite als sogenannte *Startseite* einrichten, zeige ich Ihnen im Abschnitt »Mit dem Internet Explorer im Netz unterwegs« ab Seite 186. Die entsprechende Einstellung nehmen Sie über die **Internetoptionen** des Desktop-Browsers vor.

Eine Internetseite enthält meist mehr Inhalt, als auf dem Bildschirm angezeigt werden kann. Um auf einer Seite zu blättern, wischen Sie mit dem Finger einfach auf der Seite selbst (also nicht vom Bildschirmrand aus) von oben nach unten und umgekehrt. Nutzen Sie eine Maus mit Scrollrad, reicht es, wenn Sie dieses Rädchen drehen. Auch die beiden Pfeiltasten [↑] und [↓] auf der Tastatur lassen sich zum Blättern nutzen. Zu guter Letzt steht Ihnen die Bildlaufleiste am rechten Bildschirm zur Verfügung (den Balken können Sie mit gedrückter Maustaste verschieben). Hier ist nur Vorsicht mit der oberen und unteren Bildschirmecke geboten, über die auch die Charms-Leiste geöffnet wird.

Anzeigengröße verändern

Auf manchen Webseiten ist der Text ausgesprochen klein und kaum lesbar. Um ihn zu vergrößern, ziehen Sie im Falle eines Touchscreens einfach zwei Finger auf dem Bildschirm auseinander, wie im Abschnitt »Wichtige Begriffe« auf Seite 21 gezeigt. Zum Verkleinern des Textes ziehen Sie die Finger wieder zusammen. Mit der Tastatur erreichen Sie den gleichen Effekt, indem Sie zum Vergrößern des Textes die Tastenkombination [Strg] + [+] drücken und zum Verkleinern die Kombination [Strg] + [-]. Nutzen Sie eine Maus mit Scrollrad, halten Sie die [Strg]-Taste gedrückt, während Sie das Rädchen nach oben oder unten drehen.

Auf Webseiten finden sich häufig sogenannte *Links*, sprich Verknüpfungen zu anderen Webseiten. Arbeiten Sie mit der Maus, erkennen Sie schnell, welcher Text oder auch welches Bild eine Verknüpfung zu einer anderen Seite enthält. Normalerweise weist der Mauszeiger die Form eines Pfeils auf. Nimmt er, während Sie ihn über die Webseite bewegen, die Form einer Hand an, befinden Sie sich auf einem Link. Klicken oder tippen Sie auf die Verknüpfung, gelangen Sie automatisch zur damit verbundenen Webseite. Auf diese Weise springen Sie ganz bequem von einer Seite zur anderen.

Noch schneller blättern

Auf Tablets gelingt das Blättern zwischen bereits besuchten Webseiten noch schneller: Wischen Sie einfach auf der Seite selbst von rechts nach links oder umgekehrt. Auch für die Nutzung einer Maus gibt es eine Alternative zu den zuvor aufgeführten Schaltflächen: Bewegen Sie den Mauszeiger in die Mitte des linken bzw. rechten Bildschirmrands, wird hier jeweils ein kleines, je nach Hintergrundfarbe leider schlecht zu erkennendes Pfeil-Symbol eingeblendet. Mit einem Klick oder Tippen darauf gelangen Sie ebenfalls zu den bereits besuchten Webseiten.

Doch was tun, wenn Sie eine ganz bestimmte Website, etwa *www.tagesschau.de*, aufrufen möchten? Das Adressfeld, das Sie zur Eingabe der Webadresse benötigen, ist nach dem Start der *Internet-Explorer*-App nur für einen kurzen Moment am unteren Bildschirmrand sichtbar. Sobald Sie aber zu blättern beginnen, verschwindet die Leiste wieder. Um sie wieder einzublenden, haben Sie verschiedene Möglichkeiten:

- Klicken Sie mit der rechten Maustaste auf einen Bereich auf der Webseite, wo der Mauszeiger die Form eines Pfeils annimmt.
- Falls Sie mit einem Touchscreen arbeiten, wischen Sie vom unteren Bildschirmrand in Richtung Bildschirmmitte.
- Auf der Tastatur reicht das Drücken der Tastenkombination [Win] + [Z].

In allen drei Fällen wird am unteren Bildschirmrand jeweils eine Leiste eingeblendet, die auch als *Navigationsleiste* bezeichnet wird. Bevor ich Ihnen nun zeige, wie Sie gezielt eine Webseite aufrufen, möchte ich Ihnen zunächst kurz die einzelnen Elemente der Leiste vorstellen. Über die beiden Schaltflächen **Zurück** 1 und **Vorwärts** 2 am linken und rechten äußeren Rand der Leiste gelangen Sie zu bereits besuchten Webseiten.

Die App-Leiste am unteren Bildschirmrand

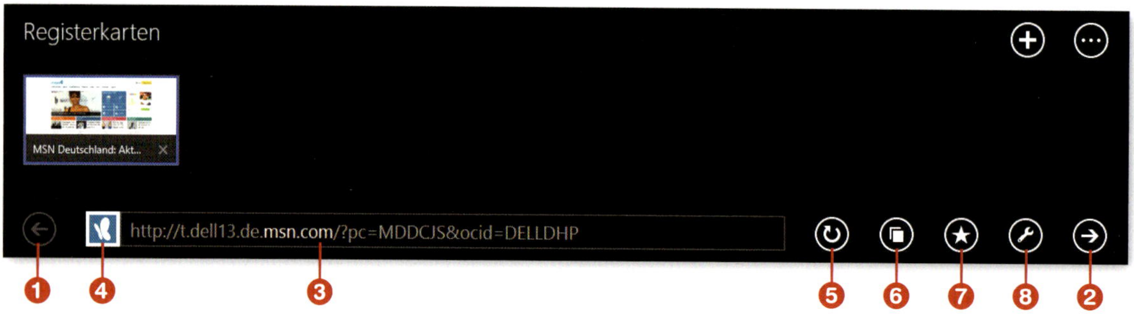

Im Adressfeld ❸ wird die Webadresse der gerade angezeigten Webseite eingeblendet. Links neben dem Adressfeld ist das Logo ❹ der Website zu sehen, sofern diese denn über ein solches verfügt. Klicken oder tippen Sie auf die Schaltfläche **Aktualisieren** ❺, wird die Webseite neu geladen. Bereitet das Laden der App *Internet Explorer* Schwierigkeiten oder dauert es zu lange (etwa bei einem schwachen Funksignal), können Sie den Ladevorgang über die gleiche Schaltfläche auch abbrechen. In diesem Fall wird die zuvor angezeigte Webseite wieder eingeblendet.

Über das Symbol ❻ können Sie neue Registerkarten aufrufen und zwischen bereits geöffneten Registerkarten wechseln.

Besonders beliebte Webseiten, die Sie als Favoriten abgelegt haben, erreichen Sie nach einem Klick auf das Symbol ❼. Registerkarten und Favoriten werde ich Ihnen in diesem Kapitel noch genauer vorstellen.

Fehlt noch die letzte Schaltfläche mit dem Schraubenschlüssel ❽. Klicken Sie hierauf, klappt ein kleines Fenster mit weiteren Befehlen auf. Über diese Schaltfläche können Sie entweder eine Suche direkt auf der aktuellen Webseite starten oder die Seite in der Desktop-Version des Internet Explorers aufrufen. Aber auch dazu gleich noch mehr.

Doch zurück zum Aufruf einer Webseite. Klicken oder tippen Sie in das Adressfeld, wird die aktuelle Webadresse blau markiert. Wenn Sie einen Touchscreen nutzen, klappt zugleich die Bildschirmtastatur auf.

Überschreiben Sie den blau markierten Text einfach mit der gewünschten Webadresse, etwa »www.tagesschau.de«. Bereits während der Eingabe schlägt Ihnen Windows 8.1 einige Webadressen vor, die mit der gleichen Buchstabenfolge beginnen. Wird die gewünschte Adresse aufgeführt, können Sie die Eingabe abbrechen und einfach auf den Link klicken oder tippen.

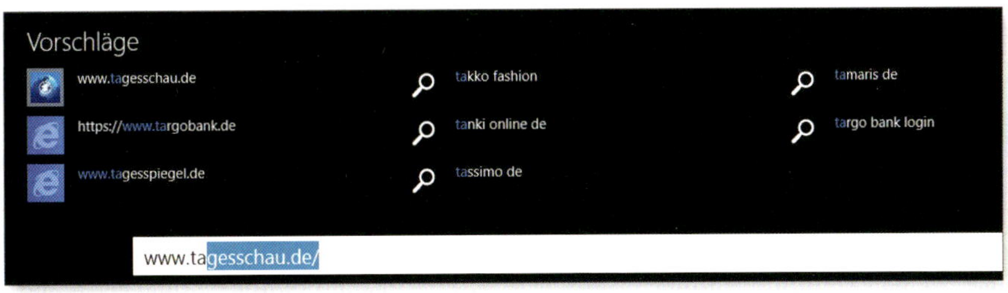

< *Bereits die Eingabe weniger Buchstaben reicht, um von Windows 8.1 Vorschläge zu erhalten.*

Wenn Sie die gesamte Webadresse tippen müssen, weil keine passenden Vorschläge angeboten werden, schließen Sie die Eingabe durch Drücken der ↵-Taste oder durch Tippen auf **Gehe zu** in der Bildschirmtastatur ab. Die gewünschte Webseite wird nun geladen.

> **Aufbau einer Webadresse**
>
> Jede Webadresse besteht normalerweise aus drei Teilen, die jeweils durch einen Punkt voneinander getrennt werden: Zuerst kommt die Abkürzung *www*, gefolgt vom Namen der Webseite (etwa *tagesschau*), und abschließend eine Länderkennung (beispielsweise *de* für Deutschland oder *at* für Österreich). Übrigens: Wird im Adressfeld die blaue Textmarkierung versehentlich aufgehoben, doppelklicken oder -tippen Sie einfach in das Feld, damit die aktuelle Webadresse wieder markiert wird und Sie sie einfach überschreiben können.

Wenn Sie eine Webseite häufiger besuchen, sollten Sie sie in der Liste der Favoriten aufnehmen oder hierfür eine Kachel auf dem Startbildschirm anlegen. Damit sparen Sie sich zukünftig das Eingeben der Webadresse. Das Vorgehen ist denkbar einfach:

Für häufig besuchte Webseiten können Sie auf dem Startbildschirm eine eigene Kachel einrichten.

Rufen Sie die Webadresse wie gerade beschrieben auf. Sollte die App-Leiste am unteren Bildschirmrand nicht mehr angezeigt werden, blenden Sie sie etwa durch Drücken der Tastenkombination ⊞ + Z oder durch eine Wischbewegung vom unteren Bildschirmrand Richtung Bildmitte ein.

Nach einem Klick oder Tippen auf das Favoriten-Symbol ❶ werden in der App-Leiste rechts drei weitere Symbole eingeblendet.

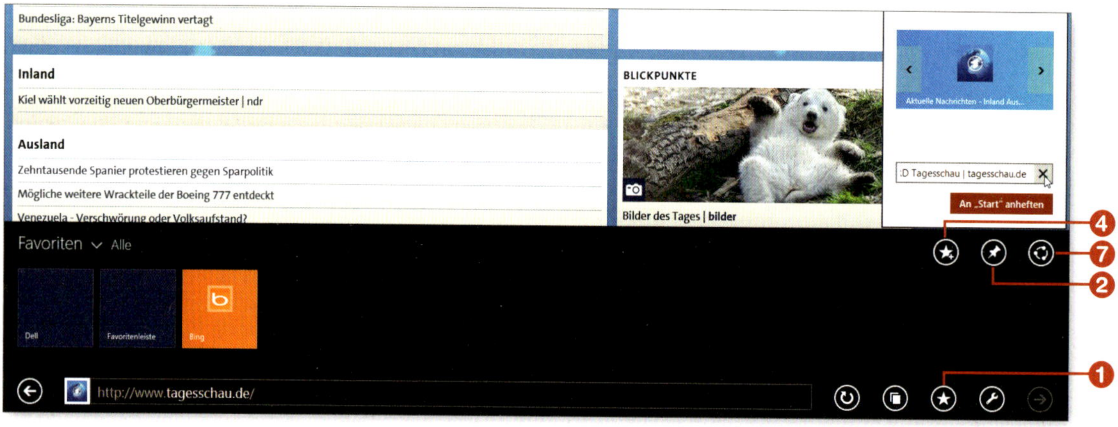

Wenn Sie die aktuelle Webseite direkt über eine Kachel auf dem Startbildschirm aufrufen möchten, wählen Sie das mittlere Symbol ❷. Es klappt nun ein kleiner Dialog auf. Den Titel der Webseite, der im Feld unterhalb der Grafik angezeigt wird, können Sie ändern. Klicken oder tippen Sie hierzu einfach in das Feld und dann auf das kleine Kreuz-Symbol rechts (❸ in der Abbildung unten). Das Feld ist nun leer, und Sie können selbst einen Titel eingeben. Bestätigen Sie mit **An »Start« anheften**. Zukünftig reicht ein Klick auf die entsprechende Kachel auf dem Startbildschirm, und schon wird die damit verknüpfte Webseite in der *Internet-Explorer*-App aufgerufen.

Möchten Sie keine eigene Kachel für die Webadresse anlegen, können Sie sie auch in der Liste der Favoriten speichern. Hierzu klicken Sie in der App-Leiste auf das linke Symbol ❹. Es klappt wieder ein kleines Fenster auf. Auch hier können Sie wie zuvor beschrieben den Titel ändern.

Alternativ können Sie die Webadresse auch der Favoritenliste hinzufügen.

Je mehr Webadressen Sie in der Favoritenliste ablegen, desto schwieriger wird es mit der Zeit, die gewünschte Adresse schnell zu finden. Abhilfe verschaffen hier thematisch sortierte Ordner, wie etwa *Information*, *Gesundheit* oder auch *Reisen*. Um einen neuen Ordner anzulegen, klicken Sie auf die gleichnamige Schaltfläche ❺. Überschreiben Sie im nächsten Fenster den blau markierten Text mit dem gewünschten Ordnernamen, etwa »Information«, und bestätigen Sie mit einem Klick auf **Erstellen**. Sie gelangen wieder zum vorherigen Fenster zurück, das Sie mit **Hinzufügen** schließen ❻.

Links an Freunde weiterreichen oder in der Leseliste speichern

Sie haben eine interessante Webseite entdeckt und möchten den Link per E-Mail an einen Freund schicken? Oder Sie möchten einen Artikel erst später lesen und ein Lesezeichen setzen? Für beide Fälle klicken Sie auf das Symbol **Teilen** (7 auf Seite 176). Es wird nun die gleichnamige Leiste am rechten Bildschirmrand eingeblendet. Hier öffnen Sie mit einem Klick die *Mail*-App. Zu ihrer Nutzung ist ein Microsoft-Konto erforderlich. Weitere Informationen zu dieser App erhalten Sie in Kapitel 7, »E-Mails, Adressen und Termine«, ab Seite 225. Um die Webadresse mit einem Lesezeichen zu versehen, wählen Sie die **Leseliste** in der rechten Leiste aus und klicken im nächsten Fenster auf **Hinzufügen**. Rufen Sie später auf dem Startbildschirm die **Leseliste** per Klick auf die gleichnamige Kachel auf, finden Sie hier die zuvor hinzugefügte Webadresse. Ein Klick auf den Eintrag, und die Webseite wird geöffnet.

Wenn Sie zukünftig eine Ihrer favorisierten Webseiten aufrufen möchten, blenden Sie die App-Leiste am unteren Bildschirmrand ein, und klicken Sie auf das Symbol **Favoriten**. Oberhalb des Adressfeldes werden einige Kacheln sichtbar. Ist die gewünschte Adresse nicht dabei, klicken Sie auf den Pfeil rechts von **Favoriten**. Wählen Sie in der aufklappenden Liste den Ordner aus, in dem Sie die Webadresse abgelegt haben, etwa **Information**. Mit einem Klick auf die gewünschte Webadresse in der Kachelübersicht rufen Sie dann die Webseite auf.

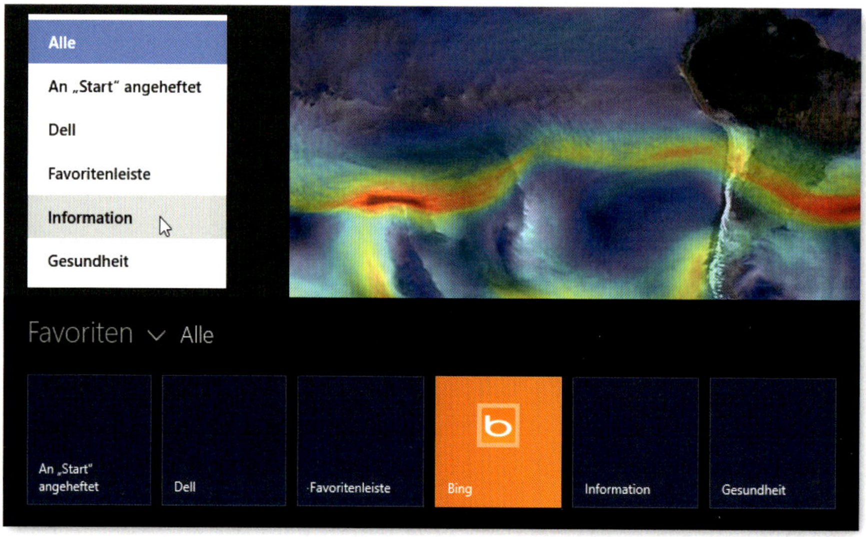

> *Nach einem Klick auf den Pfeil rechts von »Favoriten« werden alle angelegten Ordner angezeigt.*

Wer bereits mit einer früheren Windows-Version und mit dem Internet Explorer gearbeitet hat, kennt das Prinzip der *Registerkarten*. Mit ihrer Hilfe lassen sich gleich mehrere Webseiten gleichzeitig öffnen. Auch in der *Internet-Explorer*-App besteht diese Möglichkeit, nur sehen die Registerkarten hier etwas anders aus, wie Sie gleich sehen werden. Um zusätzlich zur aktuellen Seite (in unserem Fall die Webseite *www.tagesschau.de*) eine weitere Webseite aufzurufen, gehen Sie folgendermaßen vor:

1. Rufen Sie mit einer Wischgeste vom unteren Bildschirmrand in Richtung Bildschirmmitte oder per Rechtsklick die App-Leiste auf.

2. Meist werden beim Aufruf der App-Leiste bereits die Registerkarten angezeigt; dies erkennen Sie an der gleichnamigen Überschrift in der linken Ecke der Leiste. Ist dies bei Ihnen noch nicht der Fall, klicken Sie auf das Symbol **Registerkarten** ❶. Unterhalb der gerade erwähnten Überschrift erscheint nun eine Minivorschau der bereits geöffneten Webseite. Dies ist quasi die erste Registerkarte. Über das kleine Kreuz ❷ in der rechten unteren Ecke der Vorschau könnten Sie die Webseite schließen, was wir an dieser Stelle aber nicht machen werden.

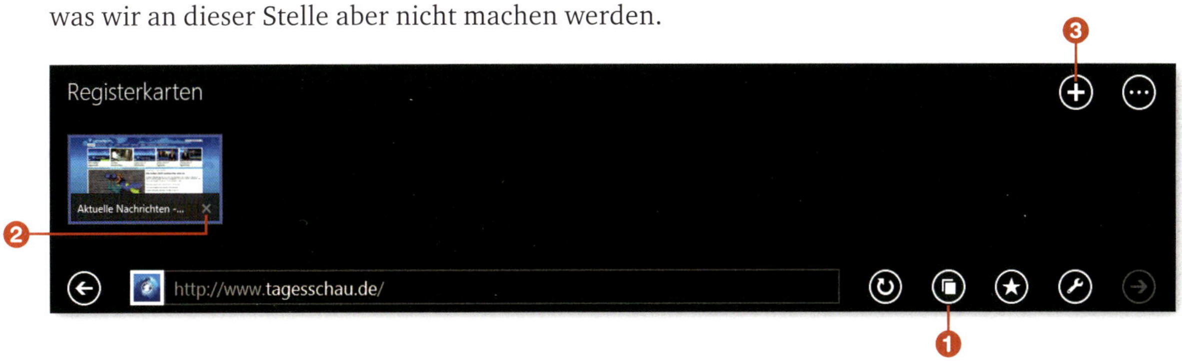

3. Klicken oder tippen Sie am rechten Rand der Leiste auf das Plus-Symbol ❸, werden am unteren Rand wieder das Adressfeld sowie direkt darüber die Kacheln mit Adressen von häufig verwendeten Webseiten angezeigt. Der restliche Bildschirm ist leer, sprich, es wird keine Webseite angezeigt.

4. Geben Sie die gewünschte Webadresse der nächsten Webseite in das Adressfeld ein, im Beispiel »www.vierfarben.de«. Wird eine entsprechende Kachel für diese Seite eingeblendet, reicht natürlich ein Klick oder Tippen darauf, um die Webseite zu öffnen.

5. Auf dem Bildschirm wird nun die in Schritt 4 ausgewählte Webseite angezeigt. Wenn Sie erneut die App-Leiste aufrufen (siehe Schritt 1), sehen Sie neben der Tagesschau-Vorschau jetzt auch die Vorschau des Vierfarben Verlags. Per Klick oder Tippen auf die jeweilige Miniatur können Sie nun schnell zwischen den geöffneten Webseiten hin und her springen.

In unserem Beispiel haben Sie selbst eine neue Registerkarte geöffnet. Manchmal geschieht dies aber auch automatisch nach einem Klick oder Tippen auf einen Link. Da eine Webseite in der App immer über den vollen Bildschirm hinweg angezeigt wird und die Bedienelemente ausgeblendet werden, fällt dies manchmal gar nicht auf. Wundern Sie sich also nicht, wenn in der App-Leiste nicht nur die aktuelle Webseite aufgeführt wird. Mit einem Klick auf das **Schließen**-Symbol ✕ ❹ im Vorschaubild selbst lassen sich nicht benötigte Webseiten schnell wieder schließen.

Für unsere beiden bisherigen Beispiele Tagesschau und Vierfarben Verlag waren die Webadressen jeweils bekannt. Doch das ist bei Weitem nicht immer der Fall. Das Internet bietet eine riesige Fülle an Informationen. Hier gleich das Gewünschte zu finden ist gar nicht so einfach. Die bekannteste Suchmaschine im Internet ist *Google* (*www.google.de*).

Auch Microsoft bietet einen eigenen Suchdienst an: *Bing*. Haben Sie die *Internet-Explorer*-App bereits geöffnet, gibt es eine pfiffige Möglichkeit, eine Suche über Bing zu starten:

1. Rufen Sie per Wischgeste oder mit einem Rechtsklick die App-Leiste auf.

2. Klicken oder tippen Sie in das Adressfeld, wird die aktuelle Webadresse markiert.

3. Statt einer Webadresse geben Sie im Adressfeld direkt den gewünschten Suchbegriff ein, etwa »Mallorca«, wenn Sie auf der Suche nach Informationen rund um das beliebte Urlaubsziel sind. Auch hier erhalten Sie bereits während der Eingabe einige Vorschläge. Ist der gewünschte Suchbegriff dabei, klicken oder tippen Sie ihn einfach an. Wenn Sie den Begriff selbst vollständig eingeben müssen, schließen Sie die Eingabe durch Drücken der [↵]-Taste ab oder indem Sie auf **Gehe zu** auf der Bildschirmtastatur tippen.

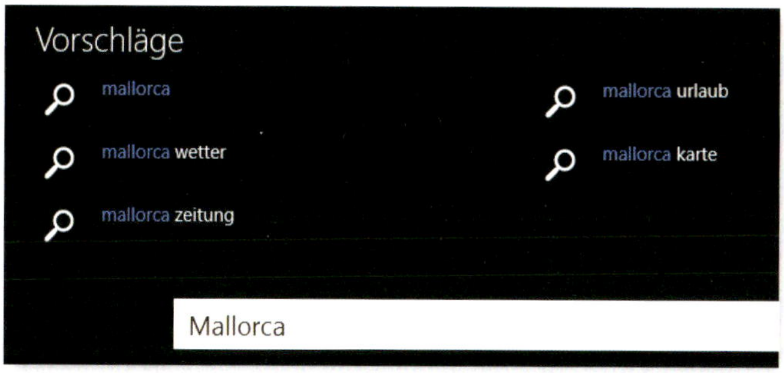

Es wird nun automatisch die Webseite des Bing-Suchdienstes geöffnet, und alle gefundenen Ergebnisse zu »Mallorca« werden angezeigt.

Möchten Sie einen der aufgeführten Links in einer neuen Registerkarte öffnen, klicken Sie mit der rechten Maustaste auf den Link und wählen im Kontextmenü **Link in neuer Registerkarte öffnen** ❶. Nutzen Sie einen Touchscreen, halten Sie den Finger etwas länger auf dem Link gedrückt, bis der Befehl in einer Leiste am unteren Seitenrand erscheint.

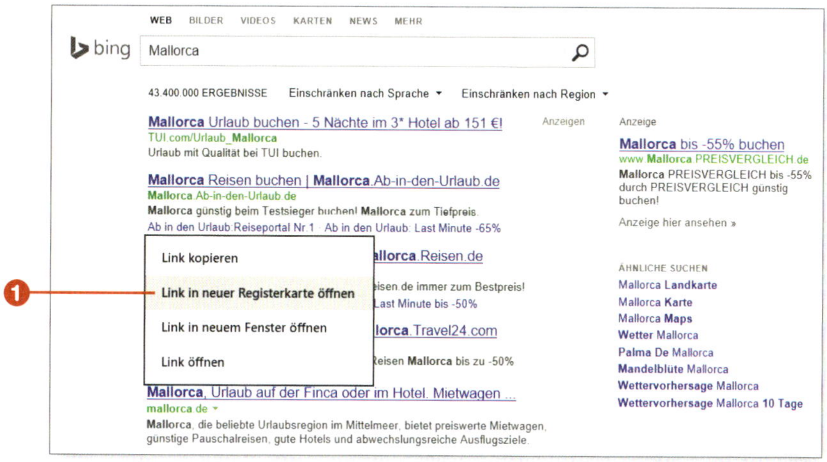

Nach einem Rechtsklick auf einen Link klappt das Kontextmenü auf.

Statt eine Suchanfrage über das Adressfeld in der App-Leiste zu starten, können Sie auch die Suchfunktion der Charms-Leiste nutzen. Befinden Sie sich gerade auf dem Startbildschirm, reicht ein Klick bzw. Tippen auf das Lupen-Symbol oben rechts, und schon wird in der Leiste am rechten Seitenrand das Suchfeld angezeigt Aus einer App heraus blenden Sie die Charms-Leiste über die Tastenkombination ⊞ + C bzw. per Wischgeste vom rechten Bildschirmrand zur Bildschirmmitte ein. Anschließend ist noch ein Klick oder Tippen auf **Suchen** notwendig, um das Suchfeld einzublenden. Geben Sie den gewünschten Suchbegriff ein, und klicken oder tippen Sie dann auf das Lupen-Symbol **1**.

Es wird jetzt automatisch die *Suchen*-App des Suchdienstes Bing gestartet. Über den Scrollbalken am unteren Bildschirmrand oder durch eine Wischbewegung von rechts nach links und umgekehrt können Sie in den Suchergebnissen blättern.

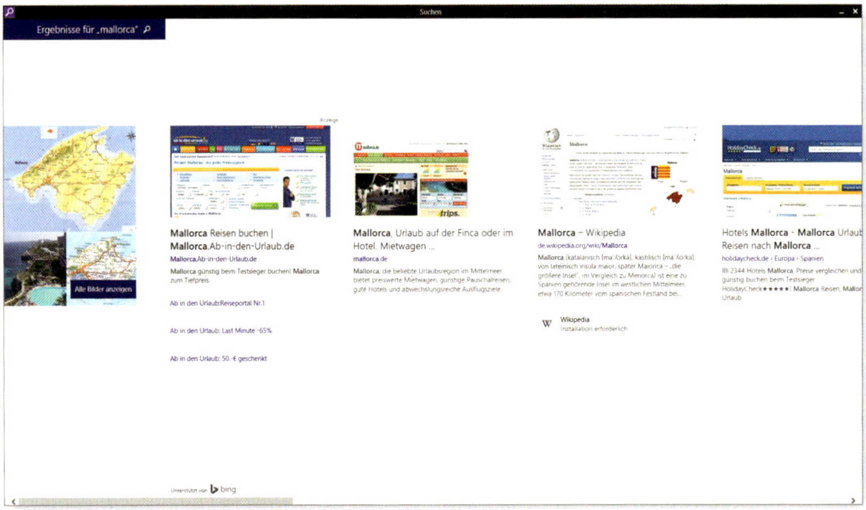

> *Nach Eingabe des Suchbegriffs werden die Ergebnisse in der App »Suchen« angezeigt.*

Ein Klick oder Tippen auf einen Link reicht, und es wird die *Internet-Explorer*-App mit der gewünschten Webseite geöffnet. Wie Sie zwischen den beiden geöffneten Apps wechseln, haben Sie bereits im Abschnitt »Erste Schritte auf dem Startbildschirm: Apps starten« ab Seite 41 erfahren.

Aufgepasst: Werbung

Wie auch Google finanziert sich Bing durch Werbung. Starten Sie eine Suchanfrage, werden noch vor den eigentlichen Suchergebnissen entsprechende Anzeigen aufgelistet. Diese sind nicht nur durch einen entsprechenden Hinweis gekennzeichnet. Wenn Sie ganz genau hinschauen, sehen Sie, dass die Werbeanzeigen ganz dezent farbig hinterlegt sind.

Über die Charms-Leiste der *Internet-Explorer*-App lässt sich so manche interessante Funktion aufrufen. Haben Sie beispielsweise einen interessanten Artikel entdeckt, den Sie gerne ausdrucken möchten? Wenn der entsprechende Drucker bereits angeschlossen (siehe Seite 154) und auch eingeschaltet ist, ist das Drucken schnell passiert.

1. Rufen Sie die Charms-Leiste auf, und klicken oder tippen Sie darin auf **Geräte** und anschließend auf **Drucken**.

2. In der rechten Leiste werden nun alle verfügbaren Geräte aufgeführt. Wählen Sie Ihren Drucker per Mausklick oder Antippen aus. Die Angabe **Offline** unterhalb eines Druckernamens bedeutet, dass das Gerät zwar angeschlossen, aber nicht eingeschaltet ist.

3. In der Leiste erscheinen unterhalb des Druckernamens einige Felder sowie eine Vorschau auf die Druckseiten. Nach einem Klick oder Tippen auf den Pfeil rechts neben dem Feld **Ausrichtung** (❶ auf Seite 184) bestimmen Sie, ob die Webseite im Hoch- oder im Querformat zu Papier gebracht werden soll. Ist der Inhalt der Webseite länger und kann nicht

auf einer Seite dargestellt werden, können Sie im Feld **Seiten** ❷ angeben, ob alle Seiten oder nur ein Seitenbereich ausgedruckt werden soll. Wählen Sie Letzteres, klappt ein weiteres Feld auf, in dem Sie die gewünschte Seitenzahl eintragen. Interessant ist auch das Feld **Kopf- und Fußzeilen aktivieren bzw. deaktivieren** ❸. Wählen Sie hier nach einem Klick auf den Pfeil rechts vom Feld **Ein** ❹ aus, erscheint am oberen Rand des Ausdrucks die Webadresse. Die Standardeinstellungen in den Feldern **Druckgröße** ❺ sowie **Ränder** ❻ können Sie meist so übernehmen.

4. Klicken Sie auf **Weitere Einstellungen** ❼, um weitere Felder mit interessanten Auswahlmöglichkeiten einzublenden. Unterstützt Ihr Drucker den Duplexdruck, also einen doppelseitigen Ausdruck, klicken oder tippen Sie auf den Pfeil rechts neben dem gleichnamigen Feld und wäh-

len die gewünschte Druckart aus. Wechseln Sie von **Einseitiger Druck** ❽ in diesem Fall z. B. zu *Beidseitiger Druck (lange Seite)*. Nutzen Sie einen Farbdrucker, haben Sie im Feld **Farbmodus** ❾ die Möglichkeit, über die Einstellung *Graustufen* statt eines Farbdrucks einen Schwarzweiß-Druck zu starten. Mit einem Klick oder durch Tippen auf den nach links weisenden Pfeil ❿ am oberen Rand der Leiste kehren Sie zu den vorherigen Einstellungsmöglichkeiten zurück.

5. Mit einem Klick oder Tippen auf **Drucken** (⓫ auf Seite 184) starten Sie den Druckvorgang.

Mit den bisher vorgestellten Möglichkeiten (etwa dem Aufrufen von Webadressen, der Suchfunktion, den Registerkarten, Favoriten, **An »Start« anheften** oder Drucken) sind die Funktionen, die Ihnen die App *Internet Explorer* zu bieten hat, auch schon weitestgehend ausgeschöpft. Ein paar

Einstellungen sind noch möglich, etwa das sogenannte *InPrivate-Browsen*, mit dem Sie die Spuren, die Sie beim Surfen im Internet hinterlassen, verwischen können. Auf dieses Thema werde ich im Abschnitt »Sicher im Internet surfen« ab Seite 205 noch genauer eingehen. Doch zuvor möchte ich Ihnen den großen Bruder der *Internet-Explorer*-App vorstellen.

Möchten Sie die *Internet-Explorer*-App beenden, wischen Sie vom oberen Bildschirmrand bis ganz an den unteren Bildschirmrand. Arbeiten Sie mit einem Desktop-PC oder Tablet, positionieren Sie den Mauszeiger am oberen Seitenrand. Wird die Titelleiste eingeblendet, klicken Sie rechts auf das Symbol ×. Analog lässt sich auch die *Suchen*-App beenden.

Den Desktop-Browser aus der App heraus öffnen

Für das alltägliche Surfen im Internet reicht die kleine *Internet-Explorer*-App vollkommen aus. Allerdings müssen Sie auch mit ein paar Einschränkungen leben. So können Sie in der App beispielsweise nicht einstellen, mit welcher Startseite der Browser geöffnet werden soll. Auch wichtige Sicherheitseinstellungen lassen sich nicht vornehmen, geschweige denn nützliche Erweiterungen installieren. Hier ist der Wechsel zur Desktop-Version nötig. Wer möchte, ruft diese direkt aus der *Internet-Explorer*-App heraus auf. Blenden Sie hierzu per Rechtsklick oder mit einer Wischbewegung vom unteren Bildschirmrand in Richtung Bildschirmmitte die App-Leiste ein. Klicken oder tippen Sie dann in der unteren Leiste auf das Werkzeug-Symbol und im aufklappenden Fenster auf **Auf dem Desktop anzeigen**. Es wird nun automatisch die klassische Desktop-Version des Browsers mit der aktuellen Webseite der App geöffnet.

Mit dem Internet Explorer im Netz unterwegs

Die Desktop-Version des Internet Explorers ist bereits seit Jahren fester Bestandteil von Windows. Genau dies war aber der EU ein Dorn im Auge. Nach vielen Verhandlungen wurde endlich entschieden, dass der Internet Explorer zwar mit Windows ausgeliefert werden darf, allerdings muss der Anwender die Möglichkeit erhalten, den Browser, mit dem er zukünftig arbeiten möchte, selbst zu wählen. Für Sie bedeutet dies konkret: Nach dem ersten Start lässt sich der Internet Explorer zunächst noch über das entsprechende Symbol in der Taskleiste auf der Desktop-Oberfläche starten. Dieses Symbol verschwindet aber spätestens nach ein paar Tagen. Stattdessen erscheint das Dialogfenster **Browserauswahl**. Klicken Sie hier auf die Schaltfläche **Weiter**.

Nach ein paar Tagen erhalten Sie die Aufforderung, einen Browser zu installieren.

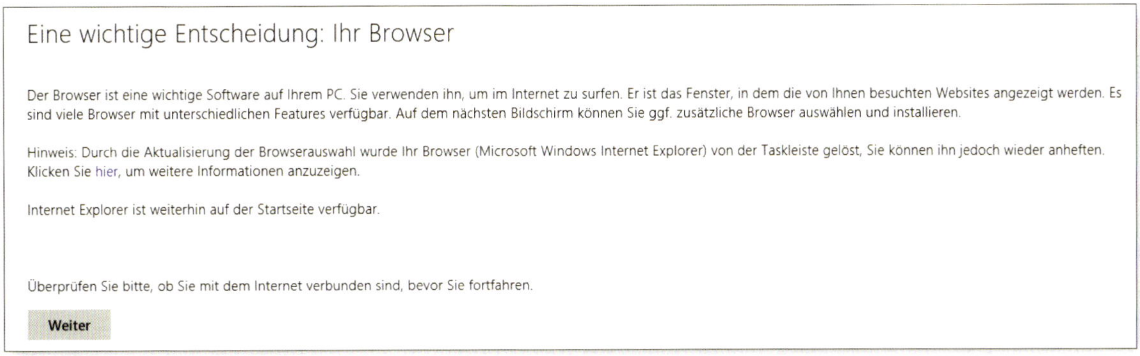

Im nächsten Fenster werden Ihnen einige Browser zur Auswahl gestellt, z. B. Mozilla Firefox, Google Chrome oder Opera. Für welchen Sie sich entscheiden, bleibt natürlich Ihnen überlassen. Mit einem Klick oder Tippen auf **Installieren** unterhalb des entsprechenden Logos starten Sie die Installation des gewünschten Browsers. In unserem Beispiel wählen Sie den Internet Explorer, also den Browser von Microsoft.

Es stehen diverse Browser für die Installation zur Auswahl.

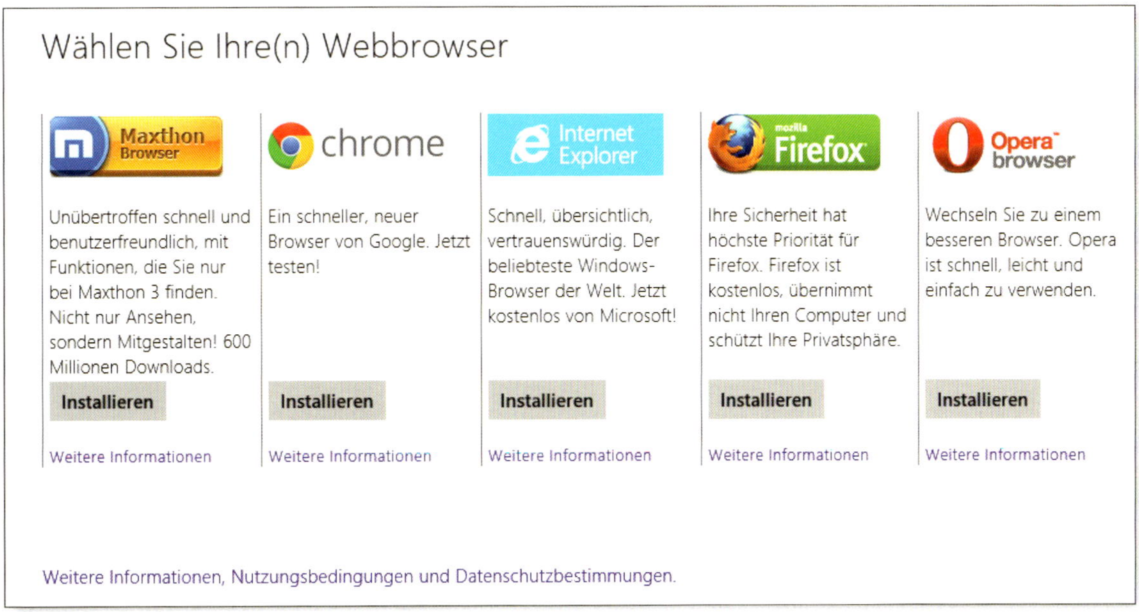

Die Installation selbst ist schnell erfolgt. Anschließend wird die *Internet-Explorer*-App mit einigen Informationen zum Browser selbst geöffnet. Schließen Sie die *Internet-Explorer*-App, wie am Ende des vorigen Abschnitts auf Seite 186 beschrieben.

Rufen Sie die Charms-Leiste am rechten Bildschirmrand auf, und klicken Sie auf **Suchen**. Geben Sie den Suchbegriff »Internet Explorer« ein. Wieder reicht die Eingabe weniger Buchstaben, und schon wird **Internet Explorer** als Ergebnis aufgeführt. Klicken Sie mit der rechten Maustaste auf das Ergebnis, um das Kontextmenü einzublenden. Wenn Sie einen Touchscreen nutzen, ziehen Sie den Eintrag etwas mit dem Finger nach unten. Nun noch ein Klick oder Tippen auf **An Taskleiste anheften**, und Sie können den Internet Explorer vom Desktop aus starten.

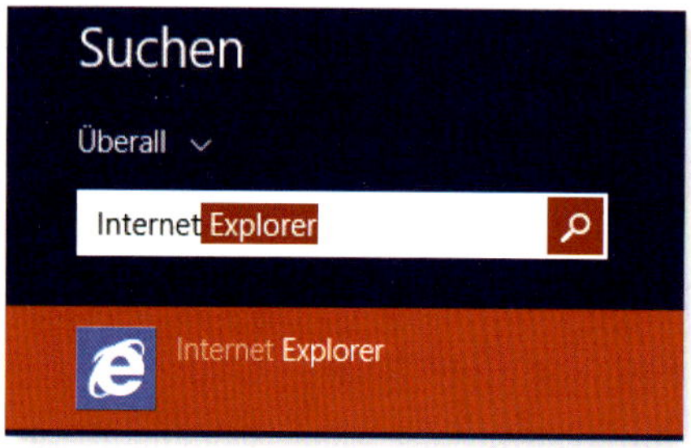

> *Die Eingabe »Internet« reicht, und schon wird der Browser aufgelistet.*

Browser später auswählen

Wer möchte, kann den Browser auch erst später installieren oder sich zu einem späteren Zeitpunkt einen weiteren Browser auf dem Computer einrichten. Im Zuge der Browserauswahl richtet Windows 8.1 auf dem Startbildschirm eine zusätzliche Kachel mit der Bezeichnung **Browserauswahl** ein. Einmal angeklickt, und Sie gelangen zu den zuvor aufgeführten Installationsanweisungen.

Als Nächstes wollen wir die Desktop-Version des Internet Explorers etwas genauer unter die Lupe nehmen. Sollten Sie den Browser noch nicht gestartet haben, holen Sie dies nun nach. Um zur Desktop-Oberfläche zu gelangen, drücken Sie die Tastenkombination [Win] + [D]. Wenn Sie mit einem Touchscreen arbeiten, kehren Sie zum Startbildschirm zurück (beispielsweise durch Tippen auf das Element **Start** in der Charms-Leiste) und tippen hier die **Desktop**-Kachel an. Klicken oder tippen Sie dann in der Taskleiste auf das Symbol des Internet Explorers.

Wie alle klassischen Windows-Anwendungen wird der Internet Explorer in einem eigenen Programmfenster geöffnet. Soll das Fenster über die gesamte Bildschirmgröße hinweg angezeigt werden, klicken oder tippen Sie in der rechten oberen Ecke auf das **Maximieren**-Symbol ❶. Ein erneuter Klick auf das nun mit **Verkleinern** bezeichnete Symbol reduziert die Größe des Programmfensters wieder. Rechts neben diesem Symbol finden Sie die Schaltfläche **Schließen** ❷ zum Beenden des Internet Explorers.

Die Bedienung des Internet Explorers ähnelt in vielen Belangen der App *Internet Explorer*. Bei der Desktop-Version finden Sie die Navigationsleiste – die hier auch *Symbolleiste* ❸ genannt wird – allerdings am oberen Rand des Programmfensters. Die Leiste wird, anders als bei der App, auch nicht ausgeblendet, sondern ist immer verfügbar. Am linken Rand der Leiste sehen Sie zwei Pfeil-Schaltflächen **Zurück** ❹ und **Vorwärts** ❺, über die Sie zu den bereits besuchten Webseiten wechseln. Rechts neben den beiden Symbolen befindet sich das Adressfeld ❻ mit dem Logo ❼ der gerade aktuell angezeigten Webseite.

Die Symbolleiste befindet sich am oberen Rand des Programmfensters.

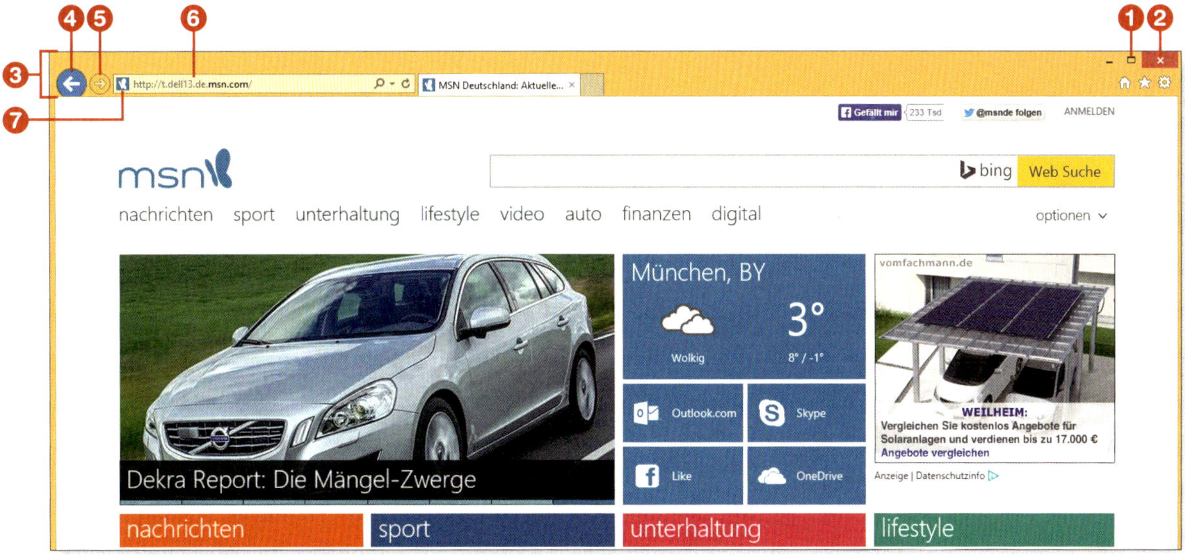

Um eine Webadresse einzugeben, klicken Sie in das Feld und überschreiben den nun blau markierten Text mit der gewünschten Adresse. Während der Eingabe klappt ein Listenfeld mit einigen Vorschlägen zu Webadressen auf. Dabei handelt es sich vornehmlich um die Adressen, die Sie in letzter Zeit bereits häufiger aufgerufen haben, sowie um Vorschläge der Suchmaschine Bing. Ist die gewünschte Webadresse in der Liste dabei, reicht ein Mausklick oder Antippen, um die Webseite aufzurufen.

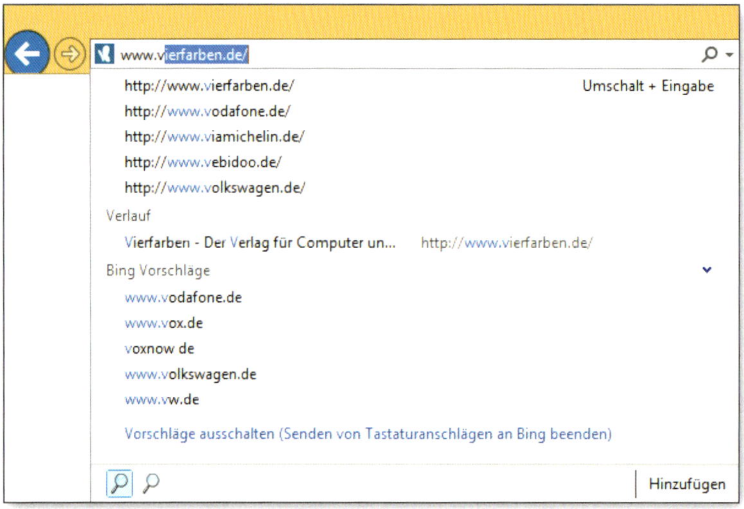

> *Bereits während der Adresseingabe erhalten Sie einige Vorschläge.*

Müssen Sie die Webadresse selbst vollständig eingeben, schließen Sie die Eingabe durch Drücken der ↵-Taste ab oder – im Falle eines Touchscreens – durch Tippen auf **Gehe zu**. Die Webseite wird nun geladen.

Adressen aus der Verlaufsliste löschen

In der Verlaufsliste werden die Adressen so aufgeführt, wie Sie sie im Adressfeld eingegeben haben. Sollten Sie sich einmal vertippt haben, bedeutet dies leider, dass auch die falsch geschriebene Adresse immer wieder in der Verlaufsliste auftaucht.

Um eine Adresse aus der Verlaufsliste zu löschen, bewegen Sie den Mauszeiger auf die betreffende Webadresse in der Liste. Rechts neben der Adresse wird nun ein kleines Kreuz ☒ eingeblendet. Ein Klick darauf, und die Webadresse wird aus der Verlaufsliste entfernt. Falls Sie einen Touchscreen nutzen, halten Sie den Finger etwas länger auf der Adresse in der Liste gedrückt. Nachdem das Quadrat eingeblendet wurde, nehmen Sie den Finger vom Bildschirm und tippen anschließend auf das nun sichtbare Kreuz ☒.

Sollte der Ladevorgang zu lange dauern, lässt er sich – wie zuvor bereits für die App beschrieben – abbrechen. Das entsprechende **Aktualisieren**-Symbol ⟳ (7 auf Seite 191) finden Sie am rechten Rand des Adressfeldes. Über die gleiche Schaltfläche können Sie die Webseite auch neu laden, beispielsweise um die neuesten Informationen auf einer Nachrichtenseite angezeigt zu bekommen. Das Blättern auf einer Webseite erfolgt analog zur *Internet-Explorer*-App, wie im Abschnitt »Die App für den Internet Explorer« ab Seite 171 beschrieben.

Jede Webseite hat einen eigenen Titel. Dieser wird rechts neben dem Adressfeld in einem Registerreiter eingeblendet ❶. Wie schon erwähnt, unterstützt auch die Desktop-Version des Internet Explorers das gleichzeitige Anzeigen mehrerer Webseiten. Wenn Sie auf einer Webseite auf einen Link klicken oder tippen, kann es sein, dass für die nächste Seite automatisch eine neue Registerkarte (*Tab*) geöffnet wird. Der Titel dieser Seite wird entsprechend rechts neben dem ersten Registerreiter angezeigt ❷. Sie können aber auch selbst eine neue Registerkarte öffnen ❸. Das ist beispielsweise dann praktisch, wenn Sie auf einer Internetseite die Adresse eines guten Restaurants suchen und sich auf einer zweiten Internetseite die Lage des Restaurants in einem Stadtplan anzeigen lassen möchten.

Der Internet Explorer unterstützt das gleichzeitige Anzeigen mehrerer Internetseiten.

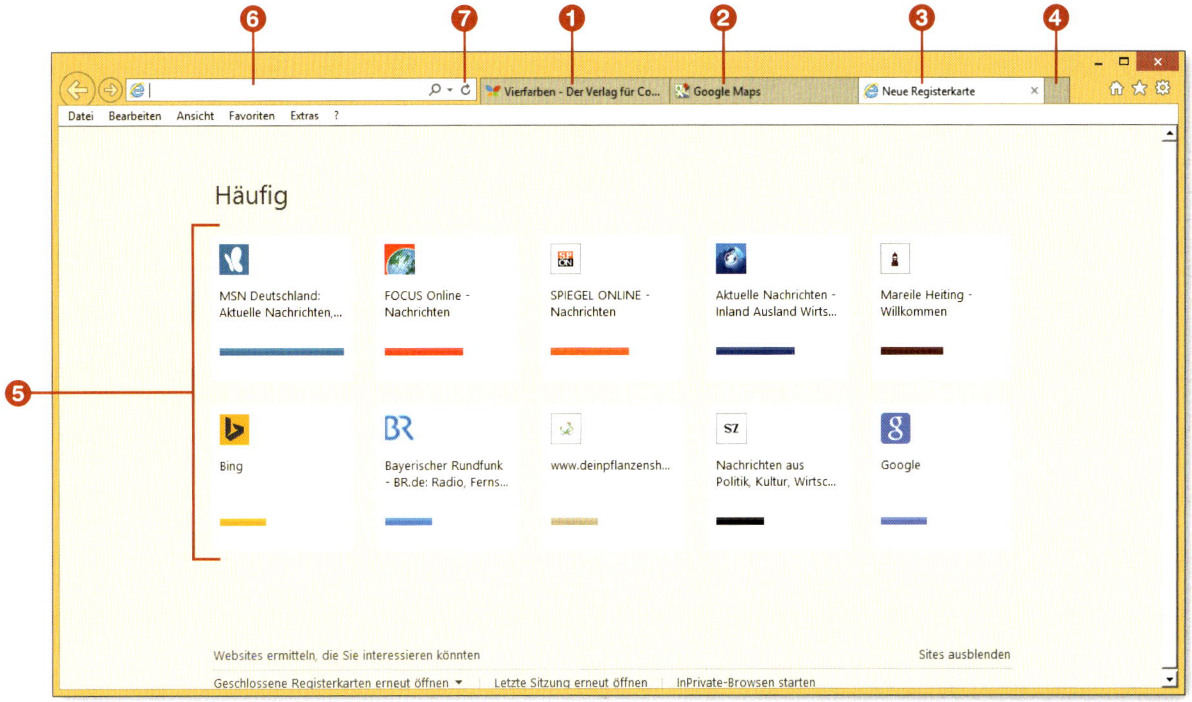

Um eine neue Registerkarte zu öffnen, klicken oder tippen Sie auf die kleine graue Fläche ❹ rechts neben dem letzten geöffneten Register.

Falls Sie lieber mit der Tastatur arbeiten, können Sie auch die Tastenkombination [Strg] + [T] drücken. Auf der neuen Registerkarte erhalten Sie wieder einige Webseiten-Vorschläge ❺, die Sie direkt per Mausklick oder durch Antippen aufrufen können. Ist die gewünschte Adresse nicht dabei, geben Sie sie einfach von Hand in das Adressfeld ❻ ein.

Mit einem Klick oder Tippen auf die Registerreiter können Sie zwischen den geöffneten Registerkarten wechseln. Um eine Registerkarte wieder zu schließen, klicken oder tippen Sie auf das kleine Kreuz [×] an ihrem rechten Rand. Vorsicht: Wenn nur noch eine Registerkarte, sprich eine Webseite, geöffnet ist, wird durch das Klicken oder Tippen auf das Symbol [×] das gesamte Programmfenster des Internet Explorers geschlossen!

Auch mit der Desktop-Version des Internet Explorers ist es natürlich möglich, das Internet nach Informationen zu durchstöbern. Ein Suchfeld, wie es die früheren Browser-Versionen noch hatten, gibt es beim Internet Explorer 11 allerdings nicht mehr. Wie auch bei der *Internet-Explorer*-App dient das Adressfeld zugleich als Suchfeld.

1. Tippen Sie in das Adressfeld, und geben Sie den oder die gewünschten Suchbegriffe ein, etwa »Indisches Restaurant München«.

2. Drücken Sie die [↵]-Taste, oder tippen Sie auf **Gehe zu**, um die Suchanfrage zu starten.

Alle Suchergebnisse werden nun auf der Webseite angezeigt. Als Standardsuchdienst verwendet der Internet Explorer die Microsoft-eigene Suchmaschine Bing. Natürlich können Sie auch andere Suchmaschinen hinzufügen, z. B. Google.

1. Klicken oder tippen Sie auf das Lupen-Symbol [🔍] rechts neben dem Adressfeld und in der aufklappenden Liste auf **Hinzufügen** ❶.

Es wird nun eine neue Registerkarte mit der Webseite der Internet-Explorer-Galerie geöffnet, die eine Übersicht über diverse Add-ons enthält. Add-ons sind Erweiterungen für den Internet Explorer, beispielsweise Suchdienste.

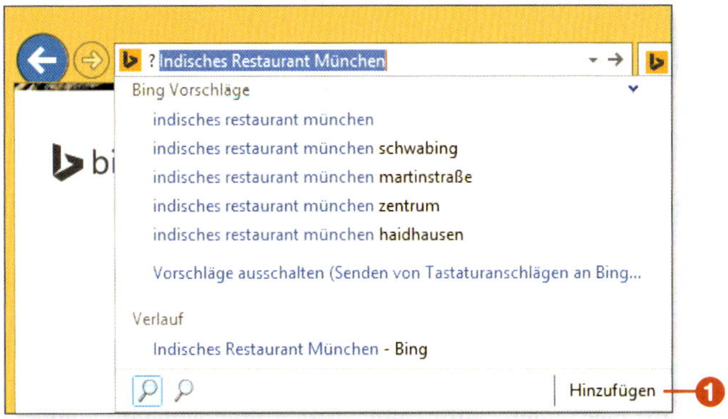

2. Blättern Sie gegebenenfalls etwas nach unten, bis die diversen Suchanbieter auf dem Bildschirm sichtbar werden. In der Kategorie **Thematische Suche** wird unter anderem die beliebte Suchmaschine Google aufgeführt. Um sie auszuwählen, reicht ein Mausklick oder das Antippen der entsprechenden Schaltfläche **Google-Suche**.

3. Bestätigen Sie auf der folgenden Webseite die Auswahl mit einem Klick oder Tippen auf **Zum Internet Explorer hinzufügen** ❷.

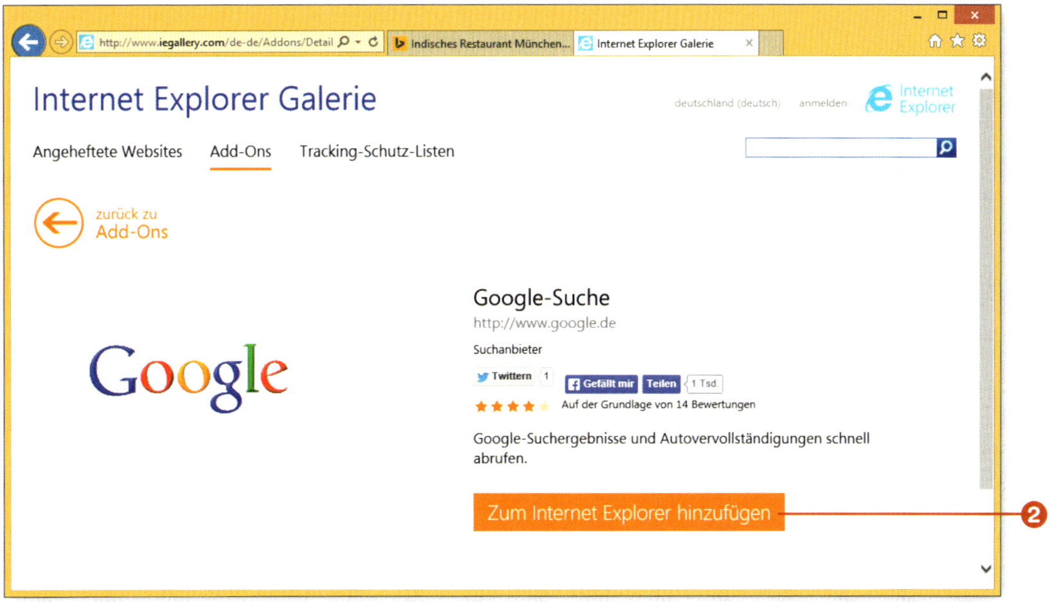

4. Es wird nun ein kleines Dialogfenster eingeblendet. Möchten Sie die ausgewählte Suchmaschine, im Beispiel also Google, als Standard festlegen, versehen Sie das Kontrollkästchen **Als Standardsuchanbieter festlegen** ❸ per Mausklick oder durch Antippen mit einem Häkchen. Danach startet der Internet Explorer eine Suchanfrage immer mit diesem Dienst, es sei denn, Sie geben später etwas anderes vor.

5. Schließen Sie den Dialog mit einem Klick oder durch Tippen auf **Hinzufügen** ❹.

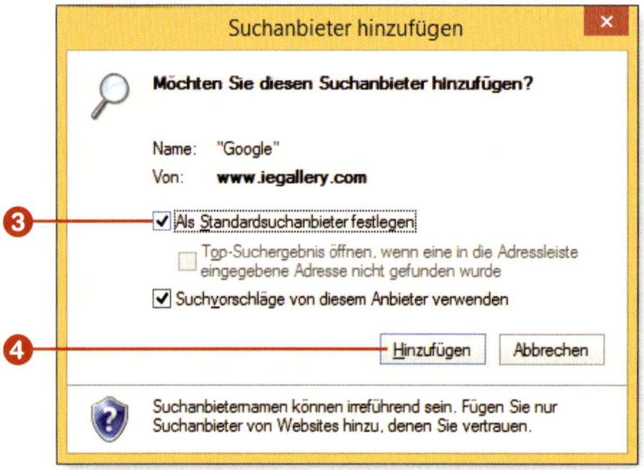

6. Klicken oder tippen Sie probeweise auf das Lupen-Symbol 🔍 rechts neben dem Adressfeld. Im aufklappenden Listenfeld ist am unteren Rand nun links neben dem Bing-Symbol auch das Google-Logo zu sehen ❺. Dass der Internet Explorer hier Google als Standardsuchmaschine verwendet, erkennen Sie am kleinen Rahmen rund um das Logo.

Wenn Sie zukünftig eine Suchanfrage über das kombinierte Adress- und Suchfeld starten, wird die Suche automatisch mit dem Suchdienst Google durchgeführt.

Auf einer Webseite suchen

Sie sind auf einer Webseite auf der Suche nach einem ganz bestimmten Begriff, können ihn aber nicht finden? Klicken oder tippen Sie am rechten oberen Rand des Programmfensters auf **Extras** und in der aufklappenden Liste nacheinander auf **Datei ▸ Auf dieser Seite suchen**. Unterhalb der Symbolleiste am oberen Rand des Programmfensters wird nun ein Suchfeld eingeblendet, in das Sie den gewünschten Suchbegriff eingeben. Bestätigen Sie auch hier durch Drücken der ↵-Taste oder durch Antippen von **Gehe zu**, und die aktuelle Webseite wird nach dem Suchbegriff durchforstet. Die Ergebnisse werden auf der Seite in leuchtendem Gelb hervorgehoben. Mit einem Klick oder durch Tippen auf das Kreuz links neben dem Suchfeld blenden Sie die Suchleiste wieder aus.

Haben Sie einmal eine interessante Webseite gefunden, die Sie in Zukunft gerne häufiger besuchen möchten, sollten Sie sie in die Liste Ihrer Favoriten aufnehmen. Wie Sie hierzu bei der *Internet-Explorer*-App vorgehen, haben Sie bereits ab Seite 176 erfahren. Die dort favorisierten Adressen stehen Ihnen auch in der Desktop-Version des Internet Explorers zur Verfügung und umgekehrt. Beim großen Bruder der *Internet-Explorer*-App nehmen Sie folgende Schritte vor:

1. Rufen Sie die gewünschte Webseite im Internet Explorer wie gewohnt auf.

2. Klicken oder tippen Sie am rechten Rand der Symbolleiste auf das Symbol, das mit **Favoriten, Feeds und Verlauf anzeigen** betitelt ist.

3. Stellen Sie in der aufklappenden Liste sicher, dass sich das Register **Favoriten** ❶ im Vordergrund befindet. Klicken Sie dann auf die Schaltfläche **Zu Favoriten hinzufügen** ❷.

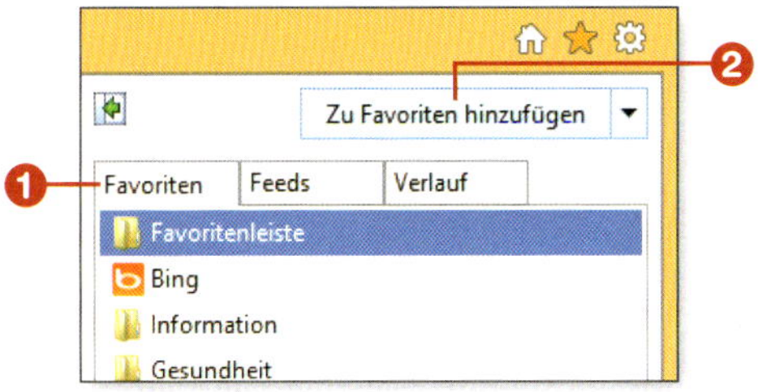

4. Im nächsten Fenster haben Sie die Möglichkeit, den vorgeschlagenen Namen für die Webseite durch eine eigene Bezeichnung zu ersetzen ❸. Überschreiben Sie hierzu den blau markierten Text.

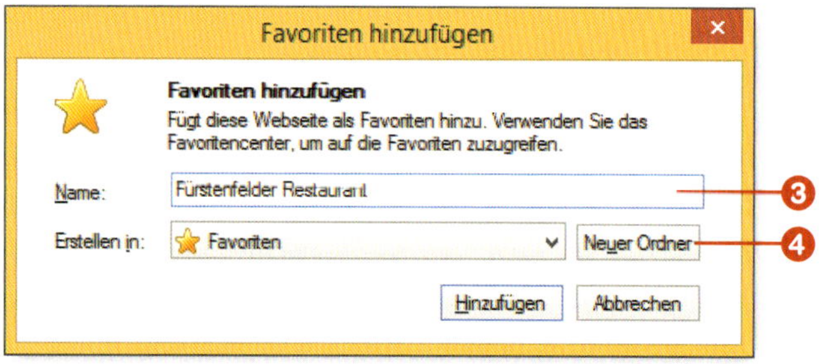

Je mehr Webadressen Sie Ihrer Favoritenliste hinzufügen, desto unübersichtlicher wird es im Laufe der Zeit. Aus diesem Grund sollten Sie von Anfang an für Ordnung sorgen. Am leichtesten gelingt dies, indem Sie thematisch sortierte Ordner anlegen, etwa *Reisen*, *Computer*, *Gesundheit* o. Ä, wie bereits für die *Internet-Explorer*-App auf Seite 177 beschrieben. Das Vorgehen bei der Desktop-Version ist ähnlich.

1. Um einen neuen Ordner anzulegen, klicken oder tippen Sie im Dialog **Favoriten hinzufügen** auf **Neuer Ordner** ❹.

2. Geben Sie im nächsten Dialog im Feld **Ordnername** die gewünschte Rubrikbezeichnung ein, etwa »Gastronomie« für die Webadressen interessanter Restaurants. Schließen Sie die Eingabe mit einem Klick oder durch Tippen auf **Erstellen** ab.

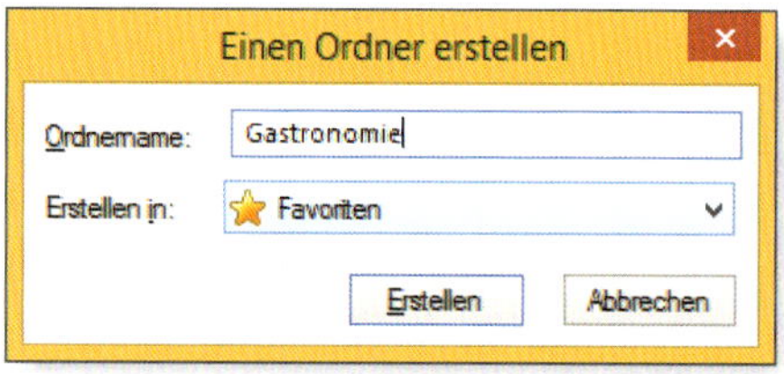

3. Der neu angelegte Ordner wird gleich im Feld **Erstellen in** ❺ angezeigt. Möchten Sie später eine Webadresse in der gleichen Kategorie ablegen, klicken oder tippen Sie auf den Pfeil rechts am Feld **Erstellen in** und wählen den gewünschten Ordner aus. Hier finden Sie auch die Ordner, die Sie in der *Internet-Explorer*-App angelegt haben.

4. Mit einem Klick oder Tippen auf **Hinzufügen** ❻ wird die Webadresse in die Liste der Favoriten aufgenommen.

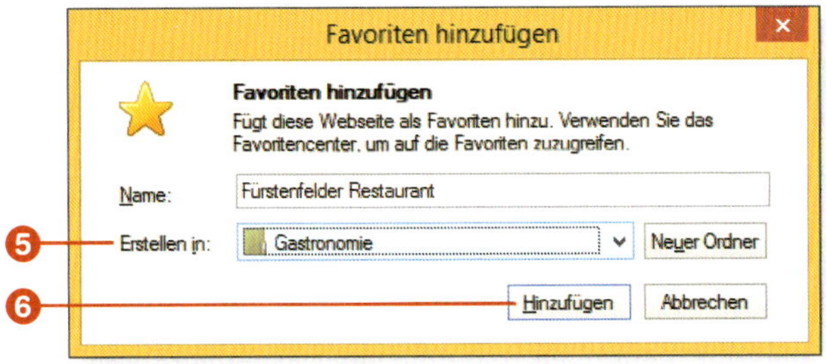

Wann immer Sie nun eine Ihrer favorisierten Webseiten aufrufen möchten, klicken Sie in der Symbolleiste auf das Symbol ☆ 7 und wechseln zum Register **Favoriten**. Wählen Sie die passende Rubrik aus, also etwa **Gastronomie**, und klicken oder tippen Sie auf die benötigte Adresse.

Favoriten löschen

Möchten Sie einen Eintrag wieder aus der Favoritenliste löschen, klicken oder tippen Sie ebenfalls auf das Symbol ☆ und wechseln in die Rubrik, in der Sie die Webadresse abgelegt haben. Klicken Sie mit der rechten Maustaste auf den zu löschenden Eintrag. Im Kontextmenü finden Sie nun den Befehl **Löschen**, über den sich die Webadresse aus der Favoritenliste entfernen lässt. Auf einem Touchscreen drücken Sie wieder etwas länger auf den Eintrag, um das Kontextmenü einzublenden.

Per Standardeinstellung starten sowohl die App *Internet Explorer* als auch die Desktop-Version des Internet Explorers mit der Website von MSN. Wenn Sie möchten, können Sie aber auch eine beliebige andere Startseite einrichten. Die entsprechende Einstellung nehmen Sie im »großen« Internet Explorer, also in der Desktop-Version, vor. Sie wird anschließend aber auch für die *Internet-Explorer*-App übernommen.

1. Rufen Sie im Internet Explorer die Webseite auf, die zukünftig nach dem Start des Browsers automatisch geöffnet werden soll.

2. Klicken oder tippen Sie in der Symbolleiste des Internet Explorers auf **Extras** ⚙ ❶ und in der aufklappenden Liste auf **Internetoptionen**.

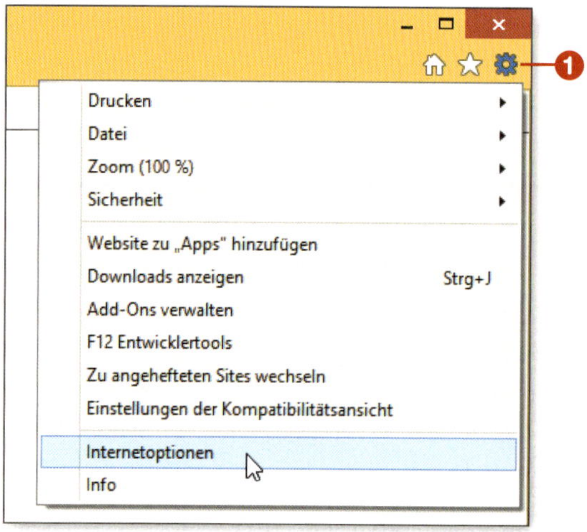

3. Stellen Sie sicher, dass sich im Dialog **Internetoptionen** das Register **Allgemein** ❷ im Vordergrund befindet. Wenn Sie auf die Schaltfläche **Aktuelle Seite** ❸ klicken, wird automatisch die Webadresse der gerade angezeigten Webseite im Feld **Startseite** ❹ übernommen. Alternativ können Sie die Adresse natürlich auch selbst im Feld eingeben. Soll gar keine Seite angezeigt werden, tragen Sie hier den Text »about:blank« ein. Damit erscheint zukünftig nach dem Start des Internet Explorers eine Leerseite.

4. Bestätigen Sie die Einstellung mit einem Klick oder Tippen auf **Übernehmen** und dann mit **OK**.

Wann immer Sie von nun an den Internet Explorer starten, wird die gerade festgelegte Webseite automatisch geöffnet. Übrigens: Ist Ihnen der Text auf einer Webseite zu klein, können Sie auch in der Desktop-Version des Internet Explorers die im Kasten »Anzeigengröße verändern« auf Seite 173 vorgestellten Zoom-Funktionen zum Vergrößern der Anzeige nutzen. Alternativ klicken Sie auf **Extras** und wählen dann unter **Zoom** die gewünschte Größe in Prozent aus, beispielsweise **150 %**.

Probleme mit der Anzeige älterer Webseiten?

Öffnen Sie eine Webseite, die bereits vor längerer Zeit programmiert wurde, kann es zu Problemen bei der Anzeige kommen: Texte und Bilder verrutschen oder werden gar nicht erst angezeigt. In einem solchen Fall erscheint rechts neben dem Adressfeld ein weiteres Symbol. Mit einem Klick darauf lädt der Internet Explorer die Seite in der sogenannten *Kompatibilitätsansicht*, in der die zuvor genannten Fehler meist behoben sind. Bleiben die Fehler trotzdem bestehen, war häufig bereits die ursprüngliche Programmierung fehlerhaft.

Webseiten im Internet Explorer zu betrachten ist eine Sache. Häufig genug möchte oder muss man den Inhalt einer Webseite aber auch zu Papier bringen. Dies kann beispielsweise bei einem Online-Zugticket, einer Reisebestätigung oder einfach nur bei einem interessanten Artikel der Fall sein. Mit dem Internet Explorer ist das denkbar einfach, vorausgesetzt, Sie haben bereits einen Drucker an Ihren PC angeschlossen und ihn auch eingeschaltet (siehe dazu auch den Abschnitt »Drucker, Lautsprecher und andere Geräte anschließen« ab Seite 151).

1. Stellen Sie sicher, dass die gewünschte Webseite im Internet Explorer angezeigt wird.

2. Klicken oder tippen Sie am rechten Rand der Symbolleiste auf **Extras** (❶ auf Seite 200) und in der aufklappenden Liste auf **Drucken** und nochmals auf **Drucken**. Alternativ können Sie auch die Tastenkombination Strg + P drücken.

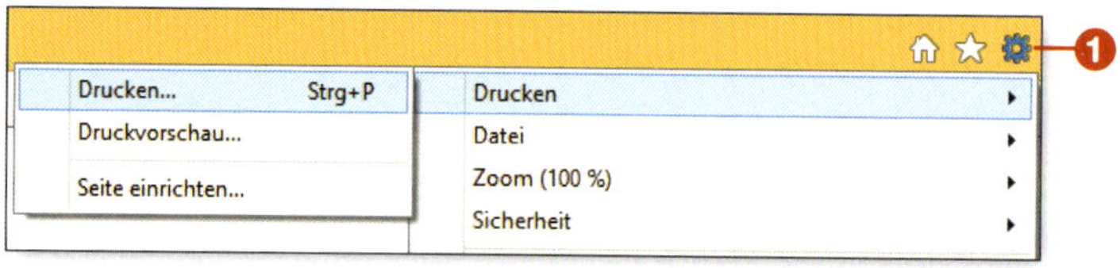

3. Der Dialog **Drucken** wird geöffnet. Sind mehrere Drucker verfügbar, markieren Sie im Bereich **Drucker auswählen** das gewünschte Gerät ❷.

4. Mit **Drucken** ❸ starten Sie den Druckvorgang.

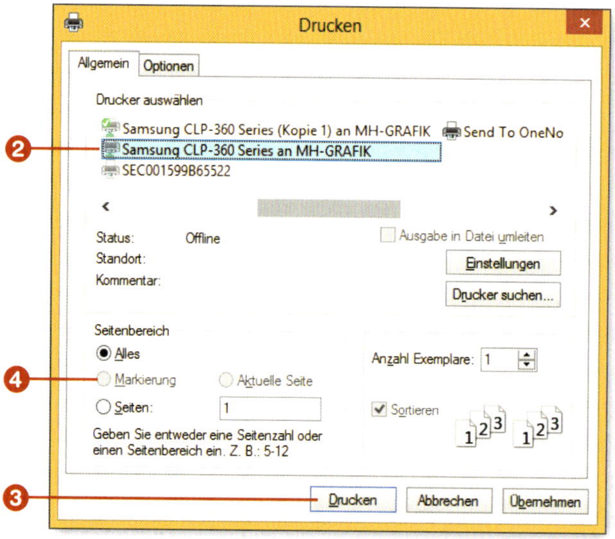

Markierte Abschnitte ausdrucken

Damit man nicht seitenweise Text ausdrucken muss, obwohl einen nur wenige Zeilen interessieren, können Sie den gewünschten Abschnitt auf einer Webseite markieren, bevor Sie den Dialog **Drucken** aufrufen. Per Maus gelingt dies am einfachsten: Ziehen Sie den Mauszeiger mit gedrückter linker Maustaste über den Text, den Sie ausdrucken möchten, sodass dieser hervorgehoben wird. Wenn Sie mit einem Touchscreen arbeiten, tippen Sie zweimal schnell hintereinander auf die gewünschte Passage. Es werden nun zwei Kreissymbole eingeblendet, die Sie mit dem Finger verschieben können, wodurch Sie den gewünschten Abschnitt festlegen. Um den Ausdruck zu starten, führen Sie die Schritte 2 und 3 ab Seite 199 aus und markieren im Dialog **Drucken** im Bereich **Seitenbereich** die Option **Markierung** ❹.

Dateien aus dem Internet herunterladen und installieren

Das Internet bietet nicht nur eine Vielzahl an Informationen und ermöglicht das Buchen von Reisen, das Einkaufen und vieles mehr. Viele Software-Hersteller bieten mittlerweile auch Programme zum *Download* an. In diesem Fall müssen Sie keinen Datenträger (etwa eine CD oder DVD) erwerben, sondern können das gewünschte Programm gleich von einer Webseite auf Ihren Computer herunterladen. Es versteht sich von selbst, dass Sie dies nur tun sollten, wenn dem Anbieter bzw. Verkäufer absolut zu vertrauen ist. Auf das Thema Sicherheit werde ich im nächsten Abschnitt, »Sicher im Internet surfen«, ab Seite 205 noch genauer eingehen.

An dieser Stelle möchte ich Ihnen an einem Beispiel zeigen, wie solch ein Download aussehen kann. Da jeder Anbieter hier anders vorgeht, sind die folgenden Schritte leider nicht allgemeingültig. Als Programm soll die *Fotogalerie* von Microsoft heruntergeladen werden. Dieses Bildbearbeitungsprogramm war vor längerer Zeit einmal fester Bestandteil von Windows, mittlerweile steht es nur noch zum Download bereit. Mit der Software lassen sich wunderbar kleinere Schönheitsfehler in Fotos korrigieren, wie ich Ihnen in Kapitel 9, »Fotos, Videos und Musik«, noch genau zeigen werde. Bevor Sie das Programm nutzen können, müssen Sie es auf Ihren Computer herunterladen und installieren.

1. Rufen Sie in der Adresszeile des Internet Explorers die Webseite *http://windows.microsoft.com/de-DE/windows-live/photo-gallery-get-started* auf, und klicken Sie dort auf die Schaltfläche **Jetzt herunterladen** (❶ auf Seite 202).

2. Am unteren Rand des Programmfensters klappt eine Leiste auf. Klicken oder tippen Sie hier auf die Schaltfläche **Speichern** ❷.

Windows 8.1 beginnt nun, das Programm Fotogalerie herunterzuladen. Je nach Internetgeschwindigkeit und Dateigröße kann dieser Vorgang bei einem Download etwas Zeit in Anspruch nehmen. Eine Prozentangabe zeigt, wie weit der Download fortgeschritten ist.

3. War der Download erfolgreich, erscheint in der Leiste am unteren Fensterrand die Schaltfläche **Ordner öffnen** ❸, auf die Sie nun klicken oder tippen.

Die folgenden Schritte haben nun nichts mehr mit dem eigentlichen Download zu tun. Da wir das Programm aber später nutzen wollen, zeige ich an dieser Stelle auch gleich, wie Sie es installieren. Nach Schritt 3 wird automatisch der Explorer geöffnet und darin der Ordner **Downloads** angezeigt. Die gerade heruntergeladene Installationsdatei, in unserem Beispiel *wlsetup.exe*, ist bereits markiert.

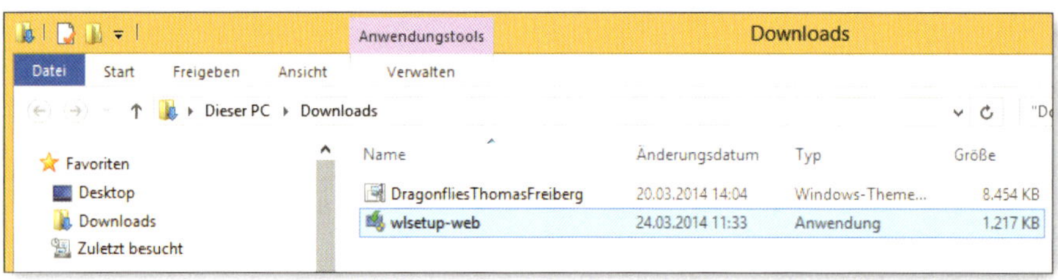

4. Doppelklicken oder -tippen Sie auf diese Datei, um mit der Installation der Fotogalerie zu beginnen.

5. Bestätigen Sie die Nachfrage der Benutzerkontensteuerung mit **Ja**.

Installation später durchführen

Sie müssen ein Programm natürlich nicht im direkten Anschluss an den Download installieren. Möchten Sie es erst später einrichten, klicken Sie in der Leiste auf das **Schließen**-Symbol ☒.

Um die Installation später zu starten, rufen Sie den Explorer per Klick oder Tippen auf das Symbol in der Taskleiste der Desktop-Oberfläche auf und klicken bzw. tippen dann in der linken Spalte auf **Downloads**. In diesem Ordner speichert Windows 8.1 automatisch alle Ihre aus dem Internet heruntergeladenen Dateien. Von jetzt an geht es bei Schritt 4 weiter.

Eine Übersicht über alle vorgenommenen Downloads erhalten Sie übrigens auch im Internet Explorer, wenn Sie auf **Extras** ⚙ und dann auf **Download anzeigen** klicken.

Die folgenden Schritte sind nicht bei jedem Computer nötig. Auf einigen PCs ist die für die Fotogalerie benötigte Funktion bereits vorhanden. Erscheint der in Schritt 6 erwähnte Dialog bei Ihnen nicht, können Sie direkt bei Schritt 9 fortfahren.

6. Wird bei Ihnen der Dialog **Windows-Features** eingeblendet, klicken oder tippen Sie auf **Feature herunterladen und installieren** ❹.

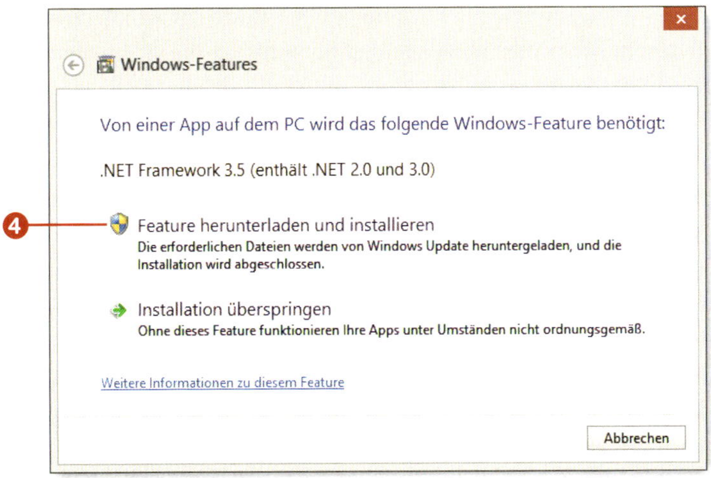

7. Das Herunterladen der erforderlichen Dateien kann nun etwas dauern. Nach dem erfolgreichen Download ist ein Neustart nötig, um die Installation abzuschließen. Klicken oder tippen Sie im entsprechenden Hinweis auf **Jetzt neu starten**, wird der PC automatisch heruntergefahren und anschließend neu gestartet. Melden Sie sich dann wieder wie gewohnt an.

8. Wechseln Sie zur Desktop-Oberfläche, rufen Sie erneut den Explorer auf, wechseln Sie in den Ordner *Download*, und doppelklicken oder -tippen Sie auf die zuvor heruntergeladene Datei *wlsetup-web*. Bestätigen Sie erneut die Nachfrage der Benutzerkontensteuerung mit **Ja**.

9. Klicken oder tippen Sie im nächsten Dialog auf **Wählen Sie die Programme aus, die Sie installieren möchten** ❺.

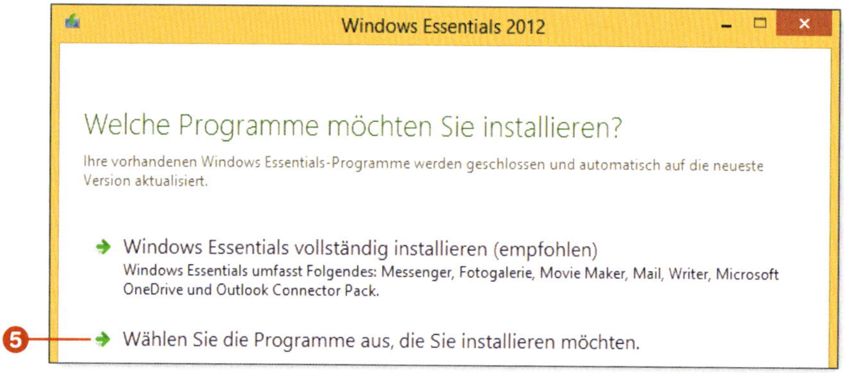

Die Fotogalerie ist Bestandteil der Programmsammlung Windows Essentials 2012. Im nächsten Dialog können Sie auswählen, welche der Anwendungen installiert werden sollen. In unserem Beispiel sind dies lediglich die Fotogalerie und der Movie Maker, ein praktisches Programm zum Bearbeiten Ihrer Videos; diese beiden Programme können nur gemeinsam ausgewählt werden.

10. Entfernen Sie jeweils per Mausklick oder durch Antippen die Häkchen in den Kontrollkästchen vor **Messenger**, **Mail** und **Writer**. Lediglich der Punkt **Windows Live Fotogalerie und Movie Maker** bleibt aktiviert ❻.

11. Mit einem Klick oder Tippen auf **Installieren** ❼ werden die beiden Programme auf dem Computer installiert. Auch dieser Vorgang dauert ein paar Sekunden.

12. Mit einem Klick oder Tippen auf **Schließen** beenden Sie den Vorgang nach der erfolgreichen Installation.

In der Apps-Übersicht, die Sie auf dem Startbildschirm per Klick auf den Pfeil ⓘ unten links oder per Wischbewegung von der Bildschirmmitte Richtung oberer Bildschirmrand einblenden, finden Sie hier nun zwei neue Kacheln mit den Bezeichnungen **Photo Gallery** (zu Deutsch *Fotogalerie*) und **Movie Maker**. Weitere Informationen zur Fotogalerie erhalten Sie, wie schon erwähnt, in Kapitel 9, »Fotos, Videos und Musik«.

Als Nächstes wenden wir uns dem Thema Sicherheit im Internet zu.

Sicher im Internet surfen

Gefahren lauern im Internet überall. Manche davon, wie etwa Viren, die Sie sich über heruntergeladene Dateien einfangen können, richten großen Schaden an. Anderes ist eher lästig als gefährlich, etwa immer wieder eingeblendete Werbefenster. Der Internet Explorer 11 bringt einige Sicherheitsfunktionen mit, die ich Ihnen im Folgenden vorstellen möchte.

Der Internet Explorer protokolliert automatisch, welche Webseiten Sie bereits besucht haben. Geben Sie die Adresse erneut ein, müssen Sie die Eingabe meist gar nicht erst abschließen, da der Browser Ihnen die gewünschte Webadresse bereits vorschlägt. Neben der Adresse werden aber auch Daten wie Passwörter, Cookies und anderes gespeichert. Bei *Cookies* (zu Deutsch *Kekse*) handelt es sich um kleine Textdateien, die auf Ihrem Computer gespeichert werden. Dies ist beispielsweise nötig, wenn Sie im Internet einkaufen und Waren im Warenkorb ablegen. Das Unangenehme an Cookies ist aber, dass Sie nicht genau wissen, welche Daten gespeichert werden und was die Webserver mit diesen Daten, z.B. mit Ihrer während der Bestellung angegebenen E-Mail-Adresse, anstellen. Um Datenmissbrauch vorzubeugen, sollten Sie regelmäßig den *Browserverlauf* löschen. Die folgenden Schritte beziehen sich, wenn nichts anders angegeben ist, auf die Desktop-Version des Internet Explorers.

1. Klicken oder tippen Sie in der Symbolleiste des Internet Explorers auf **Extras** . Rufen Sie dann **Sicherheit ▸ Browserverlauf löschen** auf.

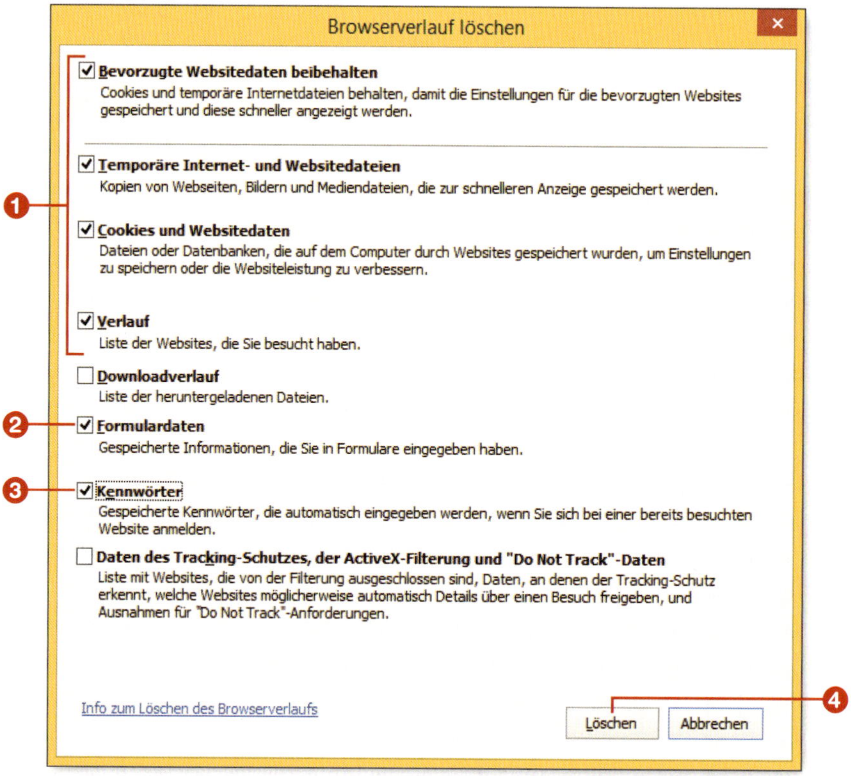

2. Im Dialog **Browserverlauf löschen** sind die ersten vier Kontrollkästchen meist standardmäßig aktiviert ❶ und sollten es auch bleiben. Zusätzlich versehen Sie **Formulardaten** ❷ und **Kennwörter** ❸ mit einem Häkchen. Diese Daten müssen Sie auf den entsprechenden Webseiten (etwa bei der Anmeldung bei einem Online-Shop) nun zwar jedes Mal neu eingeben, aber zugunsten der Sicherheit ist dies sicher zu verschmerzen.

3. Klicken oder tippen Sie auf **Löschen** ❹, wird der Browserverlauf gelöscht.

Statt diese Aktion selbst regelmäßig durchzuführen, können Sie sie auch dem Internet Explorer überlassen. Hierzu müssen Sie nur eine kleine Einstellung vornehmen:

1. Klicken Sie auf **Extras** ⚙, und wählen Sie in der aufklappenden Liste den Eintrag **Internetoptionen**.

2. Aktivieren Sie im nächsten Dialog auf der Registerkarte **Allgemein** im Bereich **Browserverlauf** das Kästchen **Browserverlauf beim Beenden löschen** ❺.

3. Bestätigen Sie die Einstellung mit einem Klick oder Tippen auf **Übernehmen** ❻.

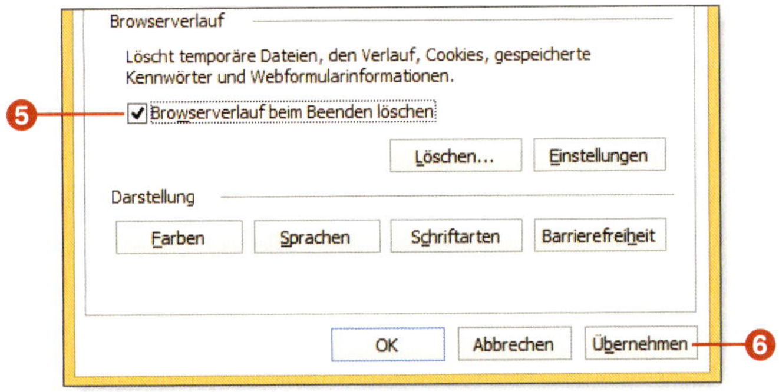

Wenn Sie zukünftig den Internet Explorer mit einem Klick auf die **Schließen**-Schaltfläche beenden, wird von nun an automatisch der Browserverlauf gelöscht.

Da der Dialog **Internetoptionen** bereits geöffnet ist, können Sie gleich weitere wichtige Sicherheitseinstellungen vornehmen bzw. prüfen.

1. Wechseln Sie zur Registerkarte **Datenschutz** ❼. In der oberen Hälfte der Registerkarte legen Sie fest, wie der Internet Explorer mit Cookies umgehen soll. Auch wenn diese kleinen Dateien keine Viren enthalten, kann anhand der Daten immerhin Ihr Surfverhalten ausspioniert werden. Für bestimmte Aktionen, etwa das bereits erwähnte Einkaufen, sind Cookies wiederum zwingend nötig. Somit gilt es, bei der Einstellung einen guten Mittelweg zu finden.

2. Stellen Sie mit dem Schieberegler die Stufe **Mittel** ❽ ein. Klicken Sie dann auf **Erweitert** ❾.

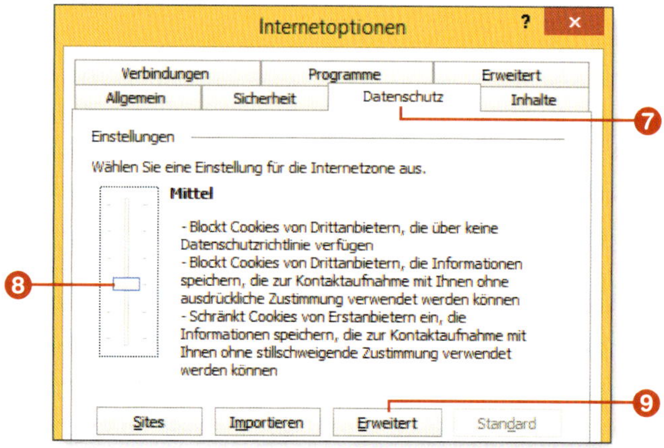

3. Um selbst beeinflussen zu können, welche Cookies gespeichert werden dürfen und welche nicht, versehen Sie im Dialog **Erweiterte Datenschutzeinstellungen** das Kästchen **Automatische Cookieverarbeitung außer Kraft setzen** ❿ mit einem Häkchen.

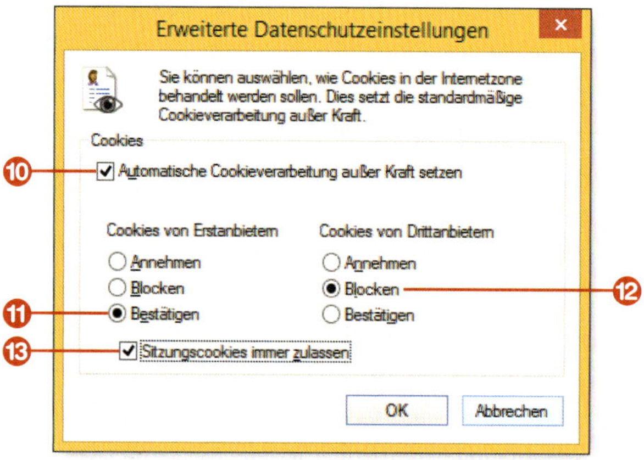

Als Nächstes bestimmen Sie, wie mit Cookies von Erstanbietern (die Seiten, auf denen Sie sich gerade befinden) und Drittanbietern (Werbefenster u. Ä.) umgegangen werden soll. Meine Empfehlung:

4. Aktivieren Sie unter **Cookies von Erstanbietern** per Klick die Option **Bestätigen** ⓫ und unter **Cookies von Drittanbietern** den Eintrag **Blocken** ⓬.

5. Versehen Sie die Einstellung **Sitzungscookies immer zulassen** ⓭ mit einem Häkchen, und schließen Sie den Dialog mit **OK**.

Mit der in Schritt 5 vorgenommenen Einstellung werden die Cookies nach dem Besuch einer Internetseite automatisch gelöscht.

6. Zurück im Dialog **Internetoptionen**, sollten Sie nun noch sicherstellen, dass der sogenannte *Popupblocker* eingeschaltet, sprich mit einem Häkchen versehen ist ⓮. Bei Pop-ups handelt es sich um zusätzliche Fenster, meist Werbung, die beim Aufruf einer Webseite angezeigt werden.

7. Klicken oder tippen Sie auf die Schaltfläche **Einstellungen** ⓯.

8. Damit Pop-ups nicht ungefragt auf Webseiten eingeblendet werden können, sollte im nächsten Dialog **Popupblockereinstellungen** das Kästchen **Benachrichtigungsleiste anzeigen, wenn ein Popup blockiert wird** ⓰ aktiviert sein.

9. Schließen Sie den Dialog ⓱, und beenden Sie auch den Dialog **Internetoptionen** mit einem Klick oder durch Tippen auf **Übernehmen** und dann auf **OK**.

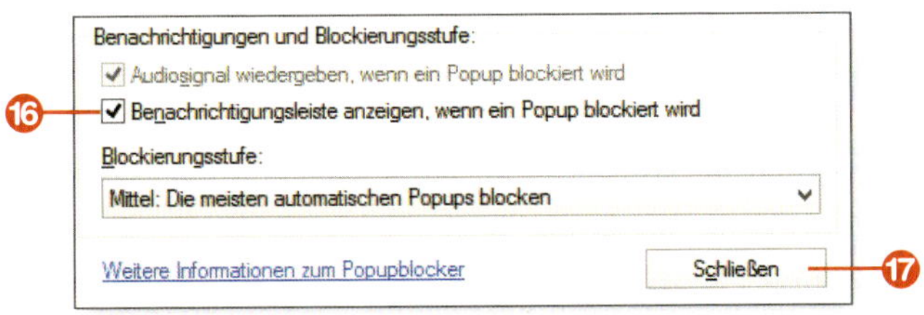

Versucht eine Webseite nun, ein Pop-up-Fenster zu öffnen, wird dies vom Internet Explorer blockiert. Am unteren Rand des Programmfensters erscheint aber ein entsprechender Hinweis. Sollten Sie sich das Pop-up also doch ansehen wollen, klicken Sie einfach auf die Schaltfläche **Einmal zulassen**.

Um zu verhindern, dass während des Surfens im Internet Daten auf Ihrem Computer gespeichert werden, können Sie auch das sogenannte *InPrivate-Browsen* nutzen. Damit sparen Sie sich quasi das Löschen des Browserverlaufs. Diesen speziellen Modus müssen Sie allerdings vor jedem Aufruf einer Webseite aktivieren. Sowohl die App *Internet Explorer* als auch der Desktop-Browser ermöglichen das InPrivate-Browsen.

In der Desktop-Version des Internet Explorers klicken Sie zur Aktivierung auf **Extras** in der Symbolleiste und anschließend nacheinander auf **Sicherheit ▸ InPrivate-Browsen**. Es wird nun automatisch ein zweites Programmfenster des Internet Explorers geöffnet. Links neben dem Adressfeld erscheint die Schaltfläche **InPrivate** ❶.

> *Nutzen Sie das InPrivate-Browsen, wenn keine Surfspuren gespeichert werden sollen.*

Geben Sie nun wie gewohnt die Webadresse in das Adressfeld ein, und surfen Sie im Internet, wie Sie möchten. Um den Modus wieder zu beenden, schließen Sie einfach das Programmfenster per Klick oder Tippen auf die **Schließen**-Schaltfläche ×.

InPrivate-Browsen mit der »Internet Explorer«-App

Auch die App *Internet Explorer* ermöglicht das Surfen im Internet, ohne dass Sie Spuren hinterlassen. Rufen Sie hierzu mit einem Rechtsklick oder einer Wischgeste vom unteren Bildschirmrand in Richtung Bildschirmmitte die App-Leiste auf. Klicken oder tippen Sie in der Leiste auf das Symbol und dann auf . Wählen Sie in der Liste den Eintrag **Neue InPrivate-Registerkarte**. Dort erscheint neben dem Adressfeld der Zusatz **InPrivate**, und Sie können wie gewohnt die gewünschte Webadresse eingeben. Um den Modus wieder zu beenden, schließen Sie das App-Fenster (siehe dazu Seite 186).

Ein weiterer Sicherheitsmechanismus, den der Internet Explorer bietet, ist der sogenannte *SmartScreen-Filter*. Leider gibt es heutzutage zahlreiche Webseiten, die versuchen, sicherheitskritische Daten wie etwa Kreditkartendaten oder auch Passwörter auszuspionieren. Dem voran gehen meist E-Mails, angeblich von Banken versendet, in denen der Nutzer aufgefordert wird, zur Sicherheit eine bestimmte Webseite aufzurufen und dort die geforderten Daten einzugeben. Derartige Mails werden auch *Phishing-Mails* genannt. Wenn Sie tatsächlich auf den angegebenen Link klicken oder tippen, wird statt der Webseite der Bank eine ähnlich aussehende Seite eines Betrügers geöffnet.

Der SmartScreen-Filter warnt Sie, falls Sie auf eine derartige Webseite gelangen. Er ist per Standardeinstellung aktiviert. Doch prüfen Sie besser nach, ob dies bei Ihnen auch wirklich der Fall ist! Klicken Sie dazu wieder auf **Extras** ⚙ und dann auf **Sicherheit**. Erscheint in der aufklappenden Liste der Eintrag **SmartScreen-Filter ausschalten** ❶, ist der Filter ordnungsgemäß aktiviert.

Wenn Sie sich beim Besuch einer Webseite einmal nicht sicher sind, ob sie vertrauenswürdig ist, gehen Sie folgendermaßen vor:

1. Rufen Sie nach einem Klick oder Tippen auf **Extras** ❷ den Menüeintrag **Sicherheit ▸ Diese Website überprüfen** ❸ auf.

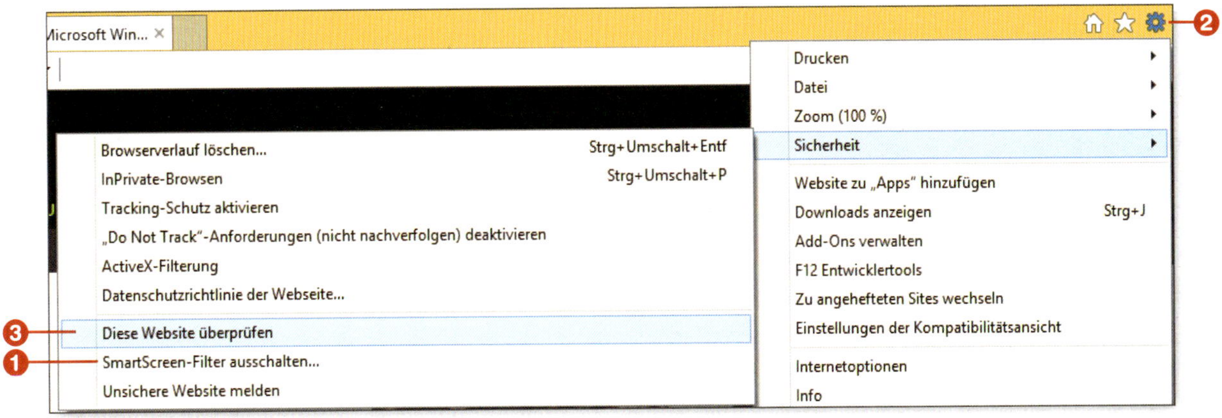

2. Sollte ein Hinweis zum SmartScreen-Filter erscheinen, bestätigen Sie ihn mit **OK**. Damit stimmen Sie zu, dass die Webadresse zur Überprüfung an Microsoft verschickt wird.

3. Nach kurzer Zeit werden Sie informiert, ob eine Bedrohung auf der Webseite gefunden wurde. Mit einem Klick oder Tippen auf **OK** schließen Sie das Fenster.

Wurde die Seite als unsicher eingestuft, sollten Sie hier tunlichst keine persönlichen Daten wie Kennwörter oder Kreditkarteninformationen preisgeben, sondern die Webseite schnellstens verlassen. Aber auch wenn die Webseite als ungefährlich eingeschätzt wurde, gilt es, vorsichtig mit solchen Informationen zu sein. Möchten Sie im Internet beispielsweise per Kreditkarte bezahlen, sollte Sie immer sicherstellen, dass die Datenübertragung über eine sichere Verbindung stattfindet. Dabei werden die Daten verschlüsselt übertragen. Bei einer sicheren Verbindung beginnt die Webadresse im Adressfeld mit *https://* ❶ und nicht wie sonst nur mit *http://*. Zusätzlich wird ein kleines Schloss-Symbol ❷ eingeblendet, und das gesamte Adressfeld ist grün gefärbt.

> *Auf dieser Webseite werden die Daten verschlüsselt übertragen.*

Bevor Sie bei einem Online-Shop einkaufen, sollten Sie überprüfen, ob er ein Prüfsiegel besitzt. Wenn ja, wurde der Shop von einem unabhängigen Prüfer untersucht und für sicher befunden. Die drei bekanntesten Prüfsiegel sind *Trusted Shops*, *S@fer Shopping* sowie *EHI – Ein geprüfter Online-Shop*.

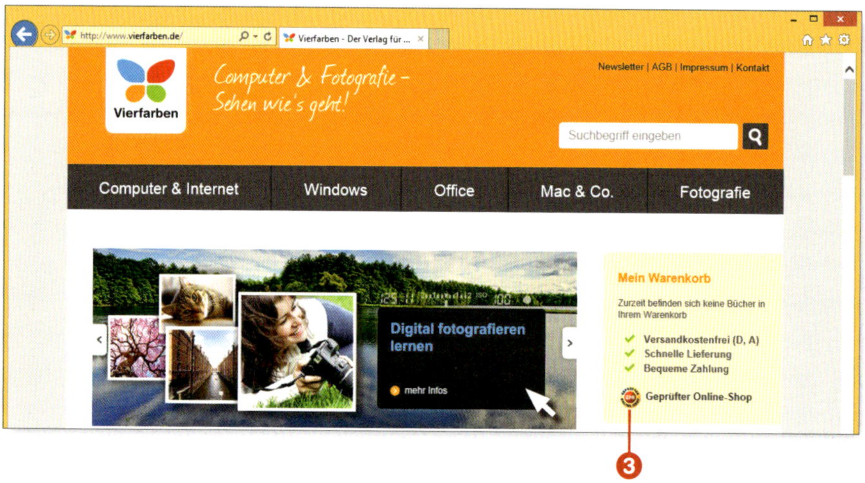

> *Auch der Online-Shop des Vierfarben Verlags trägt ein Gütesiegel – in diesem Fall EHI* ❸.

Bisher haben Sie bereits viel rund um das Surfen im Internet erfahren. Dabei habe ich sowohl die klassische Version des Internet Explorers als auch seine kleine Schwester in Form der *Internet-Explorer*-App vorgestellt. Für diejenigen, die sich schnell über die wichtigsten Nachrichten, Sport- oder Finanzmeldungen informieren möchten, hat Windows 8.1 ein paar weitere interessante Apps im Gepäck.

Die Informations-Apps von Windows 8.1

Die *News*-App, mit der Sie einen Blick auf die neuesten weltweiten Ereignisse werfen können, haben Sie bereits kurz im Abschnitt »Erste Schritte auf dem Startbildschirm – Apps starten« ab Seite 41 kennengelernt. Sie ist eine sogenannte *Live-Kachel*, was bedeutet, dass die auf der Kachel angezeigten Schlagzeilen regelmäßig aktualisiert werden. Auch die Apps *Finanzen* und *Sport* zählen zu dieser Kategorie. Wie Sie Live-Kacheln aktivieren und wieder deaktivieren, haben Sie bereits im Abschnitt »Das Aussehen der Kacheln anpassen« ab Seite 89 erfahren. An dieser Stelle möchte ich Ihnen am Beispiel der *News*-App zeigen, welche Einstellungsmöglichkeiten die Informations-Apps zu bieten haben.

1. Rufen Sie die *News*-App per Mausklick oder durch Antippen der entsprechenden Kachel auf dem Startbildschirm auf.

2. Um in der nun geöffneten App zu blättern, wischen Sie von links nach rechts oder umgekehrt. Wenn Sie mit der Maus arbeiten, nutzen Sie zum Blättern einfach die Bildlaufleiste. Sie wird eingeblendet, sobald Sie die Maus etwas bewegen. Verschieben Sie sie mit gedrückter Maustaste.

3. Möchten Sie zu einer der aufgeführten Schlagzeilen mehr erfahren, klicken oder tippen Sie einfach auf den Text. Nun wird der ausführliche

Beitrag angezeigt. Über die Pfeil-Schaltfläche ⊖ am oberen Bildschirmrand ❶ kehren Sie wieder zur Startseite zurück.

4. Die Nachrichten der *News*-App sind in verschiedene Rubriken aufgeteilt, z. B. **Schlagzeilen**, **Deutschland**, **Welt**, **Wirtschaft** oder **Unterhaltung**. Mit einem Klick oder durch Tippen auf einen Rubriktitel gelangen Sie zu einer Übersicht über alle Beiträge innerhalb des gewählten Ressorts. Auch hier können Sie wieder einzelne Beiträge aufrufen. Um zur Startseite der Rubrik oder der *News*-App zurückzukehren, reicht ein Klick oder Tippen auf den Pfeil ⊖.

Die Nachrichten der *News*-App werden von Bing bereitgestellt, dem Suchdienst von Microsoft, und stammen aus Quellen wie der Tagesschau, Zeit Online, Süddeutsche.de oder auch Bunte. Wenn Sie möchten, können Sie sich auch die Nachrichten einer anderen Quelle ansehen.

1. Blenden Sie mit einem Rechtsklick oder durch Wischen vom unteren Bildschirmrand in Richtung Bildschirmmitte die App-Leiste ein.

2. Klicken oder tippen Sie am oberen Bildschirmrand auf **Anbieter** ❷.

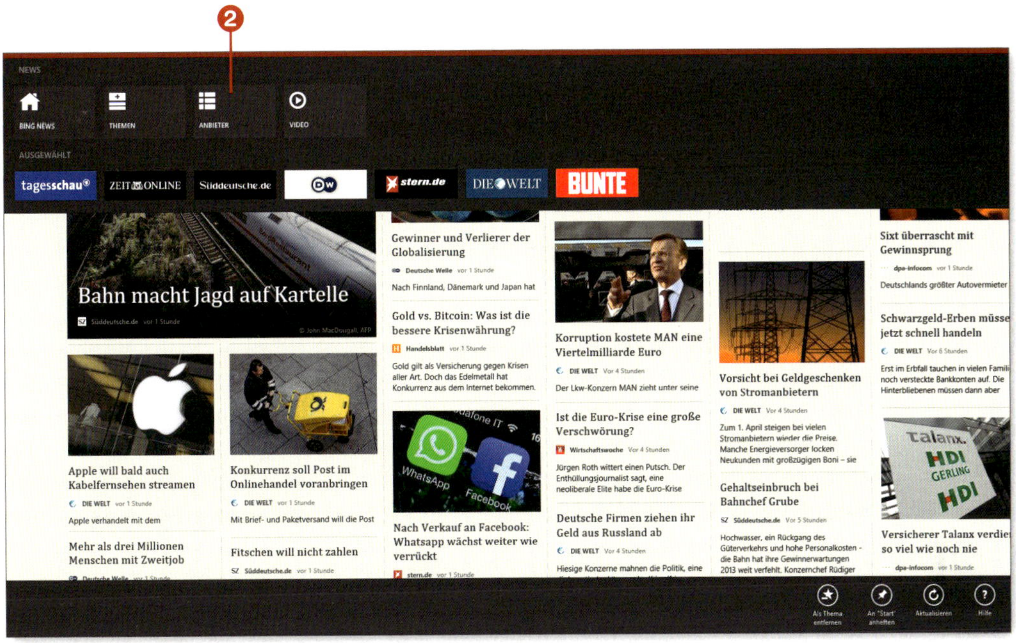

3. Windows 8.1 stellt Ihnen in verschiedenen Rubriken nun diverse Quellen zur Auswahl – von der BILD-Zeitung bis hin zur Wirtschafts-Woche. Wählen Sie zunächst per Mausklick oder Antippen die gewünschte Rubrik aus, etwa **Nachrichten**, und dann die Quelle. Sie sehen nun alle aktuellen Nachrichten der ausgewählten Quelle.

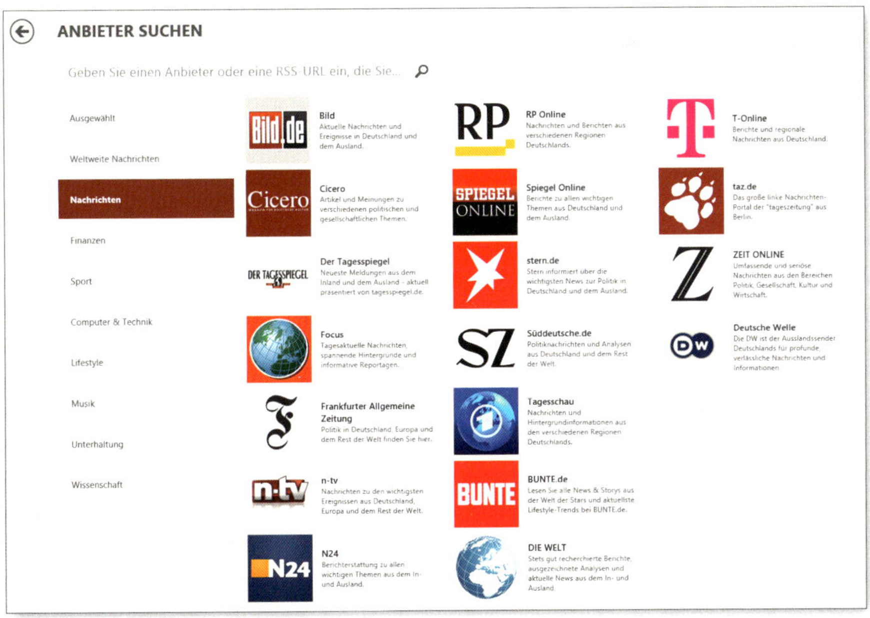

Sie haben ein Thema, das Sie ganz besonders interessiert? Mithilfe der *News*-App bleiben Sie immer auf dem Laufenden!

1. Blenden Sie mit einem Rechtsklick oder durch Wischen vom unteren Bildschirmrand in Richtung Bildschirmmitte die App-Leiste ein, und klicken Sie am oberen Rand auf **Themen** ❶.

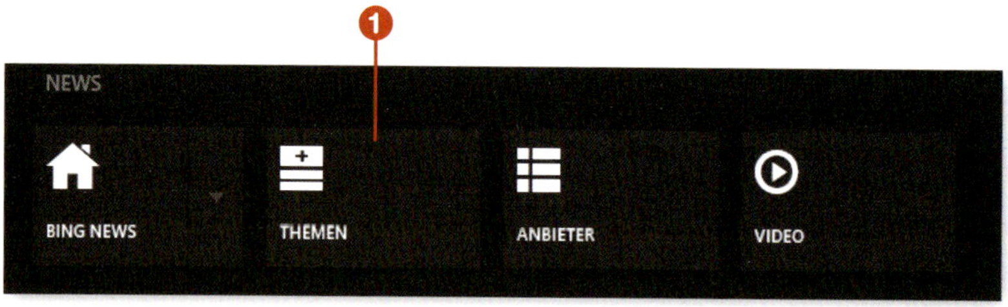

2. Auf der nächsten Seite klicken Sie auf das Plus-Symbol ❷ unterhalb von **Thema hinzufügen**.

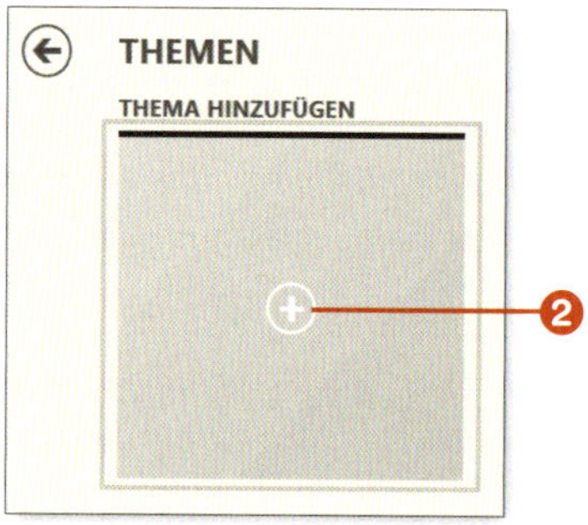

3. Tragen Sie das gewünschte Thema ein ❸. Bereits während der Eingabe werden wieder einige Vorschläge eingeblendet. Schließen Sie die Eingabe mit einem Klick oder durch Tippen auf **Hinzufügen** ❹ ab.

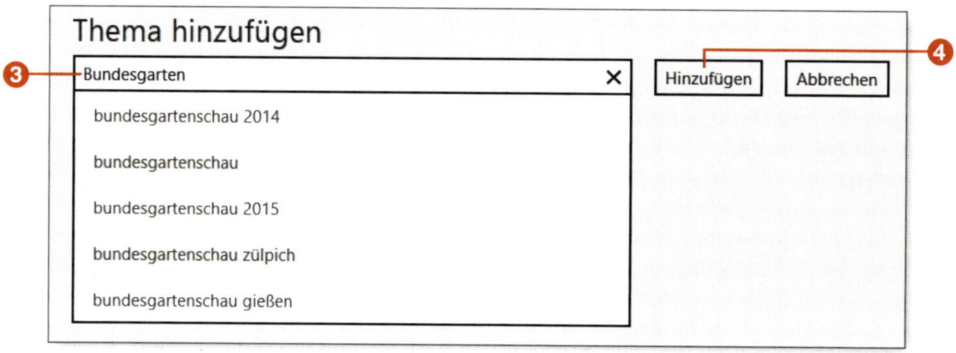

4. Auf der nächsten Seite erscheinen nun die Schlagzeilen zu dem von Ihnen ausgewählten Thema.

Um die Beiträge lesen zu können, müssten Sie im Moment noch die *News*-App öffnen und anschließend über die App-Leiste den Punkt **Themen** aufrufen. Wer möchte, kann sich aber auch direkt auf dem Startbildschirm informieren lassen:

1. Klicken oder tippen Sie nach dem letzten Schritt der vorangegangenen Anleitung auf den Titel Ihrer Nachrichten, um zur entsprechenden Übersicht zu gelangen.

2. Blenden Sie per Rechtsklick oder mit der entsprechenden Wischgeste die App-Leiste ein. Unten rechts wird nun die Schaltfläche **An Start anheften** angezeigt. Ein Klick oder Tippen darauf reicht, und schon wird eine Extrakachel für Ihr ausgewähltes Thema auf dem Startbildschirm angelegt.

Für den Fall, dass Sie irgendwann kein Interesse mehr an diesem ausgewählten Thema haben: In der gleichen App-Leiste finden Sie die dafür nötige Schaltfläche **Entfernen**.

Die neuesten Finanznachrichten

Sie interessieren sich für die neuesten Nachrichten aus der Finanzwelt? Die wichtigsten Schlagzeilen hierzu liefert die *Finanzen*-App. Auch hier finden Sie in der App-Leiste, die Sie wie üblich per Rechtsklick oder durch die entsprechende Wischbewegung aufrufen, interessante Zusatzinformationen, beispielsweise nach einem Klick auf **Tools** einen **Währungsrechner** sowie einen **Ruhestandsplaner**.

Ein Bestandteil der *News*-App ist die Rubrik **Sport**. Noch tiefer steigt aber die App *Sport* in das Thema ein. Auch sie wird, wie üblich, über die entsprechende Kachel auf dem Startbildschirm aufgerufen. Blenden Sie in der *Sport*-App die App-Leiste ein, finden Sie zahlreiche Kacheln, die Sie gezielt zu Themen wie Bundesliga, Formel 1, NBA oder auch Golf führen.

^ *Die App »Sport« bietet Informationen aus allen Bereichen des Sports.*

Auch hier können Sie die angezeigten Nachrichten Ihren Wünschen entsprechend anpassen. Haben Sie beispielsweise einen Lieblingsverein, den Sie immer im Blick behalten möchten? Mit der *Sport*-App ist das eine Leichtigkeit!

1. Blättern Sie auf der Einstiegsseite der *Sport*-App ganz nach rechts bis zum Bereich **Lieblingsteams**, und klicken oder tippen Sie auf das Plus-Symbol.

2. Geben Sie den Namen des Vereins ein, und bestätigen Sie mit einem Klick auf **Hinzufügen**.

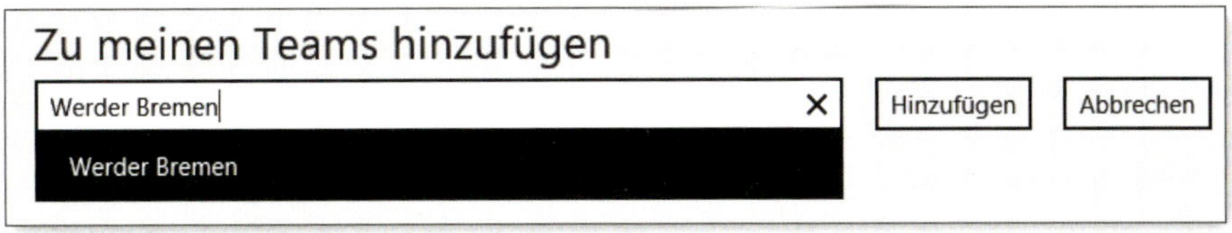

3. Der Verein wird der Liste **Lieblingsteams** hinzugefügt. Handelt es sich bei dem Verein wie in unserem Beispiel etwa um einen Fußballverein, erhalten Sie nach einem Klick oder Tippen auf den Vereinsnamen im Bereich **Lieblingsteams** eine Übersicht über den Spielplan, eine Liste aller Spieler und vieles mehr.

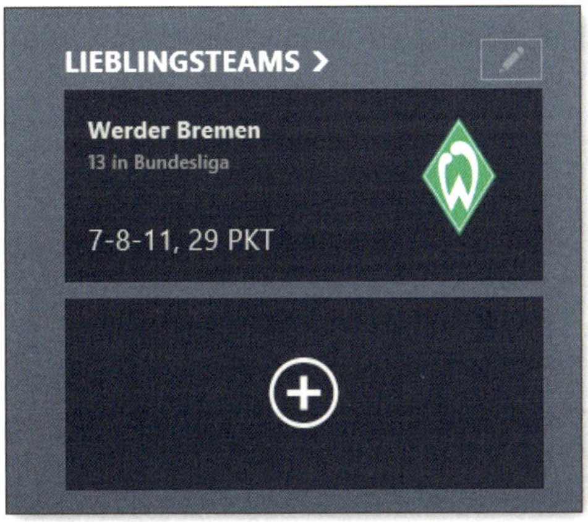

Jetzt möchte ich Ihnen noch eine weitere interessante App vorstellen. Sie wollen wissen, ob es nächstes Wochenende mit dem Ausflug klappt oder ob er im wahrsten Sinne des Wortes ins Wasser fallen wird? Ein Blick auf die *Wetter*-App, und Sie wissen Bescheid!

1. Starten Sie die *Wetter*-App per Mausklick oder Antippen der entsprechenden Kachel auf dem Startbildschirm.

2. Nach dem ersten Aufruf der App werden Sie gefragt, ob das Programm Ihre Position verwenden darf. Lehnen Sie dies mit **Blockieren** ab (siehe auch den Kasten »Anregungen für Ihre nächste Urlaubsreise« auf Seite 221). Den nächsten Hinweis schließen Sie mit **Abbrechen**.

3. Damit die Wetteraussichten des eigenen Wohnortes angezeigt werden, rufen Sie mit einem Rechtsklick oder durch Wischen vom unteren Bildschirmrand in Richtung Bildschirmmitte die App-Leiste auf und klicken oder tippen hier auf **Orte** ❶.

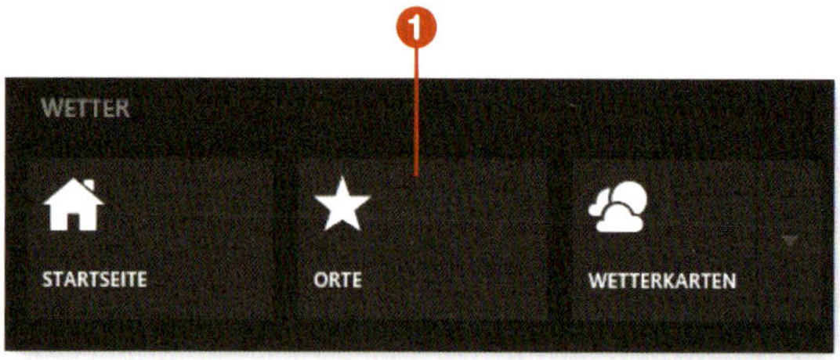

4. Nach einem Klick oder Tippen auf das Haus-Symbol ❷ tragen Sie Ihren Wohnort ein ❸. Findet Windows 8.1 mehrere Orte dieses Namens, müssen Sie eventuell noch den passenden Standort in der Liste der Vorschläge markieren. **Bestätigen** ❹ Sie Ihre Angabe.

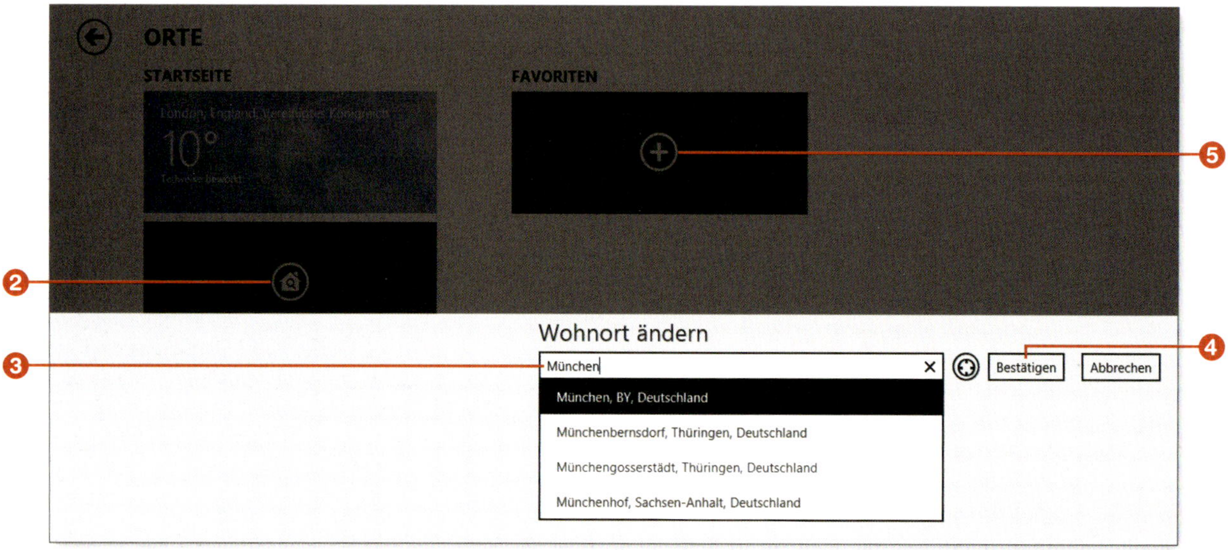

Auf dem Startbildschirm werden nun die Wettermeldungen Ihres Wohnortes angezeigt. Rufen Sie die App selbst auf, erhalten Sie ausführliche

Informationen inklusive stündlicher Vorhersagen. Wenn Sie weitere Orte in der *Wetter*-App ergänzen möchten, gehen Sie wie in Schritt 3 und 4 gezeigt vor. Statt in Schritt 4 allerdings auf das Haus-Symbol zu klicken, wählen Sie das Plus-Symbol ❺ in der Liste **Favoriten**. Geben Sie dann den Ort an, wie für den Wohnort beschrieben. Wenn Sie später wissen möchten, ob es am eingetragenen Ort regnet oder die Sonne scheint, rufen Sie einfach die App-Leiste auf und klicken auf **Orte**. Nun noch ein Klick auf den gewünschten Ort, und es werden die entsprechenden aktuellen Wetterinformationen angezeigt.

Anregungen für Ihre nächste Urlaubsreise

Haben Sie schon eine Idee, wohin es im nächsten Urlaub gehen soll? Falls nicht, können Sie sich über die *Reisen*-App Anregungen holen. Sie zählt ebenfalls zu den bereits in Windows 8.1 vorinstallierten Apps. Direkt nach dem Aufruf werden Sie aufgefordert, die Positionsdienste zu aktivieren. Dann nutzt die App Ihre IP-Adresse, also die Adresse Ihres Computers, und zeigt Ihren aktuellen Standort auf der Karte an. Wer dies nicht benötigt, lässt die Verwendung der Positionsdienste nicht zu, indem er auf **Blockieren** klickt oder tippt. Wenn Sie von der Einstiegsseite der *Reisen*-App aus die App-Leiste aufrufen, gelangen Sie mithilfe der entsprechenden Kacheln direkt zu Formularen, über die Sie gezielt nach Flügen oder Hotels suchen können.

Sind Sie auf der Suche nach einer bestimmten Straße in einem Ort oder benötigen Sie eine Routenbeschreibung, leistet die *Karten*-App gute Dienste. Auch hier wird wieder die Verwendung der Positionsdienste angeboten, die Sie wieder **Blockieren** können. Über das Plus- und das Minus-Symbol am rechten Fensterrand vergrößern bzw. verkleinern Sie den Kartenausschnitt. Rufen Sie die App-Leiste auf, finden Sie am unteren Bildschirmrand den Routenplaner.

Unabhängig davon, welche App Sie gerade geöffnet haben – jede der in diesem Kapitel vorgestellten Apps merkt sich, welche Webseite Sie zuletzt aufgerufen haben. Starten Sie die App zu einem späteren Zeitpunkt neu, wird genau diese Webseite wieder eingeblendet.

Kapitel 7
E-Mails, Adressen und Termine

Früher gratulierte man per Brief zum Geburtstag, heute wird schnell eine E-Mail geschickt. Auch das klassische Adressbuch gehört schon fast der Vergangenheit an, denn mit dem Computer lassen sich alle Daten weitaus bequemer auf dem aktuellen Stand halten. Kein Wunder, dass auch Windows 8.1 das Thema Kommunikation in seinen Apps aufgreift. In diesem Kapitel wollen wir die drei Apps *Mail*, *Kontakte* und *Kalender* etwas genauer unter die Lupe nehmen.

< *In diesem Kapitel geht es um die Apps »Mail«, »Kontakte« und »Kalender«.*

Allgemeine Informationen zur Anmeldung

Bevor ich die Apps im Einzelnen vorstelle, möchte ich Ihnen noch ein paar allgemeine Informationen geben. Für alle drei Apps benötigen Sie ein Microsoft-Konto, um sie überhaupt nutzen zu können. Wie Sie dieses Konto einrichten, haben Sie bereits im Abschnitt »Ein Microsoft-Konto einrichten« ab Seite 132 erfahren. Sollten Sie noch nicht über ein entsprechendes Konto verfügen, holen Sie dies bitte nun nach.

Microsoft-Konto anlegen

Um ein Microsoft-Konto anzulegen, können Sie wie im Abschnitt »Ein Microsoft-Konto einrichten« ab Seite 132 beschrieben vorgehen. Die Registrierung lässt sich aber auch über den Anmeldebildschirm einer App aufrufen (siehe ❺ in der Abbildung auf Seite 225). Nach einem Klick oder Tipp auf **Für ein Microsoft-Konto registrieren** können Sie ebenfalls ein Microsoft-Konto anlegen.

Haben Sie sich über ein mit einem Microsoft-Konto verbundenes Benutzerkonto am Computer angemeldet, reicht ein Mausklick oder das Antippen der entsprechenden Kachel auf dem Startbildschirm, und Sie können die mit der Kachel verknüpfte Anwendung nutzen.

Im Falle eines lokalen Kontos werden Sie nach dem Aufruf der App aufgefordert, zu einem Microsoft-Konto zu wechseln. Damit Ihr lokales Konto nicht in ein Microsoft-Konto umgewandelt wird, klicken Sie am unteren Rand des Dialogs auf **Stattdessen bei jeder App separat anmelden (nicht empfohlen)** ❶.

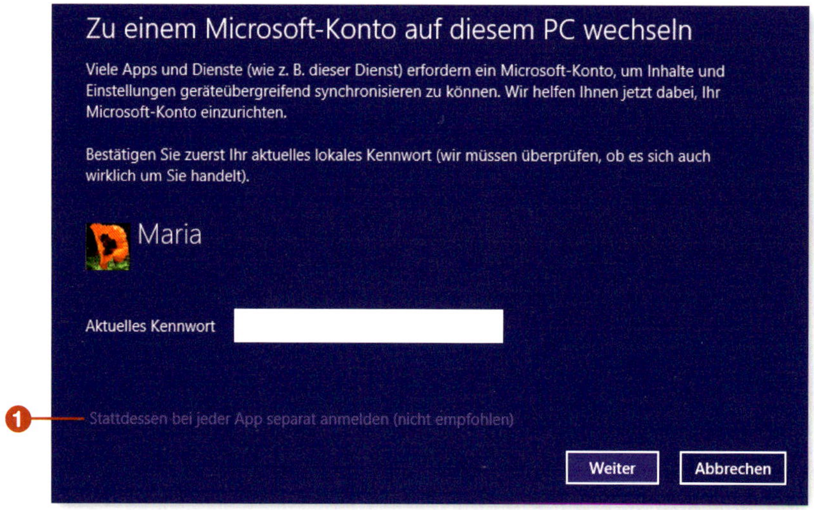

> *Melden Sie sich bei jeder App separat an.*

Im nächsten Dialog werden die Anmeldedaten (**E-Mail-Adresse** ❷ und **Kennwort** ❸) Ihres Microsoft-Kontos abgefragt. Sobald Sie diese in den entsprechenden Feldern eingetragen und auf **Speichern** ❹ geklickt oder getippt haben, können Sie mit der gewünschten App *Mail*, *Kalender* oder *Kontakte* arbeiten.

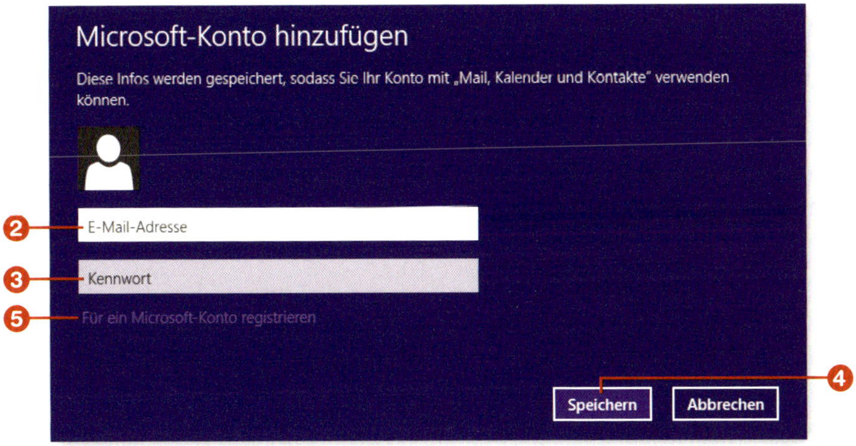

^ *Geben Sie zur Anmeldung die E-Mail-Adresse und das Kennwort ein.*

Als erste App möchte ich Ihnen nun die App *Mail* vorstellen, mit der Sie E-Mails versenden und empfangen können.

E-Mails verschicken mit der »Mail«-App

Zum Öffnen der *Mail*-App reicht ein Klick oder Tipp auf die Kachel **Mail** auf dem Startbildschirm. Sobald Sie die *Mail*-App aufgerufen und sich – falls bisher noch nicht geschehen – wie im vorherigen Abschnitt beschrieben angemeldet haben, können Sie mit der App arbeiten. Das Microsoft-Konto besteht, wie Sie wissen, aus einer E-Mail-Adresse und einem Kennwort. Zusammen mit dieser E-Mail-Adresse wurde automatisch das erste E-Mail-Konto in der App angelegt.

Möglicherweise verfügen Sie aber noch über weitere E-Mail-Adressen bei anderen Dienstanbietern (*Providern*). Um diese Adressen ebenfalls mit der *Mail*-App verwenden zu können, fügen Sie als Erstes die entsprechenden Konten hinzu:

1. Öffnen Sie über die Tastenkombination [Windows] + [I] den Bereich **Einstellungen** in der Charms-Leiste. Wenn Sie einen Touchscreen nutzen, blenden Sie die Charms-Leiste per Wischgeste vom rechten Bildschirmrand zur Bildschirmmitte ein und tippen dann auf **Einstellungen**.

2. Klicken oder tippen Sie in der rechten Leiste auf **Konten** ❶.

3. Unterhalb der Bezeichnung Ihres Microsoft-Kontos finden Sie die Schaltfläche **Konto hinzufügen** ❷, die Sie nun antippen oder anklicken.

4. Wählen Sie als Nächstes in der Provider-Liste Ihren Anbieter aus (z. B. Google, wenn Sie über ein E-Mail-Konto bei Google verfügen). Wird Ihr Anbieter nicht aufgeführt, klicken oder tippen Sie auf **Anderes Konto** ❸.

5. Aktivieren Sie im nächsten Dialog per Mausklick oder Fingertipp die Option **IMAP**, und klicken oder tippen Sie auf **Verbinden** ❹.

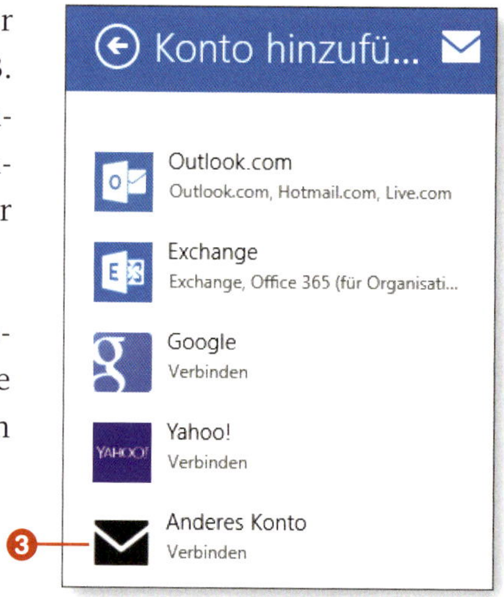

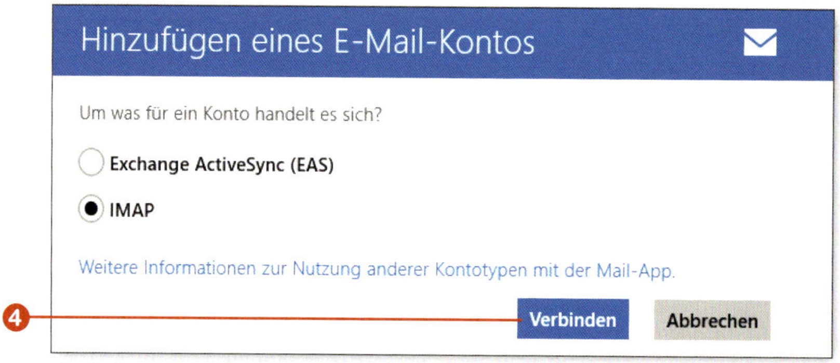

6. Geben Sie die E-Mail-Adresse und das dazugehörige Kennwort ein, und bestätigen Sie mit **Verbinden**.

7. Ergänzen Sie als Nächstes weitere Informationen zu Ihrem Konto. Der Benutzername ❺ ist häufig identisch mit der E-Mail-Adresse, muss es aber nicht sein. Die Daten des Posteingangs- und des Postausgangsservers ❻ erhalten Sie von Ihrem Provider. Für den Eingang lautet der Name meist »imap.providername.de«, für den Ausgang analog »smtp.providername.de«. Die Bezeichnung »providername« ersetzen Sie jeweils durch den Namen Ihres Anbieters, etwa »1und1«, »gmx«, »freenet« o. Ä.

8. Viele Provider verschlüsseln mittlerweile den Mail-Verkehr. Gilt dies auch für Ihr Postfach, versehen Sie die Kästchen **Eingangsserver erfordert SSL** ❼ sowie **Ausgangsserver erfordert SSL** ❽ jeweils mit einem Häkchen.

9. Bestätigen Sie Ihre Angaben mit **Verbinden** ❾.

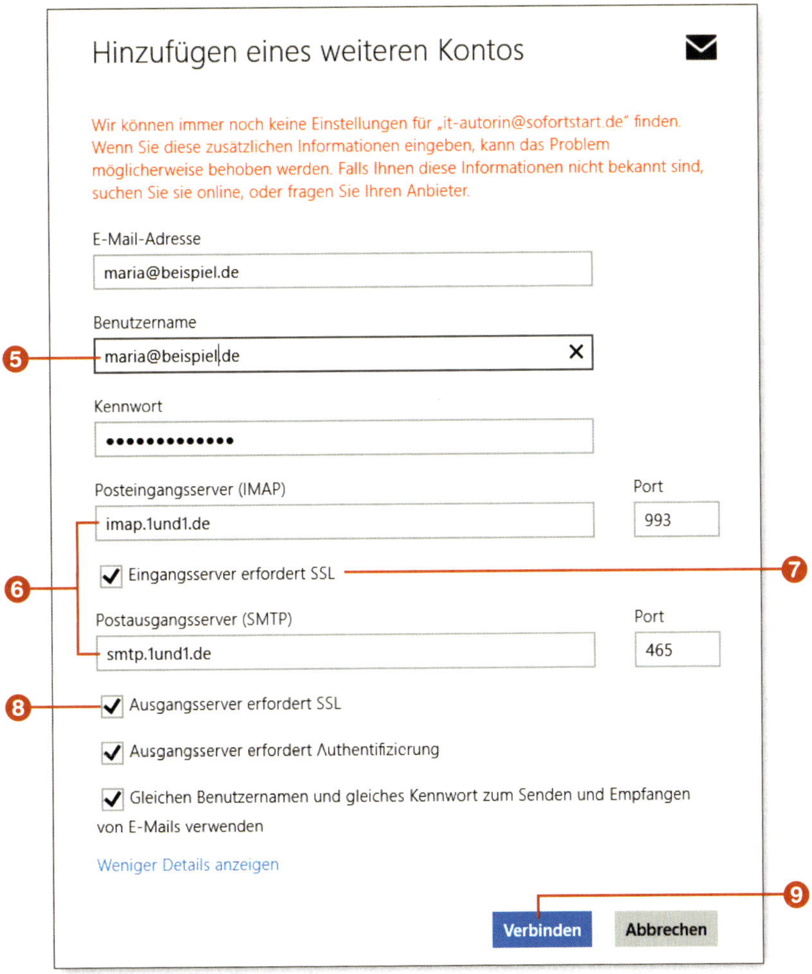

Unterstützung von POP3

Beim Abrufen von E-Mails, das heißt beim Posteingang, unterstützt die *Mail*-App leider nur das Protokoll IMAP (Abkürzung für *Internet Message Access Protocol*). Das von vielen Providern meist sogar kostenlos unterstützte Protokoll POP3 (Abkürzung für *Post Office Protocol 3*) kann daher leider nicht verwendet werden. Stellt Ihr Internetdienst lediglich einen E-Mail-Abruf über das POP3-Protokoll zur Verfügung, müssen Sie auf die Nutzung der *Mail*-App leider verzichten. Damit Sie in diesem Fall trotzdem E-Mails unter Windows 8.1 empfangen und versenden können, empfehle ich den Einsatz eines Programms wie *Windows Mail*. Es ist Bestandteil der *Windows Essentials 2012*, die Sie kostenlos über das Internet beziehen können. Informationen zum Download erhalten Sie im Abschnitt »Dateien aus dem Internet herunterladen und installieren« ab Seite 201, in dem ich Ihnen die Installation der Windows Essentials anhand der Fotogalerie vorgestellt habe.

Die *Mail*-App stellt nun automatisch eine Verbindung zu Ihrem gerade eingerichteten E-Mail-Konto her und prüft regelmäßig, ob eine neue Nachricht eingegangen ist. Bevor ich Ihnen zeige, wie Sie eine E-Mail versenden oder eingegangene Mails lesen und beantworten, wollen wir einen kurzen Blick auf das Fenster der *Mail*-App werfen.

In der linken Spalte des Fensters werden am unteren Rand Ihre bisher eingerichteten E-Mail-Konten aufgelistet ❶. Per Mausklick auf einen Kontonamen wechseln Sie zwischen diesen Konten. Darüber finden Sie diverse Ordner ❷, die wir gleich noch etwas genauer betrachten werden. In der mittleren Spalte werden die Mails ❸ angezeigt, die sich im links markierten Ordner befinden. Ist der **Posteingang** ❹ aktiv, finden Sie hier beispielsweise alle empfangenen Mails. In der rechten Spalte können Sie den Inhalt der in der Mitte ausgewählten E-Mail lesen ❺. Alle markierten Elemente sind gut am farbigen Hintergrund zu erkennen. Neue Nachrichten werden jeweils fett hervorgehoben. Oben rechts finden Sie drei Symbole ❻, über die Sie eine neue E-Mail erstellen, auf eine erhaltene antworten oder eine zuvor markierte löschen können. Die beiden letzten Symbole stehen allerdings erst dann zur Verfügung, wenn Sie die erste E-Mail erhalten haben.

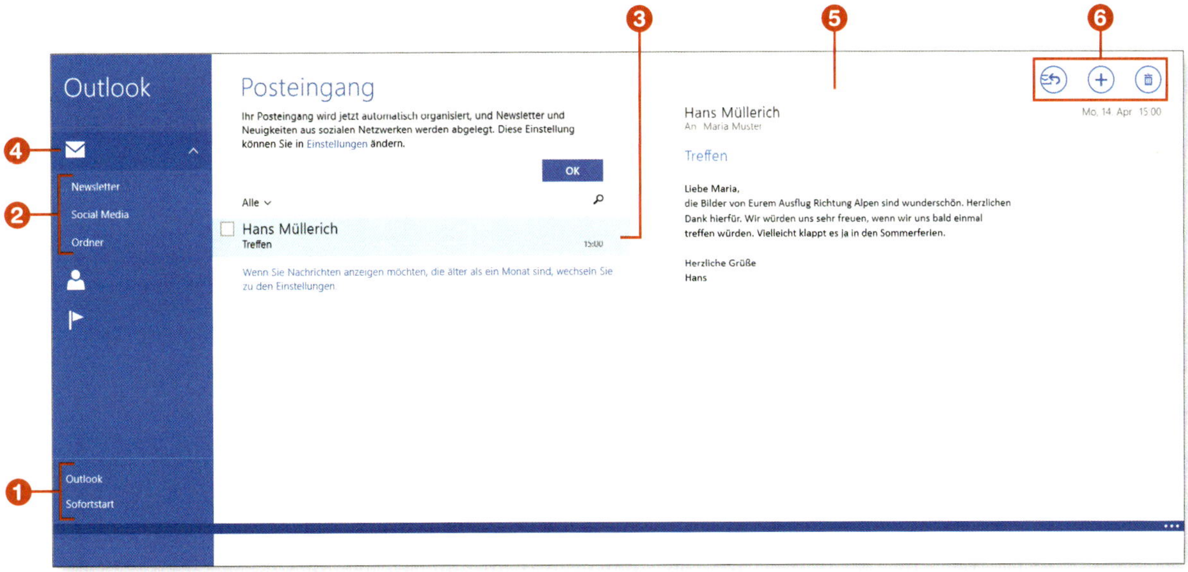

∧ *Übersicht über das Fenster der »Mail«-App*

So einfach der Fensteraufbau der *Mail*-App ist, genauso einfach ist auch die Bedienung, wie Sie nun an den Kontoeinstellungen sehen werden.

1. Auf einem Touchscreen blenden Sie die Charms-Leiste per Wischbewegung vom rechten Bildschirmrand zur Bildschirmmitte ein und tippen auf **Einstellungen**. Wenn Sie eine Tastatur nutzen, gelangen Sie über die Tastenkombination ⊞ + I direkt zu den Einstellungen.

2. Nach einem Klick oder Fingertipp auf **Konten** wählen Sie ein E-Mail-Konto aus.

In der Leiste können Sie nun gleich in einem Rutsch diverse Kontoeinstellungen vornehmen.

3. Im Feld **Kontoname** (❶ auf Seite 230) zeigt die *Mail*-App den Namen des von Ihnen verwendeten E-Mail-Servers an, etwa »Hotmail« oder auch »Live«. Um gegebenenfalls Ihre unterschiedlichen E-Mail-Konten in der Übersicht besser unterscheiden zu können, überschreiben Sie diesen Namen mit einer aussagekräftigeren Bezeichnung.

4. Im Feld **Ihr Name** ❷ tragen Sie den Namen ein, der beim Empfänger Ihrer E-Mails angezeigt werden soll. Dies kann – wie voreingestellt – Ihre E-Mail-Adresse sein, aber auch einfach Ihr Vor- und Nachname. Dieses

Feld steht nur für die zusätzlich eingerichteten E-Mail-Konten zur Verfügung; bei der Adresse Ihres Microsoft-Kontos fehlt das Feld.

5. Wie häufig soll die *Mail*-App prüfen, ob Sie neue E-Mails erhalten haben? Dies geben Sie nach einem Klick oder Tipp auf den Pfeil rechts neben dem Feld **Neue E-Mail herunterladen** ❸ vor.

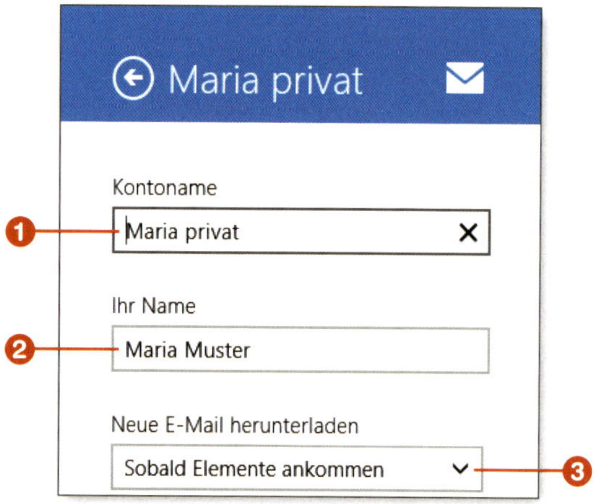

Viele E-Mails enthalten heutzutage Bilder. Wenn es sich dabei beispielsweise um Fotos handelt, die Ihnen von vertrauenswürdigen Personen zugesendet werden, ist dies meist harmlos. Anders sieht es dagegen mit Grafiken aus, die Sie etwa in Werbemails finden. Häufig genug verstecken sich dahinter gefährliche Computerschädlinge. Neben dem Einsatz einer Antivirensoftware (siehe hierzu auch Kapitel 10, »Windows 8.1 und die Sicherheit«) können Sie auch in den Kontoeinstellungen der *Mail*-App etwas für Ihre Sicherheit tun. Ziehen Sie den Schieberegler **Externe Bilder automatisch herunterladen** nach links auf **Aus**. Enthält eine E-Mail Bilder, werden diese nun nicht automatisch auf Ihren PC geladen, sondern Sie müssen dieser Aktion erst zustimmen. Mehr dazu erkläre ich Ihnen später.

> *Aus Sicherheitsgründen sollten Sie diese Einstellung ausschalten.*

Je nach Größe Ihres Bildschirms kann es sein, dass Sie nun mithilfe der Bildlaufleiste etwas nach unten blättern müssen, um weitere Einstellungen vornehmen zu können. Die Bildlaufleiste wird eingeblendet, sobald

Sie den Mauszeiger in Richtung des rechten Bildschirmrands bewegen. Nutzen Sie einen Touchscreen, reicht eine Wischbewegung von unten nach oben, die Sie direkt in der Einstellungsleiste durchführen.

Wenn Sie nichts anderes vorgeben, fügt die *Mail*-App unter Ihren Nachrichten den Zusatz »Gesendet von Windows-Mail« ein. Dabei handelt es sich um eine sogenannte *Signatur*, also um eine digitale Unterschrift für Ihre Mail. Sie können den Text direkt in der E-Mail löschen, was auf Dauer allerdings etwas nervig sein dürfte. Stattdessen sollten Sie besser eine persönliche Signatur einrichten, die entweder nur eine Grußformel enthalten kann oder beispielsweise auch Ihre Adressdaten wie Postanschrift und Telefonnummer. Diese Signatur wird dann jeweils automatisch unterhalb Ihrer Nachricht eingeblendet.

1. Überschreiben Sie im Feld unterhalb von **E-Mail-Signatur verwenden** den Text **Gesendet von Windows-Mail** mit einer Grußformel oder auch Ihren persönlichen Adressdaten.

2. Möchten Sie ganz auf eine Signatur verzichten, ziehen Sie den Schieberegler unter **E-Mail-Signatur verwenden** nach links auf **Nein**.

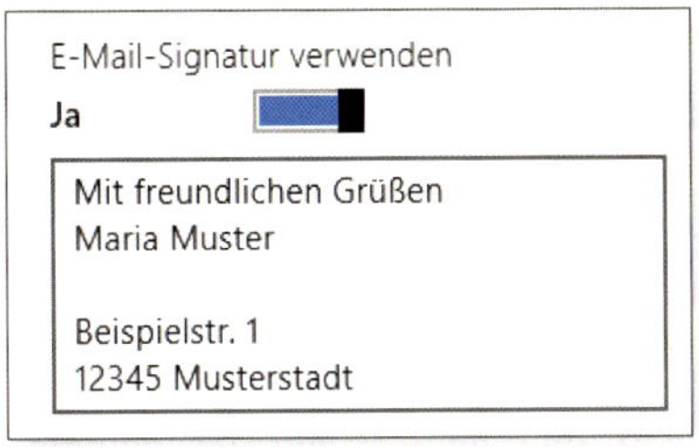

Die übrigen Kontoeinstellungen beziehen sich unter anderem auf die Anmeldedaten, die Sie beim Anlegen des E-Mail-Kontos eingegeben haben. Sollten Sie sich beispielsweise bei der Eingabe des Kennworts vertippt oder das Kennwort geändert haben, können Sie hier im Feld **Kennwort** die nötigen Korrekturen vornehmen. Auch dieses Feld steht Ihnen wieder nur in den zusätzlich hinzugefügten Konten zur Verfügung, nicht aber für Ihr Microsoft-Konto.

1. Soll Windows 8.1 in der Kachel der *Mail*-App auf dem Startbildschirm anzeigen, dass neue Mails eingegangen sind? In diesem Fall klicken Sie

auf den Pfeil rechts vom Feld **E-Mail-Benachrichtigungen anzeigen** und wählen in der aufklappenden Liste **Alle E-Mails** aus.

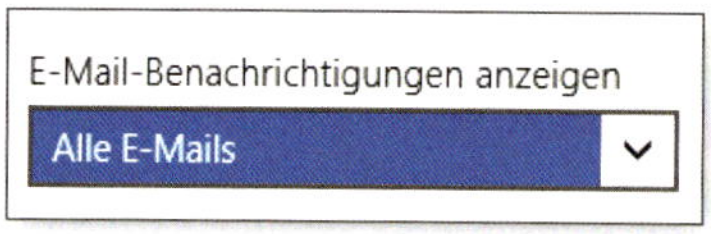

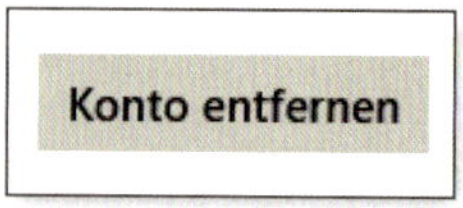

2. Am unteren Rand der Leiste finden Sie die Schaltfläche **Konto entfernen**, über die Sie das E-Mail-Konto wieder löschen können, wenn Sie es nicht mehr benötigen. Das Entfernen des Kontos betrifft nur die Apps von Windows 8; Sie können die E-Mail-Adresse natürlich weiterhin mit anderen Programmen wie Windows Mail nutzen. Wie anfangs erwähnt, ist für die Nutzung der *Mail*-App eine Anmeldung mit einem Microsoft-Konto zwingend nötig. Für die E-Mail-Adresse Ihres Microsoft-Kontos steht das Feld **Konto entfernen** daher nicht zur Verfügung. Hier finden Sie nur eine Schaltfläche, mit der Sie alle eingerichteten Konten entfernen können.

3. Haben Sie alle gewünschten Einstellungen vorgenommen, schließen Sie die Leiste, indem Sie einmal in das Programmfenster links klicken oder tippen. Die Kontoeinstellungen werden automatisch gespeichert.

Möchten Sie eine neue E-Mail schreiben, gehen Sie folgendermaßen vor:

1. Klicken oder tippen Sie oben rechts auf das Symbol **Neu** ⊕ ❶.

2. Klicken Sie auf die Schaltfläche **Mehr** ❷ unterhalb der beiden Adressfelder. Oberhalb der Felder wird nun Ihre E-Mail-Adresse eingeblendet.

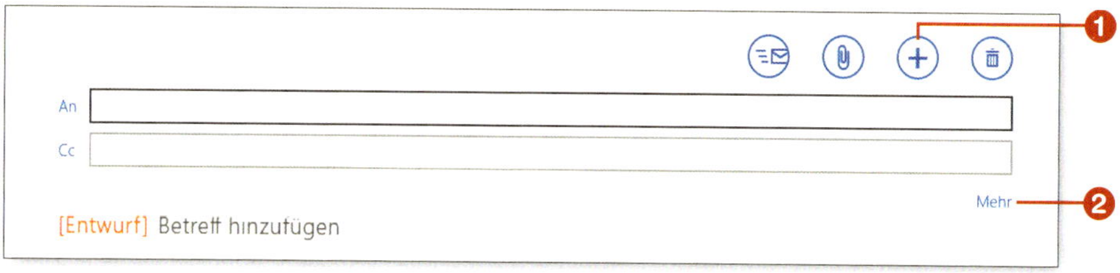

3. Haben Sie mehrere E-Mail-Konten eingerichtet, klicken oder tippen Sie auf den Pfeil rechts neben der aktuellen Kontobezeichnung ❸ und wählen in der aufklappenden Liste die E-Mail-Adresse aus, die Sie für das Versenden der Nachricht nutzen möchten.

4. Geben Sie im Feld **An** ❹ die E-Mail-Adresse des Empfängers ein. Möchten Sie einer Person eine Kopie der Mail zukommen lassen, tragen Sie die entsprechende E-Mail-Adresse im Feld **Cc** ❺ ein. Möchten Sie in eines dieser beiden Felder mehrere Adressen eintragen, trennen Sie diese einfach durch ein Semikolon »;« voneinander.

5. Klicken oder tippen Sie dann in der rechten Spalte auf **Betreff hinzufügen** ❻, und geben Sie einen Titel für die E-Mail ein.

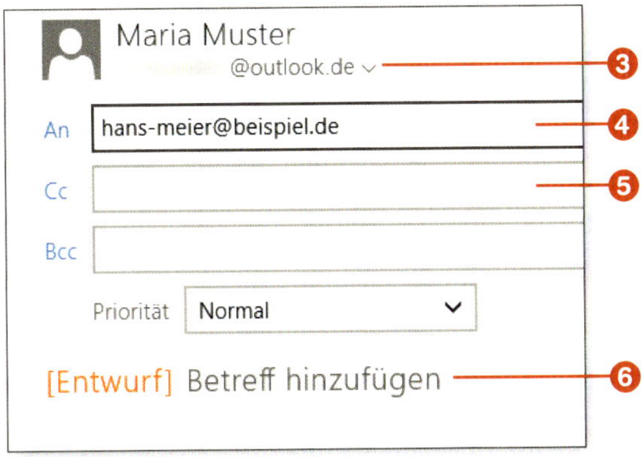

6. Haben Sie, wie zuvor beschrieben, eine Signatur eingerichtet, wird diese unterhalb der dünnen Linie eingeblendet. Klicken oder tippen Sie auf den Bereich zwischen der Linie und der Signatur, und schreiben Sie den eigentlichen Text Ihrer Mail ❼.

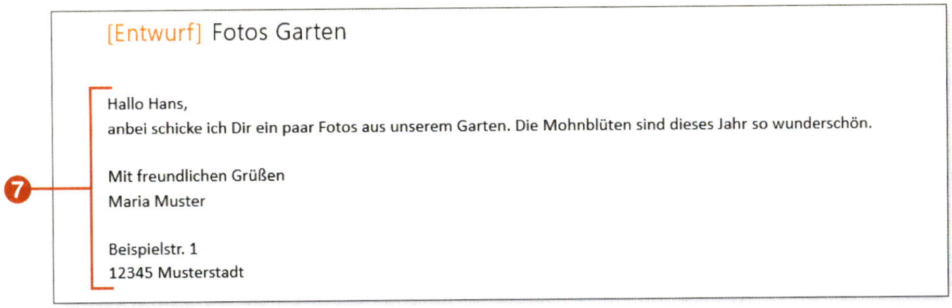

Gibt es ein Wort in der Mail, das Sie hervorheben möchten? Oder würden Sie gerne ein fröhliches Emoticon, auch *Smiley* genannt, in die Mail einfügen? Die entsprechenden Befehle finden Sie am unteren Rand der App-Leiste, die sich, sobald Sie einen Text markiert haben, sogar automatisch öffnet.

Kontakte aus dem Adressbuch verwenden

Haben Sie in Windows 8.1 bereits Kontaktdaten erfasst – etwa über die App *Kontakte*, die ich Ihnen im Abschnitt »Adressen verwalten mit der App ›Kontakte‹« ab Seite 239 vorstelle –, wird die Adresseingabe noch bequemer. Sobald Sie die ersten Buchstaben einer E-Mail-Adresse eingeben, werden bereits Vorschläge mit passenden Adressen eingeblendet.

Möchten Sie Fotos und andere Dokumente mit einer E-Mail verschicken? Wie dies funktioniert, zeige ich Ihnen im Folgenden:

1. Klicken oder tippen Sie in der rechten oberen Ecke des Fensters auf **Anlagen** ❶.

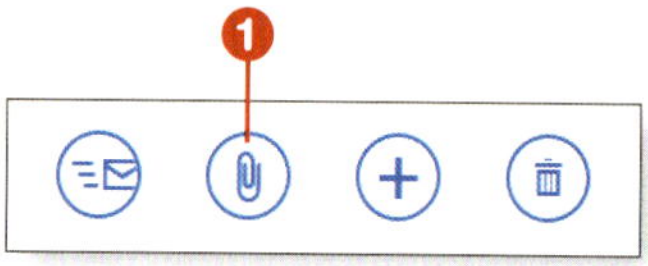

2. Im nächsten Dialog wird bereits der Inhalt Ihres Bilderordners angezeigt. Befinden sich die zu versendenden Dateien in einem anderen Verzeichnis, klicken oder tippen Sie auf den Pfeil ❷ rechts neben **Dieser PC**. In der aufklappenden Liste markieren Sie **Dieser PC**.

3. Sie erhalten nun eine Übersicht über die auf Ihrem Computer verfügbaren Ordner. Markieren Sie den benötigten Ordner mit einem Klick oder Tipp. In unserem Beispiel sollen Fotos verschickt werden. Der eingeblendete Ordner **Bilder** ist somit bereits korrekt.

4. Wechseln Sie per Mausklick oder durch Antippen in den Ordner, in dem sich die zu versendenden Dateien befinden.

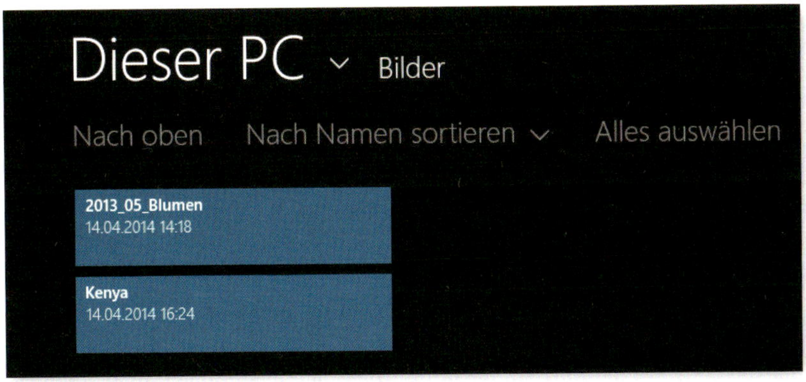

5. Markieren Sie nun die Dateien. Sie werden anschließend in der Übersicht mit einem Häkchen ❸ versehen und am unteren Bildschirmrand aufgelistet. Mit einem erneuten Mausklick oder Fingertipp auf die Minivorschau einer Datei entfernen Sie diese wieder aus der Liste.

6. Haben Sie alle Dateien ausgewählt, übernehmen Sie sie mit einem Klick auf **Anfügen** ❹ in Ihre Mail.

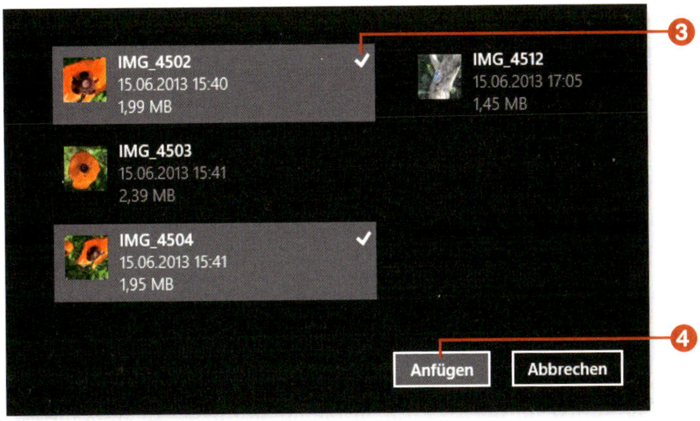

Die Dateien werden nun am oberen Rand Ihrer Nachricht eingeblendet. Möchten Sie eine der Dateien doch wieder entfernen, markieren Sie sie und klicken oder tippen Sie dann auf **Entfernen**.

7. Mit einem Klick oder Fingertipp auf das **Senden**-Symbol  in der rechten oberen Ecke des Fensters verschicken Sie die Nachricht.

Wurde die Nachricht erfolgreich verschickt, finden Sie sie links im Ordner **Gesendet**.

Als Nächstes beschäftigen wir uns mit dem Thema E-Mail-Empfang. Wenn Sie Ihr E-Mail-Konto so eingerichtet haben, dass die *Mail*-App Sie über eingegangene E-Mails informiert (siehe dazu Seite 231), erscheint sowohl auf der **Mail**-Kachel als auch in der rechten oberen Ecke des Startbildschirms ein entsprechender Hinweis. Mit einem Klick oder Fingertipp auf eines der beiden Elemente gelangen Sie automatisch zur *Mail*-App.

Alle empfangenen Mails landen, wie bereits erwähnt, im Ordner **Posteingang** ❺. Um darauf zugreifen zu können, müssen Sie zuvor gegebenenfalls am unteren Rand der linken Spalte das entsprechende E-Mail-Konto markieren ❻.

Neue Mails werden am oberen Rand der mittleren Spalte eingefügt. Um eine Mail lesen zu können, markieren Sie sie ❼. Der Nachrichtentext wird nun in der rechten Spalte eingeblendet ❽. Hat der Absender ein Bild an die Mail angehängt, wie Sie es gerade selbst beim Senden einer E-Mail gelernt haben, wird dieses Foto in der E-Mail angezeigt.

Fotos werden in der E-Mail bereits eingeblendet.

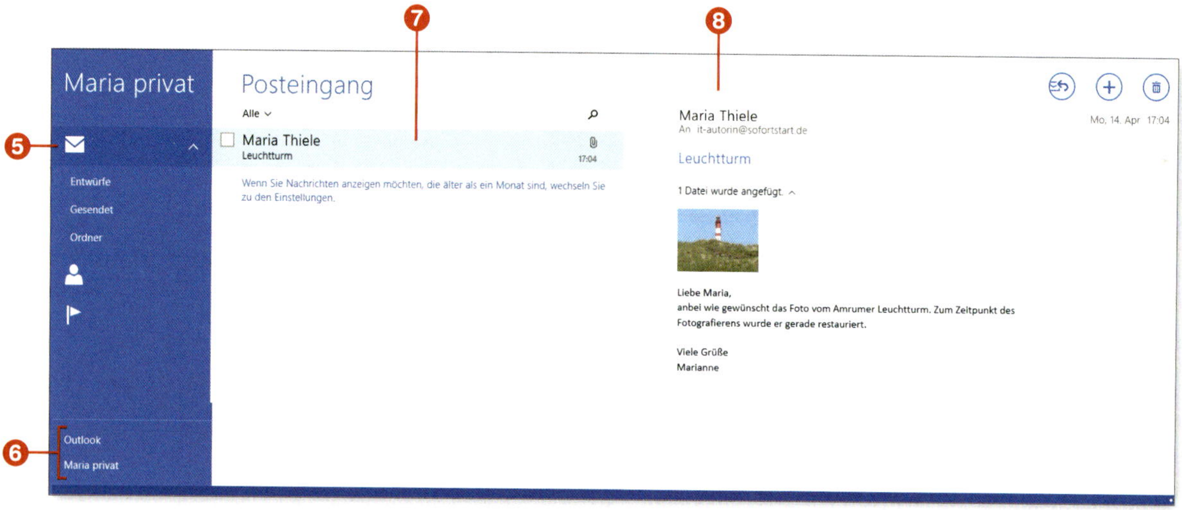

Um eine mitgeschickte Datei auf Ihrem Computer zu speichern, klicken Sie mit der rechten Maustaste auf das Bild (oder auf das Datei-Symbol, falls es sich bei dem Anhang beispielsweise um ein Word-Dokument handelt). Falls Sie einen Touchscreen verwenden, halten Sie den Finger etwas länger auf dem Bild oder Symbol gedrückt, bis das Kontextmenü eingeblendet wird. Um die Datei zu speichern, wählen Sie den Befehl **Speichern**.

^ *Wenn Sie möchten, »speichern« Sie die Fotos auf Ihrem PC.*

Nach der Auswahl des **Speichern**-Befehls erscheint das Fenster, das Sie bereits beim Einfügen von Dateien in eine E-Mail kennengelernt haben. Wählen Sie, wie ab Seite 234 beschrieben, den Ordner aus, in dem die Datei abgelegt werden soll. Klicken oder tippen Sie dann am unteren Bildschirmrand auf **Speichern** 1.

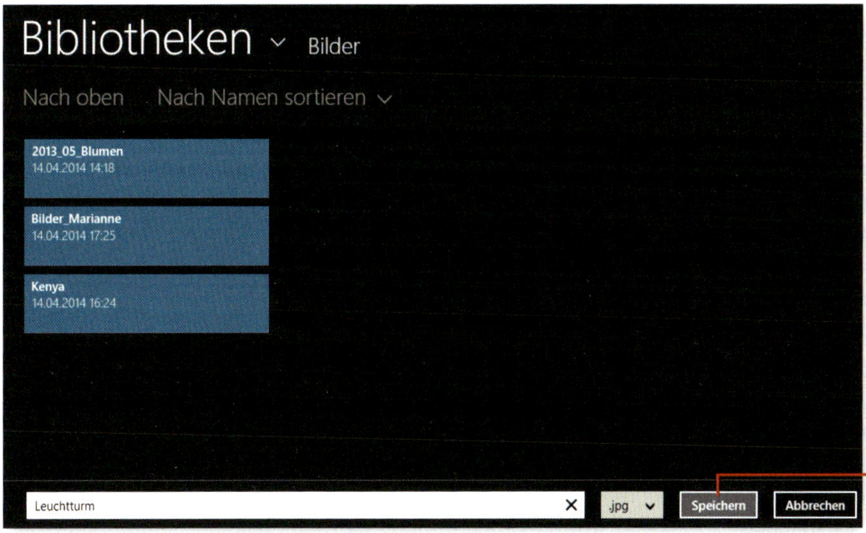

< *Nachdem Sie den passenden Ordner ausgewählt haben, speichern Sie die Datei.*

Ausgeblendete Bilder anzeigen

Viele Werbemails enthalten mittlerweile Bilder. Allerdings werden diese oft nicht direkt in die E-Mail eingefügt, wie Sie es selbst am Beispiel einer E-Mail ab Seite 234 ausprobieren konnten. Stattdessen enthalten die E-Mails Verknüpfungen (auch *Links* genannt) zu den eigentlich extern gespeicherten Bildern. Diese Bilder können im schlimmsten Fall infiziert sein. Aus diesem Grund sollten Sie vorsorglich das Laden von Bildern deaktivieren (siehe Seite 230). In der Mail erscheint in diesem Fall der Hinweis **Alle Bilder in dieser Nachricht herunterladen**. Vertrauen Sie dem Absender, können Sie nach einem Klick oder Fingertipp auf diesen Link die fehlenden Dateien laden.

Wenn Sie eine Mail ausdrucken möchten, stellen Sie zunächst sicher, dass sie in der mittleren Spalte markiert ist und somit in der rechten Spalte angezeigt wird. Rufen Sie dann über die Tastenkombination [Windows] + [K] den Charm **Geräte** auf. Falls Sie mit einem Touchscreen arbeiten, blenden Sie die Charms-Leiste per Wischgeste von rechts nach links ein und tippen dann auf **Geräte**. Wählen Sie den gewünschten Drucker aus. Welche Einstellungen Ihnen nun zur Verfügung stehen, habe ich Ihnen bereits im Zusammenhang mit der *Internet-Explorer*-App im Abschnitt »Die App für den Internet Explorer« ab Seite 171 gezeigt. Mit einem Klick oder Fingertipp auf **Drucken** ❷ starten Sie den Druckvorgang.

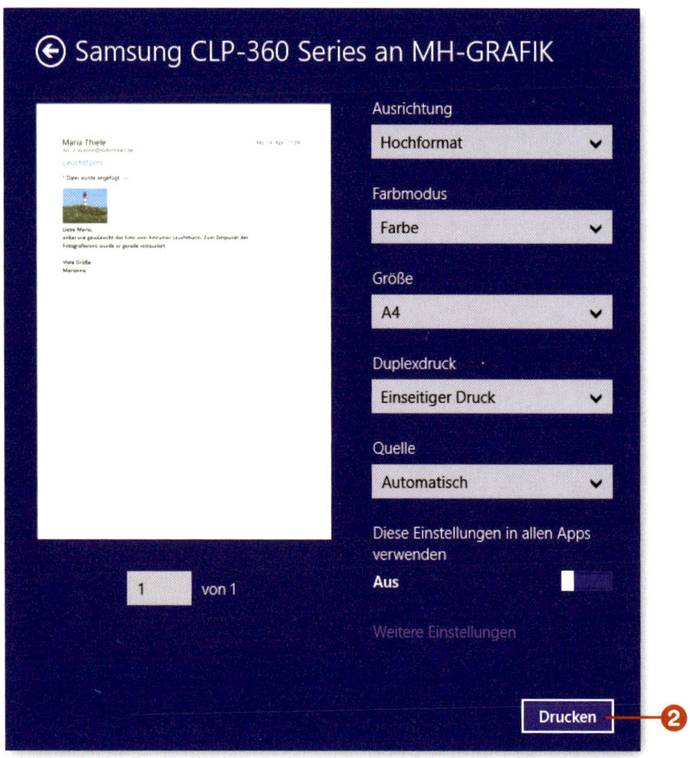

> Jede Nachricht kann natürlich auch ausgedruckt werden.

Um auf eine E-Mail zu antworten, klicken oder tippen Sie einfach auf die Schaltfläche **Antworten** ❸. Im aufklappenden Menü wählen Sie nun den Befehl **Antworten**. Wurde die Mail an mehrere Personen verschickt, denen Sie Ihre Antwort ebenfalls zukommen lassen möchten, klicken oder tippen Sie auf **Allen antworten**. Im gleichen Menü finden Sie auch den Befehl **Weiterleiten**, über den Sie die E-Mail an eine weitere Person verschicken können.

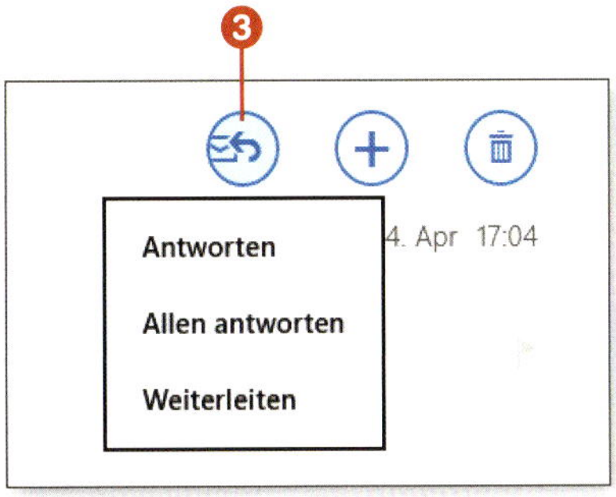

Sie können auf eine E-Mail antworten oder sie an andere weiterleiten.

In allen drei Fällen erscheint anschließend das Nachrichtenfenster, das Sie bereits auf Seite 233 im Zusammenhang mit dem Versenden einer Mail kennengelernt haben. Die E-Mail-Adresse bzw. Adressen wurden bereits automatisch ergänzt. Sie müssen nur noch oberhalb des alten Textes Ihre Antwort eingeben. Mit einem Klick oder Fingertipp auf **Senden** schicken Sie die Mail ab.

Damit sind wir am Ende unserer Informationen zur *Mail*-App angelangt. Im nächsten Abschnitt stelle ich Ihnen die App *Kontakte* vor.

Adressen verwalten mit der App »Kontakte«

Die »Kontakte«-App rufen Sie per Klick auf die gleichnamige Kachel auf.

Name, Straße, Postleitzahl, Ort und Telefonnummer, das waren früher die einzigen Daten, die man sich von Freunden und Familienangehörigen merken musste. Heute sieht das Ganze etwas anders aus. Neben der Postanschrift und Telefonnummer kommen jetzt noch Handynummer und E-Mail-Adresse hinzu, und das alles womöglich auch noch in doppelter Ausführung – privat und beruflich. Hier den Überblick zu bewahren ist gar nicht so einfach. Mein Tipp: Nutzen Sie die *Kontakte*-App als Adressbuch. Einmal erfasste Daten lassen sich anschließend wunderbar in anderen Apps wie etwa der *Mail*-App verwenden.

Zum Aufruf der *Kontakte*-App klicken oder tippen Sie auf dem Startbildschirm wieder auf die entsprechende Kachel. Haben Sie sich bereits mit einem Microsoft-Konto angemeldet – direkt als Benutzerkonto, wie in Kapitel 5, »Ihr ganz persönliches Windows 8.1«, gezeigt –, erhalten Sie sofort Zugriff auf die *Kontakte*-App. Falls die Anmeldung noch nicht erfolgt ist, gehen Sie wie im Abschnitt »Allgemeine Informationen zur Anmeldung« ab Seite 223 gezeigt vor. Wenn Sie das lokale Benutzerkonto beibehalten möchten, klicken Sie unbedingt auf **Stattdessen bei jeder App separat anmelden aus**. Erst im nächsten Dialog geben Sie Ihre E-Mail-Adresse und das Kennwort des Microsoft-Kontos ein.

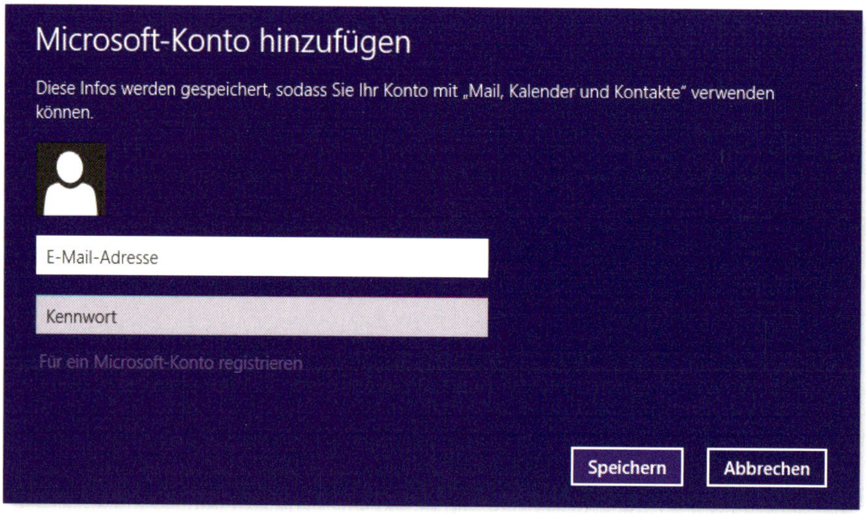

> *Auch für die Anmeldung bei der App »Kontakte« ist ein Microsoft-Konto nötig.*

Nach der Anmeldung kann es direkt losgehen mit der Pflege Ihrer Kontaktdaten. Neben der direkten Eingabe von Adressdaten lassen sich auch die Kontakte aus diversen sozialen Netzwerken wie Facebook, Twitter oder Google einbinden.

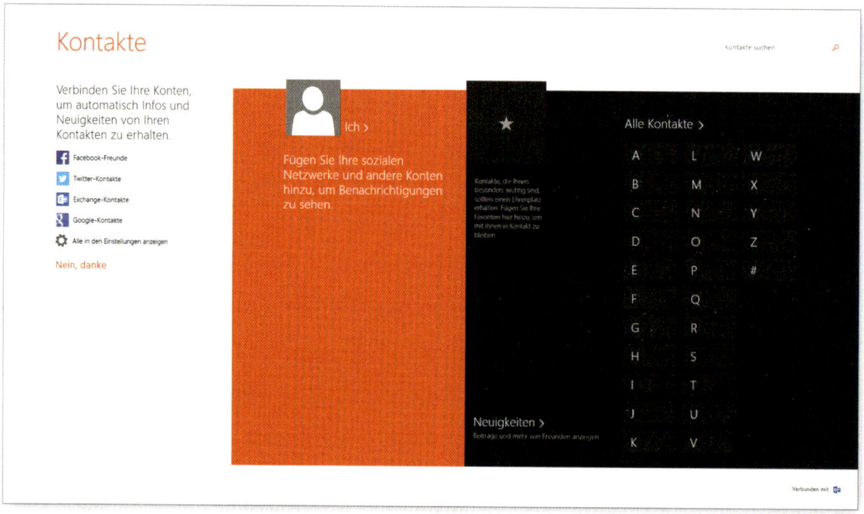

> *Auch Konten aus sozialen Netzwerken wie Facebook können Sie in die »Kontakte«-App einbinden.*

Doch bevor wir uns mit diesen Konten beschäftigen, zeige ich Ihnen, wie Sie neue Kontakte in der App erfassen.

1. Rufen Sie per Rechtsklick oder durch eine Wischbewegung vom unteren Bildschirmrand in Richtung Bildschirmmitte die App-Leiste auf, und klicken bzw. tippen Sie hier ganz rechts auf **Neuer Kontakt**.

2. Haben Sie bereits mehrere Konten angelegt – das lokale Microsoft-Konto, ein Facebook-Konto etc. –, wählen Sie im Feld **Konto** (1) aus, welchem Konto der neue Kontakt hinzugefügt werden soll.

3. Ergänzen Sie in den restlichen Feldern die bekannten Kontaktdaten wie Vorname, Nachname und E-Mail-Adresse.

4. Über die Schaltflächen ⊕ (2) lassen sich in den angegebenen Kategorien – etwa **E-Mail** oder **Adresse** – weitere Adressfelder einblenden. Ein Klick oder Tipp auf das Symbol, und es klappt eine entsprechende Liste auf, aus der Sie das gewünschte Element auswählen.

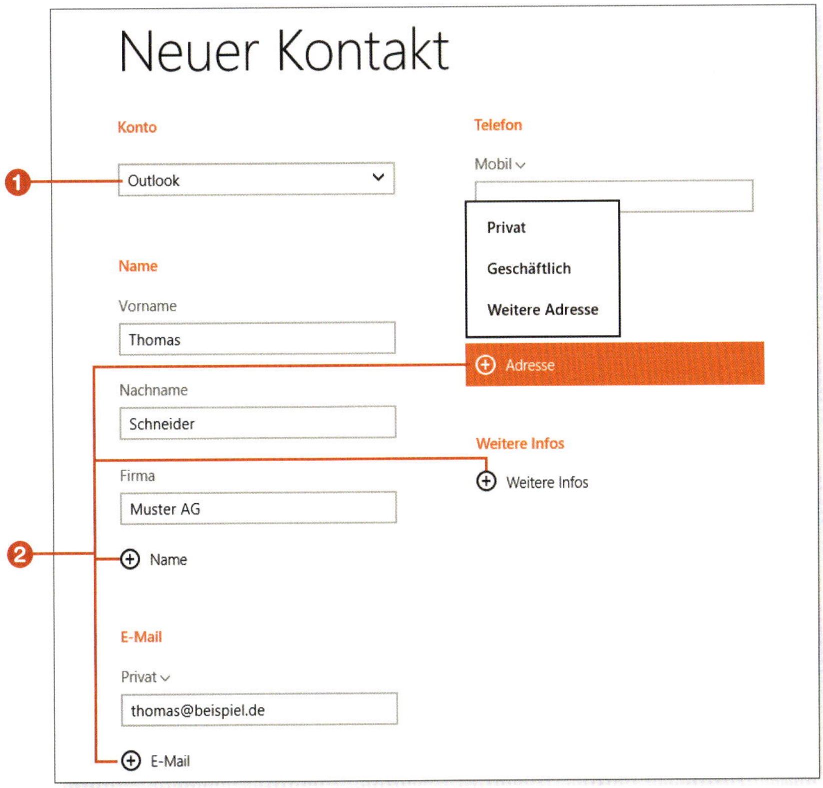

5. Haben Sie alle Adressdaten eingegeben, klicken oder tippen Sie in der oberen rechten Ecke des Dialogs auf **Speichern** .

6. In der *Kontakte*-App wird nun der neu erfasste Kontakt angezeigt. Mit einem Klick oder Tipp auf den Pfeil links neben dem Namen gelangen Sie zur Übersicht über alle Kontakte. Alternativ blenden Sie per rechten Mausklick oder durch eine Wischbewegung vom unteren Bildschirmrand Richtung Bildmitte die App-Leiste ein und klicken oder tippen hier am oberen Bildschirmrand auf **Alle Kontakte**.

Die Kontakte werden in der App alphabetisch nach Vornamen sortiert angezeigt. Ist Ihnen eine Sortierung nach Nachnamen lieber, müssen Sie eine kleine Einstellung ändern:

1. Rufen Sie die Charms-Leiste am rechten Bildschirmrand auf, und klicken oder tippen Sie dort auf **Einstellungen ▸ Optionen**.

2. Schieben Sie nun den Schieberegler unterhalb von **Kontakte nach Nachname sortieren** nach rechts auf **Ein**.

3. Die neue Einstellung wird übernommen, sobald Sie links in das Fenster der *Kontakte*-App klicken oder tippen.

E-Mail versenden

Angenommen, Sie befinden sich gerade in der *Kontakte*-App und möchten einem Ihrer Freunde eine E-Mail schicken. Markieren Sie in der Kontaktübersicht einfach den gewünschten Namen, und klicken oder tippen Sie im nächsten Fenster auf **E-Mail**. Es öffnet sich nun das bereits aus dem vorangegangenen Abschnitt bekannte Fenster der *Mail*-App, in dem Sie nur noch den Nachrichtentext ergänzen müssen, bevor Sie die Mail versenden. Beide Fenster – *Kontakte*-App sowie die *Mail*-App – werden gleichzeitig angezeigt, wie Sie es bereits im Abschnitt »Erste Schritte auf dem neuen Startbildschirm – Apps starten« ab Seite 41 kennengelernt haben. Wenn Sie die E-Mail verschickt haben, können Sie die *Mail*-App etwa über die Schließen-Schaltfläche in der Titelleiste schließen.

Verfügen Sie über ein Konto bei einem der sozialen Netzwerke wie Facebook, Twitter oder LinkedIn? Um ein solches Konto in die *Kontakte*-App einzubinden, damit Sie alle Kontakte im Blick haben, gehen Sie folgendermaßen vor:

1. Blenden Sie erneut die Charms-Leiste ein, und klicken oder tippen Sie auf **Einstellungen ▸ Konten**.

2. Am oberen Rand werden die bislang mit der App verbundenen Konten aufgeführt. Um weitere zu ergänzen, klicken oder tippen Sie auf **Konto hinzufügen**.

3. Wählen Sie in der Liste, die sich daraufhin öffnet, den gewünschten Kontotyp aus.

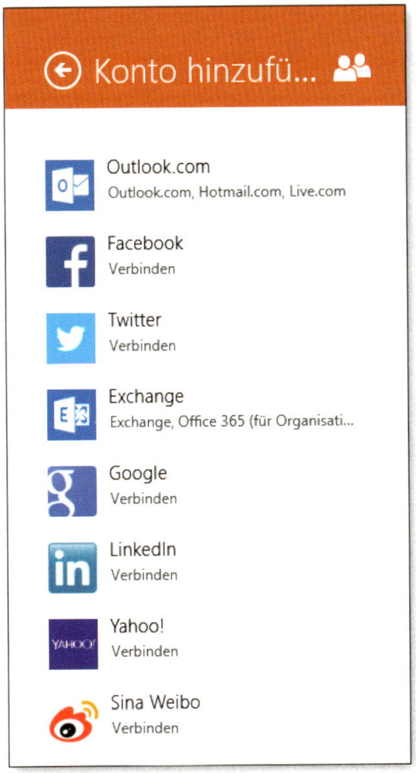

4. Nach einem Klick oder Fingertipp auf **Verbinden** werden Sie aufgefordert, die Anmeldedaten des ausgewählten Kontos in den entsprechenden Feldern einzutragen. Die einzelnen Masken und die erforderlichen Daten

unterscheiden sich von Netzwerk zu Netzwerk. Für manche Netzwerke, z. B. LinkedIn und Twitter, müssen Sie extra eine Zustimmung erteilen, damit der Dienst mit der App verbunden werden kann. Relativ einfach ist es dagegen mit Google; hier werden nur die E-Mail-Adresse und das Passwort abgefragt ❶.

5. Nach einem Klick oder Fingertipp auf **Anmelden** ❷ stellt die App die Verbindung zum Konto her. Dieser Vorgang kann ein paar Sekunden dauern.

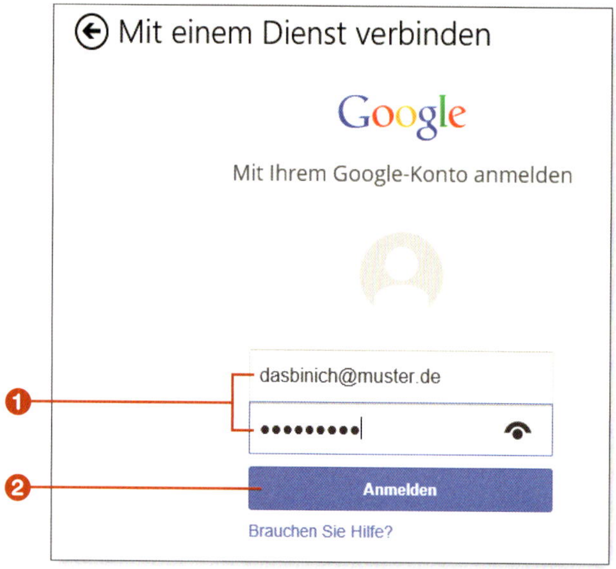

Ist das Konto einmal in die *Kontakte*-App eingebunden, können Sie direkt von der App aus alle Neuigkeiten im Blick behalten, die Ihre Kontakte veröffentlichen, und auch direkt darauf reagieren. Auch Benachrichtigungen erreichen Sie sofort. Auf Einzelheiten kann ich an dieser Stelle leider aus Platzgründen nicht weiter eingehen. Stattdessen werde ich mich gleich der nächsten App zuwenden, der *Kalender*-App.

Termine im Blick mit der »Kalender«-App

Viele von uns hetzen von einem Termin zum nächsten. Mithilfe der *Kalender*-App behalten Sie alle wichtigen Verabredungen im Auge. Der

Aufruf der *Kalender*-App erfolgt wie üblich über die entsprechende Kachel auf dem Startbildschirm. Auch hier ist wieder die Anmeldung mittels eines Microsoft-Kontos erforderlich, wie bereits zu Beginn dieses Kapitels auf Seite 224 gezeigt.

Nach dem Öffnen sehen Sie zunächst die Übersicht über den aktuellen Tag. Wem die wöchentliche oder monatliche Darstellung lieber ist, kann die Ansicht schnell umstellen:

1. Rufen Sie per Rechtsklick oder mit einer Wischgeste vom unteren Bildschirmrand die App-Leiste auf.

2. Klicken oder tippen Sie in der oberen App-Leiste auf die gewünschte Ansicht: **Tag**, **Arbeitswoche**, **Woche** oder **Monat**.

Um einen neuen Termin im Kalender einzutragen, haben Sie zwei Möglichkeiten:

- Rufen Sie die App-Leiste wie in Schritt 1 der vorangegangenen Anleitung gezeigt auf, und klicken oder tippen Sie in der unteren Leiste auf **Neu**.
- Klicken oder tippen Sie im Kalender selbst auf das Datum, an dem die Verabredung ansteht.

^ *Dieses Symbol finden Sie in der App-Leiste unten rechts.*

In beiden Fällen öffnet sich eine Art Maske, in der Sie nun Details zum Termin eintragen können:

1. Klicken oder tippen Sie in der linken Spalte unter **Wann** (❶ auf Seite 246) auf den Pfeil rechts vom Tag. Es wird nun ein kleiner Kalender eingeblendet. Über die beiden Pfeiltasten rechts und links vom Monatsnamen können Sie zum gewünschten Monat blättern. Den Tag markieren Sie einfach durch Anklicken oder Antippen.

2. Unter **Start** ❷ legen Sie die Uhrzeit fest, zu der der Termin beginnt.

3. Nach einem Klick oder Fingertipp auf den Pfeil rechts neben dem Feld **Dauer** (unter der Überschrift **Start**) können Sie auswählen, wie lange die Verabredung andauern wird. Ist keine der Angaben geeignet, klicken oder tippen Sie auf **Benutzerdefiniert** ❸.

4. Es wird nun der Bereich **Ende** ❹ eingeblendet, in dem Sie Datum und Uhrzeit festlegen können.

5. Wenn Sie möchten, tragen Sie im Feld **Ort** ❺ noch den Ort des Geschehens ein.

Einen Termin im Kalender eintragen ist eine Sache, aber dann auch rechtzeitig daran zu denken, eine andere. Um etwa eine Verabredung nicht zu vergessen, können Sie sich von der *Kalender*-App rechtzeitig erinnern lassen:

1. Klicken oder tippen Sie auf **Mehr anzeigen** ❻, um weitere Einstellungsmöglichkeiten einzublenden.

2. Im Feld **Häufigkeit** ❼ können Sie festlegen, ob ein Termin regelmäßig stattfindet.

3. Soll die App rechtzeitig einen Hinweis einblenden, wenn der Termin ansteht? Wenn ja, bestimmen Sie im Feld **Erinnerung** ❽, wann dieser Hinweis erscheinen soll – z. B. 30 Minuten vor dem Beginn.

4. Vor allem für Berufstätige dürfte das Feld **Status** ❾ von Interesse sein, denn hier legen Sie fest, ob Sie zum Zeitpunkt des Termins beschäftigt oder abwesend sind oder einen anderen Status haben. Da Sie Ihre Termine mit Ihren Kontakten austauschen können, ist diese Angabe durchaus interessant.

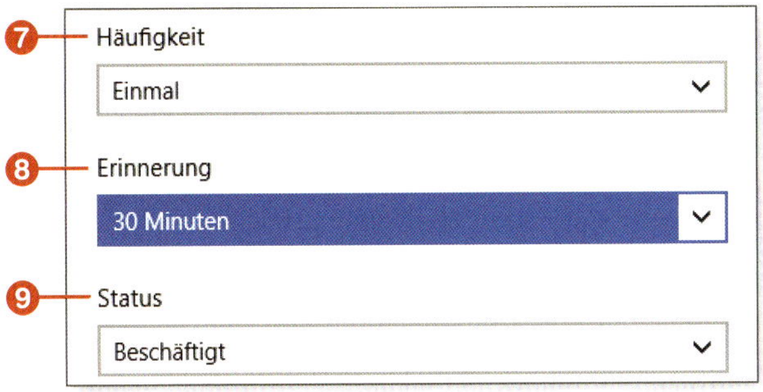

5. Abschließend geben Sie in der rechten Spalte noch einen Titel für die Verabredung ein und darunter eine Kurzbeschreibung, bevor Sie den Termin mit **Speichern** in Ihren Kalender übernehmen.

Kontakte einladen

Sie möchten einen Ihrer Kontakte zum Termin einladen? In diesem Fall klicken oder tippen Sie in der Terminübersicht in das Feld **Wer** (10 auf Seite 246). Geben Sie den Namen des ersten Kontakts ein, wird die E-Mail-Adresse der Person eingeblendet. Markieren Sie sie nun einfach. Haben Sie die Person nicht in Ihren Kontakten gespeichert, können Sie alternativ auch direkt eine E-Mail-Adresse in das Feld **Wer** eingeben. Beim Speichern des Termins finden Sie nun oben rechts die Schaltfläche **Senden**. Wenn Sie darauf klicken oder tippen, wird die Einladung automatisch an die ausgewählten Kontakte verschickt.

Hat sich eine Verabredung verschoben, klicken oder tippen Sie im Kalender einfach auf den entsprechenden Eintrag und nehmen die Korrekturen vor. Mit einem Klick oder Fingertipp auf **Termin löschen** können Sie einen Termin auch ganz entfernen.

Damit haben Sie nun die wichtigsten Informationen rund um die Apps *Mail*, *Kontakte* und *Kalender* erhalten. Wie Sie gesehen haben, gibt es viele Berührungspunkte zwischen den Apps. Es rentiert sich also immer, aus einem Fenster heraus einen Blick auf die App-Leiste am unteren Bildschirmrand zu werfen oder aber auch in die Charms-Leiste mit ihren diversen Einstellungen, Geräteübersichten und der **Teilen**-Funktion. Wenn Sie einmal einen Termin, einen Kontakt oder auch eine Mail nicht finden können, denken Sie auch an die Suchfunktion, die Sie über die Charms-Leiste erreichen und mit der Sie gezielt eine App durchstöbern können.

Kapitel 8

Der Explorer – mit Dateien und Ordnern umgehen

Urlaubsbilder und Videos der letzten Familienfeier, Briefe oder auch Musik – auf dem Computer wird mittlerweile fast alles gespeichert. Immer wieder kommen neue Dateien hinzu, nicht mehr benötigte werden gelöscht, und wichtige Daten werden zusätzlich auf externe Festplatten kopiert oder auf CD gebrannt. Das Programm, das für all diese Aktionen die passenden Funktionen bereithält, ist bereits seit vielen Versionen fester Bestandteil von Windows. Die Rede ist vom *Explorer* (in älteren Versionen noch »Windows Explorer« genannt). Bereits für Windows 8 wurde er allerdings kräftig aufpoliert. Was sich beim Explorer an Neuerungen ergeben hat und wie Sie mit ihm all Ihre Dateien perfekt organisieren, werde ich Ihnen in diesem Kapitel zeigen.

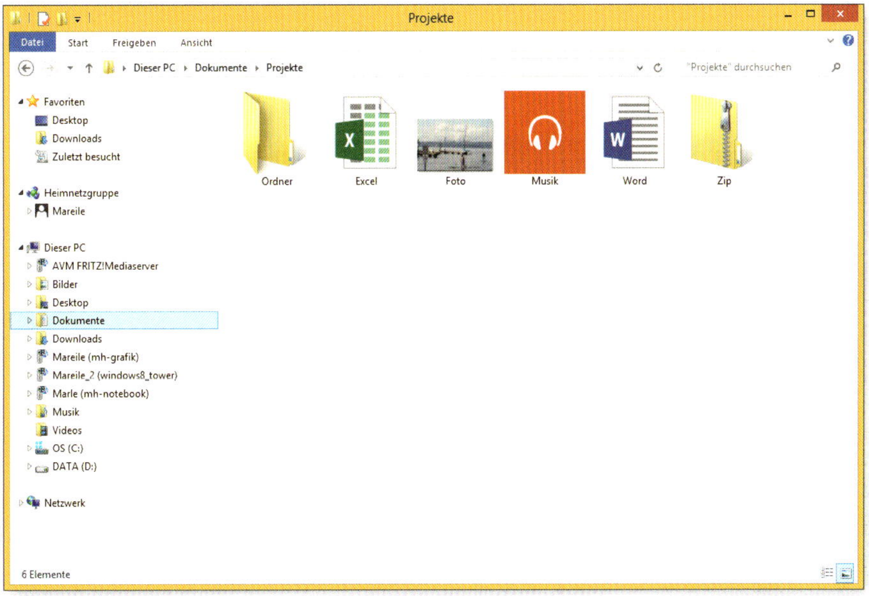

Mit dem Explorer behalten Sie alle Dateien im Blick.

Erste Schritte mit dem Explorer

Es gibt unter Windows 8.1 sowohl eine eigene App für den Internet Explorer als auch für die Organisation von Fotos, Videos und Musik, wie Sie in Kapitel 9, »Fotos, Videos und Musik«, noch sehen werden. Der Explorer dagegen ist nicht mit einer eigenen Kachel auf dem Startbildschirm vertreten. Eine Ausnahme: Sie haben bereits eine entsprechende Kachel ergänzt, über die Sie einen bestimmten Ordner gezielt starten, wie im Abschnitt »Welche Kachel wird auf dem Startbildschirm angezeigt?« ab Seite 77 beschrieben. In diesem Fall reicht natürlich ein Klicken oder Antippen der Kachel, und es wird der Explorer mit dem entsprechenden Ordner geöffnet. Existiert eine solche Kachel aber nicht, stehen Ihnen folgende Möglichkeiten zum Aufruf zur Verfügung:

- Befinden Sie sich auf der Desktop-Oberfläche, finden Sie in der Taskleiste am unteren Bildschirmrand das Symbol des Explorers . Ein Klick oder Tipp darauf, und das Programmfenster wird geöffnet. Dieser Weg funktioniert sowohl mit der Maus als auch auf einem Touchscreen.
- Wenn sich der Startbildschirm im Vordergrund befindet und Sie eine Tastatur benutzen, können Sie auch direkt den Namen »Explorer« (1) tippen und in den Suchergebnissen auf das passende Symbol (2) klicken. Für diese Variante müssen Sie den neuen Namen eingeben, unter der alten Bezeichnung *Windows-Explorer* wird Windows 8.1 nicht fündig. Den Startbildschirm blenden Sie schnell durch Drücken der [Win]-Taste ein.

^ *Klicken oder tippen Sie in den Suchergebnissen auf »Explorer«.*

^ Rufen Sie den Charm »Suchen« auf.

- Arbeiten Sie gerade mit einer App (z.B. der *News*-App), müssen Sie nicht extra zum Startbildschirm zurückkehren. Rufen Sie stattdessen die Charms-Leiste am rechten Seitenrand auf, und klicken Sie dort auf **Suchen**. Geben Sie dann im Suchfeld »Explorer« ein. Wird das gewünschte Ergebnis angezeigt, reicht ein Mausklick oder Antippen, um den Explorer zu starten.
- Die schnellste Möglichkeit zum Schluss: Einmal die Tastenkombination ⊞ + E gedrückt, und schon wechselt Windows 8.1 automatisch zur Desktop-Oberfläche und öffnet das gewünschte Programm.

Sie sehen, viele Wege führen zum Explorer – und dabei habe ich noch nicht mal alle erwähnt. Wie sich Ihnen das Programm anschließend präsentiert, ist abhängig davon, wie Sie es aufgerufen haben. Der grundsätzliche Aufbau, den ich im Folgenden kurz vorstellen werde, ist aber in allen Fällen identisch.

Die Abbildung auf Seite 252 zeigt den Explorer direkt nach dem Start über das Ordner-Symbol auf der Taskleiste des Desktops. Am oberen Rand des Programmfensters befindet sich die *Titelleiste* ❸. Sie trägt den Namen des Ordners bzw. der Bibliothek (siehe auch den Kasten »Bibliotheken kurz vorgestellt« unten), die im *Navigationsbereich* ❹ am linken Fensterrand markiert ist – hier also **Dieser PC**. Diejenigen, die bereits mit einer älteren Windows-Version gearbeitet haben, kennen diesen Ordner noch unter der Bezeichnung *Computer*.

i Bibliotheken kurz vorgestellt

Das Prinzip der Bibliotheken wurde bereits unter Windows 7 neu eingeführt. Mit ihrer Hilfe lassen sich Dateien und Ordner thematisch zusammenfassen. Der Clou daran: Die Daten müssen sich nicht am gleichen Speicherort befinden, sondern können über diverse Festplatten o.Ä. verteilt sein. Im Gegensatz zu früheren Windows-Versionen werden die Bibliotheken nach dem ersten Start des Explorers nicht mehr angezeigt. Wie Sie dies ändern und mit den Bibliotheken sinnvoll arbeiten, werden Sie innerhalb dieses Kapitels noch ausführlich erfahren. Sollten bei Ihnen die Bibliotheken bereits eingeblendet werden, zeigt der Explorer nach dem Start automatisch die vier Standardbibliotheken **Bilder**, **Dokumente**, **Musik** und **Videos** an.

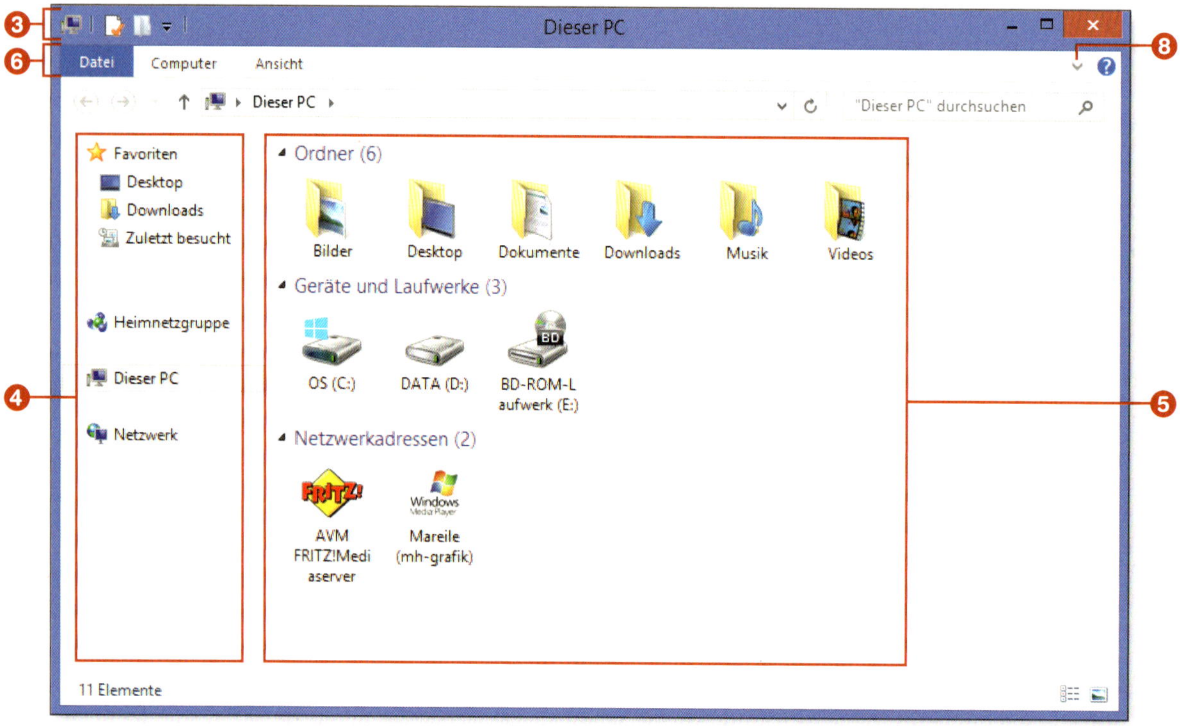

Übersicht über den Explorer

Über den Navigationsbereich öffnen Sie die gewünschten Ordner, Bibliotheken oder auch Datenträger, wie Sie später noch sehen werden. Rechts neben dem Navigationsbereich befindet sich der *Inhaltsbereich* ❺, in dem der Inhalt des links markierten Elements eingeblendet wird. In unserem Beispiel finden Sie eine Übersicht über alle auf Ihrem Computer verfügbaren Laufwerke. Dabei handelt es sich um Festplatten, CD/DVD-Laufwerke, USB-Sticks etc. (USB-Sticks sind kleine Speichermedien, die über die USB-Schnittstelle mit dem Computer verbunden werden). Auch über das Netzwerk verfügbare Geräte werden eingeblendet.

Mithilfe des Explorers lassen sich Dateien ordnen, umbenennen, kopieren, verschieben, löschen etc. Die hierfür nötigen Funktionen sind in einem sogenannten *Menüband* ❻ versteckt, das sich direkt unterhalb der Titelleiste befindet. An seinem linken Rand sehen Sie die drei Registerreiter **Datei**, **Computer** und **Ansicht**. Wenn Sie zuvor einen anderen Ordner im Navigationsbereich ausgewählt haben, können hier auch andere Reiter erscheinen.

Dynamischer Explorer

Der Platz auf einem Bildschirm und damit auch im Programmfenster ist begrenzt. Der Explorer bietet eine so große Funktionsvielfalt, dass nicht alle Befehle zeitgleich eingeblendet werden können. Die Registerreiter werden daher kontextabhängig angezeigt. Es erscheinen also nur die Befehle, die für das gerade markierte Element von Bedeutung sind. Beispiele hierfür lernen Sie im Verlauf dieses Kapitels kennen.

Klicken oder tippen Sie auf einen der Reiter, wird das Menüband nach unten erweitert, und die Registerkarte wird mit all ihren Funktionen eingeblendet ❼. In der Abbildung sehen Sie das Register **Ansicht**. (Das gerade aktive Register ist übrigens immer an der leicht grauen Hintergrundfarbe erkennbar.)

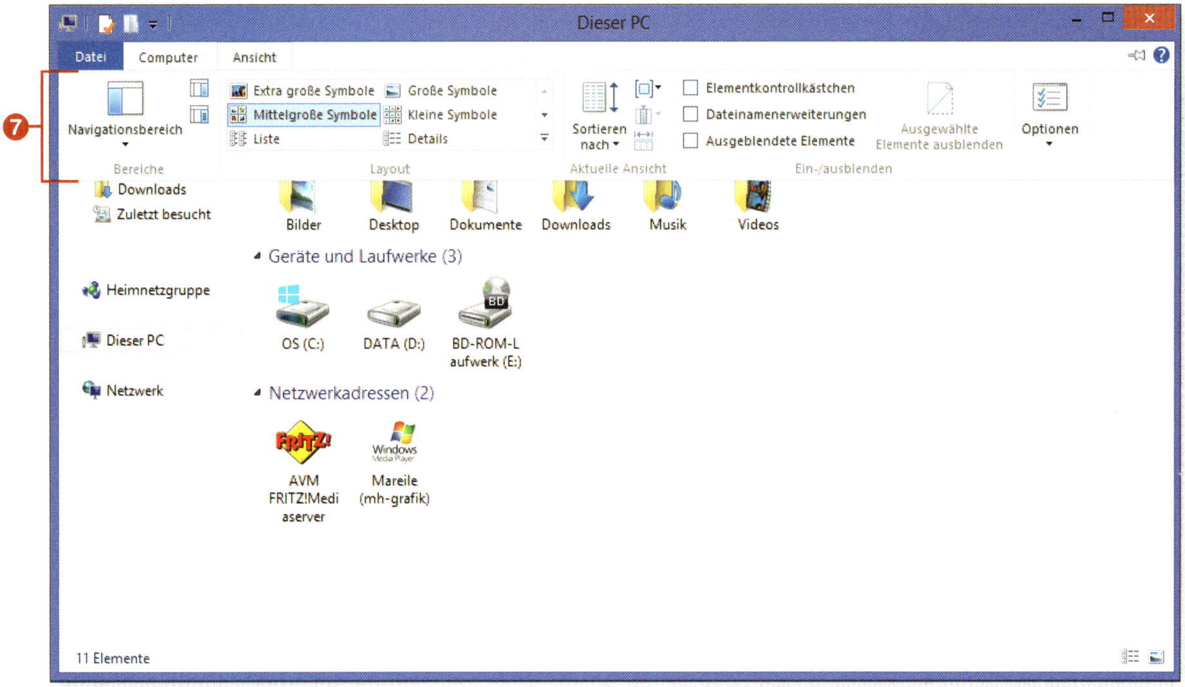

Nach einem Klick oder Tipp auf einen Registerreiter wird die dazugehörige Registerkarte aufgeklappt.

Sobald Sie in einen Bereich außerhalb der Registerkarte klicken oder tippen, verschwindet die Registerkarte wieder; nur die Registerreiter bleiben bestehen. Das wirkt zwar aufgeräumt, ist aber gerade anfangs, wenn man mit dem Explorer noch nicht so vertraut ist, eher unpraktisch. Damit das Menüband immer sichtbar bleibt, klicken oder tippen Sie am rechten Rand des Menübands auf den kleinen nach unten weisenden Pfeil (8 in der Abbildung auf Seite 252). Möchten Sie das Menüband später wieder ausblenden, reicht ein erneuter Klick bzw. Tipp auf den nun nach oben weisenden Pfeil.

Jede Registerkarte ist in Gruppen aufgeteilt. Im Register **Ansicht**, in das Sie per Klick oder Tipp auf den gleichnamigen Reiter wechseln, finden Sie beispielsweise die Gruppen **Bereiche**, **Layout**, **Aktuelle Ansicht** und **Ein-/ausblenden**. Jede Gruppe enthält wiederum diverse Befehle in Form von Symbolen und teilweise auch Beschriftungen. Was im Einzelnen angezeigt wird, hängt von der Größe des Programmfensters und vom zur Verfügung stehenden Platz ab. Ist das Fenster groß genug, sind alle Symbole inklusive Beschriftung zu sehen. Bei kleineren Fenstern verzichtet der Explorer zunächst auf die Anzeige der Beschriftungen; reduzieren Sie das Fenster noch weiter, beschränkt sich die Anzeige sogar nur noch auf die Gruppenbezeichnungen.

Eine auf die Symbole reduzierte Gruppe

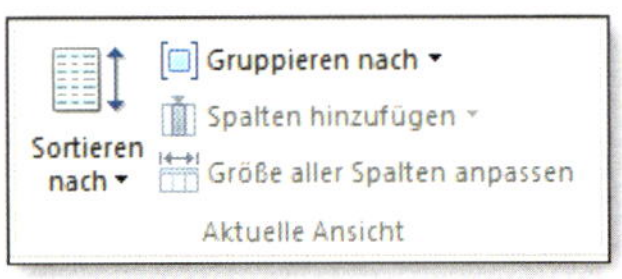

Die gleichen Befehle mit Beschriftung

Die Größe des Programmfensters verändern

Wenn Sie noch nicht so vertraut im Umgang mit dem Explorer sind, sollten Sie sich das Programmfenster in voller Bildschirmgröße anzeigen lassen. Den hierfür nötigen Befehl **Maximieren** finden Sie am rechten Rand der Titelleiste. Ein erneuter Klick oder Tipp auf das mittlere Symbol verkleinert das Programmfenster wieder. Mit **Minimieren**, dem linken der drei Symbole, wird das Programmfenster ganz ausgeblendet. Um es wieder einzublenden, klicken oder tippen Sie in der Taskleiste auf das Symbol des Explorers. Möchten Sie den Explorer beenden, klicken oder tippen Sie auf das **Schließen**-Symbol ×.

Welche Registerkarten im Menüband angezeigt werden, hängt wie gesagt von dem Element ab, das Sie zuvor im Navigationsbereich markiert haben. Der Navigationsbereich zeigt sich anfangs noch sehr aufgeräumt. Abgesehen von den Bereichen **Favoriten**, **Heimnetzgruppe**, **Dieser PC** und

Netzwerk ist in der Standardeinstellung nichts zu sehen. Bewegen Sie den Mauszeiger in den Navigationsbereich, werden jeweils links neben den Elementen kleine Dreiecke eingeblendet. Mit einem Klick auf eines dieser Symbole blenden Sie die Unterordner des jeweiligen Elements ein. Wenn Sie einen Touchscreen nutzen, tippen Sie jeweils direkt links neben eines der Elemente, damit die Unterordner angezeigt werden. Ein erneuter Klick oder Tipp auf das Dreieck lässt die Unterordner wieder verschwinden.

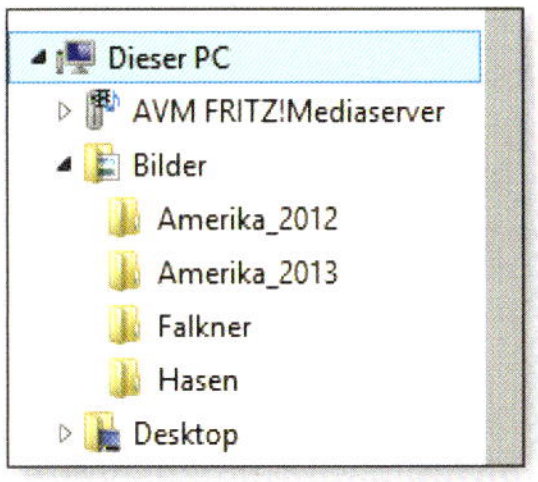

Über die kleinen Dreiecke blenden Sie die Unterordner ein und wieder aus.

Klicken oder tippen Sie im Navigationsbereich auf einen Ordner, wird dessen Inhalt rechts im Inhaltsbereich eingeblendet. Auf diese Art und Weise können Sie sich von Ordner zu Ordner hangeln, bis Sie bei der gewünschten Datei angelangt sind.

Dateien direkt aus dem Explorer heraus öffnen

Doppelklicken oder -tippen Sie im Explorer auf eine Datei, öffnet sich automatisch das der Datei zugeordnete Programm. Handelt es sich bei der Datei etwa um einen mit Microsoft Word verfassten Brief, wird also entsprechend direkt aus dem Explorer heraus Microsoft Word gestartet. Im Falle eines Fotos startet automatisch die *Fotos*-App. Wie Sie selbst festlegen, welches Programm für welchen Dateityp gewählt wird, erfahren Sie im Kasten »Ein Standard-Fotoprogramm auswählen« auf Seite 319.

Eine ähnliche Navigation wie der Navigationsbereich ermöglicht auch das *Adressfeld* (1 auf Seite 256), das sich unterhalb des Menübands befindet. Auch hier finden Sie wieder die kleinen Dreiecke. Mit einem Klick oder Tipp auf das Dreieck rechts neben einem Ordnernamen blenden Sie dessen Unterordner ein. Klicken oder tippen Sie dagegen auf das Dreieck links neben einem Ordnernamen, klappt eine Liste mit den übergeordneten Verzeichnissen auf.

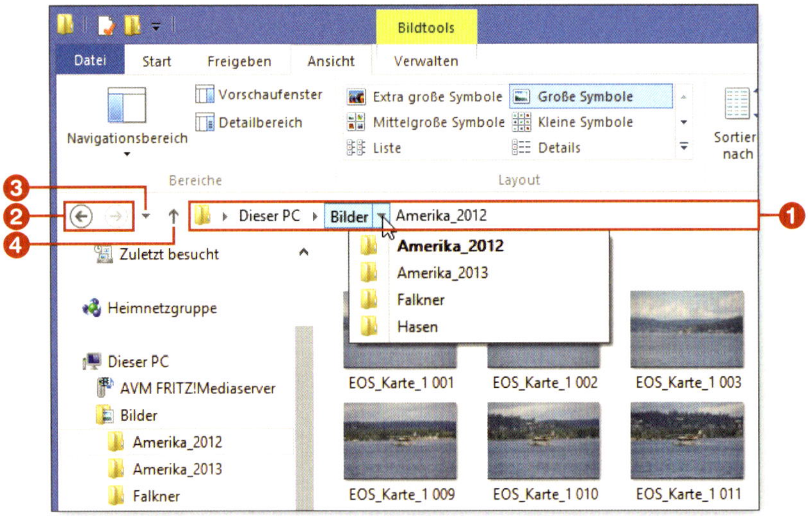

> *Auch das Adressfeld lässt sich zum Navigieren in den Ordnern nutzen.*

Die beiden Pfeiltasten ← und → links neben dem Adressfeld ❷ ermöglichen den schnellen Wechsel zwischen zuvor aufgerufenen Ordnern. Klicken oder tippen Sie auf den nach unten kleinen weisenden Pfeil ▾ ❸, klappt eine Liste mit den zuletzt besuchten Verzeichnissen auf. Über das Symbol ↑ ❹ gelangen Sie wieder zum übergeordneten Ordner.

Klassische Pfadangaben einblenden

Wenn Sie in den weißen Bereich im Adressfeld klicken oder tippen, sieht die Pfadangabe plötzlich anders aus. Die Dreiecke sind verschwunden, stattdessen erscheint eine Angabe wie *C:\Users\Mareile\Pictures*. Dabei handelt es sich um die exakte Angabe des Speicherortes, unter dem der im Navigationsbereich markierte Ordner auf Ihrem Computer zu finden ist. *C:* ist beispielsweise die Bezeichnung der Festplatte des Computers, *Users* steht für *Benutzer*. Um welchen Benutzer es sich genau handelt, erfahren Sie anschließend (hier: *Mareile*). *Pictures* ist der Ordner *Eigene Bilder*, in dem beispielsweise die Fotos abgelegt werden, die Sie von Ihrer Digitalkamera auf den PC überspielen.

Diese Darstellung wird Ihnen auch häufig bei der Installation eines Programms begegnen, wenn es gilt, den Speicherort für die Programmdateien auszuwählen. Um im Explorer wieder zur ursprünglichen Pfadanzeige zu gelangen, klicken oder tippen Sie einmal in den Inhaltsbereich des Programmfensters.

Wer direkt von Windows XP oder einer älteren Windows-Version auf Windows 8.1 umgestiegen ist, wird im Navigationsbereich Elemente wie den *Papierkorb*, die *Bibliotheken* oder die *Systemsteuerung* vermissen. Wie Sie diese einblenden und den Explorer individuell anpassen, zeige ich Ihnen im folgenden Abschnitt.

Den Explorer individuell anpassen

Wie auch schon unter Windows 7 wird im Explorer die Anzeige auf das Allernotwendigste beschränkt. Der Navigationsbereich wirkt deshalb anfangs auch ausgesprochen aufgeräumt. Beliebte Elemente wie etwa der *Papierkorb*, die *Bibliotheken* oder auch die *Systemsteuerung* fehlen ganz. Um auch diese einzublenden, gehen Sie folgendermaßen vor:

1. Klicken oder tippen Sie im Menüband auf den Registerreiter **Ansicht** ❶, um in das gleichnamige Register zu wechseln.

2. Ganz links finden Sie die Gruppe **Bereiche**. Klicken oder tippen Sie hier auf die Schaltfläche **Navigationsbereich** ❷.

3. In der aufklappenden Liste sind die beiden Einträge **Navigationsbereich** und **Favoriten anzeigen** bereits mit einem Häkchen versehen – ein Zeichen dafür, dass diese beiden Elemente auch im Programmfenster des Explorers angezeigt werden. Aktivieren Sie per Mausklick oder durch Antippen die Option **Alle Ordner anzeigen** ❸.

4. Wiederholen Sie Schritt 2, und wählen Sie auch die Option **Bibliotheken anzeigen** aus.

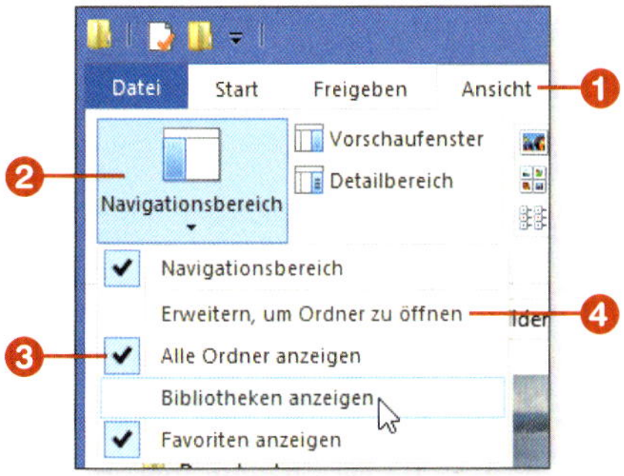

Nun sind auch der Papierkorb, die Bibliotheken und die Systemsteuerung wieder über den Explorer erreichbar. Wenn Sie zukünftig den Explorer per Klick auf das Symbol in der Taskleiste starten, werden automatisch die Bibliotheken im Inhaltsbereich angezeigt.

Um in einen Ordner zu wechseln, nutzen Sie, wie im vorherigen Abschnitt beschrieben, entweder den Navigationsbereich oder das Adressfeld. Sobald ein Ordner im Inhaltsbereich eingeblendet wird, können Sie ihn hier auch per Doppelklick oder durch doppeltes Antippen öffnen. In diesem Fall passt Windows 8.1 jedoch leider den Navigationsbereich nicht entsprechend an. Der aktuelle Pfad lässt sich damit nur über das Adressfeld feststellen.

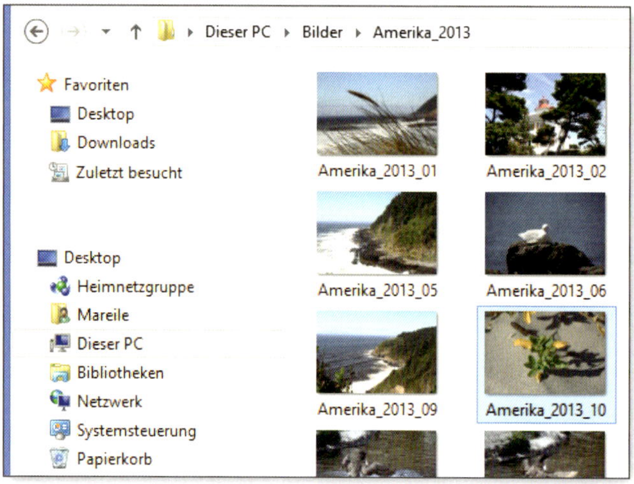

> *Dass der Ordner »Amerika_2013« geöffnet ist, ist nur über das Adressfeld zu erkennen.*

Damit der ausgewählte Ordner auch im Navigationsbereich angezeigt wird, klicken oder tippen Sie erneut auf die Schaltfläche **Navigationsbereich** auf der Registerkarte **Ansicht**. Aktivieren Sie schließlich in der aufklappenden Liste den Eintrag **Erweitern, um Ordner zu öffnen** (❹ auf Seite 257). Sofort wird der Navigationsbereich erweitert, und die zuvor ausgeblendeten Ordner werden angezeigt.

> *Nun sind auch die zuvor ausgeblendeten Ordner im Navigationsbereich sichtbar.*

Nicht nur die Ansicht des Navigationsbereichs lässt sich verändern. Sie können auch bestimmen, wie die Elemente im Inhaltsbereich dargestellt werden sollen. Gehen Sie dazu wie folgt vor:

1. Wechseln Sie, falls noch nicht geschehen, in das Register **Ansicht** ❶. (Das gerade aktive Register erkennen Sie an der hellgrauen Farbe.)

2. Im Bereich **Layout** stehen Ihnen acht verschiedene Ansichten zur Auswahl. Können aus Platzgründen nicht alle gleichzeitig angezeigt werden, klicken oder tippen Sie auf das Symbol **Mehr** ▾. Daraufhin klappt eine Palette mit allen Schaltflächen auf.

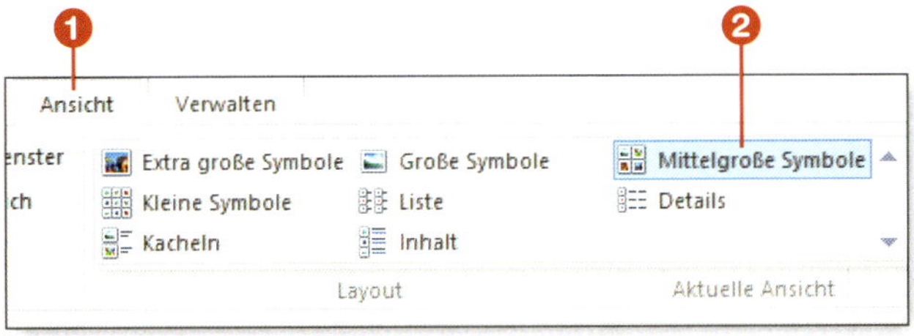

3. Wählen Sie per Mausklick oder durch Antippen eine Ansicht aus ❷. Die in unterschiedlichen Größen verfügbaren Symbole sind vor allem im Zusammenhang mit Fotos interessant, da in diesem Fall im Inhaltsbereich jeweils eine Miniaturansicht des Bildes erscheint. Wählen Sie dagegen die Ansicht **Details**, werden neben dem Dateinamen interessante Informationen wie das Erstellungsdatum und die Dateigröße eingeblendet. (In den beiden folgenden Abbildungen sehen Sie z. B. links die Einstellung **Große Symbole** und rechts die Einstellung **Details**.)

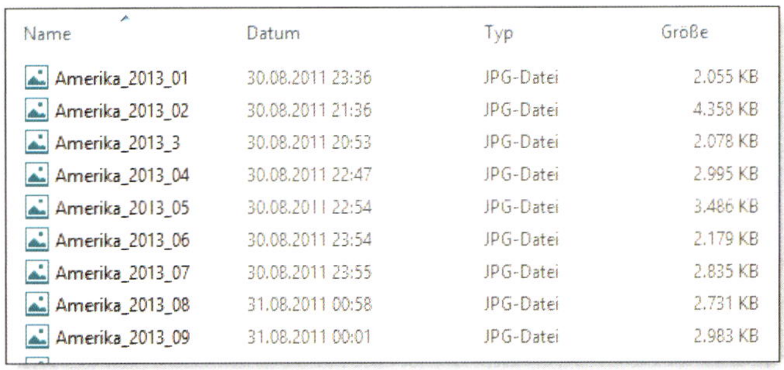

In der Detailansicht werden die verschiedenen Informationen spaltenweise angezeigt. Das ist besonders praktisch, wenn Sie die Dateien schnell sortieren möchten. Klicken oder tippen Sie beispielsweise auf die Spaltenüberschrift **Datum**, werden die Dateien nach dem Aufnahmedatum sortiert. Die Sortierreihenfolge – die jüngsten oder umgekehrt die ältesten Dateien zuerst – kehren Sie durch einen erneuten Klick bzw. Fingertipp auf **Datum** um. Wenn Sie im Register **Ansicht** in der Gruppe **Aktuelle Ansicht** auf die Schaltfläche **Sortieren nach** klicken, werden weitere Sortierkriterien eingeblendet.

Das Vorschaufenster und der Detailbereich

Beim Speichern von Dateien sollten Sie immer auf aussagekräftige Dateinamen achten. Was sich hinter »Brief_10« versteckt, wird Ihnen vielleicht nach wenigen Tagen noch klar sein, doch ob Sie sich auch noch nach zwei Monaten daran erinnern, ist fraglich. Sollten Sie doch einmal einen unglücklichen Dateinamen gewählt haben, finden Sie im Register **Ansicht** eine interessante Funktion: **Vorschaufenster**. Nach einem Klick oder Tipp darauf wird am rechten Fensterrand der Inhalt der zuvor markierten Datei angezeigt. Handelt es sich bei der Datei um ein Foto, ist die Alternative **Detailbereich** interessant: In diesem Fall werden rechts Informationen zum Kameramodell oder zur Belichtungszeit angezeigt. Mit einem erneuten Klick oder Tipp auf die jeweilige Schaltfläche blenden Sie den Bereich rechts wieder aus.

Je mehr Dateien sich auf dem Computer ansammeln, desto wichtiger wird die richtige Organisation der Daten. Im folgenden Abschnitt zeige ich Ihnen, wie einfach unter Windows 8.1 das Anlegen von Ordnern sowie das Verschieben, Kopieren und Löschen von Dateien ist.

Ordner und Bibliotheken anlegen, verwalten und löschen

Im letzten Abschnitt habe ich häufiger die sogenannten *Bibliotheken* erwähnt. Wer mit einer älteren Windows-Version gearbeitet hat, kennt das Prinzip bereits. Für alle anderen erkläre ich, was sich dahinter verbirgt.

Letztlich sind Bibliotheken nichts anderes als Verzeichnisse, in denen Dateien und Ordner zusammengefasst werden. Das Besondere ist, dass sich die Daten an unterschiedlichen Speicherorten befinden können, etwa auf internen (also im Computer integrierten) oder externen Festplatten, auf USB-Sticks etc. Die Bibliotheken enthalten lediglich eine Verknüpfung zum Original-Speicherort der Daten. Auf diese Weise lassen sich Dateien zu speziellen Themen zusammenfassen, ohne dass Sie die Daten selbst verschieben oder kopieren müssen.

Windows 8.1 bringt bereits vier Standardbibliotheken mit: **Bilder**, **Dokumente**, **Musik** und **Videos**. Jede dieser Bibliotheken enthält jeweils zwei Ordner, einmal mit dem Zusatz »Öffentliche« und einmal ohne, also etwa **Öffentliche Bilder** und **Bilder**. Dies können Sie schnell prüfen, indem Sie, wie zuvor beschrieben, im Navigationsbereich jeweils auf das kleine Dreieck vor Bibliotheken und dann auf einen der Bibliotheksnamen klicken oder tippen. Der Eintrag **Bibliotheken** ist nur dann sichtbar, wenn Sie wie auf Seite 257 beschrieben die entsprechende Option im Register **Ansicht** aktiviert haben.

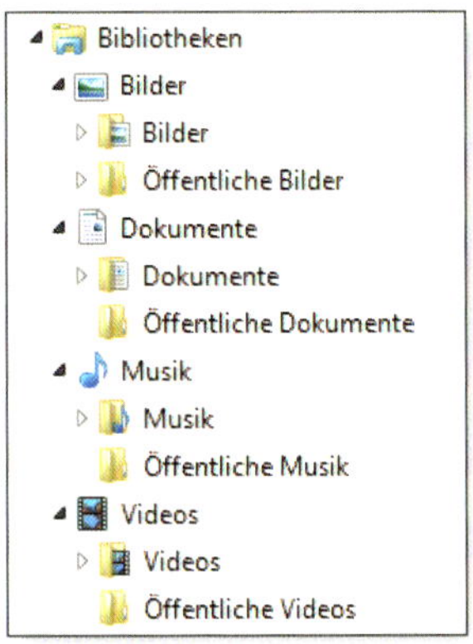

Jede Bibliothek enthält einen Ordner mit dem Zusatz »Öffentliche« und einen ohne.

Auf die eigenen Ordner **Bilder**, **Dokumente**, **Musik** und **Videos** (in früheren Windows-Versionen übrigens auch entsprechend mit dem Adjektiv »Eigene« versehen) hat nur der angemeldete Benutzer Zugriff. Wenn mehrere Personen mit Ihrem Computer arbeiten, die aber keinen Zugriff auf Ihre Dateien haben sollen, müssen Sie Ihre Daten also jeweils in den eigenen Verzeichnissen ablegen. Wollen Sie bestimmte Dateien dagegen allen Anwendern zur Verfügung stellen, legen Sie sie in einem der öffentlichen Ordner ab.

Programme wie Microsoft Word oder Paint wählen als Standardspeicherort automatisch das eigene Verzeichnis aus. Im Falle von Word handelt es sich dabei um den Ordner **Dokumente**, Paint wiederum nutzt das Verzeichnis **Bilder**.

Wenn Sie diese Voreinstellungen übernehmen und all Ihre Dateien immer nur in den eigenen Verzeichnissen speichern, sind diese bald überflutet. Sich hier noch zurechtzufinden wird immer schwieriger. Um den Überblick zu bewahren, sollten Sie weitere Unterordner anlegen. Für den Ordner **Dokumente** bieten sich etwa Unterkategorien wie **Briefe**, **Finanzen**, **Gesundheit** oder **Versicherungen** an. Letzteres greife ich als Beispiel auf, um Ihnen zu zeigen, wie Sie mithilfe des neuen Menübands einen neuen Ordner anlegen.

1. Rufen Sie im Explorer zunächst in der Bibliothek **Dokumente** den Ordner **Dokumente** auf, indem Sie im Navigationsbereich den entsprechenden Eintrag per Mausklick oder durch Antippen markieren.

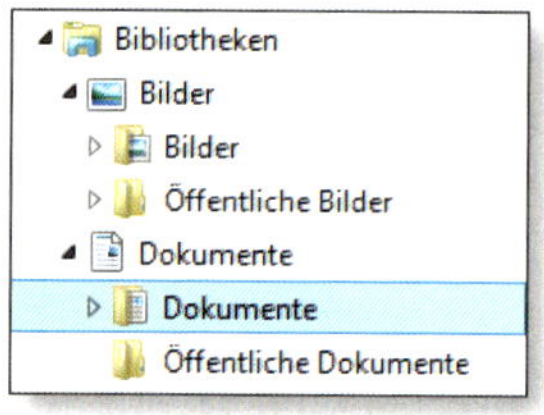

2. Wechseln Sie im Menüband zum Register **Start** ❶, und klicken oder tippen Sie in der Gruppe **Neu** auf die Schaltfläche **Neuer Ordner** ❷.

3. Im Inhaltsbereich wird nun ein neuer Ordner eingeblendet. Überschreiben Sie den blau markierten Text **Neuer Ordner** mit der neuen Bezeichnung, für unser Beispiel also mit »Versicherungen«. Drücken Sie zum Schluss die [↵]-Taste oder tippen Sie auf **Eingabe**.

Bildschirmtastatur auf dem Desktop einblenden

Die Desktop-Oberfläche und alle Windows-Anwendungen, die auf ihr basieren, sind ein Relikt aus alten Windows-Versionen. Sie wurden ursprünglich nur auf die Bedienung mit Maus und Tastatur ausgelegt. Entsprechend schwierig ist es, beispielsweise im Explorer mit dem Finger zu navigieren. Muss ein Text eingegeben werden, kann es zudem passieren, dass die Bildschirmtastatur nicht automatisch geöffnet wird. Um im Falle eines Falles trotzdem auf sie zugreifen zu können, sollten Sie im Infobereich ein Symbol für die Bildschirmtastatur hinterlegen. Wie dies funktioniert, erfahren Sie im Kasten »Die Bildschirmtastatur im Infobereich« auf Seite 120. Das Antippen des Tastatur-Symbols reicht zukünftig aus, um die Bildschirmtastatur auf der Desktop-Oberfläche einzublenden.

Auf die beschriebene Weise lassen sich beliebig viele Ordner und Unterordner anlegen. Haben Sie eine externe Festplatte an Ihren Computer angeschlossen, können Sie selbstverständlich auch auf ihr weitere Verzeichnisse einrichten. Das Gleiche gilt für USB-Sticks, Speicherkarten etc. Diese *Wechseldatenträger* erreichen Sie im Explorer über den Eintrag **Dieser PC**.

Gerade externe Festplatten sind aufgrund ihrer hohen Speicherkapazität vor allem für Datensicherungen ausgesprochen beliebt. Sollte Ihr Computer einmal den Geist aufgeben, stehen Ihnen Ihre Daten immer noch auf dem externen Speichermedium zur Verfügung. Nähere Informationen zum Thema Datensicherung erhalten Sie in Kapitel 10, »Windows 8.1 und die Sicherheit«.

Externe Festplatten eignen sich hervorragend zur Datensicherung. (Quelle: Verbatim)

An dieser Stelle interessieren uns die externen Festplatten aber im Zusammenhang mit den zuvor erwähnten Bibliotheken. Auch Bibliotheken enthalten Ordner, wie Sie bereits an den Standardbibliotheken gesehen haben. Der Original-Speicherort der eigenen und der öffentlichen Ordner befindet sich auf der internen Festplatte Ihres Computers. Das muss bei Bibliotheken aber nicht zwangsläufig so sein. Sie können in eine Bibliothek auch Ordner einbinden, die sich auf einem externen Speichermedium befinden. Im Folgenden zeige ich Ihnen, wie Sie zunächst eine eigene Bibliothek namens **Urlaub** anlegen und darin anschließend verschiedene Ordner aufnehmen.

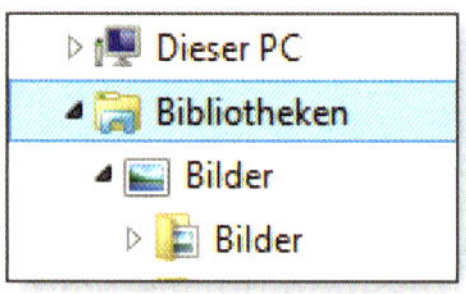

1. Um eine Bibliothek anzulegen, markieren Sie im Navigationsbereich des Explorers den Eintrag **Bibliotheken**.

2. Wechseln Sie im Menüband zum Register **Start** ❶. In der Gruppe **Neu** finden Sie die Schaltfläche **Neues Element** ❷. Klicken oder tippen Sie darauf, und markieren Sie in der aufklappenden Liste den Eintrag **Bibliothek**.

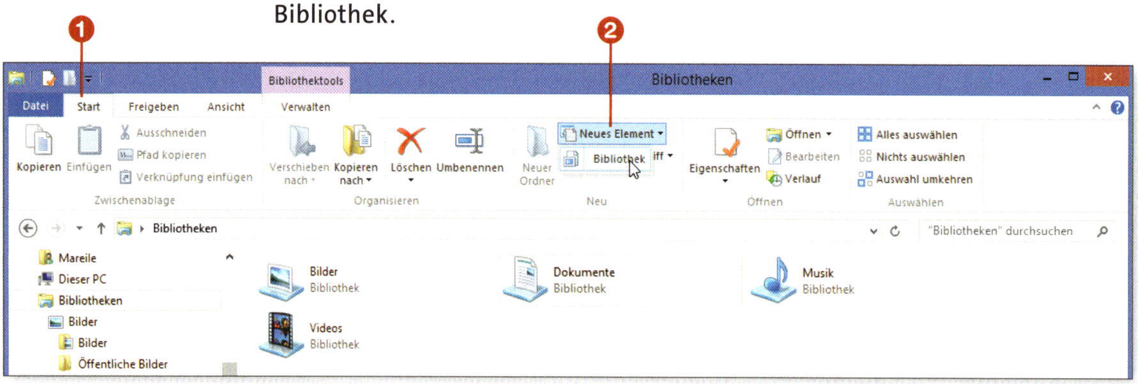

Denken Sie daran: Je nach verfügbarem Platz auf dem Bildschirm kann das Menüband bei Ihnen etwas anders aussehen als auf den Abbildungen hier im Buch. Eventuell wird nur das Symbol angezeigt, der Text **Neues Element** dagegen nicht. Eine kleine Hilfestellung erhalten Sie in diesem Fall durch die *QuickInfos*, die jeweils eingeblendet werden, wenn Sie mit dem Mauszeiger über die einzelnen Elemente des Menübands fahren und kurz verharren.

3. Nach Schritt 2 wird im Inhaltsbereich ein neues Bibliothek-Symbol eingeblendet. Überschreiben Sie auch hier den vorgegebenen Namen **Neue**

Bibliothek mit einer neuen Bezeichnung. Die Eingabe schließen Sie ab, indem Sie die [↵]-Taste drücken oder auf **Eingabe** tippen.

4. Die neu angelegte Bibliothek ist noch leer. Windows 8.1 zeigt Ihnen dies an, wenn Sie im Inhaltsbereich auf die neu angelegte Bibliothek doppelklicken oder doppelt darauf tippen.

5. Um jetzt Ordner einzubinden, klicken oder tippen Sie auf die Schaltfläche **Ordner hinzufügen**.

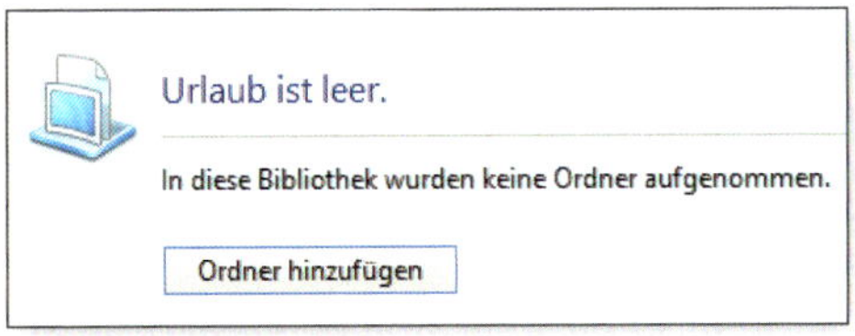

6. Ein quasi verkleinerter Dialog des Explorers mit Navigationsbereich, Inhaltsbereich und Adressfeld klappt auf. Über den Navigationsbereich können Sie nun zu dem Ordner navigieren, den Sie in die Bibliothek aufnehmen möchten. Dieser Ordner kann sich auf der Festplatte Ihres Computer befinden oder auf einem externen Datenträger.

7. Markieren Sie den gewünschten Ordner ❸, und klicken oder tippen Sie dann auf **Ordner aufnehmen** ❹.

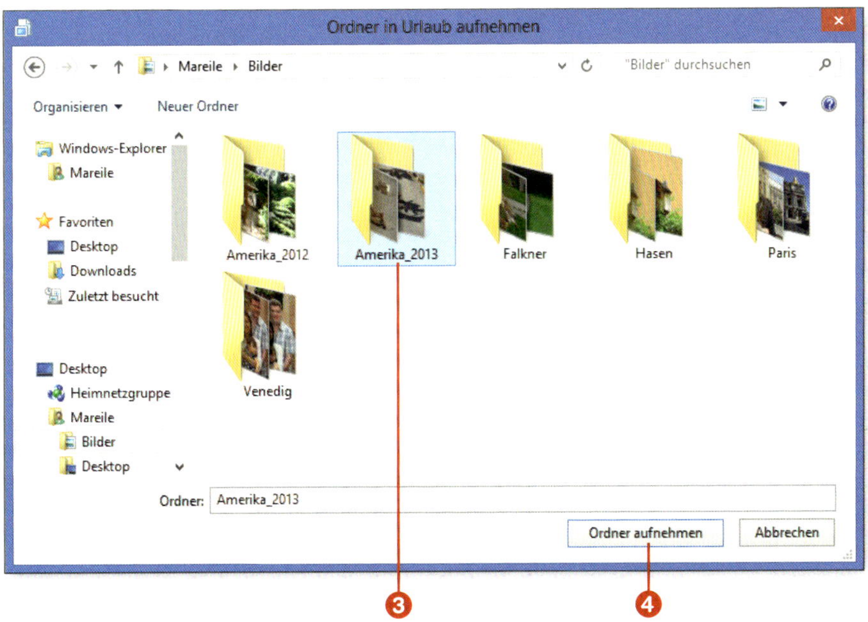

Der Ordner wird in die Bibliothek aufgenommen und sein Inhalt im Inhaltsbereich angezeigt. Um der Bibliothek weitere Ordner hinzuzufügen, gehen Sie folgendermaßen vor:

8. Stellen Sie sicher, dass im Navigationsbereich die gewünschte Bibliothek markiert ist, im Beispiel also **Urlaub** ❺.

9. Wechseln Sie im Menüband zum Register **Start** ❻, und klicken oder tippen Sie hier in der Gruppe **Öffnen** auf **Eigenschaften ▸ Eigenschaften** ❼.

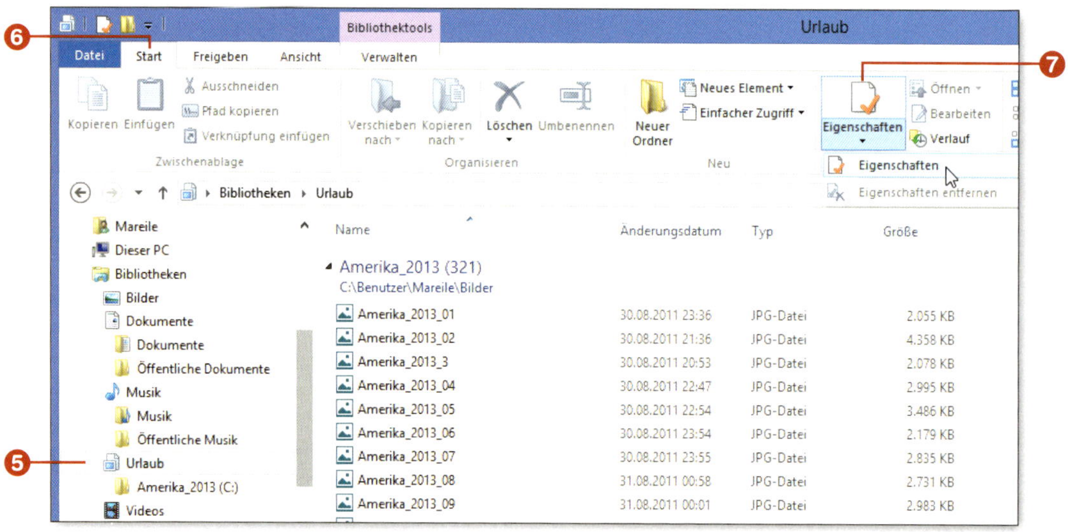

10. Klicken oder tippen Sie im Dialog **Eigenschaften von Urlaub** auf **Hinzufügen** ❽.

11. Wiederholen Sie die Schritte 6 und 7 für den nächsten Ordner, den Sie in die Bibliothek aufnehmen möchten.

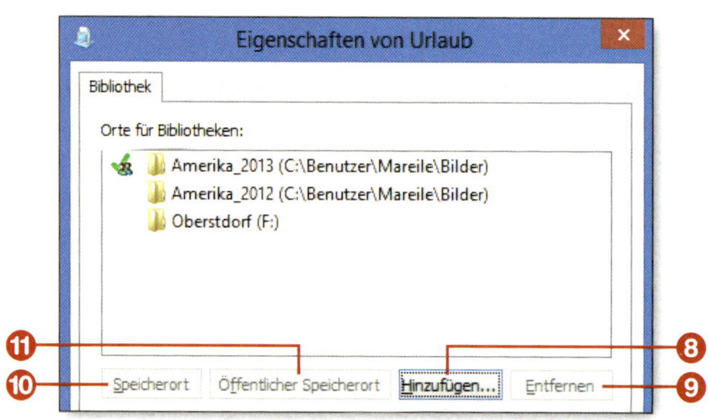

12. Um einen Ordner wieder aus der Bibliothek zu entfernen, markieren Sie ihn einfach im Feld **Orte für Bibliotheken** und klicken oder tippen anschließend auf **Entfernen** ❾. Wichtig: Der eigentliche Ordner bleibt dabei bestehen; lediglich die Verknüpfung zu ihm wird gelöscht.

Bevor Sie den **Eigenschaften**-Dialog schließen, sollten Sie noch ein paar Einstellungen für die Bibliothek vornehmen. So lässt sich die neu angelegte Bibliothek beispielsweise für bestimmte Dateitypen optimieren. Möchten Sie später den Inhalt Ihrer Bibliothek sortieren, bietet Ihnen der Explorer Auswahlkriterien an, die optimal auf den Dateityp zugeschnitten sind. So können Sie Musiktitel dann etwa nach Interpret oder Album sortieren und Bilder nach Aufnahmedatum etc. Klicken oder tippen Sie im **Eigenschaften**-Dialog auf den Pfeil rechts neben dem Feld **Diese Bibliothek optimieren für**, und wählen Sie in der aufklappenden Liste den gewünschten Dateityp aus, im Beispiel **Bilder**.

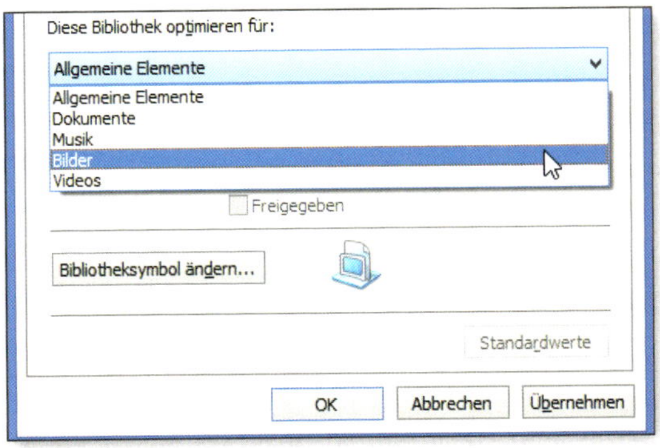

Die neu angelegte Bibliothek können Sie, ebenso wie die vier Standardbibliotheken **Bilder**, **Dokumente**, **Musik** und **Videos**, zum Speichern Ihrer Dateien nutzen. Möchten Sie einen Ordner innerhalb der Bibliothek bevorzugt als Speicherort für alle neuen Dateien verwenden, sollten Sie ihn als Standardspeicherort festlegen. Geben Sie nichts anderes vor, wählt Windows automatisch den Ordner aus, den Sie als Erstes der Bibliothek hinzugefügt haben. Favorisieren Sie einen anderen Ordner, gehen Sie wie folgt vor:

1. Markieren Sie den als Standardordner bevorzugten Ordner im Feld **Ordner für Bibliotheken**, und klicken oder tippen Sie dann auf **Speicherort** (❿ auf Seite 266).

2. Soll ein Ordner nicht nur Ihnen, sondern auch allen anderen Benutzern Ihres Computers zur Verfügung stehen, markieren Sie den Punkt **Öffentlicher Speicherort** ⓫.

3. Wenn Sie alle gewünschten Einstellungen vorgenommen haben, beenden Sie den Dialog **Eigenschaften von …** mit **Übernehmen** und **OK**.

Möchten Sie zu einem späteren Zeitpunkt Änderungen an einer Ihrer Bibliotheken vornehmen, rufen Sie einfach wie in den Schritten 8 und 9 auf Seite 266 beschrieben den **Eigenschaften**-Dialog auf. Anschließend können Sie Ordner hinzufügen, entfernen oder auch die Einstellungen ändern.

Zugriff auf externe Ordner

Haben Sie Ihrer Bibliothek Ordner hinzugefügt, die sich auf externen Festplatten befinden? Um darauf zugreifen zu können, muss die Festplatte natürlich mit dem Computer verbunden sein. Ist dies nicht der Fall, zeigt der Explorer zwar den Ordner in der Bibliothek an, allerdings behauptet er, der Ordner wäre leer. Sobald Sie das externe Speichermedium wieder an den PC anschließen, erscheint auch der Ordnerinhalt wieder.

Dateien und Ordner kopieren, verschieben und löschen

Im vorangegangenen Abschnitt haben Sie gelernt, wie Sie neue Ordner und Bibliotheken anlegen. Bei der Vergabe eines Namens vertippt man sich leicht einmal. Zum Glück lassen sich solche Fehler jederzeit korrigieren. Den entsprechenden Befehl rufen Sie ganz bequem über das Menüband auf:

1. Navigieren Sie zunächst über den Navigationsbereich des Explorers zu dem Element, das Sie umbenennen möchten. Dabei kann es sich um eine Bibliothek, einen Ordner oder auch eine Datei handeln.

2. Markieren Sie das gewünschte Element entweder im Navigationsbereich oder im Inhaltsbereich ❶.

3. Wechseln Sie im Menüband zum Register **Start** ❷, und klicken oder tippen Sie hier in der Gruppe **Organisieren** auf **Umbenennen** ❸.

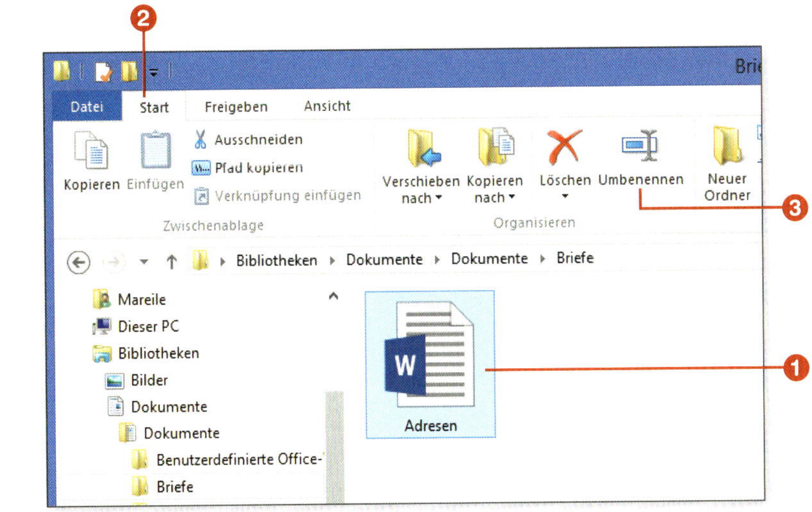

4. Der Name des markierten Elements – in unserem Beispiel das Word-Dokument mit dem falsch geschriebenen Namen »Adresen« **4** – wird nun blau markiert. Korrigieren Sie den Text, oder überschreiben Sie ihn mit einem neuen Namen. Schließen Sie die Eingabe wie gewohnt durch Drücken der [↵]-Taste ab.

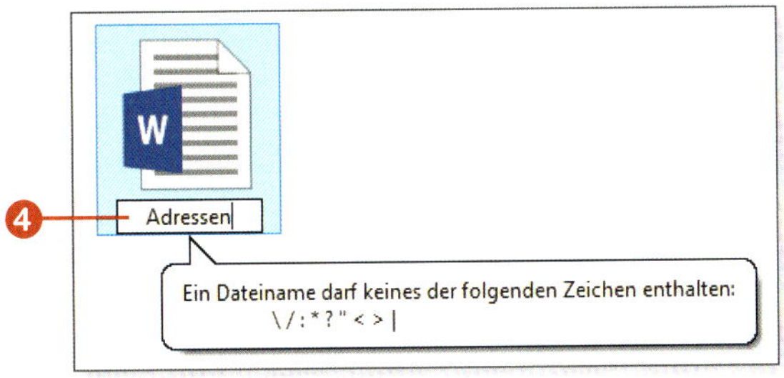

Sonderzeichen sind in Datei- und Ordnernamen nicht gestattet.

Sollten Sie bei der Namenswahl nicht erlaubte Sonderzeichen wie \ und , oder ? verwendet haben, erhalten Sie einen entsprechenden Hinweis. Wählen Sie in diesem Fall einfach einen neuen Namen oder eine andere Schreibweise.

Von »diesem PC« zurück zum Computer

Über die letzten Windows-Versionen hinweg hatte sich die Bezeichnung *Computer* für die Übersicht über alle Laufwerke, Bibliotheken und Ordner eingebürgert. In Windows 8.1 ist nun von *Dieser PC* die Rede. Ziehen Sie den alten Namen vor, benennen Sie ihn einfach um.

Haben Sie eine Datei versehentlich im falschen Ordner gespeichert? Kein Problem! Dank des neuen Menübands lassen sich Dateien und auch Ordner schnell an einen neuen Ort verschieben. Zuvor müssen Sie die entsprechenden Daten im Inhaltsbereich des Explorers per Mausklick oder durch Antippen markieren. Möchten Sie mehrere Dateien oder auch Ordner kennzeichnen, halten Sie einfach die Strg-Taste gedrückt, während Sie nacheinander auf die gewünschten Elemente klicken oder tippen. Ein erneutes Anklicken bzw. Antippen (bei immer noch gedrückter Strg-Taste) hebt die Markierung eines Elements wieder auf. Alle gekennzeichneten Elemente sind an einem hellblauen Hintergrund erkennbar. Haben Sie das oder die gewünschten Elemente markiert, geht es folgendermaßen weiter:

1. Klicken oder tippen Sie in der Gruppe **Organisieren** auf der Registerkarte **Start** auf die Schaltfläche **Verschieben nach**.

2. In der aufklappenden Liste werden zunächst die Ordner aufgeführt, die Sie in letzter Zeit häufiger genutzt haben. Ist der angestrebte neue Speicherplatz für die markierte Datei oder den Ordner bereits dabei, wählen Sie ihn einfach durch Anklicken oder durch Fingertipp aus. Falls er nicht aufgelistet wird, wählen Sie **Speicherort auswählen** ❶.

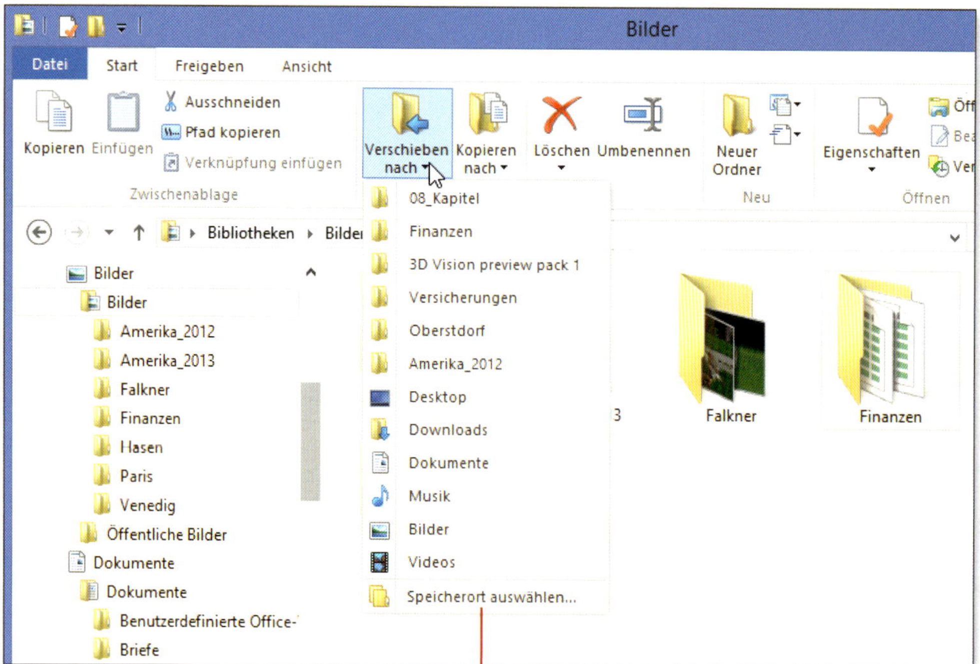

❶

3. Im nächsten Dialog **Elemente verschieben** legen Sie den neuen Speicherort fest. Mit einem Klick oder Tipp auf das kleine Dreieck ❷ links neben einem Ordnernamen blenden Sie die Unterordner ein.

4. Haben Sie einen Ordner markiert, können Sie darin über die Schaltfläche **Neuen Ordner erstellen** ❸ sogar noch ein Extraverzeichnis anlegen, in dem das zu verschiebende Element dann abgelegt wird. In diesem Fall erscheint wieder das bekannte Feld **Neuer Ordner** ❹, in das Sie nur noch den Namen für den neuen Ordner eintragen müssen.

5. Mit einem Klick oder Tipp auf **Verschieben** ❺ legen Sie die Datei am angegebenen Ort ab und schließen den Dialog **Elemente verschieben**.

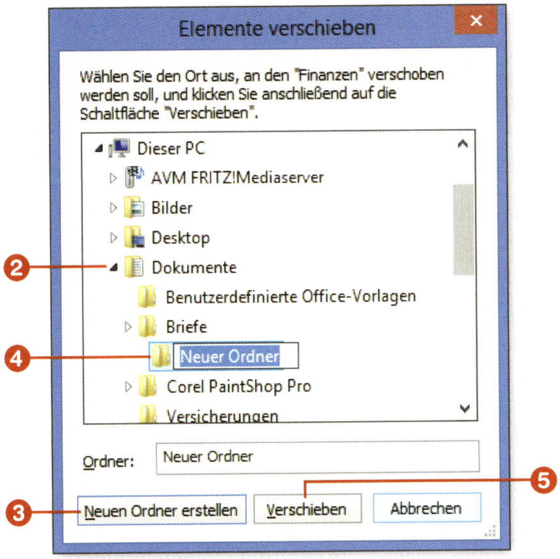

Entsprechend lassen sich Daten auch kopieren. Das Kopieren wird häufig für Datensicherungen eingesetzt, wenn beispielsweise die Urlaubsbilder auf einer externen Festplatte gesichert, aber trotzdem auch auf dem Computer zugänglich bleiben sollen. Den Befehl **Kopieren nach** finden Sie ebenfalls im Register **Start** in der Gruppe **Organisieren**.

Werden nur kleine Datenmengen kopiert oder verschoben, etwa eine einzelne Datei, ist der Vorgang in beiden Fällen schnell erledigt. Bei größeren Datenmengen dagegen dauert das Ganze schon etwas länger. Windows 8.1 blendet während dieser Zeit einen kleinen Dialog mit einer Fortschrittsanzeige ein. Klicken oder tippen Sie darin auf **Mehr Details**, erhalten Sie weitere Informationen zum Verschiebe- oder Kopiervorgang, beispielsweise die geschätzte Dauer des gesamten Vorgangs ❶. Neu in Windows 8.1 ist, dass Sie das Kopieren oder Verschieben jederzeit unterbrechen können. Hierzu reicht ein Klick auf die Schaltfläche **Vorgang anhalten** ❷. Diese Funktion ist vor allem dann praktisch, wenn Sie die gesamte Rechenleistung für eine andere wichtige Aktion benötigen.

> *Kopier- und Verschiebeaktionen können Sie jederzeit unterbrechen.*

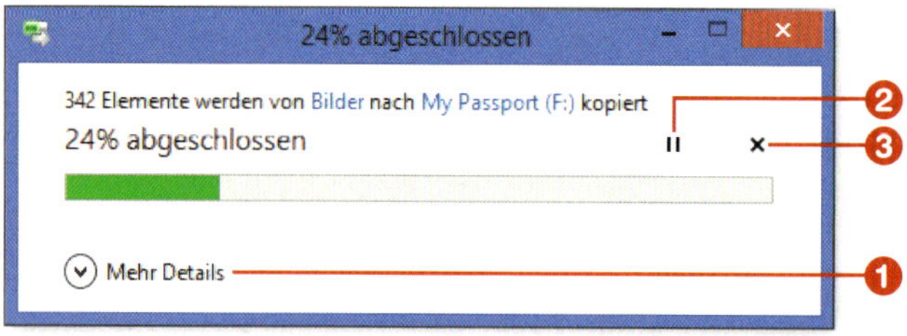

Sobald Sie mit dem Kopieren oder Verschieben fortfahren möchten, reicht ein Klick auf die Schaltfläche **Vorgang fortsetzen**. Über das **Schließen**-Symbol ❸ können Sie den Vorgang auch ganz abbrechen.

Konflikte beim Kopieren und Verschieben

Wenn Sie versuchen, Dateien oder Ordner an einen Ort zu verschieben, an dem bereits Daten mit gleichem Namen vorhanden sind, warnt Windows 8.1 Sie entsprechend. Sie haben nun folgende Optionen:

Datei im Ziel ersetzen. In diesem Fall wird die Datei im Zielordner durch die kopierte oder verschobene Datei ersetzt.

Soll die Datei im Zielordner dagegen behalten werden, wählen Sie **Diese Datei überspringen**. Das Element wird nicht kopiert bzw. verschoben und die alte Datei somit nicht überschrieben.

Falls Sie sich nicht sicher sind, welches der beiden Elemente Sie behalten möchten, wählen Sie den dritten Befehl: **Info für beide Dateien vergleichen**. In diesem Fall blendet Windows ein kleines Fenster mit zusätzlichen Informationen zum Speicherdatum und zur Dateigröße ein. Versehen Sie das Kontrollkästchen vor der Datei, die Sie beibehalten möchten, mit einem Häkchen, und setzen Sie den Kopier- oder Verschiebevorgang dann mit **Weiter** fort.

Im Laufe der Zeit sammeln sich auf dem Computer viele Daten, von denen man nur einen Bruchteil wirklich benötigt. Um eine Datei oder auch einen Ordner zu löschen, können Sie folgendermaßen vorgehen:

1. Wechseln Sie in den Ordner, in dem sich das gewünschte Element befindet, und markieren Sie es im Inhaltsbereich.

2. Holen Sie im Menüband das Register **Start** ❹ in den Vordergrund.

3. Im Bereich **Organisieren** finden Sie die Schaltfläche **Löschen** ❺. Wenn Sie direkt auf das Kreuz ✗ klicken oder tippen, wird die markierte Datei oder der Ordner am aktuellen Speicherort entfernt. Endgültig gelöscht wird das Element aber nicht, stattdessen landet es im Papierkorb, aus dem es sich auch wiederherstellen lässt (wie das geht, erfahren Sie gleich).

4. Falls Sie sich ganz sicher sind, dass Sie die Datei nicht mehr benötigen, klicken oder tippen Sie auf den kleinen Pfeil unterhalb oder rechts neben der **Löschen**-Schaltfläche (die Position ist abhängig von der Größe des Programmfensters). Wählen Sie nun in der aufklappenden Liste den Befehl **Endgültig löschen** ❻. Ein Wiederherstellen der Datei oder des Ordners ist damit nicht mehr möglich.

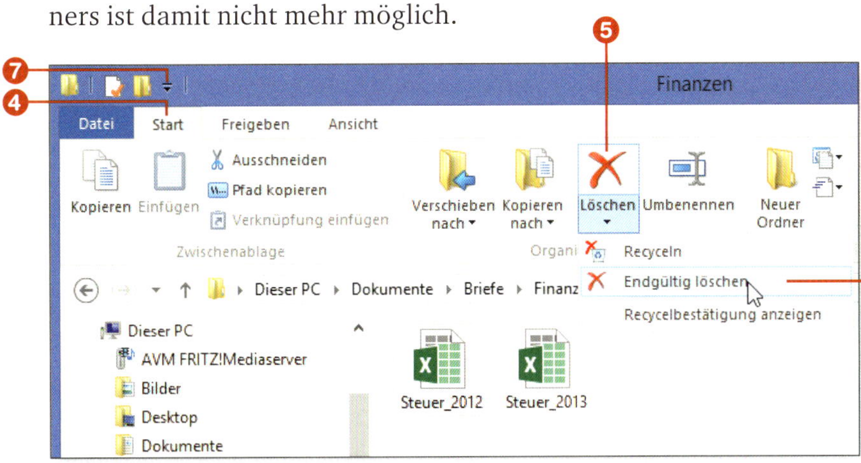

^ *Den Papierkorb rufen Sie über das Desktop-Symbol oder …*

Haben Sie sich für das sogenannte *Recyceln* eines Elements entschieden, bei dem das gelöschte Element zunächst im Papierkorb landet? In diesem Fall können Sie es wieder an den Original-Speicherort zurückholen, sollten Sie es nur versehentlich entfernt haben.

Den Papierkorb rufen Sie per Doppelklick auf das Papierkorb-Symbol auf der Desktop-Oberfläche auf. Wenn Sie den Papierkorb bereits im Navigationsbereich des Explorers eingeblendet haben, wie im Abschnitt »Den Explorer individuell anpassen« ab Seite 257 gezeigt, können Sie ihn auch direkt im Explorer auswählen.

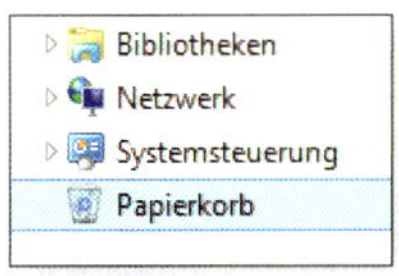

^ *… direkt im Explorer auf.*

Letzte Schritte rückgängig machen

Alle im Explorer vorgenommenen Schritte lassen sich übrigens auch sofort wieder rückgängig machen. Die hierfür notwendige Schaltfläche finden Sie in der *Symbolleiste für den Schnellzugriff* am linken Rand der Titelleiste. Wird das Rückgängig-Symbol mit dem nach hinten gebogenen Pfeil hier nicht direkt angezeigt, klicken Sie zunächst auf die Schaltfläche ▾ (❼ auf Seite 273) und markieren in der aufklappenden Liste den Eintrag **Rückgängig**. In der Liste finden Sie auch die Symbole für das Löschen oder Umbenennen von Dateien und Ordnern.

Im Inhaltsbereich des Explorers werden nun alle gelöschten Elemente aufgelistet. Markieren Sie die Datei oder den Ordner, und klicken oder tippen Sie dann im Register **Papierkorbtools** ❶ auf **Ausgewählte Elemente wiederherstellen** ❷. Soll der gesamte Inhalt des Papierkorbs zurückgeholt werden, wählen Sie **Alle Elemente wiederherstellen** ❸. Die gelöschten Elemente werden in diesem Fall aus dem Papierkorb entfernt und wieder an den Original-Speicherort geschoben. Befinden sich im Papierkorb nur noch Elemente, die Sie wirklich nicht mehr benötigen, sollten Sie auch hier ab und an mit **Papierkorb leeren** ❹ aufräumen. Diese Aufräumaktion sollten Sie regelmäßig durchführen, um unnötig belegten Speicherplatz freizugeben.

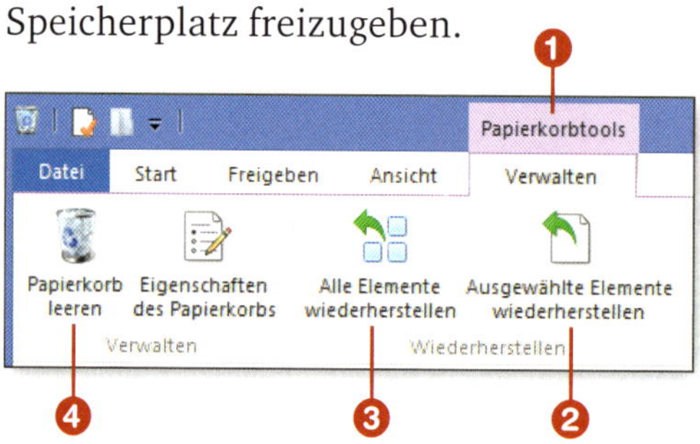

> *Im Register »Papierkorbtools« finden Sie alle wichtigen Befehle zum Wiederherstellen von Elementen.*

Standardbibliothek wiederherstellen

Haben Sie im Eifer des Gefechts einmal versehentlich eine der Standardbibliotheken gelöscht? Kein Problem! Setzen Sie im Navigationsbereich einfach einen Rechtsklick auf **Bibliotheken**. Über den Befehl **Standardbibliotheken wiederherstellen** können Sie die Bibliothek wieder zurückholen. Für die selbst angelegten Bibliotheken funktioniert dies leider nicht. In diesem Fall führt der Weg über den Papierkorb, wie zuvor beschrieben.

Dateien auf CD/DVD brennen

Möchten Sie gerne für Freunde eine CD, DVD oder Blu-ray-Disc mit den Bildern des letzten gemeinsamen Ausflugs zusammenstellen? Auch Windows 8.1 bringt eine eigene Brennfunktion mit, die sich am besten über den Explorer aufrufen lässt. Voraussetzung für die Nutzung ist natürlich, dass Ihr Computer über einen entsprechenden CD/DVD- oder Blu-ray-Brenner verfügt. Vorsicht allerdings, wenn Sie Letzteren verwenden: Nicht jeder verfügt über einen Player, der auch Blu-ray-Datenträger lesen kann. Mit CDs oder DVDs sind Sie auf der sicheren Seite.

1. Wechseln Sie im Explorer zu dem Ordner, in dem sich die Daten befinden, die Sie auf CD, DVD oder Blu-ray brennen möchten. Markieren Sie die gewünschten Dateien oder Ordner.

2. Rufen Sie im Menüband das Register **Freigeben** ❶ auf, und klicken oder tippen Sie hier im Bereich **Senden** auf die Schaltfläche **Auf Datenträger brennen** ❷.

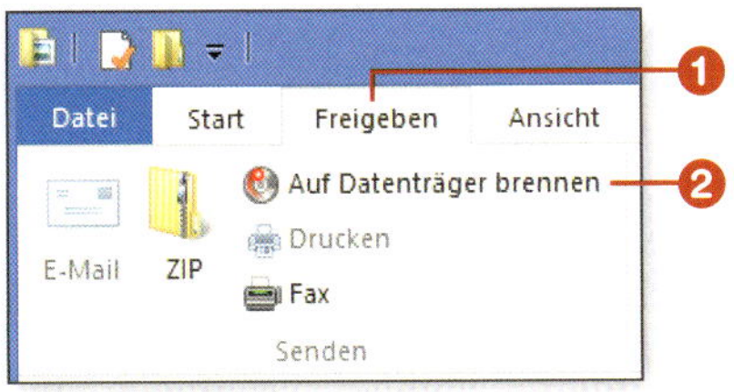

3. Es wird nun automatisch die Schublade des Brenners geöffnet und das Dialogfenster **Auf Datenträger brennen** eingeblendet. Legen Sie den CD- oder DVD-Rohling in das Laufwerk, und schließen Sie die Schublade. Das Fenster wird wieder automatisch ausgeblendet.

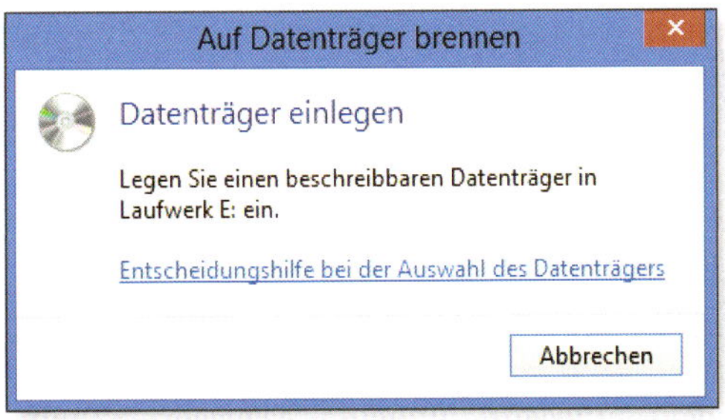

4. Nun erscheint der Dialog **Auf Datenträger brennen**. Geben Sie im Feld **Datenträgertitel** einen Namen für die CD oder DVD ein.

Als Nächstes legen Sie fest, wie der Datenträger (CD, DVD oder Blu-ray) verwendet werden soll ❸. Zur Auswahl stehen **Wie ein USB-Speicherstick** und **Mit einem CD/DVD-Player**. Wenn Sie die zweite Option wählen, lässt sich der Datenträger auf einem handelsüblichen DVD-Player abspielen, der beispielsweise an einem Fernseher angeschlossen ist. Dies ist bei der ersten Option (USB-Speicherstick) nicht möglich. Dafür können Sie in diesem Fall die Dateien auf der CD oder DVD anschließend wieder löschen oder nachträglich weitere Dateien hinzufügen. Derartig gebrannte Datenträger lassen sich allerdings nur auf Windows-Rechnern weiterverarbeiten.

5. Für die anfangs erwähnte Weitergabe von Urlaubsfotos empfiehlt sich die Option **Mit einem CD/DVD-Player**. Soll der Datenträger hingegen nur der vorübergehenden Datensicherung dienen, entscheiden Sie sich besser für die Option **Wie ein USB-Speicherstick**.

6. Bestätigen Sie Ihre Auswahl mit **Weiter** ❹.

Es wird nun ein weiteres Programmfenster des Explorers geöffnet. Im Infobereich der Taskleiste erscheint außerdem der Hinweis **Auf CD/DVD zu brennende Dateien sind vorhanden**, den Sie aber ignorieren können.

Wenn Sie möchten, wählen Sie noch weitere Daten für das Brennen des Datenträgers aus. Hierzu gehen Sie vor, wie im vorangegangenen Abschnitt für das Kopieren von Elementen beschrieben:

7. Wechseln Sie zu dem Ordner, der ebenfalls auf CD oder DVD gebrannt werden soll, und markieren Sie im Inhaltsbereich des Explorers die gewünschten Dateien.

8. Klicken oder tippen Sie im Register **Start** ❺ auf die Schaltfläche **Kopieren nach** ❻, und wählen Sie **Speicherort auswählen**.

9. Im nächsten Dialog **Elemente kopieren** markieren Sie das Brennerlaufwerk ❼ und bestätigen dann mit **Kopieren** ❽.

10. Wiederholen Sie die Schritte 7 bis 9 für alle weiteren Ordner und Dateien, die auf CD oder DVD gebrannt werden sollen.

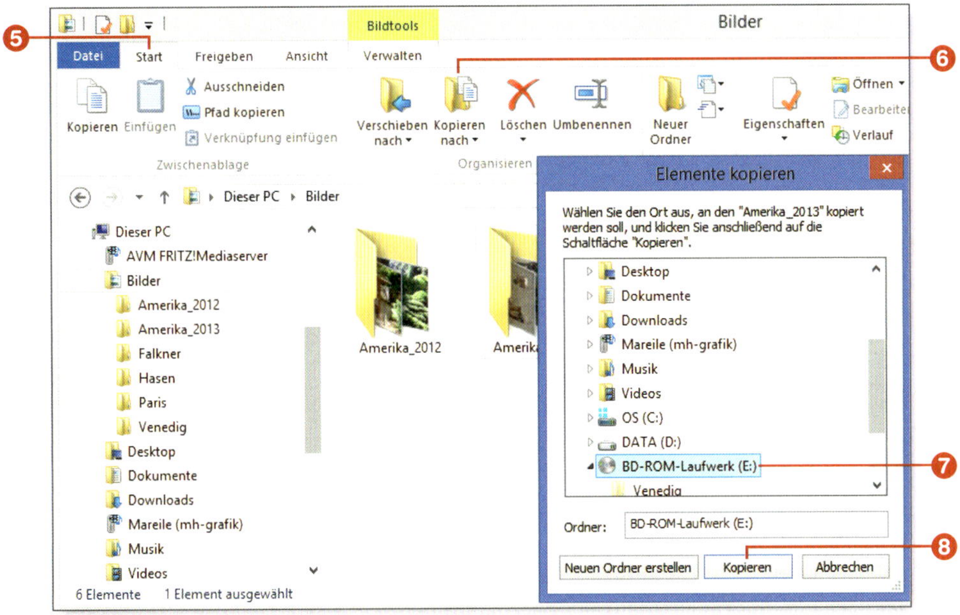

11. Haben Sie alle Daten zusammengestellt, klicken oder tippen Sie im Navigationsbereich auf das CD/DVD-Laufwerk.

12. Stellen Sie sicher, dass sich im Menüband das Register **Laufwerktools ▸ Verwalten** im Vordergrund befindet. Klicken oder tippen Sie hier auf die Schaltfläche **Brennvorgang abschließen** ❾.

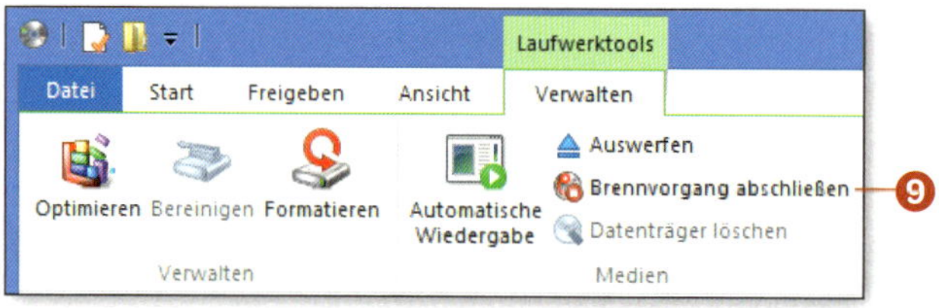

13. Wird der Dialog **Auf Datenträger brennen** eingeblendet, können Sie nach einem Klick oder Tipp auf den Pfeil rechts neben dem Feld **Aufnahmegeschwindigkeit** die gewünschte Brenngeschwindigkeit auswählen ❿.

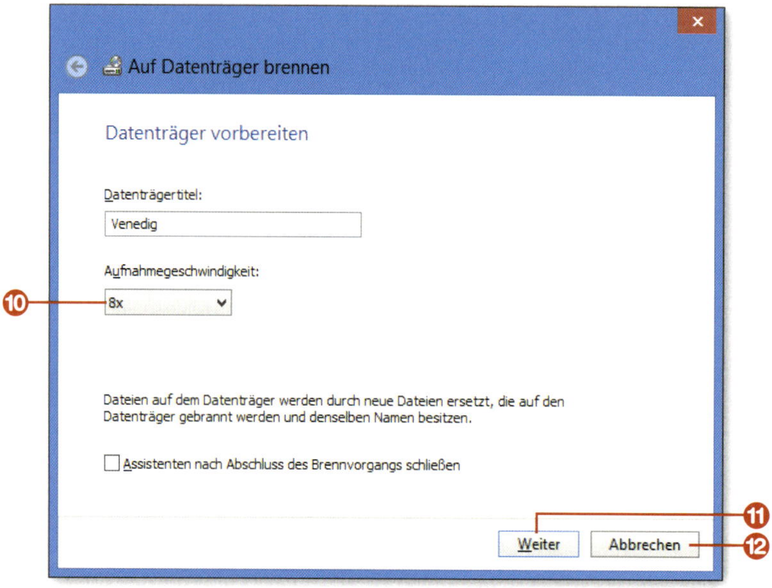

14. Bestätigen Sie mit **Weiter** ⓫.

15. Reicht der verfügbare Speicherplatz auf dem Datenträger für die ausgewählten Daten nicht aus, erhalten Sie jetzt einen entsprechenden Hinweis. Brechen Sie den Brennvorgang mit einem Klick oder Tipp auf **Abbrechen** ⓬ ab, und löschen Sie im Inhaltsbereich gegebenenfalls nicht unbedingt benötigte Dateien (siehe dazu den vorangegangenen Abschnitt), bevor Sie die Schritte 12 bis 14 wiederholen.

Windows 8.1 startet nun den Brennvorgang. Je nach Datenumfang kann dies etwas dauern. Nach erfolgreichem Brennvorgang wird wieder automatisch die Schublade des Brenners geöffnet, und Sie können den Datenträger entnehmen.

Das eventuell noch geöffnete Fenster **Auf Datenträger brennen** schließen Sie mit **Fertig stellen**.

ISO-Dateien auf DVD brennen

Viele Software-Hersteller bieten ihre Programme mittlerweile im Internet zum Download an. Als Dateiformat wird häufig das ISO-Format, ein sogenanntes *Datenträgerabbild*, gewählt. Früher konnten diese Dateitypen nur mit spezieller Software auf DVD gebrannt werden, mittlerweile ist dies aber auch in Windows 8.1 möglich. Markieren Sie hierzu einfach die gewünschte ISO-Datei. Aus dem Internet heruntergeladene Dateien finden Sie meist im Ordner **Downloads**. Klicken Sie dann im Register **Datenträgerimagetools** auf das Symbol **Brennen**. Wählen Sie das DVD-Laufwerk aus, und starten Sie den Brennvorgang mit **Brennen**.

Platz sparen mit ZIP-Archiven

Im Kasten oben bin ich bereits kurz auf das Herunterladen von Dateien aus dem Internet eingegangen. Abgesehen vom dort erwähnten ISO-Format, finden Sie hier häufig auch sogenannte *ZIP-Dateien*. Diese Dateien enthalten selbst wiederum Dateien, die aber stark verkleinert und in der ZIP-Datei »verpackt« wurden. In dieser stark komprimierten Form lassen sie sich besser im Internet übertragen. Bevor Sie die Dateien innerhalb eines solchen ZIP-Archivs nutzen können, müssen sie wieder »entpackt« werden.

Damit ich Ihnen zeigen kann, wie das Entpacken funktioniert, werden Sie zunächst selbst eine ZIP-Datei erstellen. Das ist ausgesprochen praktisch, wenn Sie größere Dateien, z. B. Fotos, per E-Mail versenden möchten.

1. Markieren Sie wie gewohnt im Inhaltsbereich des Explorers die Dateien, die komprimiert, also in einer ZIP-Datei zusammengefasst werden sollen.

Computer durchforstet werden, markieren Sie den Eintrag **Dieser PC**; im Falle eines externen Speichermediums wählen Sie genau dieses aus.

> *Bevor Sie eine Suche starten, markieren Sie das gewünschte Verzeichnis, hier »Dieser PC«.*

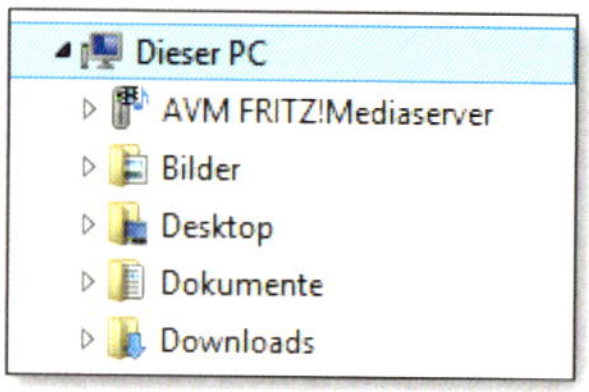

Sobald Sie das Verzeichnis oder Laufwerk ausgewählt haben ❶, geben Sie im Suchfeld einen Suchbegriff ein ❷. Alle gefundenen Ergebnisse werden im Inhaltsbereich eingeblendet, der Suchbegriff wird dabei gelb hervorgehoben. Windows 8.1 orientiert sich bei der Suche nicht nur am Datei- oder Ordnernamen, es berücksichtigt auch Dateiinhalte oder E-Mails.

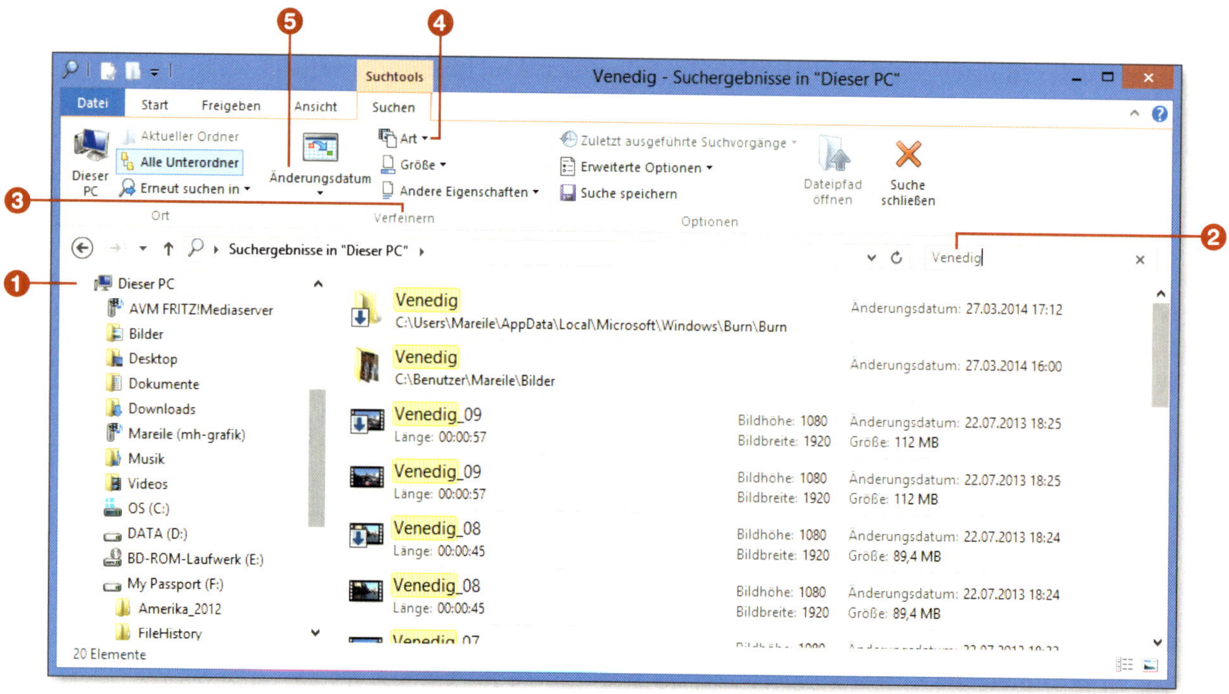

Der Suchbegriff wird in den Ergebnissen gelb markiert.

Hat die Suche zu viele Ergebnisse geliefert, können Sie diese auch weiter filtern. Bereits während der Suche wurde im Menüband das Register **Suchtools** eingeblendet. Hier finden Sie in der Gruppe **Verfeinern** ❸ diverse Möglichkeiten zum Einschränken der Suchergebnisse. Sind Sie beispielsweise auf der Suche nach einem Foto, klicken oder tippen Sie auf die Schaltfläche **Art** ❹ und markieren in der aufklappenden Liste den Eintrag **Bild**. Die Suchergebnisse werden sofort entsprechend gefiltert. Analog können Sie die Suche auch auf ein bestimmtes **Änderungsdatum** ❺ oder die **Dateigröße** einschränken.

Suchbegriffe umschreiben

Sind Sie sich nicht ganz sicher, welche Schreibweise Sie vor langer Zeit für eine Datei gewählt haben? In diesem Fall können Sie auch mit Platzhaltern arbeiten. Das Fragezeichen ? steht beispielsweise für einen einzelnen Buchstaben. Geben Sie also »M?ier« ein, wird sowohl »Meier« als auch »Maier« gefunden. Beliebig viele Buchstaben ersetzen Sie mithilfe des Sternchens *, also etwa »Schmi*« für »Schmidt« oder »Schmitt«.

Bei den bisherigen Themen in diesem Kapitel haben wir uns auf die Daten beschränkt, die sich auf Ihrem Computer oder auf externen Speichermedien befinden. Mittlerweile gibt es aber noch eine weitere Speichermöglichkeit für Ihre Daten: den Online-Speicher *OneDrive*. Worum es sich dabei handelt, zeige ich Ihnen im folgenden Abschnitt.

Dateien online speichern auf OneDrive

Haben Sie, wie in Kapitel 5, »Ihr ganz persönliches Windows 8.1«, beschrieben, ein Microsoft-Konto eingerichtet, steht Ihnen ein kostenloser Online-Speicher zur Verfügung, *OneDrive* genannt. Nicht nur Microsoft bietet einen solchen auch als *Cloud* bezeichneten Online-Speicher an. Auch Google, Amazon, Telekom und viele andere Hersteller mischen bei diesem Hype mit. Der Vorteil liegt auf der Hand: Sie können von überall her auf die online, also im Internet gespeicherten Daten – z. B. auf Fotos oder wichtige Dokumente – zugreifen. Vorausgesetzt natürlich, Sie haben einen Zugang zum Internet.

Um *OneDrive* nutzen zu können, müssen Sie mit Ihrem Microsoft-Konto am Computer angemeldet sein. Werfen Sie nun einen Blick in den Explorer, finden Sie in der Navigationsleiste den zusätzlichen Eintrag **OneDrive**. Der Online-Speicher verhält sich hier wie ein ganz normaler Ordner auf der Festplatte Ihres Computers oder auch einer externen Festplatte. Das heißt, es stehen Ihnen alle Funktionen des Explorers – wie etwa Kopieren, Verschieben und Löschen – zur Verfügung.

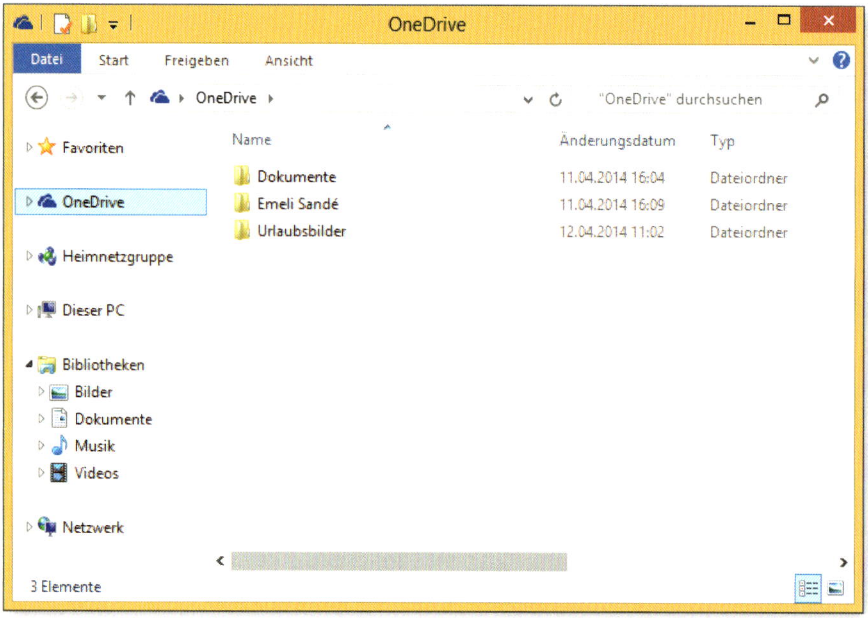

Sind Sie mit einem Microsoft-Konto am PC angemeldet, können Sie über den Explorer auf die Cloud »OneDrive« zugreifen.

Statt über den Explorer auf den Online-Speicher *OneDrive* (bis Anfang 2014 übrigens unter dem Namen *SkyDrive* bekannt) zuzugreifen, können Sie auch den Weg über die gleichnamige Kachel wählen. Wie dies funktioniert, zeige ich Ihnen auf den folgenden Seiten.

Damit Sie die nächsten Schritte nachvollziehen können, müssen Sie, wie erwähnt, mit einem Microsoft-Konto am Computer angemeldet sein. Ist dies noch nicht der Fall, holen Sie dies bitte nun nach. Denn im Unterschied zu der im vorherigen Kapitel vorgestellten *Mail*-App reicht es hier nicht, sich erst nach Aufruf der *OneDrive*-App mit Ihren Benutzerdaten des Microsoft-Kontos beim Cloud-Speicher anzumelden (siehe auch den Kasten »Wechsel zum Microsoft-Konto« auf der folgenden Seite).

Wechsel zum Microsoft-Konto

Sind Sie an Ihrem lokalen Benutzerkonto angemeldet, erscheint nach Aufruf der *OneDrive*-App die Aufforderung **Zu PC-Einstellungen wechseln**. Klicken oder tippen Sie hierauf, gelangen Sie zur Kategorie **Konten ▸ Ihr Konto** in den PC-Einstellungen. Unterhalb des Benutzernamens wird die Schaltfläche **Mit einem Microsoft-Konto verbinden** eingeblendet. Diese Schaltfläche ist mit Vorsicht zu genießen, denn sie ermöglicht nicht, wie der Name vermuten lässt, eine Anmeldung am Microsoft-Konto. Stattdessen wird Ihr lokales Benutzerkonto in ein mit einem Microsoft-Konto verknüpftes Benutzerkonto umgewandelt. Dabei gehen zwar nicht Ihre Daten verloren, das lokale Konto steht aber anschließend nicht mehr zur Verfügung. Die Anmeldung erfolgt nun immer automatisch über das Microsoft-Konto. Dies lässt sich nur über die nun als **Trennen** bezeichnete Schaltfläche rückgängig machen. Möchten Sie sich an Ihrem Microsoft-Konto anmelden, ohne auf das lokale Benutzerkonto verzichten zu müssen, gehen Sie den Weg über das Profilbild auf dem Startbildschirm, wie im Abschnitt »Ein Microsoft-Konto einrichten« auf Seite 138 beschrieben.

Die *OneDrive*-App rufen Sie wie alle Apps per Klick oder Tippen auf die entsprechende Kachel auf dem Startbildschirm auf. Wenn Sie noch keine Daten in den Online-Speicher geladen haben, wird anfangs nur der Ordner **Dokumente** angezeigt. Links finden Sie ein kleines Hinweisfenster, das Sie mit einem Klick auf die entsprechende Schaltfläche **schließen** können.

∧ Die »OneDrive«-App rufen Sie über die entsprechende Kachel auf dem Startbildschirm auf.

Um Dateien, etwa Bilder Ihres letzten Urlaubs, in die Cloud hochzuladen, gehen Sie folgendermaßen vor:

1. Wenn Sie möchten, legen Sie zunächst im Online-Speicher einen neuen Ordner an. Rufen Sie hierzu per Rechtsklick die App-Leiste am unteren Bildschirmrand auf. Wenn Sie mit einem Touchscreen arbeiten, wischen Sie vom unteren Bildschirmrand in Richtung Bildschirmmitte.

2. Klicken oder tippen Sie auf **Neuer Ordner** (❶ auf Seite 286). Überschreiben Sie in dem aufklappenden kleinen Dialog den blau markierten Text mit dem Namen des neuen Ordners, etwa »Urlaubsbilder« ❷. Nach einem Klick auf **Erstellen** ❸ wird das Verzeichnis in der Übersicht angezeigt.

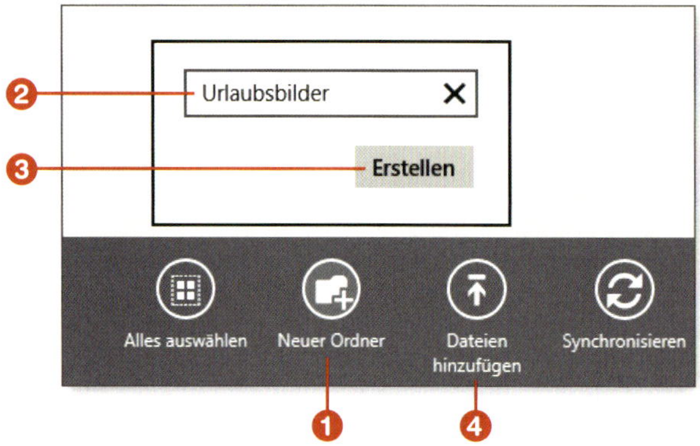

3. Markieren Sie den Ordner **Urlaubsbilder**, findet automatisch ein Wechsel in dieses Verzeichnis statt. Rufen Sie nun erneut die App-Leiste auf, wie in Schritt 1 gezeigt. Klicken oder tippen Sie jetzt auf die Schaltfläche **Dateien hinzufügen** ❹.

Den nächsten Dialog haben Sie bereits im Zusammenhang mit dem Versenden von Dateianhängen kennengelernt (siehe dazu den Abschnitt »E-Mails verschicken mit der Mail-App« ab Seite 225).

4. Klicken oder tippen Sie auf den Ordner, in dem sich die Daten befinden, die Sie online speichern wollen, etwa **Bilder** ❺.

5. Öffnen Sie anschließend den Ordner, der diese Dateien enthält.

6. Werden die einzelnen Dateien eingeblendet, wählen Sie die gewünschten per Mausklick oder durch Antippen aus. Die markierten Dateien werden mit einem Häkchen versehen und am unteren Rand des Bildschirms angezeigt.

7. Sobald Sie alle gewünschten Dateien innerhalb des Ordners ausgewählt haben, klicken oder tippen Sie auf die Schaltfläche **Nach OneDrive kopieren** ❻.

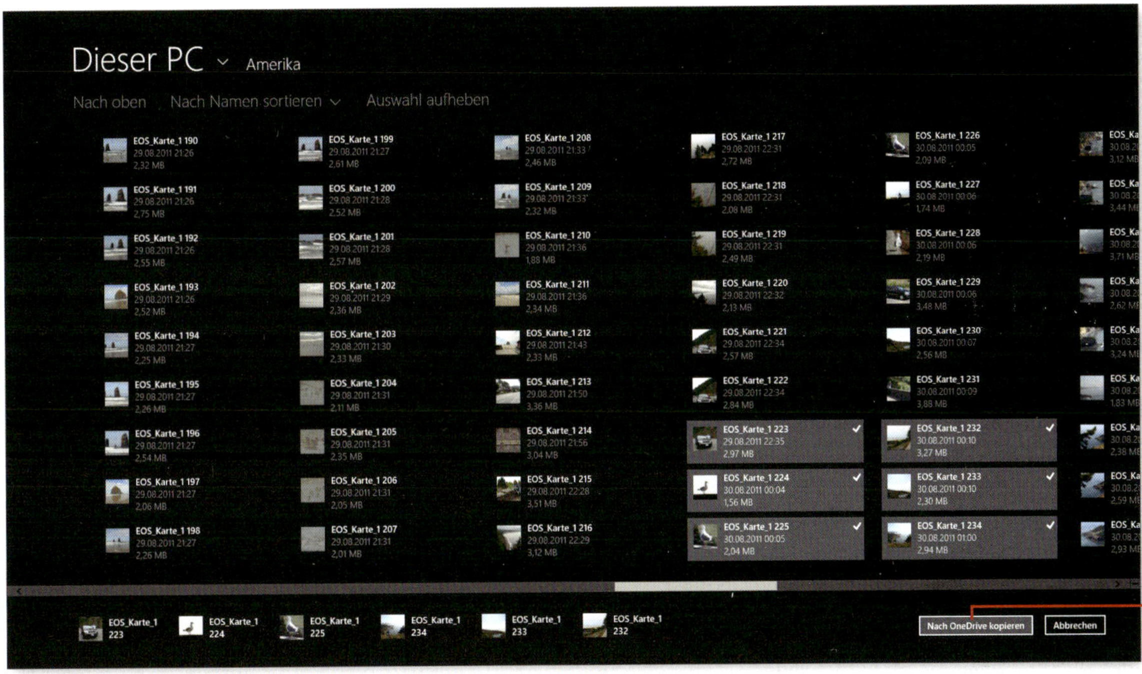

❻

8. Das Hochladen der Dateien kann einen Moment dauern. In der rechten oberen Ecke der *OneDrive*-App erscheint während dieser Zeit zunächst der Hinweis **Hochladen** und nach einem kurzen Moment: **Upload wird ausgeführt – X% abgeschlossen**.

9. Nach dem Hochladen werden die Dateien im ausgewählten Ordner eingeblendet. In der rechten unteren Ecke eines jeden Fotos sehen Sie nun zwei kleine Symbole ❼: Die Wolke zeigt, dass die Datei im Online-Speicher zur Verfügung steht; das Computer-Symbol steht für Ihren PC. Klicken oder tippen Sie auf eine der Dateien, etwa ein Foto, wird sie über die volle Bildschirmgröße hinweg angezeigt.

❼

10. Befinden sich mehrere Dateien im Ordner, können Sie über die Pfeiltasten 8 am rechten und linken Bildschirmrand im Ordner blättern. Im Falle eines Touchscreens wischen Sie zum Blättern einfach von rechts nach links und umgekehrt.

11. Um zur Ordnerübersicht zurückzukehren, rufen Sie wieder die App-Leiste auf und klicken oder tippen hier auf den Pfeil 9 oben links. In der gleichen Leiste finden Sie unten links 10 auch die Befehle zum Löschen eines Bildes.

OneDrive eignet sich auch wunderbar dafür, Fotos mit anderen zu teilen. Wenn Sie Freunden beispielsweise gerne die letzten Urlaubsbilder zeigen möchten, sie aber zu weit entfernt sind und ein Treffen deshalb in der nächsten Zeit nicht infrage kommt, laden Sie die Bilder einfach auf *OneDrive* hoch, wie bereits gezeigt. Wechseln Sie dann zu dem Ordner, den Sie mit Ihren Freunden teilen möchten. Am schnellsten gelingt das Teilen, indem Sie einen Link zu Ihrem Bilderordner per E-Mail verschicken. Das funktioniert ganz einfach, wie Sie hier sehen:

1. Markieren Sie per rechten Mausklick den gewünschten Ordner ❶ oder auch ein einzelnes Foto. Wenn Sie einen Touchscreen nutzen, ziehen Sie den Ordner oder die Datei etwas mit dem Finger nach unten. In der App-Leiste, die nun am unteren Bildschirmrand eingeblendet wird, klicken oder tippen Sie auf **Teilen** ❷.

2. Markieren Sie im kleinen aufklappenden Dialog **Personen einladen** ❸.

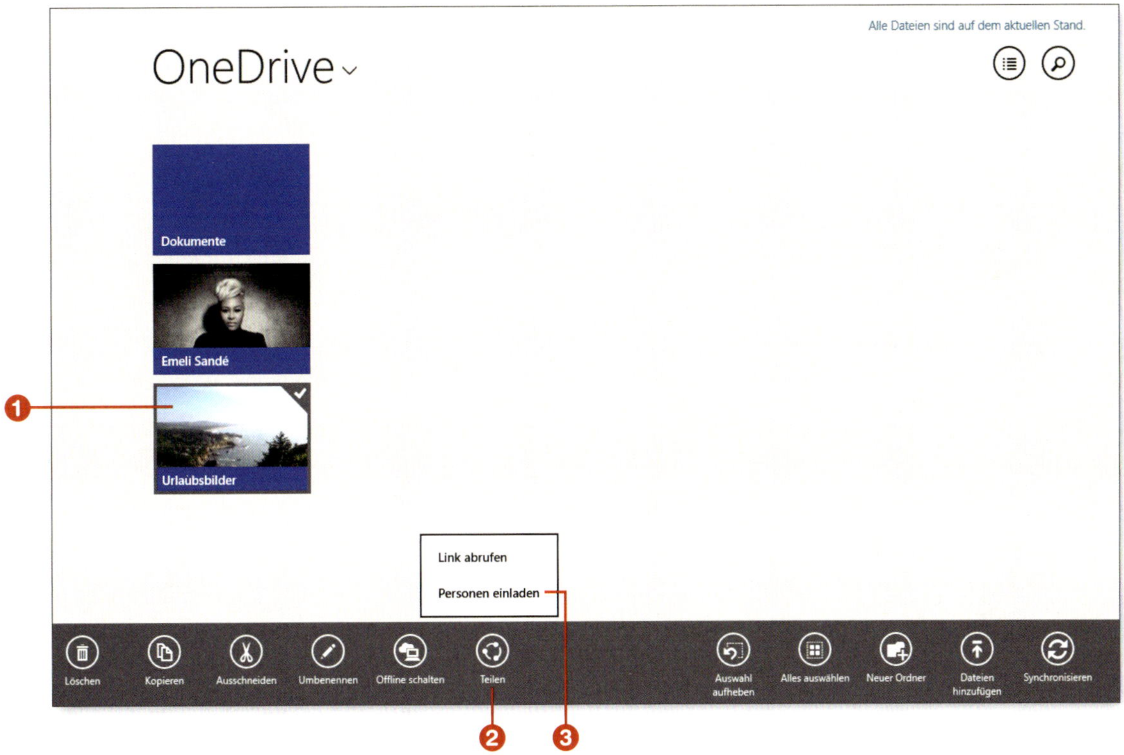

3. Im folgenden Dialog geben Sie im Feld E-Mail-Adressen eine oder mehrere E-Mail-Adressen Ihrer Freunde ein. Mehrere Adressen trennen Sie durch ein Semikolon »;« voneinander (❹ auf Seite 290). Haben Sie bereits einige Adressen in der *Kontakte*-App erfasst, können Sie alternativ auch auf **Personen hinzufügen** klicken oder tippen ❺. In diesem Fall werden Sie automatisch zur *Kontakte*-App geführt. Markieren Sie hier die gewünschten Empfänger Ihrer E-Mail per Mausklick oder Antippen, und bestätigen Sie mit **Auswählen**.

4. Im Feld **Kurze Notiz hinzufügen** geben Sie den Text Ihrer E-Mail ein ❻.

5. Mit einem Klick oder Tipp auf die **Senden**-Schaltfläche ❼ verschicken Sie die E-Mail an Ihre Freunde.

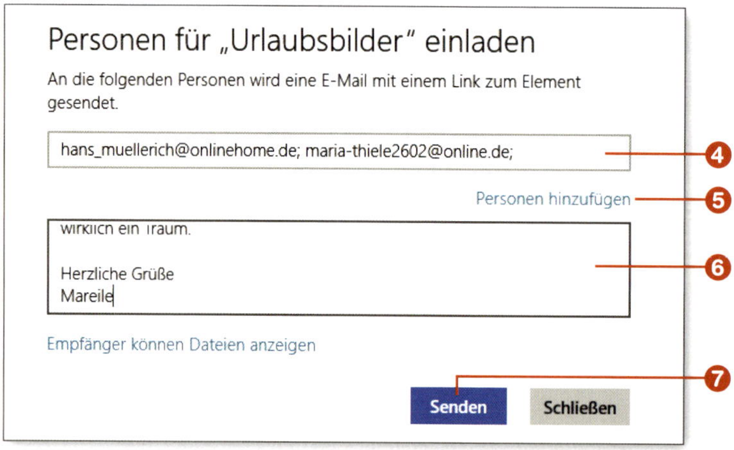

Sobald Ihre Freunde die Mail erhalten haben, müssen sie nur noch auf den Link klicken, und schon können sie Ihre Fotos bewundern.

Insgesamt stellt Ihnen Microsoft 7 GB freien Speicherplatz zur Verfügung. Wie viel Sie davon bereits in Anspruch genommen haben, erfahren Sie über die PC-Einstellungen.

1. Drücken Sie die Tastenkombination [Windows] + [C], um die Charms-Leiste aufzurufen. Auf einem Touchscreen wischen Sie vom rechten Bildschirmrand in Richtung Bildschirmmitte. Klicken oder tippen Sie dann auf **PC-Einstellungen ändern**.

2. Wechseln Sie in der linken Spalte in die Kategorie **OneDrive**.

3. Ist in der linken Spalte **Dateispeicher** ❶ markiert, können Sie rechts ablesen, wie viel Speicherplatz ❷ bereits verbraucht ist.

Übrigens, möchten Sie ein auf *OneDrive* gespeichertes Foto per E-Mail versenden, rufen Sie einfach in der Charms-Leiste den Charm **Teilen** auf.

Das Thema Fotos werde ich im nächsten Kapitel ausführlich aufgreifen. Dort erfahren Sie, wie Sie Ihre Bilder von der Digitalkamera auf den Computer überspielen, kleine Schönheitsfehler korrigieren und vieles mehr. Auch die Themen Videos und Musik schauen wir uns genauer an.

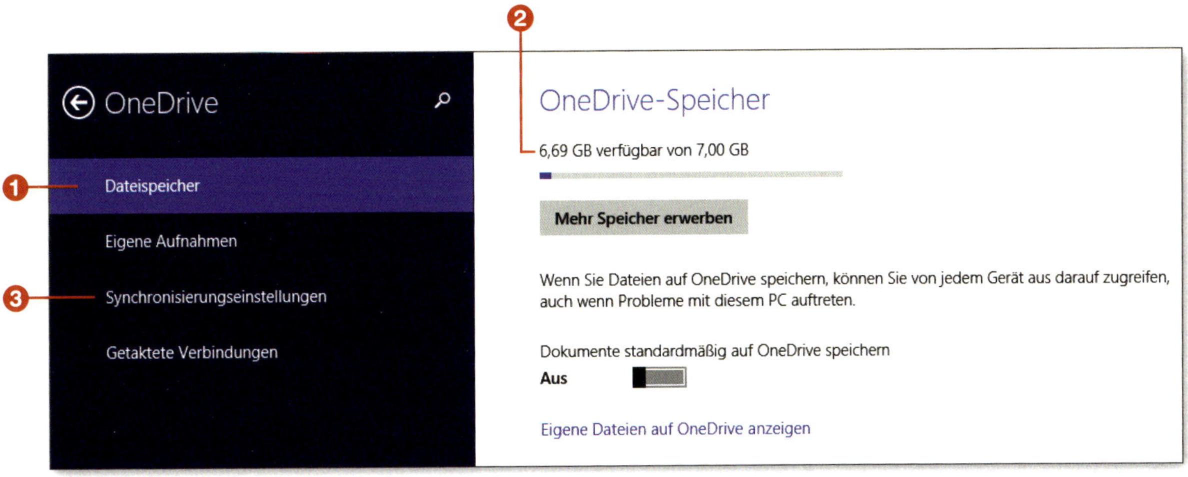

Synchronisierungseinstellungen festlegen

Haben Sie gleich mehrere Computer im Einsatz, etwa einen Desktop-PC daheim und unterwegs ein Notebook oder auch Tablet? Wenn Sie möchten, können Sie auf jedem Computer die gleichen Einstellungen verwenden. Das beginnt beim Aussehen des Startbildschirms und Desktops, geht über die im Internet Explorer als Favoriten gespeicherten Internetadressen bis hin zu den auf dem Computer installierten Apps. Damit Sie all diese Einstellungen und Anwendungen auf jedem Ihrer Windows-8.1-Geräte identisch vorfinden, müssen Sie mit dem gleichen Microsoft-Konto am Computer angemeldet sein. Die Synchronisierung der Einstellungen übernimmt Windows für Sie automatisch. Was synchronisiert werden soll, können Sie selbst in den **PC-Einstellungen** unter **OneDrive ▸ Synchronisierungseinstellungen** ❸ festlegen.

Kapitel 9

Fotos, Videos und Musik

Erinnern Sie sich noch an die Zeiten, in denen Sie Ihre Urlaubsbilder erst umständlich zum Entwickeln bringen mussten? Nicht selten erhielt man zu den Strandaufnahmen auch noch Fotos vom letzten Weihnachtsfest zurück, an die man schon gar nicht mehr gedacht hatte. Von den nicht gelungenen Fotos einmal ganz abgesehen.

Dank Digitalkamera und Computer gehören diese Zeiten der Vergangenheit an. Ruckzuck können Sie nun Fotos und Videos direkt von der Kamera auf Ihren Computer überspielen und sofort betrachten. Wenn Sie dabei kleine Schönheitsfehler wie die berühmten roten Augen entdecken, lassen sich diese sofort korrigieren. Möchten Sie die Fotos anschließend selbst ausdrucken? In diesem Kapitel zeige ich Ihnen, wie all dies funktioniert. Auch das Thema Musik werde ich dabei nicht vergessen, denn schließlich macht das Bearbeiten der meist großen Fotosammlung mit etwas Musikuntermalung gleich viel mehr Spaß.

Mit Windows 8.1 haben Sie Ihre Fotos gut im Blick.

Fotos und Videos auf den PC überspielen

Das Fotografieren, aber auch das Filmen ist mit einer Digitalkamera ein Vergnügen. Selbst mit Smartphones gelingen tolle Schnappschüsse. Das Ergebnis können Sie zwar sofort auf dem Display der Kamera bewundern, doch noch besser zur Geltung kommen die Bilder natürlich auf einem großen Bildschirm.

Windows 8.1 hat eine spezielle App für Fotos an Bord, mit der Sie Bilder nicht nur betrachten, sondern auch auf den Computer überspielen. Die App wurde – wie alle anderen auch – in erster Linie für die Nutzung auf einem Tablet entwickelt. Ihr Funktionsumfang ist nicht sehr spektakulär, sondern beschränkt sich auf das Nötigste. Dem einen oder anderen mag es aber ausreichen.

^ *Die »Fotos«-App richtet sich vor allem an Tablet-Nutzer.*

Unter Windows 8.1 ist die *Fotos*-App das Standardprogramm für all Ihre Bildaktionen (wie Sie ein anderes Standardprogramm festlegen, erfahren Sie auf Seite 319 im Kasten »Ein Standard-Fotoprogramm auswählen«). Deshalb wird die *Fotos*-App auch automatisch für den Datenimport genutzt. Bevor aber das Programm aktiv werden kann, müssen Sie Kamera und Computer zunächst miteinander verbinden.

Viele Digitalkameras können Sie direkt per USB-Kabel mit dem PC verbinden. Sobald Sie die Kamera anschließend einschalten und, falls das bei Ihrem Gerät nötig ist, in den Wiedergabemodus wechseln, meldet sich Windows 8.1 auch schon zu Wort.

+ Kartenlesegerät nutzen

Sie können das USB-Kabel Ihrer Kamera nicht mehr finden? Viele Computer besitzen mittlerweile ein Kartenlesegerät, in das Sie die Speicherkarte Ihrer Kamera stecken können. Alternativ lässt sich auch ein externes Lesegerät nutzen, das ebenfalls über die USB-Schnittstelle an den PC angeschlossen wird. Sobald Sie die Speicherkarte eingesteckt haben, reagiert Windows 8.1. Die nächsten Schritte sind identisch mit dem gleich vorgestellten Prozedere für die direkte Verbindung von Kamera und Computer.

Windows 8.1 erkennt das angeschlossene Gerät automatisch und installiert bei der ersten Verwendung die nötigen Treiber. Dies gilt übrigens nicht nur für Digitalkameras oder Kartenlesegeräte, sondern ist beim Anschluss einer externen Festplatte oder eines USB-Sticks genauso.

1. Sobald die Treiber eingerichtet sind, erscheint in der rechten oberen Bildschirmecke für wenige Sekunden ein kleines Dialogfenster mit dem Titel des verwendeten Geräts, in unserem Beispiel also die an den Computer angeschlossene Digitalkamera. Klicken oder tippen Sie auf den Text unterhalb des Titels.

Es klappt nun ein weiteres Fenster auf, in dem Ihnen verschiedene Aktionen für das Gerät angeboten werden.

2. In unserem Fall sollen Fotos und Videos auf den Computer überspielt werden. Klicken Sie daher auf **Fotos und Videos importieren**.

Diese beiden Fenster werden Ihnen nur beim ersten Anschluss des Geräts an den Computer angeboten. Windows 8.1 merkt sich, welche Aktion Sie gewählt haben, und geht zukünftig gleich nach dem Verbinden der Geräte zum nächsten Schritt über.

3. Windows 8.1 startet automatisch die *Fotos*-App. In einer Übersicht werden alle auf der Speicherkarte der Digitalkamera befindlichen Bilder und Filme angezeigt. Letztere sind durch ein kleines Pfeil-Symbol gekennzeichnet. Anfangs sind alle Daten markiert, Sie erkennen das an dem kleinen Häkchen ❶ in der jeweiligen Miniaturansicht. Soll eine Aufnahme nicht auf den Computer übertragen werden, heben Sie die Markierung einfach per Mausklick oder durch Antippen auf.

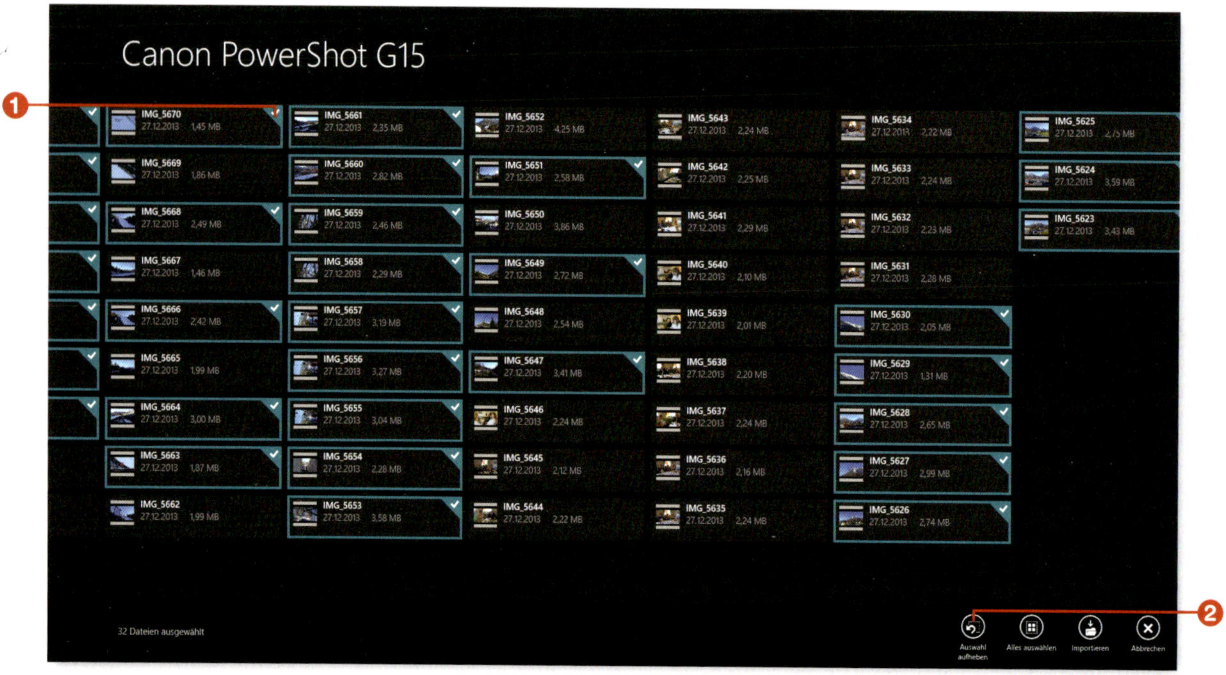

4. Wollen Sie aus einer großen Bilderflut nur wenige Dateien auswählen, ist es sinnvoller, zunächst auf **Auswahl aufheben** ❷ zu klicken oder zu tippen, um alle Bilder abzuwählen; anschließend markieren Sie nur die gewünschten Fotos oder Filme mit einem Klick oder Tipp.

5. Starten Sie die Datenübertragung dann mit einem Klick oder Tipp auf **Importieren** ❸.

Ihre Fotos und Filme werden jetzt von der Digitalkamera oder der Speicherkarte auf den Computer überspielt. Dieser Vorgang dauern je nach

Datenumfang ein paar Sekunden oder auch länger. Windows 8.1 legt die Dateien automatisch in einem Unterordner im Ordner **Bilder** ab. Dieser Unterordner erhält als Namen das Aufnahmedatum des ersten importierten Fotos in der Form »Jahr-Monat-Tag«, also etwa **2014-04-01** ❹. Der Inhalt des gerade neu angelegten Ordners wird automatisch in der *Fotos*-App angezeigt.

^ *Die Fotos werden in einem neu erstellten Ordner abgelegt.*

Datenimport manuell starten

Wird bei Ihnen nach Schritt 2 (Seite 295) die *Fotos*-App nicht automatisch mit einer Übersicht über die Dateien auf der Speicherkarte geöffnet? In diesem Fall öffnen Sie die App selbst über die entsprechende Kachel auf dem Startbildschirm. Rufen Sie dann durch einen Rechtsklick oder eine Wischgeste vom unteren Bildschirmrand in Richtung Bildschirmmitte die App-Leiste auf. Unten rechts finden Sie nun den Befehl **Importieren**. Klicken oder tippen Sie darauf, und wählen Sie dann die gewünschte Kamera oder Speicherkarte aus. Anschließend geht es bei Schritt 3 weiter.

Wenn Sie möchten, sehen Sie sich nun in Ruhe die überspielten Aufnahmen an:

1. Klicken oder tippen Sie auf ein Foto, um es über den gesamten Bildschirm hinweg anzuzeigen.

2. Am rechten Rand erscheint ein kleiner Pfeil, über den Sie das nächste Bild innerhalb des Ordners aufrufen. Wenn Sie einen Touchscreen nutzen, wischen Sie einfach von rechts nach links, um von einem Foto zum nächsten, und umgekehrt, um zum vorherigen Foto zu blättern. Ist bei den Aufnahmen ein Video dabei, wird dieses automatisch abgespielt.

3. Gefällt Ihnen eines der Bilder oder Videos gar nicht, und Sie möchten es sofort entfernen? Rufen Sie per Rechtsklick oder durch eine Wischbewegung vom unteren Bildschirmrand in Richtung Bildschirmmitte die App-Leiste auf. Klicken oder tippen Sie darin auf das **Löschen**-Symbol ❶, und bestätigen Sie erneut mit **Löschen** ❷. Das Foto wird nun entfernt.

In der App-Leiste sehen Sie noch zwei interessante Befehle, die ich Ihnen hier kurz vorstellen möchte:

4. Nach einem Klick auf den Befehl **Diashow** ❸ werden alle Fotos innerhalb des Ordners nacheinander eingeblendet, und Filme werden entsprechend abgespielt. Durch Drücken der [Esc]-Taste lässt sich die Diashow jederzeit beenden.

5. Bei einem einzelnen Foto finden Sie in der App-Leiste den Befehl **Festlegen als** ❹. Klicken oder tippen Sie darauf, klappt eine Liste auf. Mit dem Befehl **Sperrbildschirm** ❺ wird das ausgewählte Foto auf dem Sperrbildschirm angezeigt. Soll das aktuelle Foto die Kachel der *Fotos*-App auf dem Startbildschirm zieren, wählen Sie **Kachel für Fotos** ❻.

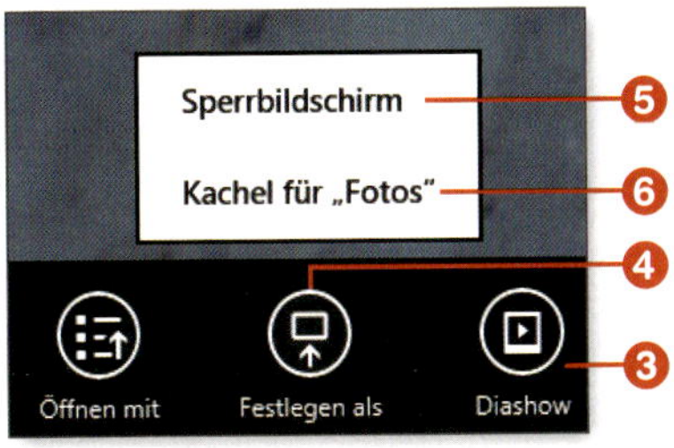

6. Möchten Sie wieder zur Übersicht über alle Dateien innerhalb des Ordners zurückkehren, klicken oder tippen Sie in der App-Leiste in der linken oberen Bildschirmecke auf den Pfeil.

7. Am oberen Rand der Übersicht wird der Name des aktuellen Bilderordners angezeigt. Links davon finden Sie ebenfalls den Pfeil. Ein Klick oder Tipp darauf, und Sie gelangen zur Startseite der *Fotos*-App.

Fotos bearbeiten mit der »Fotos«-App

Für Windows 8.1 hat Microsoft die *Fotos*-App um ein paar weitere Funktionen erweitert. So können Sie z. B. nach einem Klick oder Tipp auf das Symbol **Bearbeiten** am rechten Rand der App-Leiste einige Schönheitskorrekturen am Foto vornehmen. Wenn Sie das Bild erfolgreich korrigiert haben, blenden Sie mit einem weiteren Rechtsklick oder einer Wischbewegung vom unteren Bildschirmrand Richtung Bildmitte eine App-Leiste ein, in der Sie die Befehle zum Speichern oder auch Rückgängigmachen der Korrekturen finden. Weitaus einfacher lassen sich die Bilder allerdings mit der Fotogalerie bearbeiten, wie ich Ihnen im Abschnitt »Kleine Schönheitsfehler selbst korrigieren« ab Seite 312 zeigen werde.

Abgesehen von Ihrer eigenen Bildbibliothek können Sie mit der App auch die Fotos verwalten, die Sie auf OneDrive online veröffentlicht haben. Wie Sie hierzu vorgehen, habe ich Ihnen bereits im vorangegangenen Kapitel ab Seite 283 erklärt.

Die *Fotos*-App bietet Ihnen beim Datenimport nicht viele Auswahlmöglichkeiten. Als Speicherort wird automatisch die Bildbibliothek **Bilder** gewählt, selbst wenn es sich um Filme handelt. Die Dateinamen werden ebenfalls von der *Fotos*-App bestimmt. Und sie sind kryptisch, wie Sie nach einem Blick in den Explorer feststellen können. Wie Sie den Explorer aufrufen und darin zum gewünschten Bilderordner wechseln, habe ich im Abschnitt »Erste Schritte mit dem Explorer« ab Seite 250 ausführlich beschrieben.

^ *Die wenig aussagekräftigen Dateinamen erschweren eine spätere Suche.*

Im Laufe der Zeit sammeln sich schnell Hunderte von Bildern auf Ihrem Computer an. Wenn alle Dateien solche wenig aussagekräftigen Namen haben, wird es schwierig, die Übersicht zu bewahren. Meine Empfehlung: Nutzen Sie für die Übertragung Ihrer Fotos und Filme die *Fotogalerie*. Denn dort können Sie unter anderem von vornherein die Dateinamen bestimmen und sich somit für die spätere Verwaltung Ihrer Bilder viel Arbeit sparen.

Zum Beenden der *Fotos*-App bewegen Sie den Mauszeiger an den oberen Bildschirmrand und klicken in der nun sichtbaren Titelleiste rechts auf das Symbol . Nutzen Sie einen Touchscreen, wischen Sie vom oberen Bildschirmrand ganz nach unten.

Fotos und Videos mit der Fotogalerie übertragen

Eine Alternative zur *Fotos*-App stellt die *Fotogalerie* dar. Mit ihr können Sie Ihre Aufnahmen nicht nur komfortabel auf den Computer übertragen, sie bietet auch zahlreiche interessante Funktionen für die Organisation und Bearbeitung Ihrer Bildersammlung. Die Fotogalerie ist kein fester Bestandteil von Windows 8.1, Sie müssen das Programm zunächst kostenlos von einer Webseite von Microsoft herunterladen und installieren. Wie dies funktioniert, habe ich Ihnen bereits im Abschnitt »Dateien aus dem Internet herunterladen und installieren« ab Seite 201 gezeigt.

Der Installationsaufwand ist nicht groß, dafür steht Ihnen anschließend ein wirklich pfiffiges Programm zur Verfügung.

Während der Installation legt Windows 8.1 automatisch eine Kachel mit der Bezeichnung **Photo Gallery** in der App-Übersicht an. Die Übersicht rufen Sie entweder vom Startbildschirm per Klick auf den Pfeil unten links auf, oder durch eine Wischbewegung von der Bildschirmmitte Richtung oberen Bildschirmrand. Durch einen Klick oder Antippen der Kachel öffnen Sie die Windows-Anwendung auf der Desktop-Oberfläche. Starten Sie das Programm das erste Mal, werden Sie aufgefordert, dem **Vertrag über Microsoft-Dienste** zuzustimmen. Klicken Sie hierzu auf **Annehmen**. Sollte sich die Benutzerkontensteuerung anschließend zu Wort melden, bestätigen Sie sie mit **Ja** und durch die Eingabe Ihres Administratorkennwortes. Für die Nutzung der Fotogalerie ist kein Microsoft-Konto nötig. Erscheint der Hinweis zur Anmeldung mit Ihrer E-Mail-Adresse, können Sie ihn also per Klick auf die gleichnamige Schaltfläche getrost **Abbrechen** ❶.

Über die Kachel »Photo Gallery« rufen Sie die Fotogalerie auf.

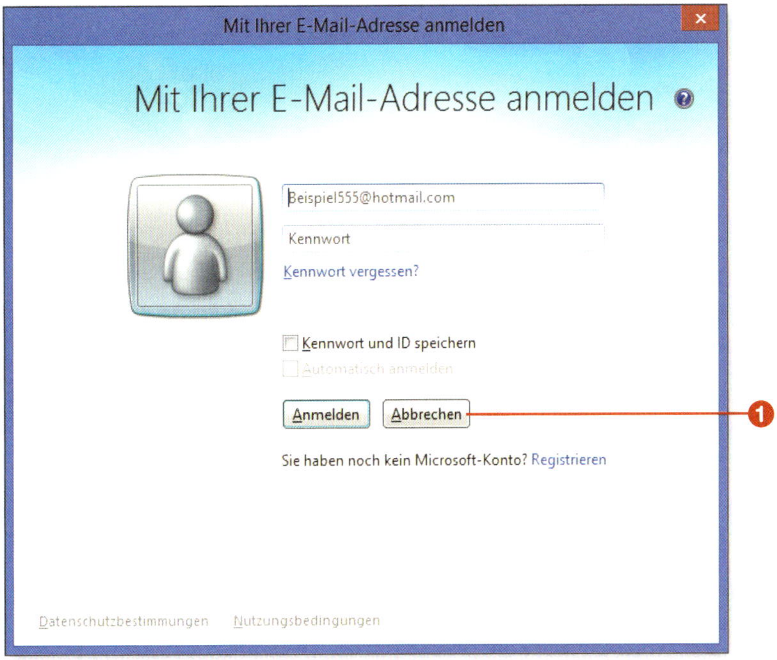

Diesen Dialog können Sie per Klick auf »Abbrechen« schließen.

Die Programmoberfläche der Fotogalerie hat große Ähnlichkeit mit der des Explorers. Auch hier gibt es am linken Fensterrand einen *Navigationsbereich* ❷ und rechts davon einen *Inhaltsbereich*. Zwischen den Ordnern navigieren Sie wie im Explorer über die kleinen Dreiecke, die jeweils links neben einem Ordnernamen eingeblendet werden, sofern dieser Unterordner enthält. Im Inhaltsbereich wird jeweils der Inhalt des links markierten Ordners angezeigt. Die im Navigationsbereich zur Verfügung stehenden Ordner beschränken sich im Unterschied zum Explorer auf die Bibliotheken **Bilder** und **Videos**.

Übersicht über die Programmoberfläche der Fotogalerie

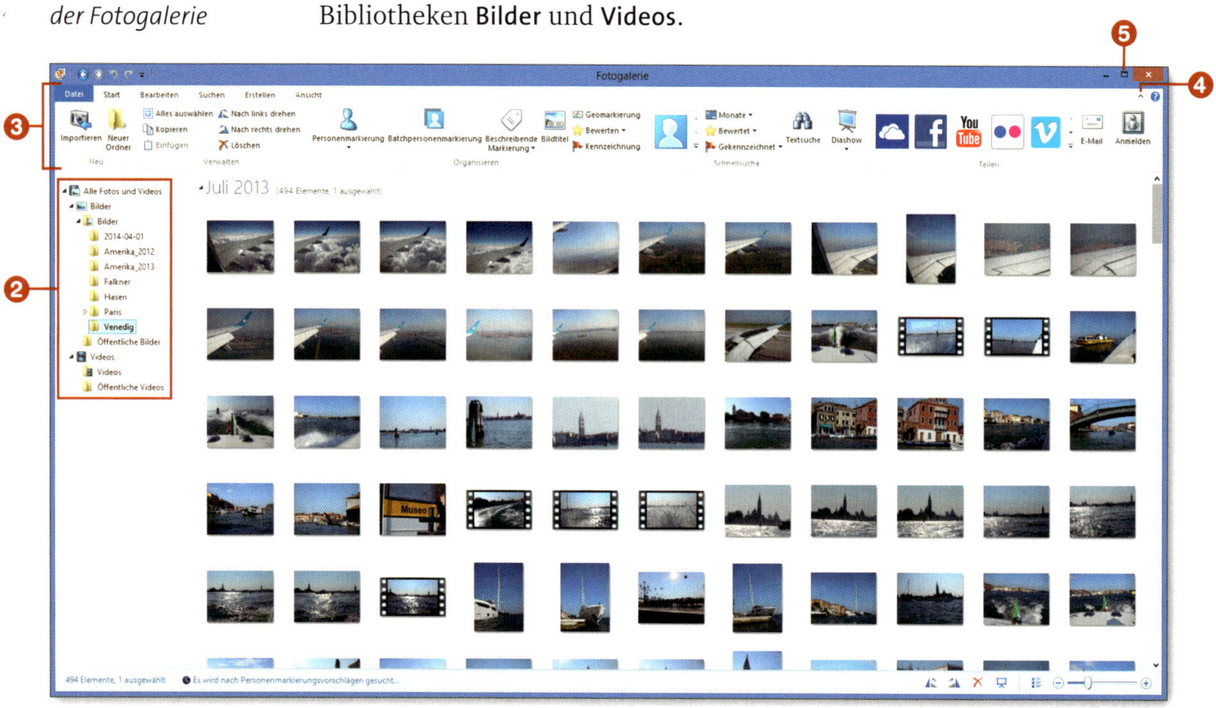

Unterhalb der Titelleiste befindet sich das *Menüband* ❸, das auch hier aus einzelnen Registern besteht. Das Menüband können Sie über das kleine Pfeil-Symbol ˅ ❹ am rechten Rand minimieren bzw. erweitern. Jede Registerkarte ist in mehrere Gruppen unterteilt, die wiederum wichtige Befehle zur Verfügung stellen. Wie beim Explorer hängt die Anzeige der Befehle – als Symbol mit Text, nur als Symbol oder nur mit der Gruppenbezeichnung – von der Größe des Programmfensters ab. Um optimal mit der Fotogalerie arbeiten zu können, sollten Sie das Fenster über die Schaltfläche ☐ ❺ in der rechten oberen Ecke des Programmfensters maximieren.

Möchten Sie Ihre Fotos und Videos mithilfe der Fotogalerie auf den Computer übertragen, müssen Sie zunächst die Digitalkamera mit dem Computer verbinden oder die Speicherkarte in das Kartenlesegerät stecken, wie im vorangegangenen Abschnitt beschrieben. Sollte sich automatisch die *Fotos*-App öffnen, beenden Sie sie einfach.

Für die Datenübertragung nehmen Sie in der Fotogalerie nun folgende Schritte vor:

1. Stellen Sie sicher, dass sich das Register **Start** ❶ im Vordergrund befindet (zu erkennen ist das an der leicht grauen Hintergrundfarbe des Registerreiters).

2. Klicken oder tippen Sie in der Gruppe **Neu** auf die Schaltfläche **Importieren** ❷.

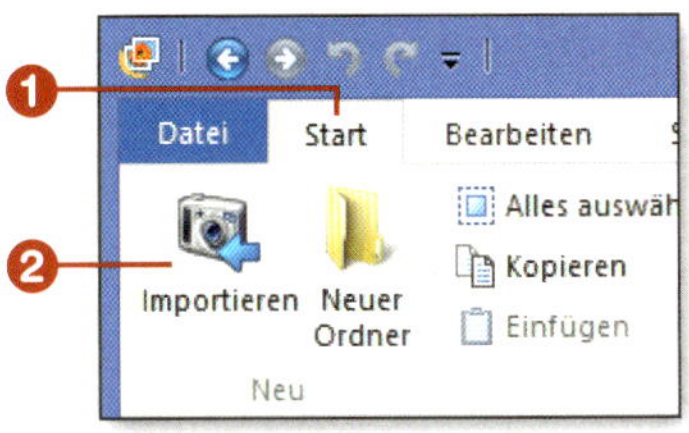

3. Markieren Sie im nächsten Dialog die gewünschte Kamera oder im Falle eines Kartenlesegeräts den gewünschten Wechseldatenträger, und fahren Sie mit einem Klick oder Tipp auf **Importieren** fort.

Die Fotogalerie analysiert nun die Daten auf der Speicherkarte. Eine intelligente Funktion stellt dabei fest, welche der Bilder und Videos bereits auf den Computer übertragen wurden. Um die Daten nicht doppelt hinzuzufügen, fahren Sie folgendermaßen fort:

4. Aktivieren Sie im nächsten Dialog die Option **Alle neuen Elemente jetzt importieren**.

5. Geben Sie im Textfeld darunter einen Namen für die Bilder ein.

Im vorangegangenen Kapitel haben Sie bereits die Suchfunktion des Explorers kennengelernt. Diese nutzt für ihre Suche nicht nur Dateinamen und Ordner, sondern auch Markierungen. Dabei handelt es sich um Schlagwörter, also kleine Beschreibungen, die Sie Ihren Bildern und Videos hinzufügen können. Um sich später viel Arbeit zu sparen, sollten Sie diese bereits während des Imports ergänzen.

6. Klicken oder tippen Sie auf **Markierungen hinzufügen**. Im Textfeld, das sich daraufhin öffnet, können Sie die Stichwörter ergänzen, die die importierten Bilder und Videos noch näher beschreiben. Die einzelnen Schlagwörter trennen Sie durch ein Semikolon »;« voneinander.

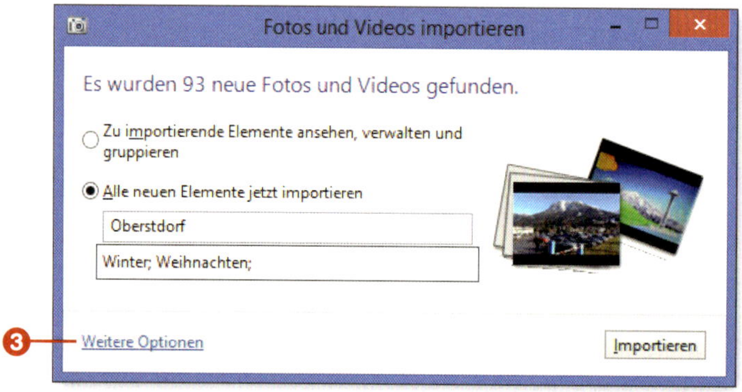

7. Weitere Einstellungen folgen nach einem Klick oder Tipp auf **Weitere Optionen** ❸.

Im nächsten Dialog legen Sie den Ordner sowie die Dateinamen für die importierten Bilder und Videos fest.

8. Per Standardeinstellung speichert die Fotogalerie die Daten im Ordner **Bilder**. Sind Sie dabei, ausschließlich Filme auf den Computer zu überspielen, klicken oder tippen Sie auf den Pfeil rechts neben dem Feld und wählen den Ordner **Videos** aus. Wenn Sie sowohl Bilder als auch Filme übertragen, wählen Sie einfach einen der beiden Ordner aus. Wie Sie später Dateien aus einem Ordner in einen anderen verschieben, zeige ich Ihnen im Kasten »Videos und Fotos schnell verschieben« auf Seite 307.

9. Möchten Sie innerhalb des ausgewählten Ordners einen neuen Unterordner anlegen, klicken oder tippen Sie auf **Durchsuchen**. Das weitere Vorgehen kennen Sie bereits: Blenden Sie per Klick oder Tipp auf das Dreieck-Symbol gegebenenfalls weitere Unterordner ein, und markieren Sie das gewünschte Verzeichnis.

10. Mit einem Klick oder Tipp auf **Neuen Ordner erstellen** ❹ können Sie innerhalb des markierten Verzeichnisses nun einen neuen Ordner anlegen. Überschreiben Sie den blau markierten Text mit dem gewünschten Ordnernamen ❺, und schließen Sie den Dialog mit **OK**.

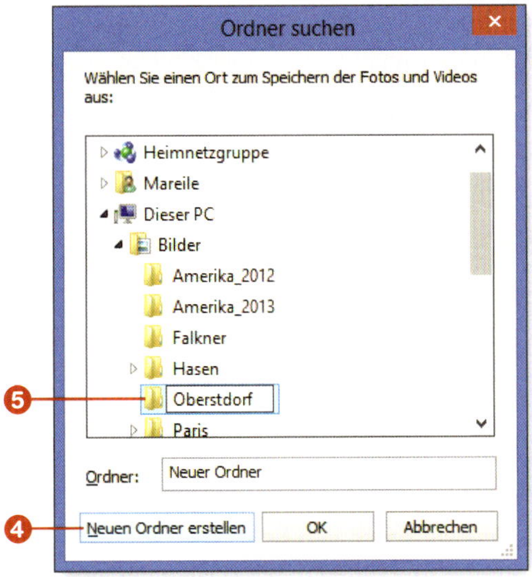

11. Kehren Sie zurück zum Dialog **Importoptionen**, können Sie im Feld **Ordnername** 6 die zuvor festgelegte Ordnerbezeichnung um die Angaben **Aufnahmedatum** oder **Importdatum** ergänzen. Dies ist aber nicht unbedingt nötig, Sie können es also bei der Einstellung **Name** belassen.

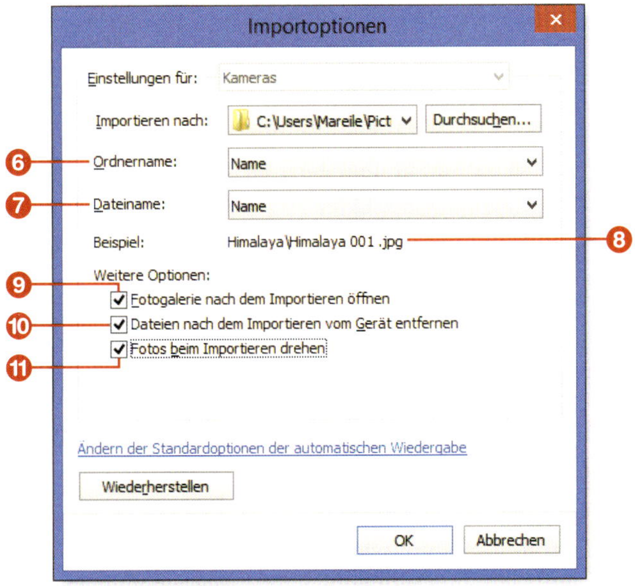

12. Weit interessanter ist das Feld **Dateiname** 7. Hier sollten Sie keinesfalls die Voreinstellung **Originaldateiname** verwenden, denn dann werden alle Dateien mit den zuvor erwähnten kryptischen Dateinamen versehen. Damit Sie keine allzu langen Dateinamen erhalten, reicht auch hier normalerweise die Einstellung **Name**. Dann übernimmt die Fotogalerie die Ordnerbezeichnung für den Dateinamen. Unterhalb des Feldes wird nun ein Beispiel für Ihre Auswahl angezeigt ❽. Der Name »Himalaya« wird später durch die von Ihnen gewählte Bezeichnung ersetzt.

13. Möchten Sie nach dem erfolgreichen Import einen Blick auf Ihre Bilder werfen, stellen Sie sicher, dass das Kästchen **Fotogalerie nach dem Importieren öffnen** ❾ mit einem Häkchen versehen ist.

14. Wenn Sie möchten, löscht die Fotogalerie nach dem Import alle Dateien von der Speicherkarte. Voraussetzung hierfür ist, dass das entsprechende Kontrollkästchen ❿ aktiviert ist.

15. Haben Sie einige Fotos hochkant aufgenommen? In diesem Fall sollten Sie auch **Fotos beim Importieren drehen** ⓫ aktivieren, damit die Bilder später in der Fotogalerie korrekt angezeigt werden.

16. Sind alle Einstellungen vorgenommen, schließen Sie den Dialog mit **OK**.

17. Starten Sie nun die Übertragung Ihrer Fotos und Videos mit einem Klick oder Tipp auf **Importieren**.

18. Nach dem erfolgreichen Import können Sie mit einem Klick oder Tipp auf den Ordnernamen in der Navigationsleiste in den Ordner mit Ihren gerade übertragenen Daten wechseln.

Die Vorbereitungen für den Datenimport dauern in der Fotogalerie zwar etwas länger, dafür haben Sie aber auch bereits einen großen Schritt in Richtung einer guten Bilderverwaltung unternommen. Welche weiteren Möglichkeiten Ihnen die Fotogalerie bietet, Ihre Fotosammlung zu organisieren, zeige ich Ihnen im folgenden Abschnitt.

Videos und Fotos schnell verschieben

Sie haben sowohl Fotos als auch Videos überspielt, die sich nun alle beispielsweise im Ordner **Bilder** befinden? Kein Problem, die Dateien sind schnell verschoben. Stellen Sie sicher, dass im Navigationsbereich der Ordner zu sehen ist, in den die Dateien verschoben werden sollen, etwa **Videos**. Die Dateien selbst sollten im Inhaltsbereich angezeigt werden. Bewegen Sie den Mauszeiger auf eine der Dateien, und ziehen Sie sie dann mit gedrückter linker Maustaste auf den Ordner **Videos** im Navigationsbereich. Sobald die QuickInfo **Nach Videos verschieben** erscheint, lassen Sie die Maustaste los. Die Datei wird nun automatisch von dem einen in den anderen Ordner geschoben. Natürlich können Sie zuvor auch mehrere Dateien markieren, indem Sie die `Strg`-Taste beim Klicken gedrückt halten. Bei einem Touchscreen ziehen Sie die Fotos oder Videos einfach mit dem Finger in den gewünschten Ordner. Dieses Verfahren funktioniert übrigens auch im Explorer.

So halten Sie Ordnung in Ihrer Sammlung

Die Fotogalerie bedienen Sie ähnlich wie den Explorer, wie Sie bereits am Anfang des vorherigen Abschnitts gesehen haben. Im Gegensatz zum Explorer bietet das Programm aber weitaus mehr Möglichkeiten, Ihre Fotos und Videos sinnvoll zu organisieren. So können Sie beispielsweise Personen oder Tiere auf Bildern kennzeichnen oder auch Ortsmarkierungen ergänzen. Auch die Bewertung Ihrer Aufnahmen ist schnell erledigt. Das ist besonders praktisch, wenn Sie aus einer großen Bildersammlung nur besonders gelungene Aufnahmen für ein Fotobuch auswählen möchten.

In diesem Abschnitt zeige ich Ihnen, wie Sie Ihre Bilder sinnvoll kennzeichnen. Später können Sie Ihre Bildersammlung anhand dieser Markierungen gezielt und vor allem schnell durchsuchen. Beginnen wir mit der Personenmarkierung:

1. Markieren Sie im Inhaltsbereich ein Foto, auf dem das Gesicht einer Person gut zu erkennen ist.

2. Klicken oder tippen Sie im Register **Start** ❶ in der Gruppe **Organisieren** auf die Schaltfläche **Personenmarkierung** ❷ und in der nun aufklappenden Liste auf **Person markieren**.

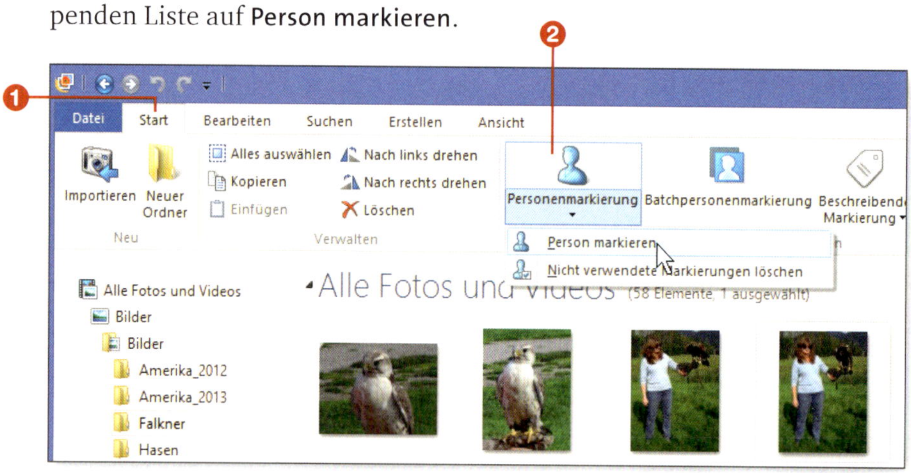

Am rechten Fensterrand werden nun eine weitere Spalte und zugleich ein kleines Hinweisfenster eingeblendet.

3. Klicken oder tippen Sie in das Textfeld, und geben Sie den Namen der Person ein. Mit einem Klick oder Tipp auf **Neue Person hinzufügen** ❸ schließen Sie die Eingabe ab.

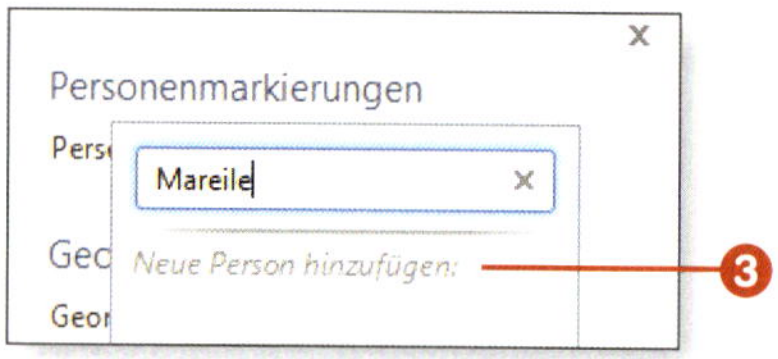

4. Markieren Sie nun das nächste Personenbild. Klicken oder tippen Sie in der Spalte rechts auf **Personenmarkierungen hinzufügen**. In der aufklappenden Liste wird der zuvor eingetragene Name bereits angezeigt. Ist auf dem Foto dieselbe Person zu sehen, wählen Sie den Namen einfach per Mausklick oder durch Antippen aus. Handelt es sich um eine »neue«, sprich zuvor noch nicht markierte Person, geben Sie im Textfeld einfach ihren Namen ein und bestätigen wieder mit **Neue Person hinzufügen** ❹.

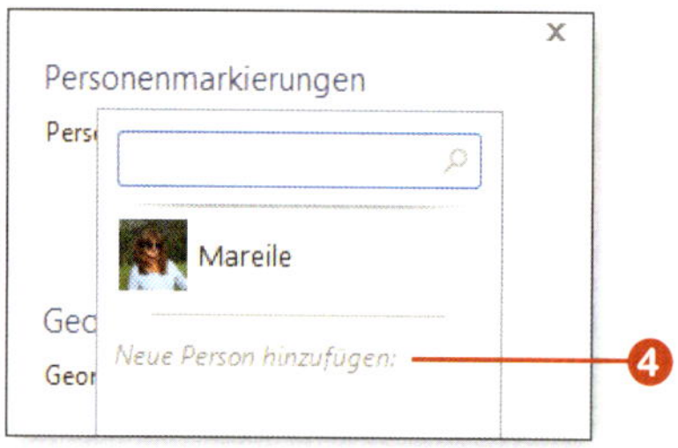

5. Ist eine Person auf einem zuvor markierten Foto besonders gut zu erkennen, zeigt die Fotogalerie in der rechten Spalte bereits das Gesicht an. Nun reicht ein Klick oder Tipp auf **Wer ist das?** ❺, und Sie können den Namen der Person ergänzen. Bestätigen Sie die Eingabe wieder mit **Neue Person hinzufügen** ❻.

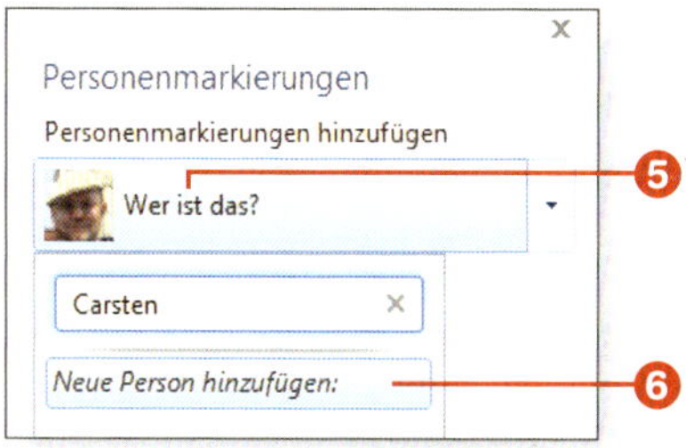

Wie ganz zu Anfang erwähnt, lassen sich sogar Tiere auf Bildern kennzeichnen. Hierzu wenden Sie bei der Markierung einen kleinen Trick an – er lässt sich natürlich auch bei Personenbildern nutzen.

6. Doppelklicken oder -tippen Sie auf das Foto des Tieres oder der Person. Es wird nun in voller Größe angezeigt. Klicken oder tippen Sie dann rechts auf **Personenmarkierungen hinzufügen** ❼.

7. Der Mauszeiger nimmt die Form eines Plus-Symbols an. Ziehen Sie nun mit gedrückter linker Maustaste ein Rechteck um den Kopf des Tieres oder der Person auf.

8. Rechts neben dem Gesicht wird anschließend der Dialog **Jemanden markieren** angezeigt. Wählen Sie entweder einen der bereits angezeigten Namen aus ❽, oder geben Sie einen neuen ein ❾, und bestätigen Sie mit **Neue Person hinzufügen** ❿.

9. Mit einem Klick oder Tipp auf **Datei schließen** ⓫ kehren Sie wieder zur Übersicht über Ihre Fotosammlung zurück.

Nicht nur Personenbilder lassen sich besonders kennzeichnen. Sie können Ihre Fotos auch um Ortshinweise ergänzen.

1. Markieren Sie wieder das gewünschte Bild im Inhaltsbereich, und klicken oder tippen Sie dann in der rechten Spalte auf **Geomarkierung hinzufügen** ❶. Wird die Spalte rechts nicht angezeigt, klicken oder tippen Sie im Register **Start** ❷ in der Gruppe **Organisieren** auf **Geomarkierung** ❸.

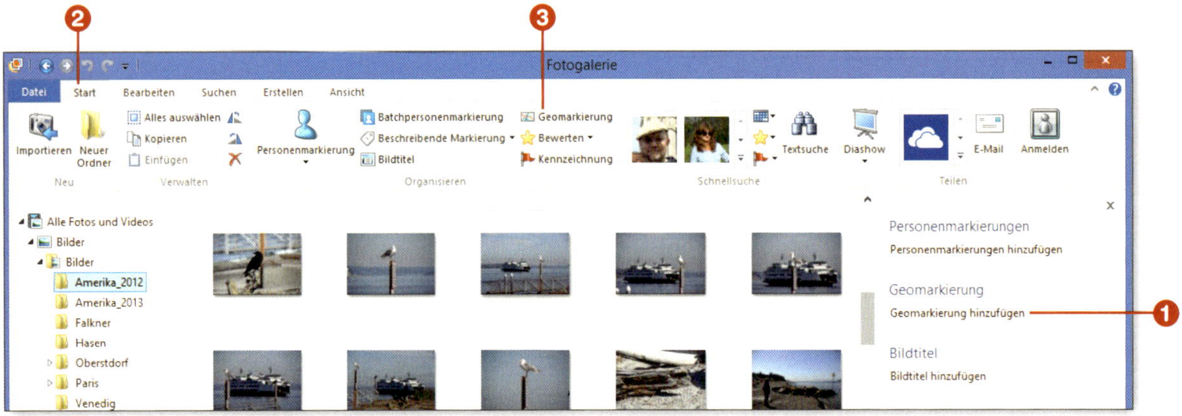

2. Geben Sie den Ortsnamen ein. Dabei kann es sich um eine Adresse inklusive Straßennamen und Hausnummer handeln, nur um eine Stadtbezeichnung oder auch um ein Land. Die Fotogalerie durchsucht die Datenbank nach passenden Orten. Wählen Sie aus den Vorschlägen den korrekten aus.

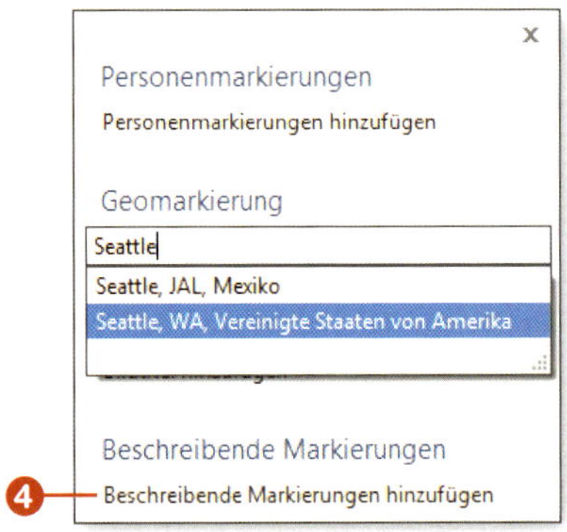

3. Ist der eingegebene Ortsname bei den Vorschlägen nicht dabei, klicken Sie auf **Beschreibende Markierungen hinzufügen** ❹ und geben den Ort im zugehörigen Textfeld von Hand ein.

Planen Sie z. B., die schönsten Urlaubsbilder in einem Fotobuch festzuhalten? Um die besonders gelungenen Bilder zu kennzeichnen, bietet sich die Bewertung an. Gehen Sie dazu wie folgt vor:

1. Markieren Sie wieder im Inhaltsbereich das gewünschte Foto, und klicken oder tippen Sie im Register **Start** in der Gruppe **Organisieren** auf **Bewerten** ❺.

2. In der aufklappenden Liste können Sie nun zwischen null und fünf Sternen auswählen. Je schöner ein Bild ist, desto mehr gelbe Sterne sollten Sie vergeben.

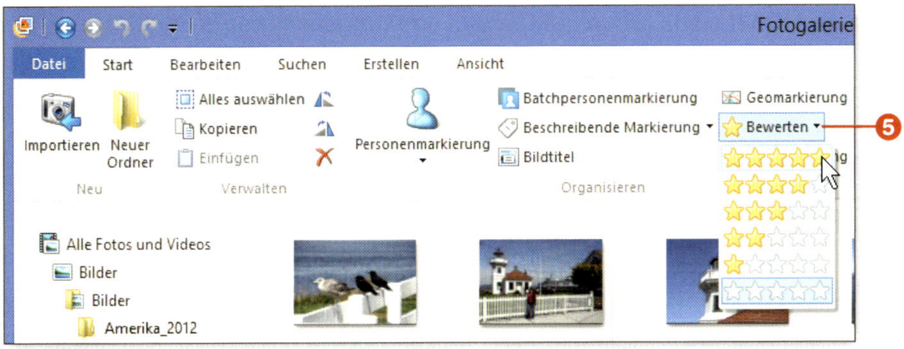

Wenn Sie sich einmal die Arbeit gemacht haben, Ihre Fotosammlung sorgfältig zu markieren, ist die Bildersuche zukünftig ein Leichtes. Sie können dabei entweder den Weg über die Funktion **Schnellsuche** auf dem Register **Start** gehen oder – für etwas komplexere Suchanfragen – zum Register **Suchen** wechseln.

1. Markieren Sie zunächst im Navigationsbereich den gewünschten Ordner, beispielsweise **Bilder**.

2. Sind Sie auf der Suche nach einem bestimmten Personenfoto? Klicken oder tippen Sie im Register **Start** in der Gruppe **Schnellsuche** direkt auf das Bild der Person. Wird kein solches Bild angezeigt, klicken oder tippen Sie zunächst auf das Symbol ⊡. In der aufklappenden Liste klicken oder tippen Sie auf das passende Gesicht, und schon zeigt die Fotogalerie alle entsprechend gekennzeichneten Bilder an.

6. Mit einem Klick oder Tipp auf **Datei schließen** (❻ auf Seite 313) kehren Sie wieder zur Übersicht über alle Fotos zurück. Die vorgenommenen Änderungen werden automatisch übernommen – außer natürlich, Sie haben sie rückgängig gemacht (siehe Schritt 5). Bestätigen Sie den darauffolgenden Hinweis mit **OK**.

Bei Blitzlichtaufnahmen kann es schnell passieren, dass eine Person plötzlich rote Augen hat. Auch hierfür bietet die Fotogalerie eine Korrekturfunktion an.

1. Öffnen Sie das gewünschte Foto wieder mit einem Doppelklick oder per doppelten Fingertipp.

2. Wenn Sie möchten, vergrößern Sie über den Schieberegler unten rechts den Bildausschnitt ❶, indem Sie ihn mit gedrückter linker Maustaste oder per Finger nach rechts verschieben.

3. Sind die Augen gut erkennbar, klicken oder tippen Sie auf dem Register **Bearbeiten** in der Gruppe **Anpassungen** auf **Rote-Augen-Effekt** ❷.

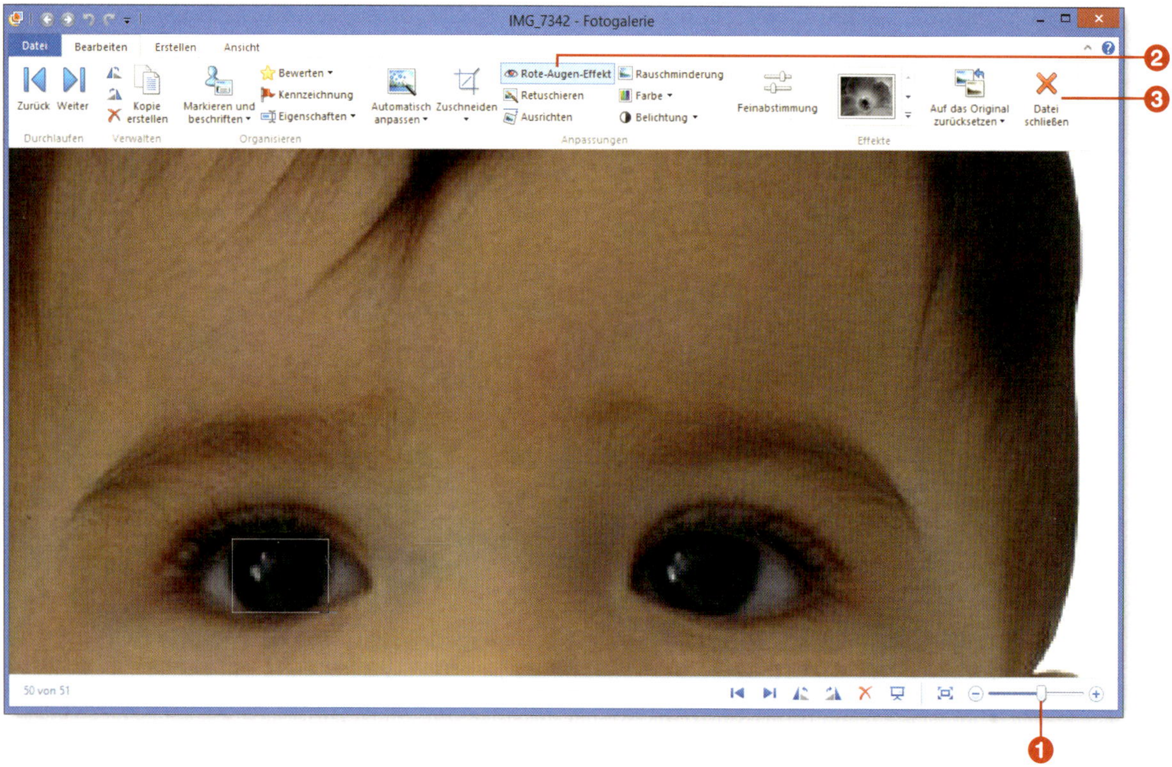

4. Ziehen Sie nun mit gedrückter linker Maustaste um die rote Fläche des Auges ein Rechteck auf. Sobald Sie die Maustaste loslassen, korrigiert die Fotogalerie die Farbe automatisch.

5. Mit **Datei schließen** ❸ werden Ihre Korrekturen wieder übernommen. Mit einem Klick auf **OK** kehren Sie zur Übersicht zurück.

Es gefällt Ihnen nur ein kleiner Teil des Fotos? Dann schneiden Sie das Bild einfach entsprechend zurecht.

1. Auch hierfür wählen Sie das gewünschte Foto wieder per Doppelklick oder per doppelten Fingertipp aus.

2. Klicken oder tippen Sie auf dem Register **Bearbeiten** auf die Schaltfläche **Zuschneiden** ❹.

7. Sobald Sie ein Format per Mausklick oder Fingertipp auswählen, wird die Vorschau entsprechend aktualisiert.

8. Ist das Kontrollkästchen **Bild an Rahmen anpassen** ⑨ aktiviert, kann es sein, dass etwas vom Rand der Bilder abgeschnitten wird. Probieren Sie deshalb auch die Einstellung ohne aktiviertes Kästchen aus, und entscheiden Sie, welche Variante Ihnen in der Vorschau besser gefällt.

9. Im Feld **Kopien pro Bild** ⑩ geben Sie schließlich noch an, wie oft Sie die Fotos ausdrucken möchten.

10. Wenn Sie alle Einstellungen vorgenommen haben, sollten Sie noch prüfen, ob das gewünschte Papier (für Fotos beispielsweise spezielles Fotopapier) im Papierfach des Druckers liegt, bevor Sie den Druckvorgang mit **Drucken** ⑪ starten.

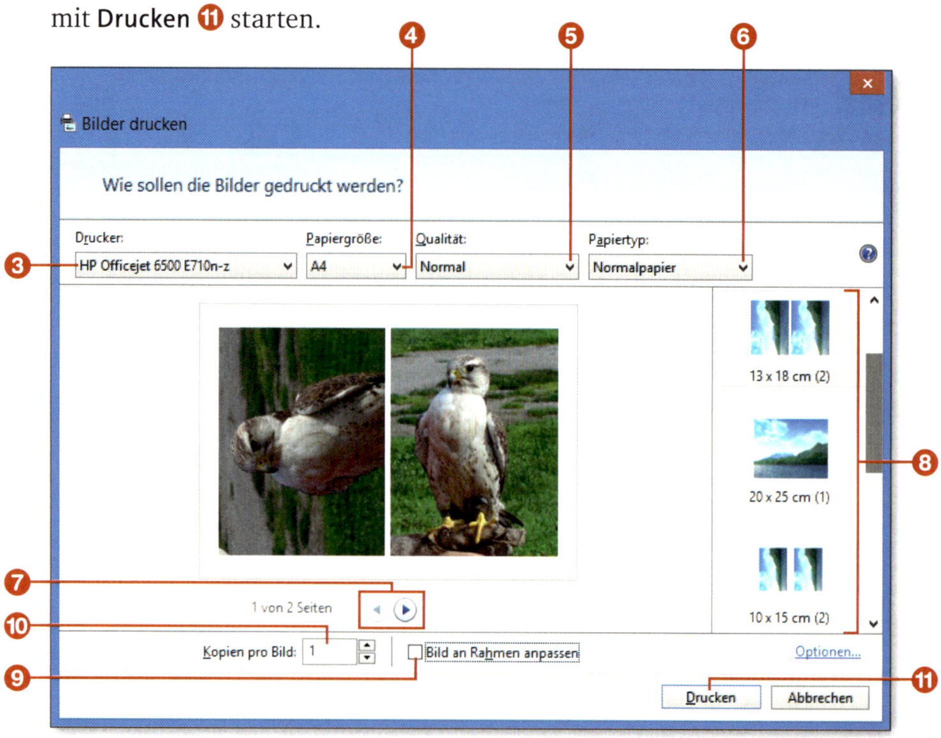

Möchten Sie Ihre Fotos lieber aus der Fotogalerie heraus ausdrucken? Das Prozedere ist fast identisch, lediglich den eigentlichen Druckbefehl (siehe Schritt 3) rufen Sie anders auf: Klicken oder tippen Sie auf **Datei ▸ Drucken ▸ Abzüge**. Der Dialog, der nun geöffnet wird, entspricht exakt dem Dialog **Bilder drucken** des Explorers (siehe die Schritte 4 bis 10 oben).

Ein Standard-Fotoprogramm auswählen

Wenn Sie im Explorer auf ein Foto doppelklicken oder es doppelt antippen, wird automatisch die *Fotos*-App gestartet. Zählt die *Fotos*-App nicht zu Ihren bevorzugten Programmen, lässt sich schnell ein anderes Standardprogramm zum Betrachten und Bearbeiten Ihrer Bilder bestimmen.

Klicken Sie im Explorer eine beliebige Fotodatei mit der rechten Maustaste an. Falls Sie mit einem Touchscreen arbeiten, halten Sie den Finger wieder etwas länger auf das Bild gedrückt, bis das bekannte Quadrat eingeblendet wird. Wählen Sie im Kontextmenü den Befehl **Öffnen mit**. In der aufklappenden Liste werden alle Programme aufgeführt, die auf Ihrem Computer zum Öffnen einer Fotodatei zur Verfügung stehen. Um ein Bild lediglich für den nächsten Arbeitsschritt mit einem speziellen Programm zu öffnen, markieren Sie das gewünschte Programm direkt in der Liste. Soll das Programm zukünftig als Standardprogramm für Fotodateien dienen, klicken oder tippen Sie auf **Standardprogramm auswählen**. Belassen Sie im nächsten Dialog den Punkt **Diese App für alle JPG-Dateien verwenden** aktiviert, und markieren Sie das gewünschte Programm, etwa die Fotogalerie. Wann immer Sie nun im Explorer auf eine JPG-Datei doppelklicken oder -tippen, wird nicht mehr die *Fotos*-App, sondern die Fotogalerie geöffnet. (Analog können Sie ein Standardprogramm für jeden beliebigen Dateityp auswählen.)

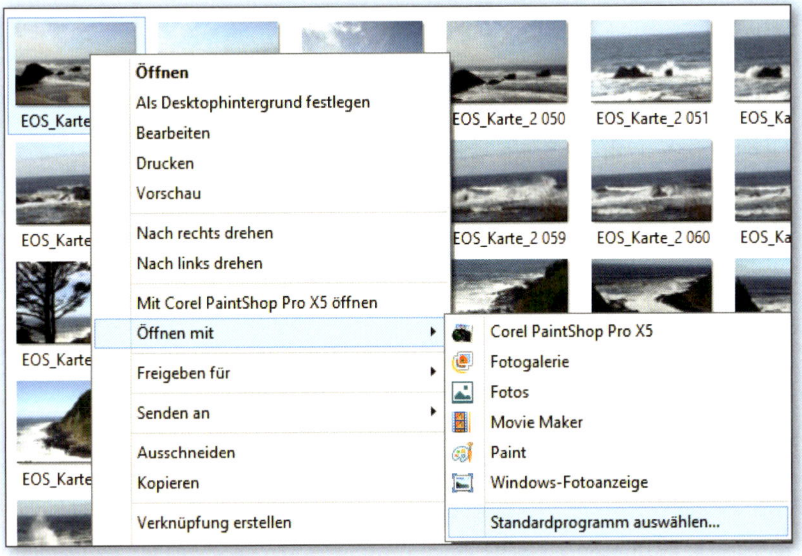

Musik hören mit Windows 8.1

Die kleinen handlichen Tablets eignen sich wunderbar, um unterwegs Musik oder auch Videos zu genießen. In früheren Windows-Versionen übernahm der *Windows Media Player* diese Aufgaben. Den gibt es immer noch, allerdings lässt er sich nur schwer über einen Touchscreen bedienen. Deshalb bringt Windows 8.1 zwei speziell für den Musik- und Videogenuss optimierte Apps mit. Beide Apps greifen automatisch auf die Bibliotheken **Musik** bzw. **Video** zu. Wie Sie selbst gedrehte Videos auf den PC übertragen, haben Sie bereits am Anfang dieses Kapitels erfahren. Für die Übertragung Ihrer CD-Musiksammlung auf den Computer benötigen Sie immer noch den Windows Media Player oder ein alternatives Programm, weil die *Musik*-App hierfür keinerlei Funktion anbietet. Wie Sie den Windows Media Player zu diesem Zweck benutzen, zeige ich Ihnen im Abschnitt »Der Windows Media Player« ab Seite 328. Doch zunächst möchte ich Ihnen kurz die beiden neuen Apps vorstellen. Los geht es mit der *Musik*-App.

Über diese Kachel rufen Sie die App »Musik« auf.

Rufen Sie die *Musik*-App mit einem Klick oder Tipp auf die entsprechende Kachel auf dem Startbildschirm auf. Die Kachel zeigt entweder das Symbol eines Kopfhörers oder das gerade abgespielte Album an.

Nach dem Öffnen der App sehen Sie am linken Rand zunächst diverse Kategorien. Rufen Sie die Kategorie **Sammlung** ❶ per Mausklick oder Tipp auf, erhalten Sie eine Übersicht über die Alben und Titel, die sich auf Ihrem Computer in der Bibliothek **Musik** befinden. Haben Sie noch keine CDs auf Ihren Computer übertragen oder Alben über das Internet erworben, erscheint hier lediglich der Text **Es ist einsam hier** ❷. Wenn Sie eigene Musik-CDs auf den Computer überspielen möchten, benötigen Sie, wie gesagt, ein Programm wie etwa den Windows Media Player. Auf Seite 332 f. zeige ich Ihnen, wie Sie hierzu vorgehen.

Wie der Kauf eines Albums (siehe den Kasten auf Seite 321) funktioniert, kann ich hier leider nicht im Einzelnen beschreiben. Ich beschränke mich stattdessen auf die Musik, die sich bereits auf Ihrem Computer befindet, und zeige Ihnen nun, wie Sie einzelne Titel oder auch alle Alben abspielen und eigene Wiedergabelisten mit Ihren Lieblingssongs anlegen.

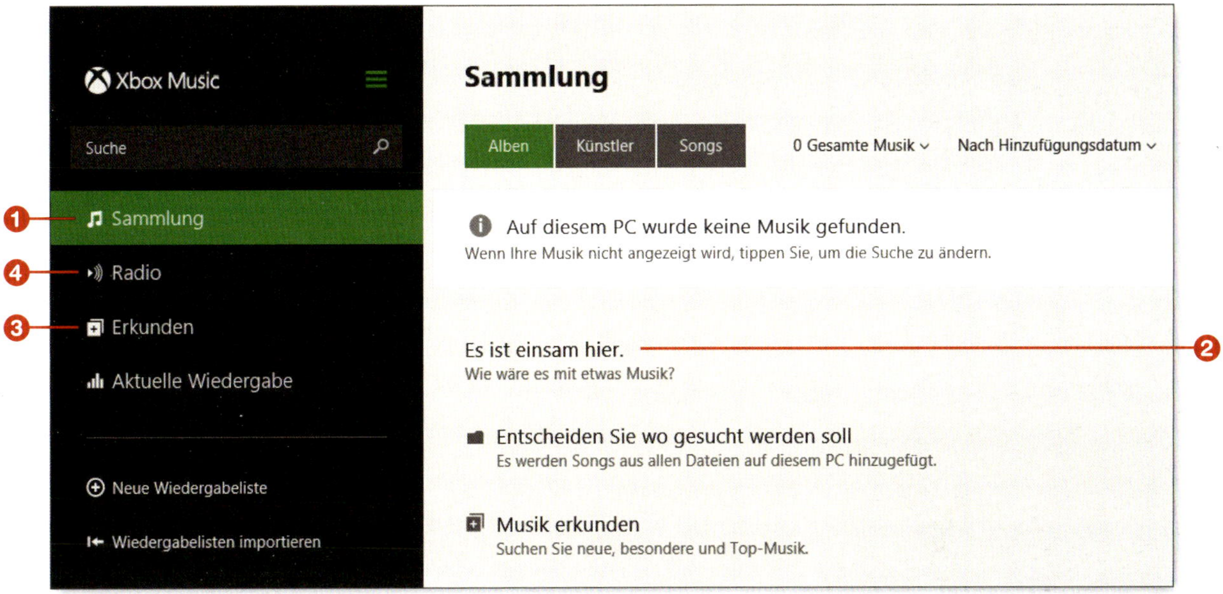

^ *Befinden sich keine Alben im Ordner »Musik«, erscheint in der App der Hinweis »Es ist einsam hier«.*

Musiktitel und -alben über die Xbox Music erwerben

Werfen Sie einen Blick in die Kategorie **Erkunden** ❸, erhalten Sie eine Übersicht über eine Vielzahl an neu erschienenen Alben und Songs, die Sie über Microsofts Xbox-Marktplatz käuflich erwerben können. Ein gewisses Kontingent ist sogar kostenlos verfügbar. Um die Musiktitel anzuhören oder käuflich zu erwerben, benötigen Sie allerdings ein Microsoft-Konto. Sollten Sie mit einem lokalen Konto arbeiten, können Sie sich nach einem Mausklick oder Tipp auf einen Alben- oder Songtitel oder Künstlernamen anmelden. Alternativ klicken oder tippen Sie im kleinen schwarzen Dialog oben rechts auf **Anmelden** und geben dann die E-Mail-Adresse und das Kennwort Ihres Microsoft-Kontos an. Interessant ist auch die Kategorie **Radio** ❹, für die Sie ebenfalls ein Microsoft-Konto benötigen. Auch wenn ihr Name es vermuten lässt, hat sie nichts mit dem klassischen Radio oder Internetradiosendern zu tun. Stattdessen hilft sie Ihnen, interessante Musiktitel aufzuspüren. Hierzu geben Sie nach einem Klick auf **Sender starten** den Namen eines Künstlers ein, der Ihnen gefällt. Anschließend erhalten Sie eine Übersicht an Titeln oder auch Künstlern, die Ihrem Musikgeschmack entsprechen könnten.

1. Um nun eine Sammlung als persönliche Wiedergabeliste zu erstellen, stellen Sie zunächst sicher, dass in der linken Spalte die Kategorie **Samm-**

lung ❶ aktiviert ist. Sie erhalten nun eine Übersicht über alle Musiktitel, die auf Ihrem Computer in der Bibliothek *Musik* gespeichert wurden.

2. Der Inhalt der Musikbibliothek wird nach **Alben** sortiert angezeigt ❷. Alternativ können Sie aber auch **Künstler** ❸ oder **Songs** ❹ wählen.

3. Wenn Sie auf den Pfeil ❺ rechts von **Nach Hinzufügungsdatum** klicken oder tippen, können Sie selbst die Sortierreihenfolge der ausgewählten Kategorie bestimmen. Zur Auswahl stehen beispielsweise **Nach A bis Z** ❻ oder auch **Nach Künstler** ❼.

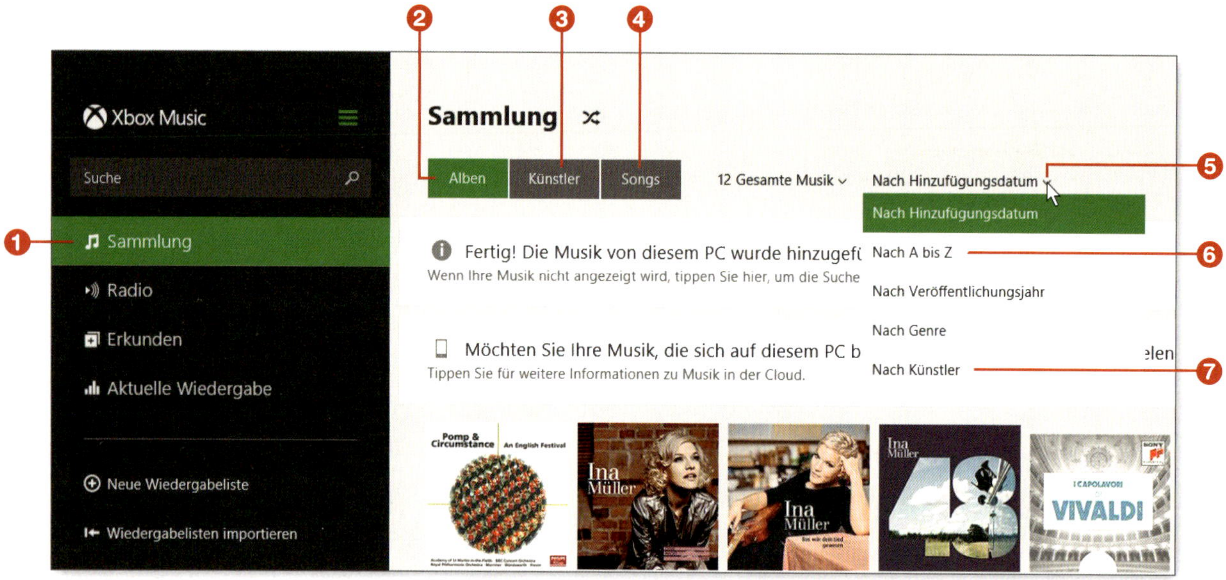

4. Unabhängig davon, für welche Anzeige Sie sich entscheiden – klicken oder tippen Sie auf ein Album oder auch einen Künstler, wird eine Liste aller Musiktitel des Albums oder des Künstlers angezeigt. Zum Blättern wischen Sie in der Liste von oben nach unten oder drehen am Scrollrad Ihrer Computermaus. Alternativ können Sie auch die Bildlaufleiste nutzen, die am rechten Rand eingeblendet wird, sobald Sie den Mauszeiger etwas bewegen. Sie erscheint natürlich nur, wenn der Bildschirm nicht für die Anzeige aller Musiktitel ausreicht.

5. Sie können nun per Klick auf das entsprechende Symbol ⊙ das ganze **Album wiedergeben** ❽. Möchten Sie lediglich einen einzelnen Titel auswählen, markieren Sie ihn und klicken dann auf das Symbol ▶ ❾.

6. Möchten Sie die Wiedergabe anhalten, klicken oder tippen Sie in der Leiste am unteren Bildschirmrand auf **Pause** ⑩.

7. Geben Sie nichts anderes vor, wird nach Wiedergabe des markierten Titels automatisch der nächste Song abgespielt. Über die beiden Pfeiltasten ⑪ rechts und links von der Pause-Taste rufen Sie selbst den nächsten bzw. vorherigen Titel auf.

8. Klicken oder tippen Sie auf das Lautsprecher-Symbol ⑫, klappt ein Schieberegler auf, über den Sie die gewünschte Lautstärke einstellen können.

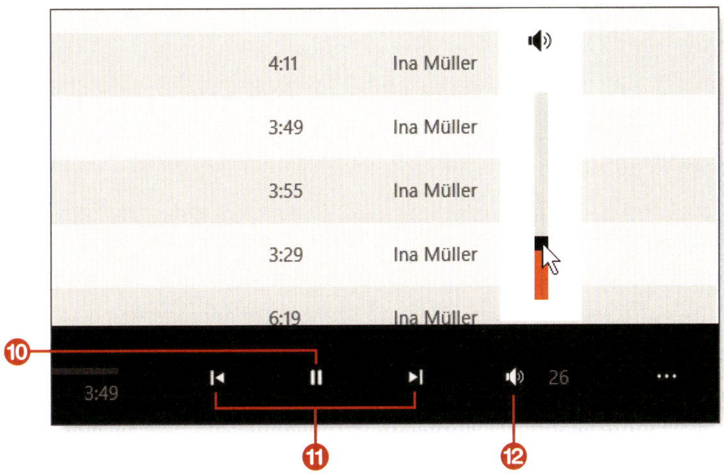

9. Um zur Übersicht über Ihre Musikbibliothek zurückzukehren, reicht ein Klick oder Tipp auf den Pfeil ⊖ oberhalb des Album-Covers (⓭ auf Seite 323).

Es ist eher selten, dass einem jeder Song auf einem Album gefällt. Statt mühselig jeden Titel einzeln auszuwählen und dann abzuspielen, können Sie sich auch eine Wiedergabeliste mit Ihren Lieblingssongs zusammenstellen:

1. Wechseln Sie in den Ordner, in dem sich der erste Musiktitel befindet, den Sie zur Wiedergabeliste hinzufügen möchten, und markieren Sie diesen Titel.
2. Klicken oder tippen Sie auf das Plus-Symbol + rechts vom Titel ❶.
3. In der daraufhin aufklappenden Liste wählen Sie **Neue Wiedergabeliste** ❷.

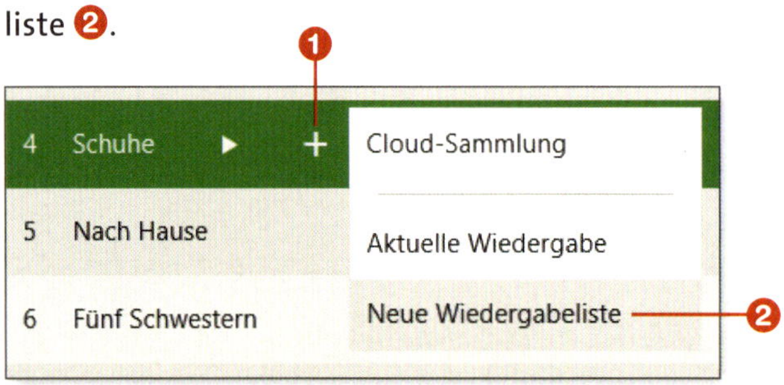

4. Vergeben Sie einen Namen ❸ für die Wiedergabeliste, und bestätigen Sie ihn mit **Speichern**.

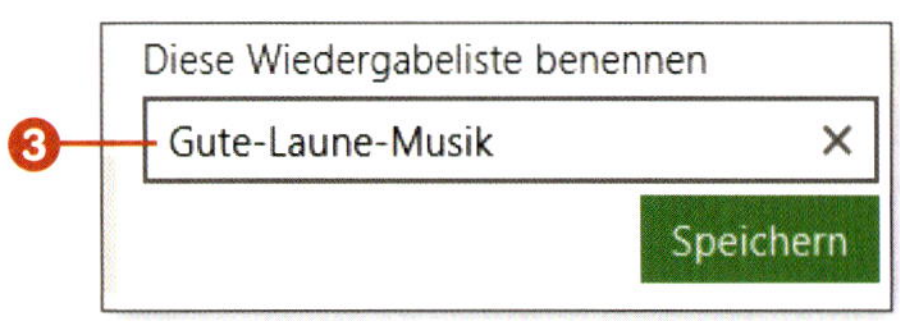

5. Wiederholen Sie die Schritte 1 und 2 für den nächsten Titel. In der aufklappenden Liste wird Ihnen der zuvor angelegte Name der Wiedergabeliste ❹ angeboten, den Sie nun per Mausklick oder Fingertipp auswählen.

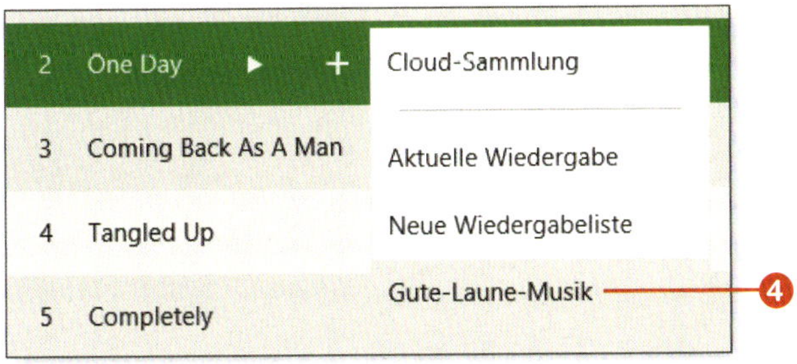

Analog können Sie beliebig viele Musiktitel zur Wiedergabeliste hinzufügen oder natürlich auch eine neue Liste anlegen.

6. Um Ihre Lieblingssongs anzuhören, klicken Sie auf die gewünschte Liste in der linken Spalte ❺.

7. Mit einem Klick oder Tipp auf das Symbol ⊙ ❻ spielen Sie schon Ihre Lieblingssongs ab.

8. Möchten Sie einen der Musiktitel wieder aus der Liste entfernen, markieren Sie den Song in der Wiedergabeliste und klicken oder tippen rechts vom Titel auf das Minus-Symbol – ❼. Schon wird der Song aus der Liste gelöscht.

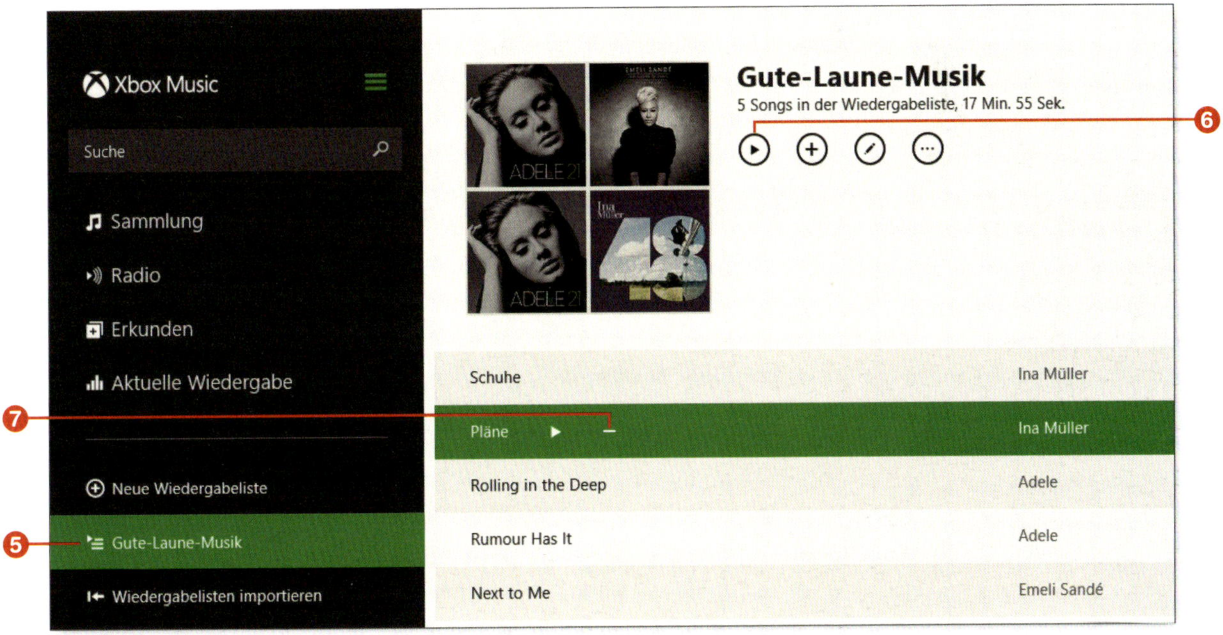

Während Ihre Musiktitel abgespielt werden, können Sie natürlich bequem am Computer weiterarbeiten. Drücken Sie beispielsweise die ⊞-Taste, um zum Startbildschirm zurückzukehren und von dort aus weitere Programme aufzurufen. Um die Wiedergabe zu beenden, rufen Sie die *Musik*-App wieder auf und klicken oder tippen in der App-Leiste auf **Pause**. Sobald Sie das Fenster der *Musik*-App ganz schließen (Sie erinnern sich: per Wischbewegung vom oberen Bildschirmrand bis ganz nach unten oder per Klick auf das Symbol × in der Titelleiste der App), wird auch die Musikwiedergabe beendet.

Produktaktualisierung

Wie jeder Hersteller entwickelt auch Microsoft permanent seine Produkte weiter. Auch für die Apps werden regelmäßig Aktualisierungen angeboten. Wird in der App ein entsprechender Hinweis eingeblendet, klicken oder tippen Sie auf **Aktualisierung holen**. Sie werden nun automatisch zum Windows Store geführt, in dem eine Übersicht über alle verfügbaren App-Updates angezeigt wird. Hier wählen Sie **Alle auswählen ▸ Installieren**. Wurden die Apps erfolgreich installiert, erhalten Sie einen entsprechenden Hinweis. Schließen Sie die *Store*-App. Die App, die Sie gerade aktualisiert haben, müssen Sie anschließend mit einem Klick oder Tipp auf die entsprechende Kachel erneut starten.

Videos abspielen

^ *Zum Aufruf der App »Video« klicken oder tippen Sie auf diese Kachel.*

Als Nächstes wollen wir noch einen schnellen Blick auf die *Video*-App werfen. Die Bedienung entspricht in etwa der der *Fotos*-App. Haben Sie die *Video*-App per Klick oder durch Tippen auf die entsprechende Kachel auf dem Startbildschirm aufgerufen, erhalten Sie zunächst eine Übersicht über den Xbox-Marktplatz. Das Angebot ist kostenpflichtig.

Blättern Sie auf der Startseite der *Video*-App nach links, wird die Kategorie **Persönliche Videos** ❶ angezeigt. Hier finden Sie alle Filme, die Sie in der Bibliothek *Videos* auf Ihrem Computer abgespeichert haben.

Sie können nun einen Film direkt per Mausklick oder durch Antippen abspielen oder sich zunächst in der Kategorie selbst umsehen, indem Sie auf **Persönliche Videos** klicken oder tippen. Hier reicht dann ebenfalls ein

Anklicken oder -tippen der Video-Kachel, um den gewünschten Film wiederzugeben.

In der Kategorie »Persönliche Videos« finden Sie die Filme Ihrer Videobibliothek.

In der Mitte des Bildschirms wird ein Pause-Symbol ❷ eingeblendet. Ein Klick oder Tipp darauf, und die Filmwiedergabe wird unterbrochen. Über den Pfeil oben links ❸ kehren Sie wieder zur Übersicht über Ihre private Filmesammlung zurück. Wenn Sie die Maus nicht bewegen, werden diese beiden Bedienelemente während der Filmwiedergabe ausgeblendet. Sobald Sie etwas mit der Maus ruckeln, erscheinen sie aber direkt wieder. Auf einem Touchscreen wischen Sie dazu etwas auf dem Bildschirm.

Die Filmwiedergabe können Sie jederzeit unterbrechen.

Damit haben Sie erst einmal genug über die *Musik*- und *Video*-App gelernt, um die beiden gut nutzen zu können. Im nächsten Abschnitt zeige ich Ihnen noch, wie Sie mithilfe des Windows Media Players Ihre Musik-CDs auf den Computer überspielen.

Fotografieren und Filmen mit der »Kamera«-App

Arbeiten Sie mit einem Tablet mit integrierter Webcam? In diesem Fall könnte die *Kamera*-App für Sie von Interesse sein, denn mit ihr können Sie direkt Fotos machen und Videos aufzeichnen. Sie rufen die App wie gewöhnlich über die entsprechende Kachel auf dem Startbildschirm auf. Danach erscheint unter Windows 8.1 die Frage, ob die Kamera Ihren Standort verwenden darf. Diese Frage beantworten Sie mit **Blockieren**. Anschließend müssen Sie gegebenenfalls bestätigen, dass die *Kamera*-App die Webcam nutzen darf. In der App-Leiste am unteren Bildschirmrand, die Sie wie üblich per Wischgeste vom unteren Bildschirmrand Richtung Bildmitte einblenden, finden Sie nun diverse Einstellungsmöglichkeiten. Um ein Foto mit der Webcam aufzunehmen, tippen Sie einfach am rechten Bildschirmrand auf das Fotoapparat-Symbol. Möchten Sie filmen, wählen Sie das Filmkamera-Symbol. Mit einem Antippen des Symbols beenden Sie das Filmen.

In einigen Tablets sind zwei Kameras eingebaut. Eine zeigt quasi in Ihre Richtung, sodass Sie sich selbst filmen können, die andere befindet sich an der Tablet-Rückseite. Was jeweils gefilmt oder fotografiert werden soll, legen Sie über die Schaltfläche **Kamera ändern** in der App-Leiste fest. Alle aufgenommenen Fotos und Filme werden automatisch im Ordner **Eigene Aufnahmen** in der Bibliothek **Bilder** abgelegt. Zum Beenden der *Kamera*-App wischen Sie wieder vom oberen Bildschirmrand ganz nach unten.

Der Windows Media Player

Das Programm *Windows Media Player* ist seit vielen Versionen fester Bestandteil von Windows. An ihm wurden keinerlei Aktualisierungen vorgenommen, das heißt, die Bedienung erfolgt genauso wie unter Windows 7 und Windows 8. Aus diesem Grund werden wir uns auch nicht allzu intensiv mit ihm auseinandersetzen, sondern ich werde nur in groben Zügen die Programmoberfläche vorstellen. Praktisch ist der Windows

Media Player vor allem, wenn Sie Ihre eigenen Musik-CDs auf den Computer überspielen möchten.

Für den Windows Media Player hat Microsoft keine eigene Kachel auf dem Startbildschirm vorgesehen. Um das Programm aufzurufen, klicken Sie auf dem Startbildschirm links unten auf den Pfeil oder wischen von der Bildschirmmitte Richtung oberen Bildschirmrand, um die App-Übersicht einzublenden. Klicken oder tippen Sie dann auf **Windows Media Player**. Nach dem Start wechselt Windows 8.1 automatisch zur Desktop-Oberfläche. Wie Sie für den Windows Media Player ein Desktop-Symbol anlegen, haben Sie bereits im Abschnitt »Verknüpfungen zu Programmen und Ordnern anlegen« ab Seite 95 erfahren.

Den Windows Media Player rufen Sie über die App-Übersicht auf.

Nach dem ersten Programmstart werden Sie zunächst aufgefordert, ein paar Einstellungen vorzunehmen – welche, erfahren Sie im Hinweis. Aktivieren Sie die Option **Empfohlene Einstellungen** ❶, und bestätigen Sie mit **Fertig** ❷.

Nach dem ersten Start müssen Sie ein paar Einstellungen vornehmen.

Nun wird das eigentliche Programmfenster geöffnet. Links befindet sich der Navigationsbereich, den Sie ebenso bedienen wie den des Explorers. Mit dem Windows Media Player können Sie Musik hören oder Videos und Bilder ansehen. Wir beschränken uns hier auf das Thema Musik.

Keine DVD-Wiedergabe mehr möglich

In früheren Versionen konnten mit dem Windows Media Player noch Video-DVDs abgespielt werden. Dies ist seit Windows 8 nicht mehr möglich. Wer seine DVDs trotzdem am Computer genießen möchte, muss zunächst ein entsprechendes Programm wie etwa das *Windows Media Center* von Microsoft oder auch den kostenlosen *VLC Media Player* installieren.

Ist im Navigationsbereich »Musik« markiert, werden alle Alben in der Übersicht rechts angezeigt.

Nach dem Start ist links automatisch die Kategorie **Musik** ❸ markiert. Rechts neben dem Navigationsbereich werden nun alle Alben angezeigt, die sich auf Ihrem Computer bereits in der Bibliothek **Musik** befinden. Mithilfe der Bildlaufleiste am rechten Bildschirmrand blättern Sie in der Liste.

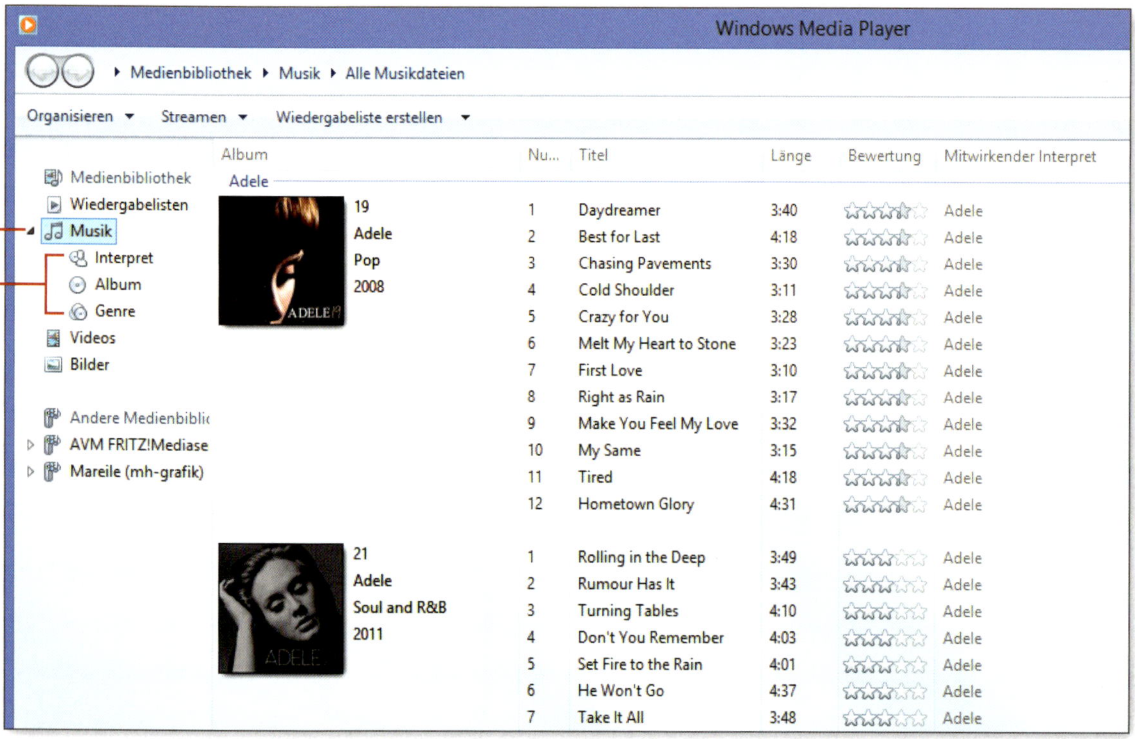

Wem diese Darstellung zu unübersichtlich ist, der kann per Klick oder durch einen Fingertipp auf einen der drei Kategorienamen **Interpret**, **Album** oder auch **Genre** ❹ die Anzeige verändern. Doppelklicken oder -tippen Sie dann auf ein Album-Cover, wird in der Fenstermitte nur noch der Inhalt dieses Albums eingeblendet.

Ansicht verändern

In der Abbildung auf Seite 330 sehen Sie den Windows Media Player in der sogenannten *Bibliotheksansicht*. Das Fenster lässt sich aber auch per Klick oder Tipp auf das Symbol in der rechten unteren Ecke des Programmfensters verkleinern. Mit einem Klick oder Tipp auf das Symbol kehren Sie wieder zur großen Ansicht zurück. Das minimierte Fenster zeigt sich übrigens auch automatisch, wenn Sie über den Windows Media Player ein Video abspielen. Die Schaltflächen zur Wiedergabesteuerung werden am unteren Rand des kleinen Programmfensters eingeblendet, sobald Sie den Mauszeiger etwas bewegen.

Am unteren Rand des Programmfensters finden Sie die Schaltflächen zur Wiedergabesteuerung. Haben Sie zuvor ein Album oder einen einzelnen Musiktitel in der Übersicht markiert, können Sie ihn per Klick oder Tipp auf das Wiedergabe-Symbol 5 abspielen. An gleicher Stelle erscheint nun das Anhalten-Symbol, mit dem Sie eine Wiedergabe unterbrechen können. Sollen die Titel eines Albums in zufälliger Reihenfolge abgespielt werden, klicken Sie auf **Zufällige Wiedergabe einschalten** 6. Mit einem Klick auf **Wiederholung aktivieren** 7 werden die ausgewählten Musiktitel immer wieder abgespielt. Über die beiden Schaltflächen **Weiter** 8 und **Zurück** 9 gelangen Sie jeweils zum nächsten bzw. vorherigen Musiktitel innerhalb eines Albums. Über den Schieberegler 10 rechts neben dem Lautsprecher-Symbol regulieren Sie die Lautstärke; wenn Sie direkt auf den Lautsprecher 11 klicken, wird die Wiedergabe stumm geschaltet. Erst nach einem erneuten Klick oder Tipp auf das Symbol können Sie der Musik wieder lauschen. Über die Schaltfläche **Stopp** 12 beenden Sie die Wiedergabe ganz.

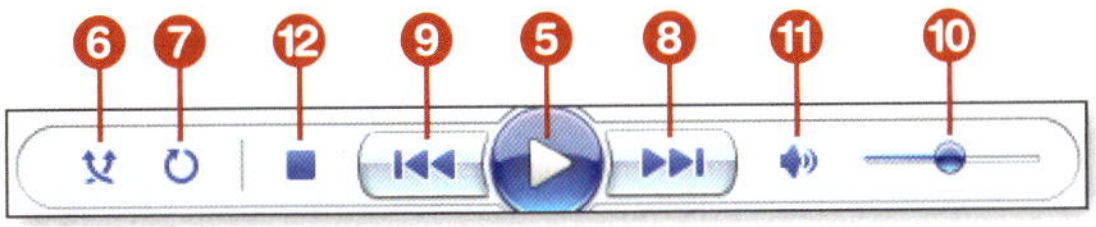

Die Schaltflächen zur Wiedergabesteuerung

Im Gegensatz zur *Musik*-App lassen sich mit dem Windows Media Player auch Musik-CDs wiedergeben. Legen Sie eine entsprechende CD in das CD/DVD-Laufwerk Ihres Computers ein, dann wird der Inhalt der CD automatisch im Media Player angezeigt.

Windows Media Player automatisch starten

Der Windows Media Player ist beim Einlegen der Musik-CD noch nicht geöffnet? In diesem Fall blendet Windows 8.1 in der rechten oberen Bildschirmecke einen kleinen Hinweis ein. Klicken oder tippen Sie darauf, und wählen Sie im nächsten Fenster **Audio-CD wiedergeben**. Es wird nun automatisch der Windows Media Player auf der Desktop-Oberfläche geöffnet und die Musik-CD abgespielt. Das Programmfenster wird dabei minimiert angezeigt. Mit einem Klick oder Tipp auf das Symbol ▦ wechseln Sie zur Bibliotheksansicht.

Möchten Sie die Musik-CD nicht nur abspielen, sondern zugleich die Musiktitel auf Ihren Computer überspielen? Mit dem Windows Media Player ist das schnell erledigt. Links neben jedem Musiktitel sehen Sie ein kleines Kontrollkästchen. Über diese Kästchen legen Sie fest, welches Lied auf den Computer überspielt werden soll und welches nicht. Nur die mit einem Häkchen versehenen Titel werden kopiert. Per Mausklick oder Fingertipp entfernen Sie die Häkchen oder setzen sie wieder. Haben Sie entsprechend alle Musiktitel markiert, sollten Sie noch verschiedene Angaben unter **Kopiereinstellungen** ❶ machen. Klicken oder tippen Sie hierzu in der Symbolleiste am oberen Rand des Programmfensters auf den Pfeil rechts neben der gleichnamigen Schaltfläche. Es klappt eine kleine Liste auf. Unter **Format** bestimmen Sie beispielsweise, ob die Musiktitel im Format *Windows Media Audio* (WMA) oder im Format *MP3* gespeichert werden sollen.

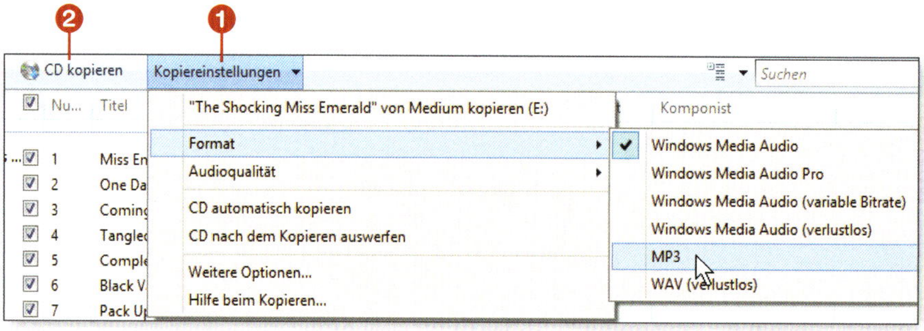

> *Wählen Sie das Format aus, in dem die Musikdateien auf dem Computer gespeichert werden sollen.*

Haben Sie die nötigen Einstellungen vorgenommen, klicken oder tippen Sie in der Symbolleiste auf **CD kopieren** ❷ (die Schaltfläche wird dann in **Kopieren beenden** ❸ umbenannt). Das Programm beginnt nun mit dem Kopieren der Musiktitel. Den Fortschritt können Sie anhand eines grünen Balkens in der Spalte **Kopierstatus** ❹ verfolgen.

Wurde die CD erfolgreich kopiert, finden Sie das Album anschließend im Navigationsbereich in der Kategorie **Musik** ❺. Nun können Sie die Musiktitel auch mit der *Musik*-App abspielen.

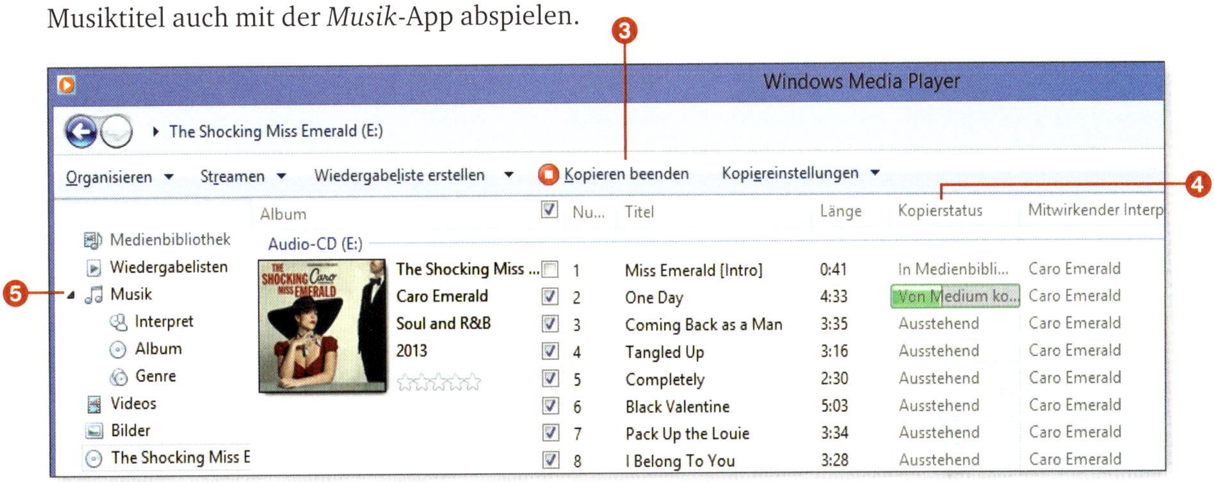

^ *Den Kopierstatus können Sie anhand des grünen Balkens verfolgen.*

Möchten Sie Ihre Musik nicht nur auf dem Computer genießen, sondern auch auf einem MP3-Player oder dem Smartphone? Mithilfe des Windows Media Players können Sie Ihre Lieblingssongs schnell auf das mobile Gerät überspielen. Verbinden Sie den MP3-Player oder das Smartphone einfach über die USB-Schnittstelle mit dem Computer. Der Windows Media Player wird sofort geöffnet.

1. Sobald das Gerät erkannt wird, wird am rechten Fensterrand automatisch das Register **Synchronisieren** (❻ auf Seite 334) angezeigt.

2. Wählen Sie nun links den ersten Musiktitel oder ein Album aus, das Sie auf das mobile Gerät überspielen möchten. Ziehen Sie es mit gedrückter linker Maustaste oder mit dem Finger nach rechts in die Synchronisierungsliste.

3. Wiederholen Sie Schritt 2 für alle weiteren Titel oder Alben. Oberhalb der Synchronisierungsliste erfahren Sie, wie viel freier Speicherplatz ❼ noch auf dem Gerät zur Verfügung steht.

4. Haben Sie alle Musiktitel in der Liste ergänzt, klicken oder tippen Sie auf **Synchronisierung starten** ❽, um die Dateien auf das Gerät zu übertragen.

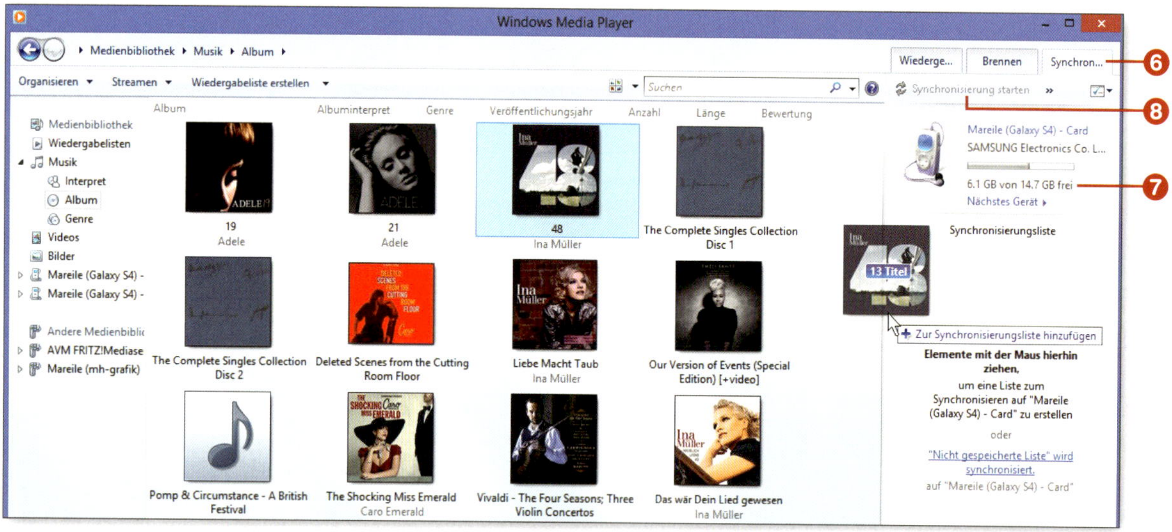

5. Ist die Synchronisierung erfolgreich abgeschlossen, können Sie das Gerät vom Computer trennen. Bevor Sie es aus der USB-Schnittstelle ziehen, sollten Sie einen Blick in den Infobereich der Taskleiste werfen. Klicken oder tippen Sie hier auf das kleine Dreieck-Symbol ❾. Wird in der aufklappenden Liste das Hardware-Symbol ❿ in Form eines stilisierten USB-Steckers angezeigt, klicken Sie darauf.

6. Klicken oder tippen Sie im nun eingeblendeten Menü auf das Gerät, das entfernt werden soll.

7. Sobald der Hinweis **Hardware kann jetzt entfernt werden** erscheint, können Sie das Gerät vom Computer trennen. Bei manchen Smartphones sind diese Schritte nicht notwendig. Wird das Hardware-Symbol (Schritt 5) nicht angezeigt, können Sie das Gerät auch direkt vom Computer trennen.

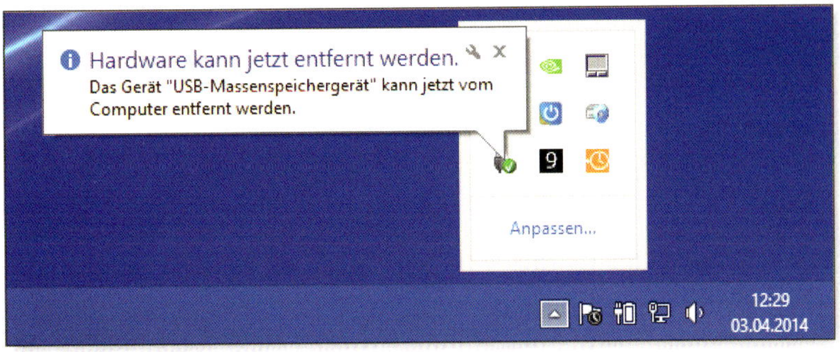

Externe Festplatten, USB-Sticks etc. sollten Sie immer auf diese Weise vom Computer trennen, um einen Datenverlust zu vermeiden. Dieser entsteht leicht, wenn das Gerät beispielsweise noch für eine Datensicherung verwendet wird und Sie diesen Vorgang durch die Abtrennung einfach unterbrechen. Wird das Gerät noch verwendet, erhalten Sie von Windows 8.1 einen entsprechenden Hinweis.

Mit dem vorgestellten Verfahren lassen sich Musiktitel übrigens nicht nur auf einen MP3-Player oder auch ein Smartphone übertragen. Da Tablets nicht über ein DVD-Laufwerk verfügen, können Sie Ihre Musikalben zunächst auch auf einen USB-Stick kopieren und sie anschließend damit auf das Tablet überspielen.

einen kurzen Moment wird ein kleiner Hinweis eingeblendet. Nach ein paar Sekunden bleibt nur noch die »warnende« Flagge im Infobereich übrig. Spätestens jetzt ist Handeln angesagt!

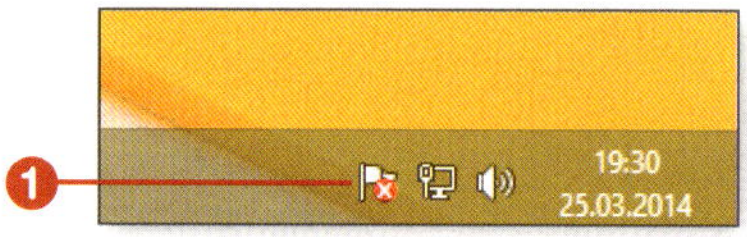

^ *Sehen Sie dieses Symbol, ist Handeln angesagt.*

1. Klicken oder tippen Sie auf die Flagge, um zu erfahren, welches Problem vorliegt.

2. In der Meldung, die nun angezeigt wird, ist häufig ein Link enthalten (im Beispiel **Virenschutz aktivieren** und **Spywareschutz aktivieren**). Wenn Sie auf diesen Link klicken oder tippen, werden Sie direkt zu einer Lösung des Problems geführt. In unserem Beispiel wird das Windows-Defender-Programmfenster geöffnet, und Windows 8.1 aktiviert nach einem kurzen Moment automatisch die beiden Schutzfunktionen.

Doch auch sonst, wenn alles im vermeintlich grünen Bereich ist, sollten Sie regelmäßig einen Blick in das Wartungscenter werfen.

1. Klicken oder tippen Sie im Infobereich des Desktops unten rechts auf das Flaggen-Symbol. Sollte es nicht angezeigt werden, ist zuvor ein Klick oder Tipp auf das kleine Dreieck nötig.

2. Im aufklappenden Fenster klicken oder tippen Sie auf **Wartungscenter öffnen**.

Wie Sie auch an der Pfadangabe ❷ im nun geöffneten Fenster sehen, ist das Wartungscenter ein Bestandteil der Systemsteuerung. Es ist in zwei wichtige Bereiche unterteilt: **Sicherheit** ❸ und **Wartung** ❹.

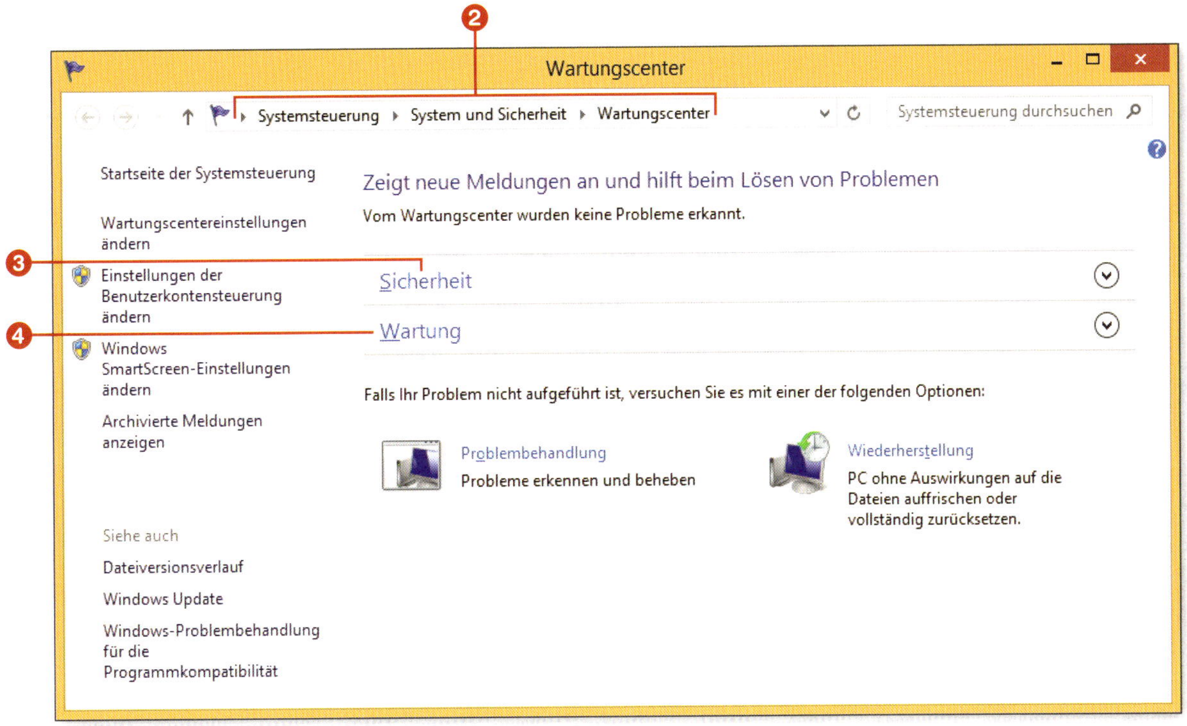

3. Klicken oder tippen Sie auf den nach unten weisenden Pfeil rechts neben **Sicherheit**, klappt eine Übersicht über alle wichtigen Sicherheitseinstellungen Ihres Computers auf.

Zu den Sicherheitsfunktionen zählen beispielsweise die Firewall, Windows Update, der Virenschutz oder auch die Benutzerkontensteuerung. Im Laufe des Kapitels werde ich Ihnen diese kurz vorstellen. Dem Wartungscenter können Sie entnehmen, ob die Funktionen eingeschaltet (❺ auf Seite 340) sind.

4. Blättern Sie mithilfe der Bildlaufleiste etwas nach unten, um zum Bereich **Wartung** zu gelangen. Auch hier klappt nach einem Klick oder Fingertipp auf den nach unten weisenden Pfeil ❻ wieder die Liste wichtiger Wartungseinstellungen auf. (Nach dem Klicken bzw. Aufklappen der Liste zeigt der Pfeil übrigens nach oben.)

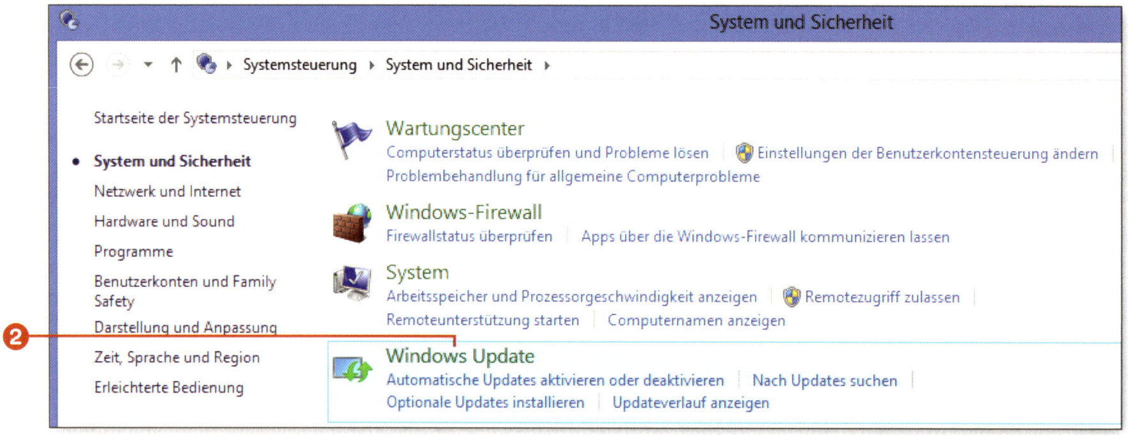

Im nächsten Fenster werden Sie über den aktuellen Status der Update-Funktion informiert. Windows unterscheidet bei den Updates zwischen wichtigen und optionalen Updates. Wichtige Aktualisierungen betreffen meist die Sicherheit Ihres Computers und sollten auf jeden Fall durchgeführt werden. Bei den optionalen Updates handelt es sich dagegen um Aktualisierungen für Programme wie Bing, Microsoft Office (sofern auf Ihrem Computer installiert) und andere.

3. Zeigt Windows an, dass Updates verfügbar sind, können Sie nach einem Klick oder Fingertipp auf den jeweiligen blauen Link ❸ prüfen, was sich genau dahinter verbirgt.

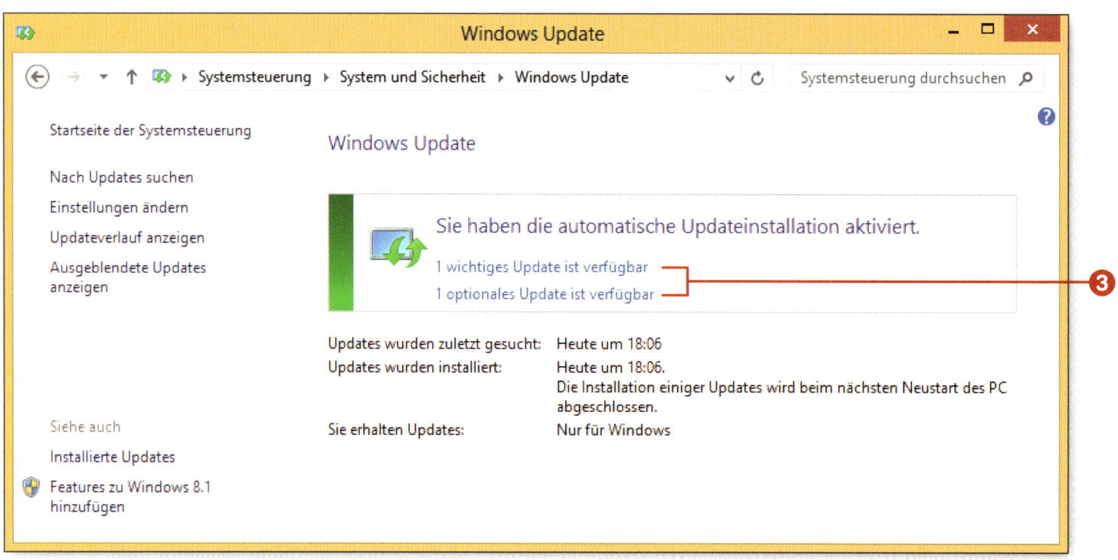

4. Mit einem Klick oder durch Tippen auf den Pfeil links neben dem Adressfeld ❹ kehren Sie wieder zur Übersicht über die verfügbaren Updates zurück.

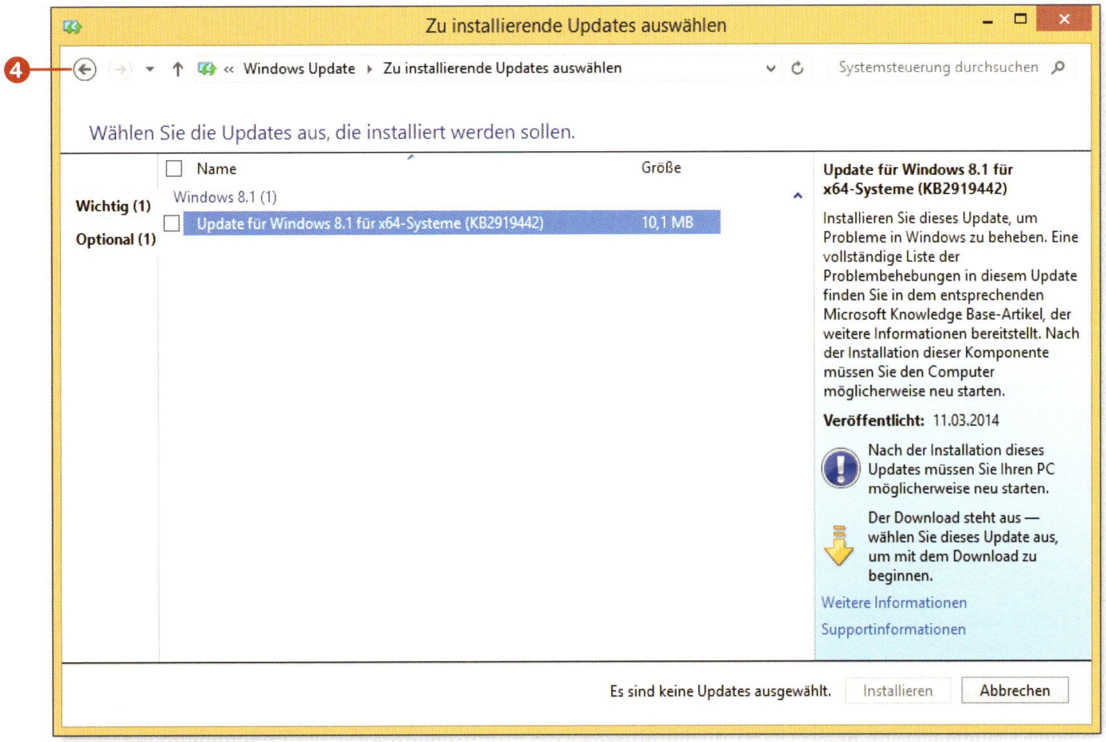

5. Sollte bei Ihnen nicht wie empfohlen die automatische Update-Installation aktiviert sein, klicken oder tippen Sie im Fenster **Windows Update** links auf **Einstellungen ändern** ❺.

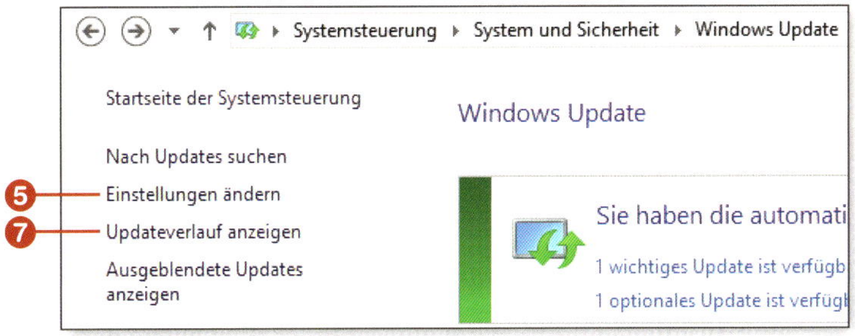

6. Klicken oder tippen Sie im nächsten Fenster auf den Pfeil rechts neben dem Feld **Wichtige Updates** (❻ auf Seite 344), und wählen Sie in der aufklappenden Liste den Eintrag **Updates automatisch installieren (empfohlen)** aus. Mit einem Klick oder durch Tippen auf den Pfeil kehren Sie wieder zum Dialog **Windows Update** zurück.

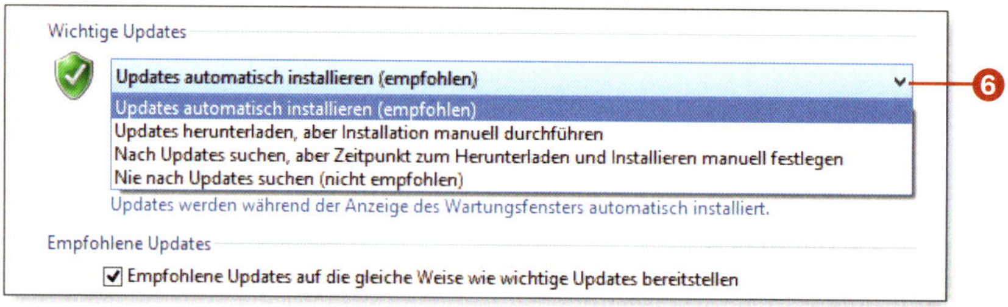

7. Interessiert es Sie, welche Updates bereits auf Ihrem Computer installiert wurden? Dann klicken oder tippen Sie im Dialog **Windows Update** links auf **Updateverlauf anzeigen** (7 auf Seite 343).

8. Sie erhalten nun eine Übersicht über alle installierten Updates inklusive Status, Wichtigkeit und Installationsdatum. Mit einem Klick oder durch Tippen auf das Pfeil-Symbol 8 kehren Sie auch hier zum Dialog **Windows Update** zurück.

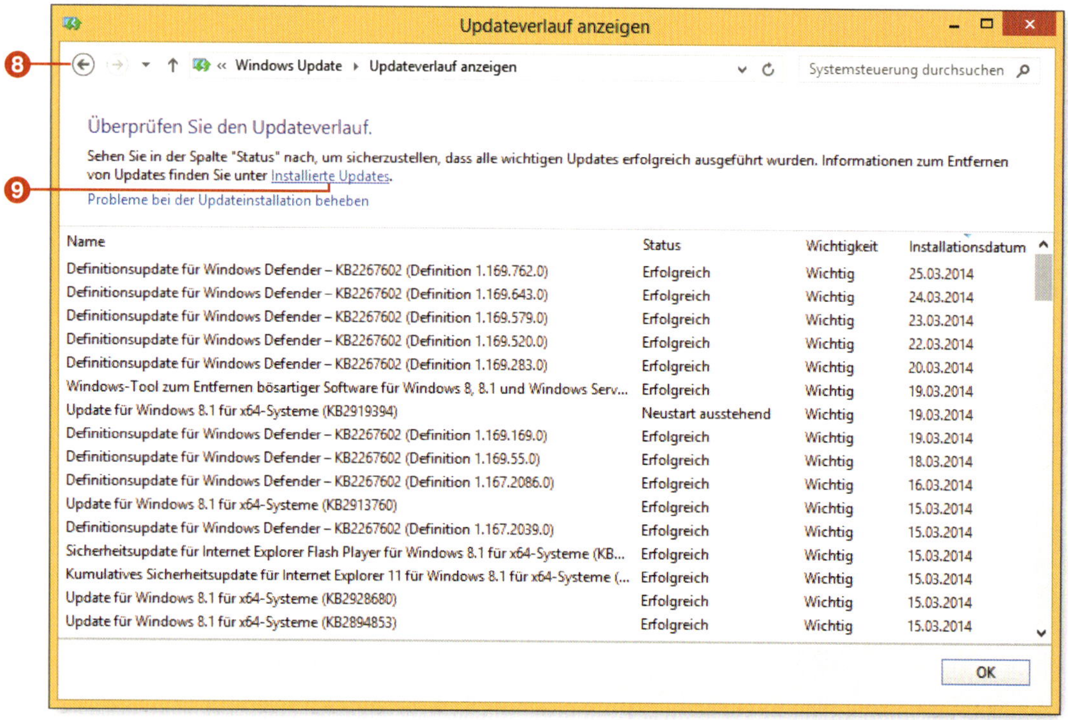

Die Updates stellen bereits einen wichtigen Schutz Ihres Computers dar. Als Nächstes werden wir einen Blick auf die Windows-Firewall werfen, die Ihren PC vor Angriffen aus dem Netz schützt.

Updates deinstallieren

Ganz selten kann die Installation eines Updates zu einem Problem bei einem Programm führen. Arbeitet eine Software nach einer Aktualisierung nicht mehr zuverlässig, haben Sie die Möglichkeit, ein Update wieder zu entfernen. Klicken oder tippen Sie hierzu im Fenster **Updateverlauf anzeigen** auf **Installierte Updates** (9), markieren Sie das gewünschte Update in der Liste, und klicken Sie dann am oberen Rand auf **Deinstallieren**. Folgen Sie den weiteren Anweisungen, um das Update zu entfernen. Eventuell ist anschließend ein Neustart des Computers notwendig.

Hier kommt keiner hinein – die Windows-Firewall

Der Begriff *Firewall* bedeutet auf Deutsch *Brandschutzmauer*. Und als solche fungiert sie auch, denn die Firewall überprüft den gesamten ein- und ausgehenden Datenverkehr zwischen Computer und Internet. Wenn sie einen Angriff auf Ihren PC feststellt, verhindert sie ihn. Eine Gefahr stellen beispielsweise Programme dar, die sich heimlich – etwa beim Surfen im Internet oder bei der Installation eines neuen Programms – auf Ihrem System einnisten. Dort spionieren sie alle Kennworteingaben aus (z. B. Kreditkarteninformationen oder auch die Passwörter für das Homebanking) und reichen diese dann an eine bestimmte Webadresse weiter. Damit dies nicht passiert oder das Risiko zumindest ausgesprochen gering gehalten wird, sollte Ihr Computer immer durch eine Firewall geschützt sein.

In vielen Routern, etwa den neueren Modellen der FRITZ!Box von AVM, ist bereits eine Firewall integriert. Aber auch Windows 8.1 bringt wie seine Vorgängerversionen eine eigene Firewall mit. Um die Einstellungen der Windows-Firewall zu überprüfen, gehen Sie folgendermaßen vor:

1. Rufen Sie von der Desktop-Oberfläche aus die Charms-Leiste auf, und klicken oder tippen Sie darin auf **Einstellungen** und dann auf **Systemsteuerung**.

2. Wechseln Sie in die Kategorie **System und Sicherheit** ❶, und klicken Sie dort auf **Windows-Firewall** ❷.

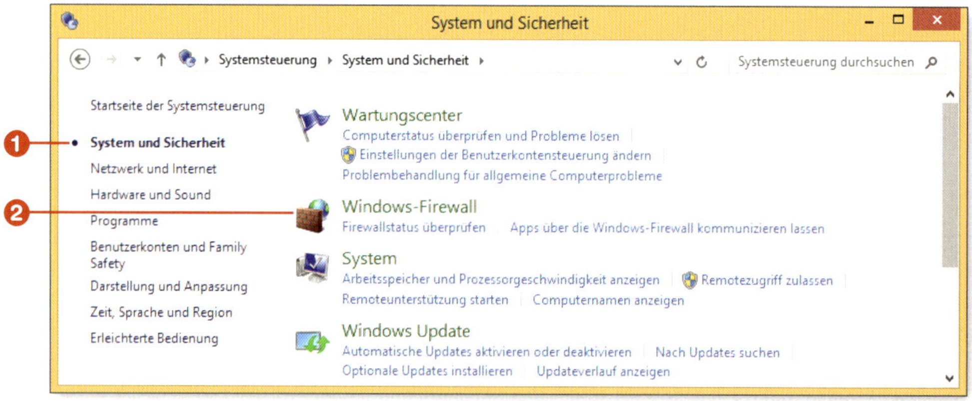

Sie erhalten nun eine Übersicht über den aktuellen Status der Windows-Firewall, aufgeteilt in **Private Netzwerke** ❸ und **Gast oder öffentliche Netzwerke** ❹. Gerade Letztere spielen eine große Rolle, wenn Sie mit Ihrem Notebook oder Tablet häufiger unterwegs sind und beispielsweise Hotspots auf Flughäfen oder WLANs in Hotels nutzen (siehe dazu auch den Abschnitt »So kommen Sie ins Internet« ab Seite 164).

3. Um die Einstellungen der Windows-Firewall zu überprüfen, klicken oder tippen Sie links auf **Windows-Firewall ein- oder ausschalten** ❺. Eventuell müssen Sie den Hinweis der Benutzerkontensteuerung bestätigen.

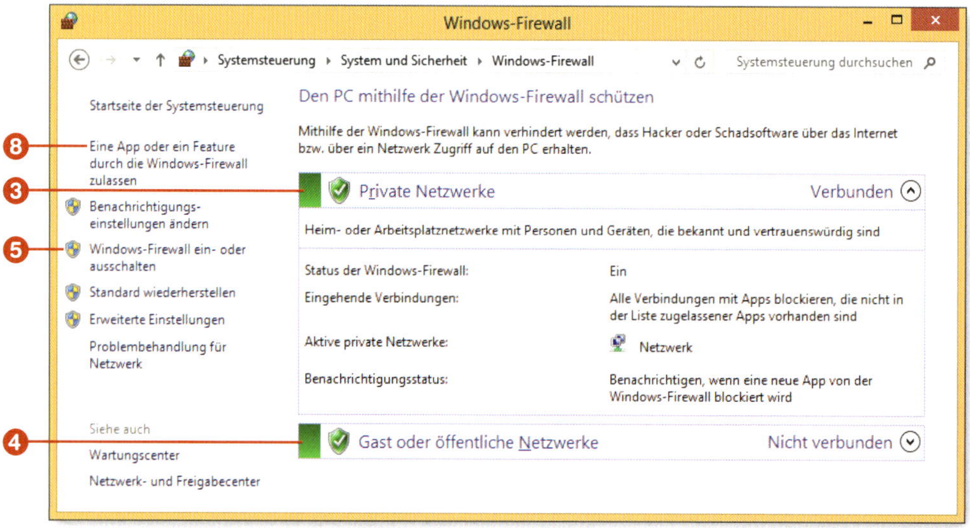

4. Sie können die Firewall nun für jeden Standort getrennt einstellen. Stellen Sie sicher, dass bei beiden Netzwerkvarianten (privat und öffentlich) das Kästchen **Benachrichtigen, wenn eine neue App von der Windows-Firewall blockiert wird** ❻ mit einem Häkchen versehen ist. In diesem Fall erhalten Sie sofort einen Hinweis, wenn die Firewall aktiv wird.

5. Sind Sie mit einem öffentlichen Netzwerk verbunden, sollten Sie zusätzlich **Alle eingehenden Verbindungen blockieren, einschließlich der in der Liste der zugelassenen Apps** ❼ aktivieren.

6. Nachdem Sie alle Einstellungen vorgenommen haben, schließen Sie den Dialog mit **OK**.

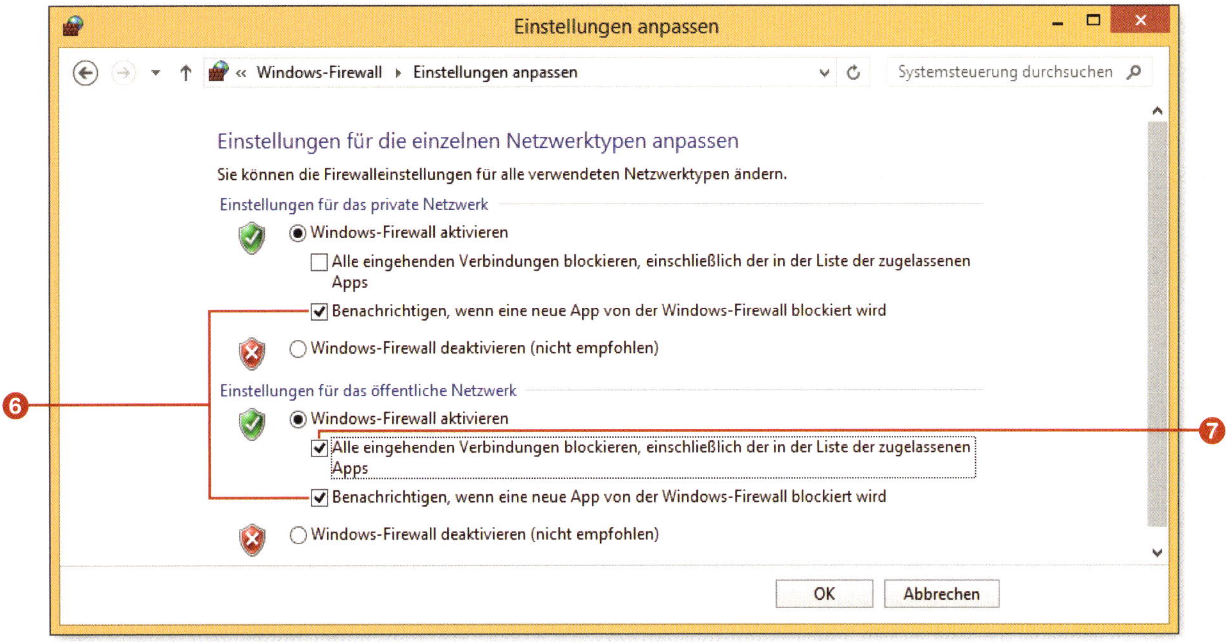

Weniger ist mehr: nur eine Firewall betreiben

Sie sollten die Windows-Firewall nur deaktivieren, sprich ausschalten, wenn Sie die Sicherheitssoftware eines anderen Anbieters installieren möchten. In diesem Fall ist die Deaktivierung sogar ein Muss, da sich mehrere aktivierte Firewalls auf dem System häufig ins Gehege geraten. Die in den Router integrierte Firewall dagegen stört nicht und kann gut parallel zur Windows-Firewall oder zu der eines Fremdanbieters genutzt werden.

Manchen Apps gestattet Windows automatisch die Kommunikation mit dem Internet, anderen nicht. Um eine Übersicht zu erhalten, welchen Apps was erlaubt ist, gehen Sie folgendermaßen vor:

1. Klicken oder tippen Sie im Dialog **Windows-Firewall** am linken Rand auf **Eine App oder ein Feature durch die Windows-Firewall zulassen** (❽ auf Seite 346). Der zugehörige Dialog ist vor allem interessant, wenn Sie in einem öffentlichen Netzwerk angemeldet sind und bestimmten Anwendungen die Kommunikationserlaubnis entziehen möchten.

2. Soll die Firewall die Kommunikation einer App in einem öffentlichen Netzwerk unterbinden, deaktivieren Sie das entsprechende Kontrollkästchen in der Spalte **Öffentlich** ❾. Umgekehrt können Sie durch Setzen eines Häkchens die Kommunikation natürlich auch erlauben.

3. Sind alle Einstellungen vorgenommen, bestätigen Sie mit **OK** ❿. Sie werden automatisch zum Dialog **Windows-Firewall** zurückgeführt.

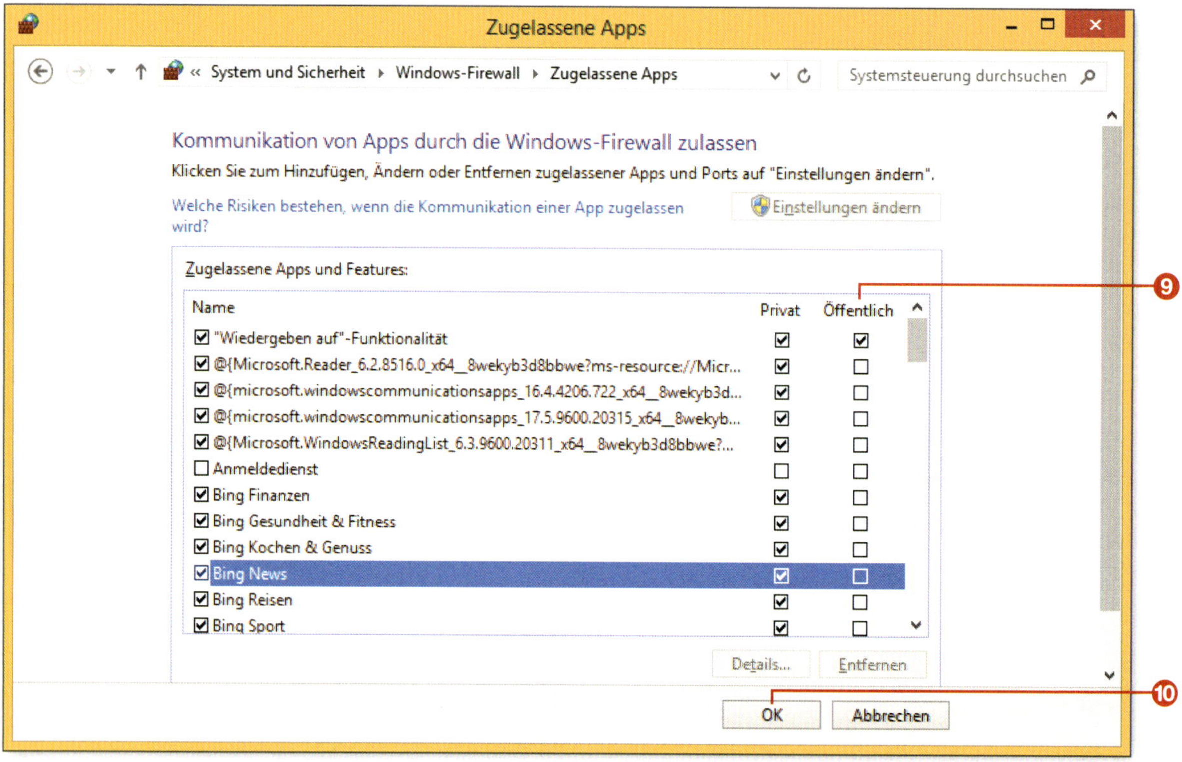

Windows-Firewall mit erweiterten Einstellungen

Für Profis bietet die Windows-Firewall weitere Einstellungsmöglichkeiten, die erst nach einem Klick oder Fingertipp auf **Erweiterte Einstellungen** im Dialog **Windows-Firewall** sichtbar werden. Im nächsten Fenster, **Windows-Firewall mit erweiterter Sicherheit**, können Sie spezielle Regeln für den ein- oder ausgehenden Datenverkehr festlegen.

Im nächsten Abschnitt stelle ich Ihnen einen weiteren Verteidigungsmechanismus von Windows 8.1 vor: den Windows Defender. Hier hält sich unter anderem das ganz zu Anfang erwähnte Antivirenprogramm versteckt.

Windows Defender verteidigt Ihren Computer

Überall lauern Viren und andere schädliche Programme, auch *Malware* genannt. Gerade Dateianhänge, die Sie per E-Mail erhalten, können infiziert sein. Kennen Sie den Absender einer Mail nicht, sollten Sie tunlichst darauf verzichten, den Anhang zu öffnen. Einen kleinen Schutz vor Viren und sonstiger Malware bietet ein Antivirenprogramm. In früheren Windows-Versionen musste dies extra installiert werden, seit Windows 8 ist es nun endlich ein fester Bestandteil. Das Antivirenprogramm ist Teil des *Windows Defenders*. Dieser ist bereits aus früheren Windows-Versionen bekannt, war aber damals auf den Spywareschutz begrenzt.

Wie auch die Windows-Firewall, ist der Windows Defender von Anfang an automatisch aktiviert. Damit prüft er beispielsweise automatisch alle eingehenden E-Mails auf Viren und andere Malware. Spürt das Programm eine infizierte Datei auf, erhalten Sie einen entsprechenden Hinweis. In regelmäßigen Abständen wird außerdem der gesamte Computer untersucht. Diese Untersuchungen können Sie auch gezielt selbst starten. Gehen Sie dazu wie folgt vor:

1. Starten Sie vom Desktop aus die Systemsteuerung über den Charm **Einstellungen** in der Charms-Leiste. Falls bei Ihnen noch das Fenster der Windows-Firewall geöffnet ist, können Sie hier im Adressfeld auch auf **Systemsteuerung** ❶ klicken oder tippen.

2. Geben Sie im Suchfeld ❷ rechts neben dem Adressfeld »Windows Defender« ein, und drücken Sie die [↵]-Taste.

3. Mit einem Klick oder durch Tippen auf **Windows Defender** ❸ öffnen Sie das Sicherheitsprogramm.

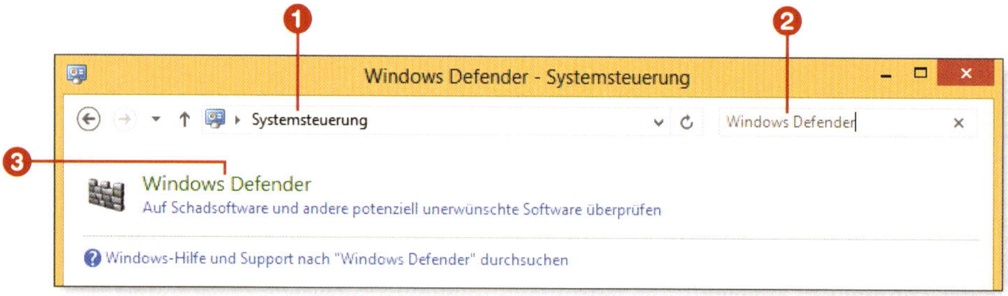

4. Das grüne Häkchen im Programmfenster des Windows Defenders zeigt sofort, dass der sogenannte *Echtzeitschutz* aktiviert ist ❹, Ihr Computer also permanent überwacht wird.

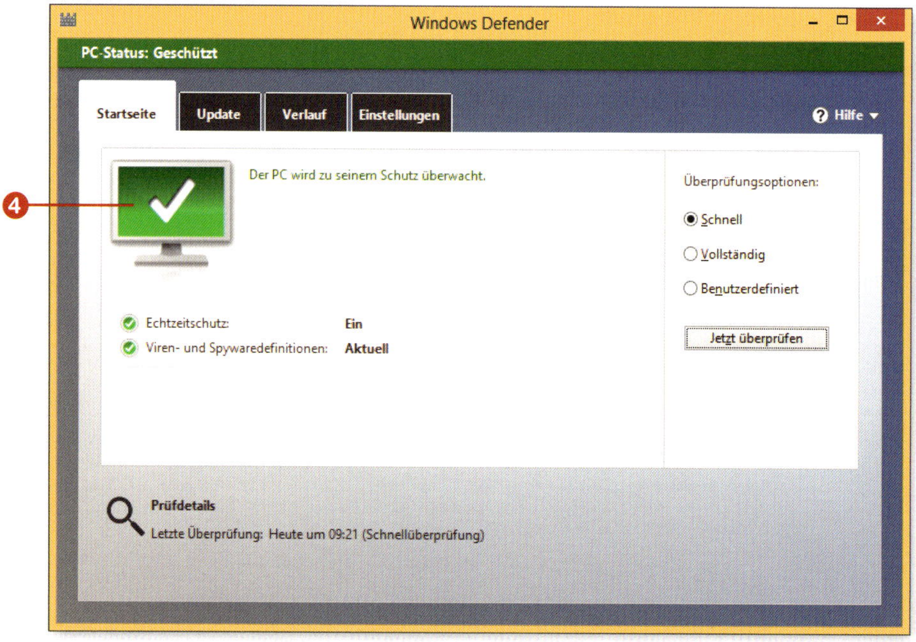

5. Sollte das Programm nicht aktiviert sein, wechseln Sie zum Register **Einstellungen** ❺ und versehen das Kontrollkästchen **Echtzeitschutz aktivieren** ❻ mit einem Häkchen.

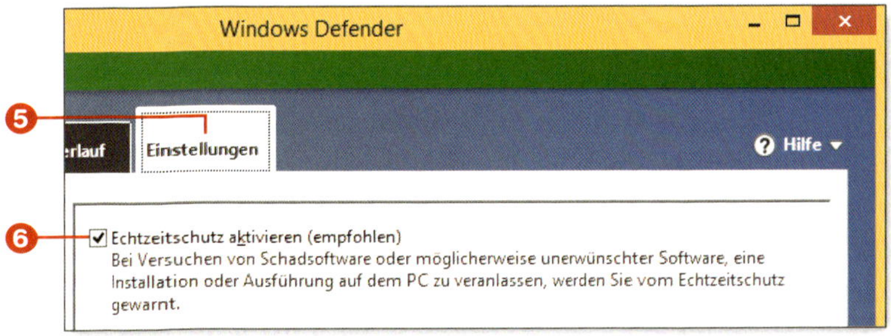

Den umgekehrten Weg, sprich die Deaktivierung des Windows Defenders, sollten Sie nur gehen, wenn Sie stattdessen ein anderes Programm von einem anderen Hersteller installieren möchten.

Wie bereits erwähnt, überprüft der Windows Defender regelmäßig Ihren Computer. Dabei handelt es sich jedoch um eine Schnellsuche. Ab und an sollten Sie daher das System gründlich prüfen lassen, um mögliche Schadsoftware aufzuspüren.

1. Kehren Sie wieder zum Register **Startseite** ❼ zurück.

2. Aktivieren Sie die Option **Vollständig** ❽, damit der gesamte Computer nach einem Klick oder Tipp auf **Jetzt überprüfen** ❾ durchsucht wird.

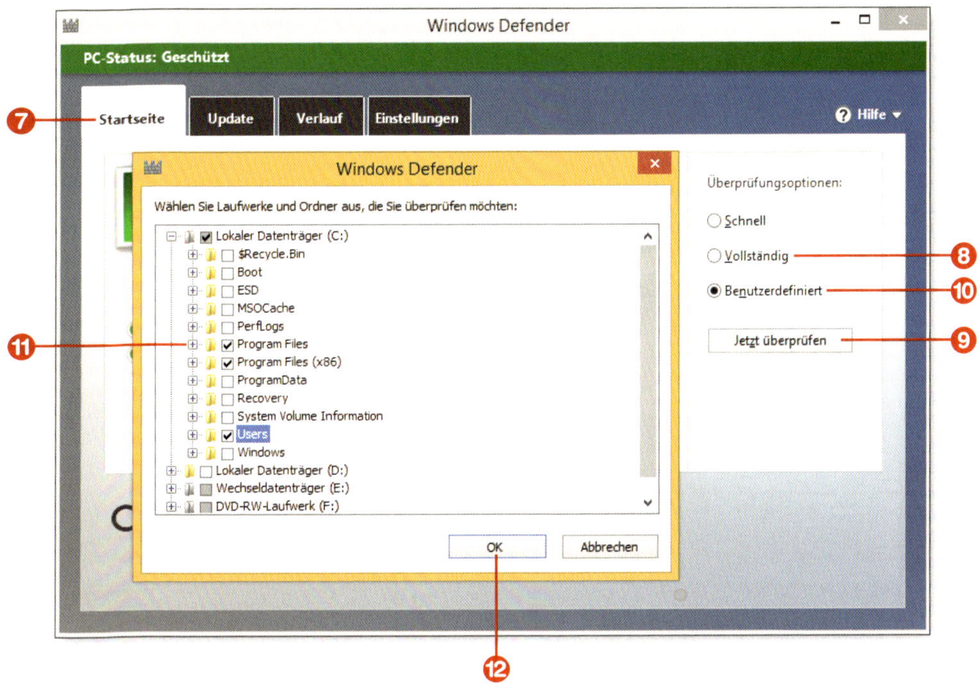

5. Mit einem Klick oder durch Tippen auf den Pfeil im grünen Kreis **8** wird das Element am Originalspeicherort wiederhergestellt.

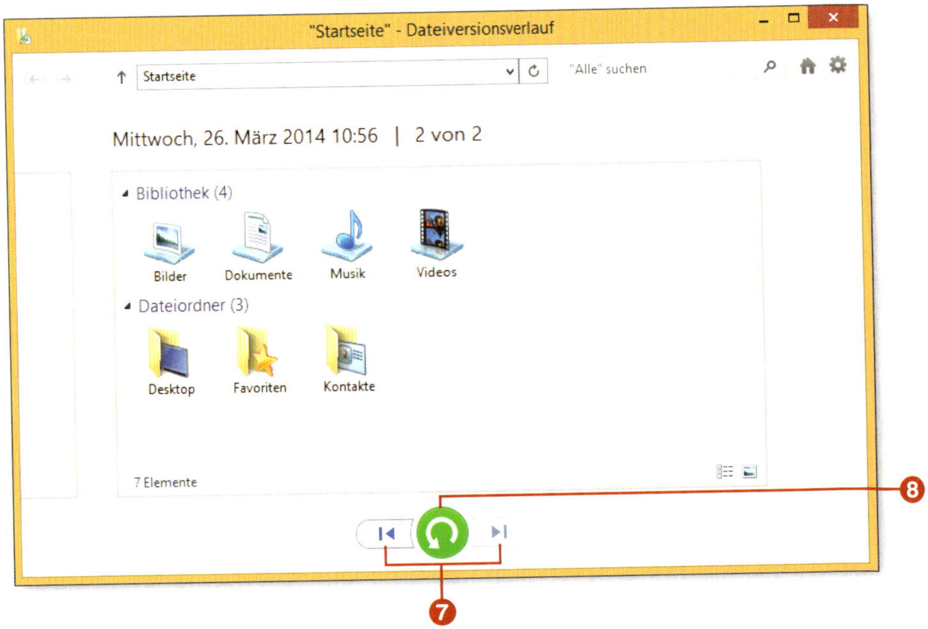

6. Möchten Sie die Datei oder den Ordner an einem anderen Ort als dem ursprünglichen wiederherstellen, klicken oder tippen Sie nach Schritt 4 auf das kleine Zahnrad-Symbol **9** in der rechten oberen Ecke des Dialogs.

7. In der aufklappenden Liste wählen Sie den Befehl **Wiederherstellen in** **10**.

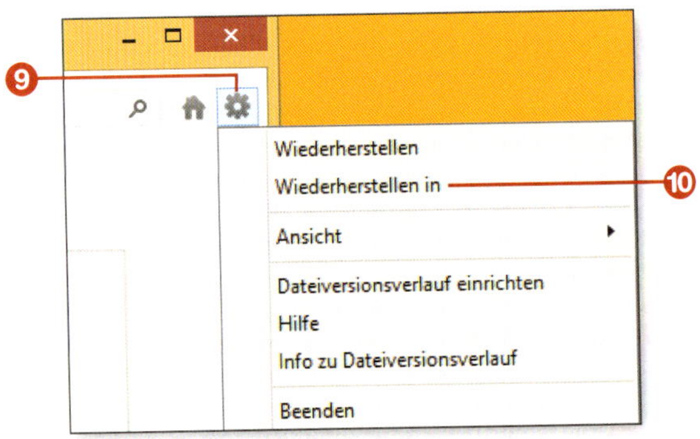

8. Im nächsten Dialog wählen Sie über den Navigationsbereich links den Ordner aus, in dem die wiederhergestellten Daten abgelegt werden sollen, und bestätigen die Auswahl mit einem Klick auf **Ordner auswählen**.

Übrigens können Sie natürlich auch direkt auf die gesicherten Daten auf der externen Festplatte zugreifen. Dies ist beispielsweise dann nötig, wenn der gesamte Computer kaputtgegangen ist und Sie die Daten auf einem neuen System wiederherstellen möchten. Gehen Sie dazu wie folgt vor:

1. Markieren Sie im Explorer, im Navigationsbereich unter **Dieser PC**, die externe Festplatte, die Sie zur Datensicherung nutzen.

2. Die Datensicherung befindet sich auf der externen Festplatte im Ordner **FileHistory** ❶. Doppelklicken Sie im Inhaltsbereich auf diesen Ordner, und arbeiten Sie sich anschließend jeweils per Doppelklick auf die weiteren Ordner bis zum Verzeichnis **Data** ❷ vor. Hier finden Sie in den verschiedenen Unterverzeichnissen alle gesicherten Dateiversionen.

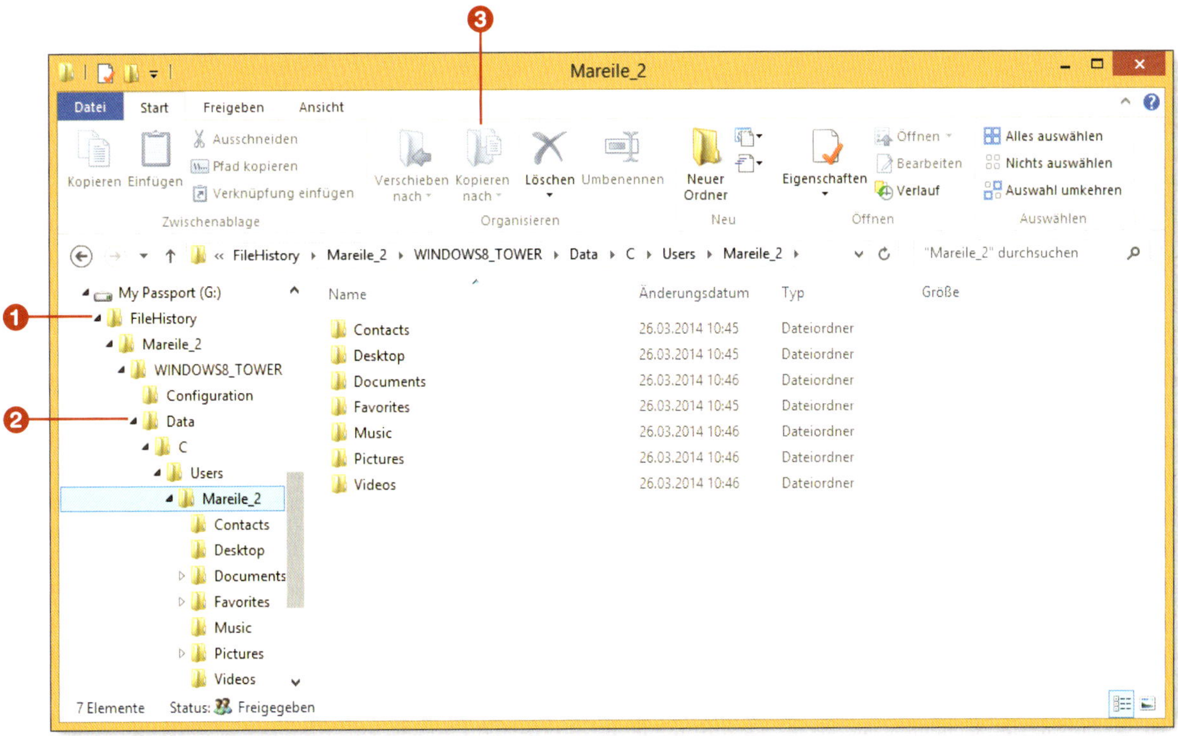

Alle gesicherten Dateien und Ordner können Sie so ganz bequem direkt über den Explorer wiederherstellen. Über den Befehl **Kopieren nach** ❸, den Sie bereits im Abschnitt »Dateien und Ordner kopieren, verschieben und löschen« ab Seite 268 kennengelernt haben, holen Sie die Daten einfach wieder auf die Festplatte Ihres Computers zurück.

Kapitel 11

Nützliche Windows-Anwendungen und -Apps

Der Computer wird mittlerweile für eine Vielzahl an Aufgaben genutzt. Ob Sie einen Brief schreiben, Ihre Fotos sortieren und bearbeiten oder im Internet surfen und einkaufen möchten, Windows 8.1 hält immer das passende Programm bereit. Auf die Bereiche Internet und Foto bin ich bereits ausführlich eingegangen. In diesem Kapitel möchte ich Ihnen zeigen, welche nützlichen Programme noch in Windows 8.1 versteckt sind.

Am Ende dieses Kapitels werden wir uns ausführlich mit dem *Windows Store* beschäftigen. Denn auf dem Online-Marktplatz von Microsoft erwartet Sie ein großes Angebot an Apps – von lustigen Spielen bis hin zu nützlichen Werkzeugen ist hier alles zu finden.

Briefe schreiben mit WordPad

Das kleine nützliche Textverarbeitungsprogramm *WordPad* ist seit vielen Jahren Bestandteil von Windows. Auch wenn es in puncto Funktionalität mit seinem großen Bruder Microsoft Word nicht mithalten kann, für kleine Schreib- und Formatierungsaktionen reicht es allemal aus. Wie Sie das Programm aufrufen, lesen Sie im Kasten »Windows-Anwendungen starten« auf Seite 370.

Bereits für Windows 8 wurde die Oberfläche von WordPad überarbeitet. Unterhalb der Titelleiste ❶ finden Sie nun auch hier ein Menüband ❷, wie Sie es bereits beim Explorer oder auch bei der Fotogalerie gesehen haben. Das Menüband ist in verschiedene Register aufgeteilt und kann über die Schaltfläche ⌄ ❸ minimiert oder auch erweitert werden.

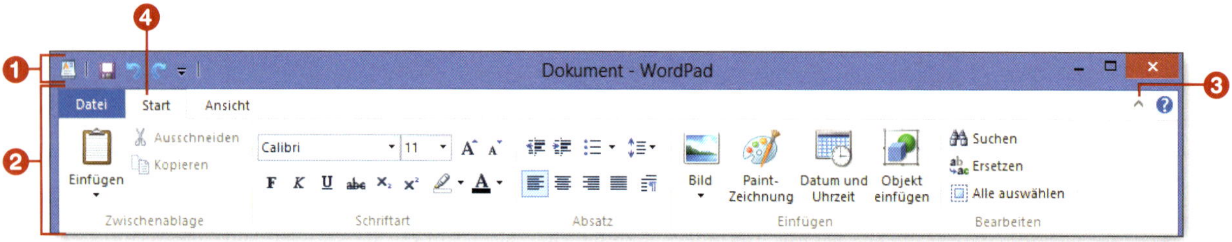

Das erweiterte Menüband von WordPad

Nach dem Programmstart befindet sich das Register **Start** 4 im Vordergrund. Hier finden Sie alle wichtigen Befehle zum Formatieren, das heißt zum Gestalten Ihres Textes. Bewegen Sie den Mauszeiger langsam über die einzelnen Symbole, wird jeweils eine kleine QuickInfo eingeblendet, der Sie die Bedeutung des jeweiligen Symbols entnehmen können.

Rechts neben einigen Symbolen sehen Sie eine kleine Pfeilschaltfläche. Ein Beispiel hierfür ist etwa das Textfarbe-Symbol 5. Wenn Sie auf den kleinen Pfeil klicken oder tippen, klappt eine Palette mit weiteren Einstellungsmöglichkeiten auf, in diesem Beispiel eine Farbpalette, aus der Sie die gewünschte Farbe für Ihren Text auswählen. Den Text selbst geben Sie in WordPad wie gewohnt im weißen Dokumentbereich unterhalb der Menüleiste ein.

Windows-Anwendungen starten

Für Windows-Anwendungen sowie einige -Apps finden Sie leider keine Kachel auf dem Startbildschirm. Sie wurden stattdessen etwas versteckt untergebracht. Um ein Programm wie WordPad oder auch die *Rechner*-App zu starten, klicken Sie in der linken unteren Ecke des Startbildschirms auf den Pfeil oder wischen von der Bildschirmmitte in Richtung oberen Bildschirmrand. Sie erhalten eine Übersicht über alle auf dem Computer installierten Apps und Windows-Anwendungen. Die Kachel für das Programm WordPad finden Sie in der Gruppe **Windows-Zubehör**, die für die *Rechner*-App in der Gruppe **R**. Blättern Sie gegebenenfalls etwas nach rechts, um zu den jeweiligen Bereichen zu gelangen. Mit einem Klick oder Tipp auf die Kachel öffnen Sie das gewünschte Programm.

Übrigens: Für alle Windows-Anwendungen und -Apps können Sie natürlich eine eigene Kachel direkt auf dem Startbildschirm anlegen. Wie dies funktioniert, lesen Sie im Abschnitt »Welche Kachel wird auf dem Startbildschirm angezeigt?« ab Seite 77.

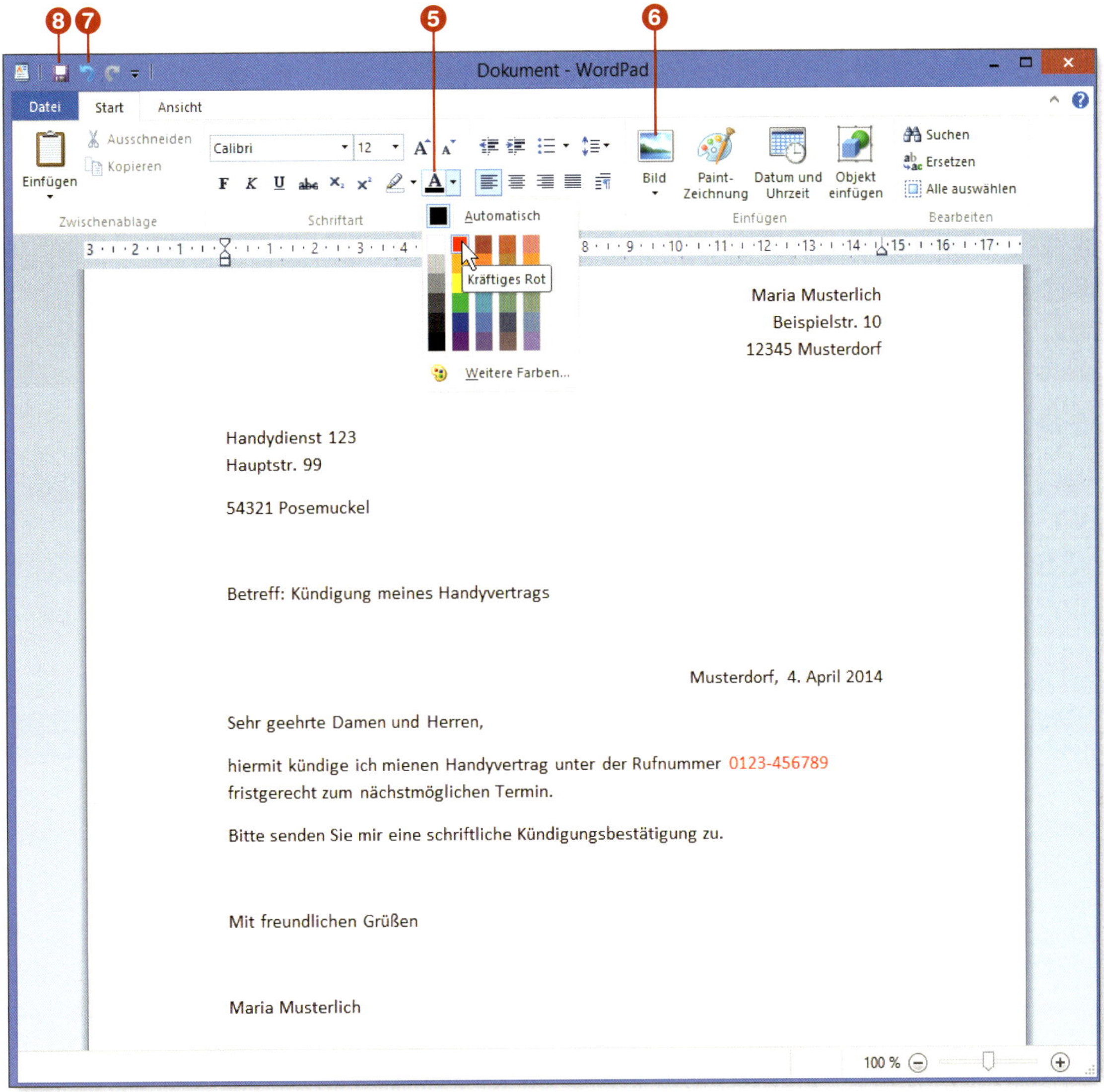

^ *Das Programmfenster von WordPad in der Übersicht*

Besonders interessant ist die Gruppe **Einfügen**. Über den Befehl **Bild** ❻ können Sie beispielsweise ein Foto aus Ihrer Bildbibliothek auswählen und in Ihrem Dokument ergänzen. Falls Sie versehentlich das falsche Bild ausgewählt haben: In der Schnellstartleiste in der rechten oberen Ecke des Programmfensters finden Sie das wichtige **Rückgängig**-Symbol ❼. Ein Klick oder Tipp darauf, und die zuletzt vorgenommene Aktion wird ungeschehen gemacht. Links neben diesem Symbol finden Sie die Schaltfläche **Speichern** ❽ zum Sichern Ihrer Datei. Für die Dateisicherung nutzt WordPad das *Rich Text Format*, kurz RTF. Sein großer Vorteil ist, dass es sich mit jedem Textverarbeitungssystem öffnen lässt.

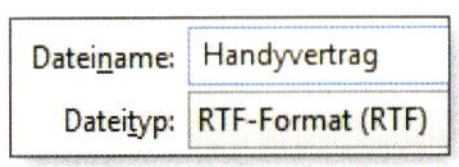

^ *Dateien werden im RTF-Format gesichert.*

Um Ihren Brief auszudrucken, wechseln Sie zum Register **Datei** ⑨ und wählen hier nacheinander **Drucken** ⑩ und nochmals **Drucken** ⑪. Im nächsten Dialog können Sie wie gewohnt den Drucker bestimmen, sofern Sie mehrere zur Verfügung haben, bevor Sie den Druckvorgang mit einem Klick oder Tipp auf **Drucken** starten.

> *Den Befehl zum Ausdrucken Ihrer Dokumente finden Sie im Register »Datei«.*

Über das Register **Datei** gelangen Sie auch zum Befehl **Öffnen** ⑫, den Sie benötigen, wenn Sie bereits gespeicherte Dateien aufrufen möchten.

PDF-Dokumente mit dem Reader öffnen

Sie haben eine Datei im PDF-Format erhalten? Zum Öffnen dieser Dateien bringt Windows 8.1 die *Reader*-App mit. Die App wird nicht auf dem Startbildschirm angezeigt, sondern nur in der Übersicht über alle Apps. Wie Sie dorthin gelangen, lesen Sie im Kasten »Windows-Anwendungen starten« auf Seite 370.

Zahlen im Blick: »Rechner«- und »Wecker«-App

Kleinere Rechenaufgaben kann man noch gut im Kopf bewältigen, bei komplexeren Aufgaben wird es für die meisten von uns schon schwieriger. Wer gerade an seinem Windows-8.1-Computer sitzt, kann diese Arbeit den bereits vorinstallierten Taschenrechnern überlassen. Windows 8.1 bietet Ihnen hierfür sowohl die aus früheren Versionen bekannte Windows-Anwendung *Rechner* als auch eine App gleichen Namens. Letztere möchte ich Ihnen kurz vorstellen.

Die »Rechner«-App rufen Sie über die App-Übersicht auf.

Die *Rechner*-App finden Sie ebenfalls in der Übersicht über alle Apps, wie im Kasten »Windows-Anwendungen starten« auf Seite 370 beschrieben. Der Rechner erscheint nach dem Programmstart in der Standardansicht und zeigt hier lediglich die Standard-Rechenfunktionen.

In der Standardansicht stehen nur wenige Rechenfunktionen zur Auswahl.

Wechseln Sie über die entsprechende Schaltfläche in die Ansicht **Wissenschaftlich** (1 auf Seite 374), werden zahlreiche Spezialfunktionen eingeblendet. Doch damit nicht genug – die *Rechner*-App übernimmt für Sie auch das Umrechnen von Einheiten, wie etwa Kalorien in Joule, Zoll in Zentimeter oder auch Meilen pro Stunde in Kilometer pro Stunde. Die jeweiligen Funktionen hierfür finden Sie in der Ansicht **Konverter** 2.

> *Hinter dem vermeintlich simplen Taschenrechner verbirgt sich ein wahres Rechengenie.*

Windows 8.1 bringt aber noch weitere spannende Apps mit. Eine davon ist die *Wecker*-App. Mit ihr können Sie sich nicht nur wecken lassen, die App enthält zugleich einen Zeitgeber ❸ sowie eine Stoppuhr ❹. Auch die *Wecker*-App rufen Sie über die App-Übersicht auf, wie im Kasten »Windows-Anwendungen starten« auf Seite 370 beschrieben. Nach dem Start werden Sie gleich mit einem freundlichen **Guten Morgen** ❺ begrüßt.

1. Um die gewünschte Weckzeit einzustellen, klicken Sie auf diesen Schriftzug.

2. Im folgenden Dialog wird links eine Uhrzeit eingeblendet. Rund um diese Zeit sind zwei Ringe mit jeweils einer kreisrunden Schaltfläche zu sehen. Um die Stunde einzustellen, bewegen Sie den Mauszeiger auf die Schaltfläche des inneren Ringes ❻. Die Schaltfläche lässt sich nun mit gedrückter linker Maustaste verschieben. Wird in der Mitte die gewünschte Stundenzahl eingeblendet, lassen Sie die Taste los. Analog stellen Sie über die Schaltfläche des äußeren Ringes die Minuten ein ❼.

3. Wollen Sie nur **Einmalig** geweckt werden, klicken oder tippen Sie auf die gleichnamige Schaltfläche ❽. Wünschen Sie den Weckruf an mehreren Tagen, wählen Sie **Wiederholen** ❾.

4. Stellen Sie dann sicher, dass die gewünschten Tage, an denen Sie geweckt werden wollen, ein Häkchen aufweisen ⑩.

5. Nach einem Klick auf den Pfeil ⑪ rechts vom Feld **Sound** wählen Sie den gewünschten Klingelton aus. Klicken oder tippen Sie auf das kleine Wiedergabesymbol ⑫ vor einem Sound, wird der Klingelton zweimal abgespielt.

Ist Ihnen das Klingeln zu leise oder laut, stellen Sie die Lautstärke später über die PC-Einstellungen oder auch das Lautsprechersymbol in der Taskleiste auf dem Desktop ein (siehe auch Seite 117).

6. Ist die gewünschte Weckzeit eingestellt, klicken Sie oben rechts auf das Symbol **Speichern** ⑬.

7. Haben Sie den Wecker nur zum Test aufgerufen, kehren Sie mit einem Klick oder Tippen auf **Abbrechen** ⑭ zum vorherigen Dialog zurück. Mit einem Klick auf **Löschen** ⑮ entfernen Sie einen einmal eingerichteten Weckruf wieder.

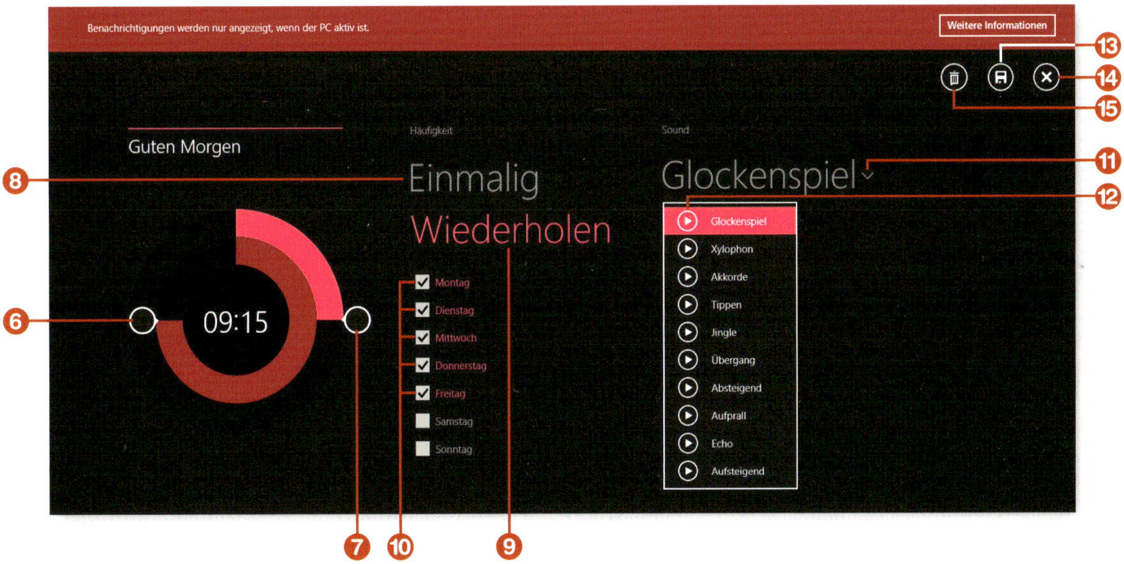

Ihr Computer wird Sie nun zum gewünschten Zeitpunkt wecken. Voraussetzung hierfür ist natürlich, dass sowohl der Computer als auch die Lautsprecher eingeschaltet sind. Ertönt der Weckruf, erscheint in der oberen rechten Bildschirmecke ein kleiner Hinweis. Mit einem Klick oder Tippen auf diesen Hinweis bringen Sie den Wecker zum Schweigen.

Gesund genießen: Die Apps »Kochen & Genuss« und »Gesundheit & Fitness«

^ *Diese App macht bereits beim Ansehen Appetit.*

Vielleicht ist Ihnen auf dem Startbildschirm bereits die Kachel aufgefallen, in der immer wieder Fotos von köstlichen Gerichten zu sehen sind? Mit einem Klick auf diese Kachel wird die neu in Windows 8.1 hinzugekommene App *Kochen & Genuss* geöffnet. Mithilfe der Bildlaufleiste am unteren Bildschirmrand oder durch entsprechende Wischbewegung blättern Sie in der Rezeptsammlung. Die Auswahl an Rezepten, die Sie hier finden, nimmt stetig zu. Klicken oder tippen Sie auf eines der Rezeptbilder, erhalten Sie nähere Informationen zum Gericht. Über die Symbole in der App-Leiste am unteren Bildschirmrand können Sie ein Rezept zu Ihrer persönlichen Sammlung hinzufügen, einen Mahlzeitenplan erstellen, die Zutaten einer Einkaufsliste hinzufügen oder auch das gesamte Rezept ausdrucken. Über das Pfeil-Symbol ⊖ in der linken oberen Ecke kehren Sie immer wieder zur zuvor ausgewählten Kategorie bzw. Startseite der App *Kochen & Genuss* zurück. Neben den Rezepten, die von der Suchmaschine Bing zur Verfügung gestellt werden, können Sie auch eigene Rezepte hinzufügen.

v *Die Funktionen zum Ausdrucken eines Rezepts oder auch Erstellen einer Einkaufsliste finden Sie in der App-Leiste unten.*

⌃ *Hier finden Sie Tipps rund um Ihre Gesundheit.*

Manches der Rezepte, die Sie in *Kochen & Genuss* finden, ist recht gehaltvoll. Wenn Sie nach dem Verzehr des Gerichts das Gefühl haben, etwas für Ihre Fitness tun zu müssen, ist die App *Gesundheit & Fitness* genau das Richtige für Sie. Die entsprechende Kachel zum Aufruf finden Sie direkt auf dem Startbildschirm.

Nach dem Start der App können Sie wie gewohnt von links nach rechts und umgekehrt blättern. Per Klick oder Tippen auf ein Bild oder einen Link gelangen Sie zu den ausführlichen Berichten. In der Kategorie **Fitness** finden Sie z. B. einige interessante Anleitungen rund um Themen wie Yoga, Pilates oder auch Krafttraining. Die App hält aber auch viele Tipps für eine gesunde Ernährung sowie zahlreiche medizinische Informationen für Sie bereit.

⌄ *Von Ernährungstipps bis hin zu Fitnessanleitungen ist alles dabei.*

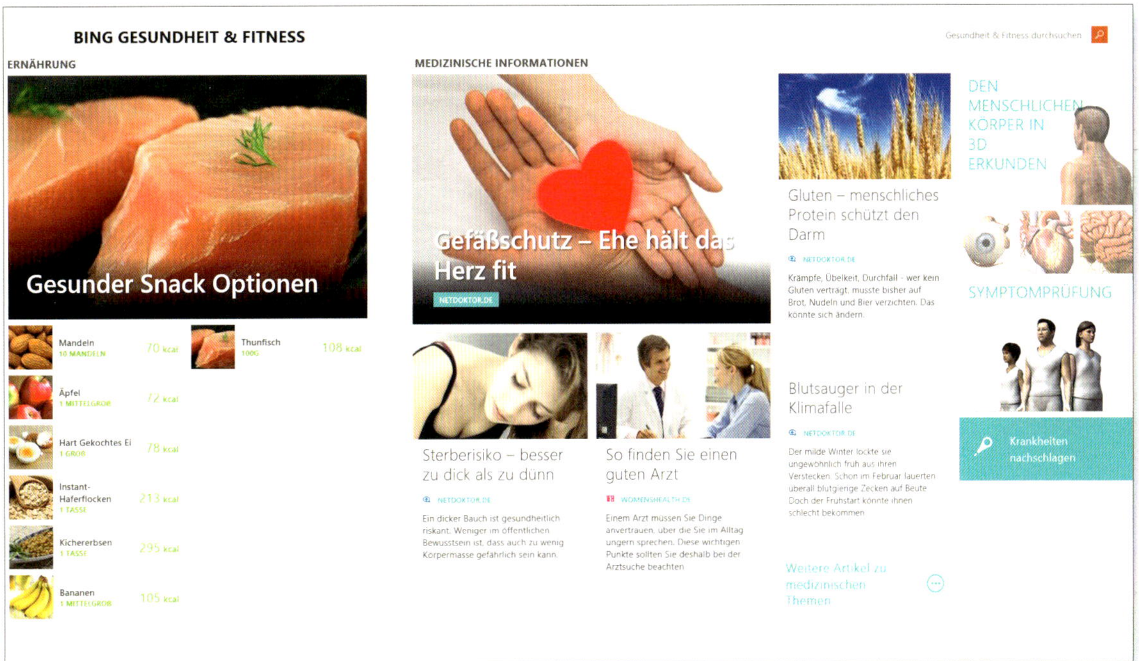

Mit Skype telefonieren und chatten

Mit Windows 8.1 hielt eine weitere App Einzug auf dem Computer: *Skype*. Mit ihr können Sie weltweit über das Internet telefonieren und mit Freunden Textnachrichten austauschen. Damit Sie Ihren Gesprächspartner hören können, benötigen Sie einen Lautsprecher; ein Mikrofon ist wiederum Voraussetzung dafür, dass auch die Gegenseite Sie hören kann. Zusätzlich ist der Einsatz einer Webcam, also einer kleinen Kamera, nützlich, denn so können Sie Ihren Gesprächspartner sogar sehen. In den meisten Notebooks und Tablets sind diese Elemente bereits integriert.

Nutzen beide Gesprächsteilnehmer *Skype*, sind die Gespräche kostenlos, was vor allem bei sonst doch recht teuren Auslandsgesprächen interessant ist. Bei Gesprächen ins Fest- oder Mobilfunknetz fallen dagegen Gebühren an. Wie hoch diese sind, erfahren Sie auf der Website *www.skype.de* im Menü **Preise**.

Zum Start der App reicht wie üblich ein Klick oder Tippen auf die Kachel **Skype**, die Sie direkt auf dem Startbildschirm finden. Nach dem ersten Start werden Sie gefragt, ob das Programm die Webcam und das Mikrofon verwenden darf. Bestätigen Sie diese Frage mit **Zulassen**.

Genauso wie für die *Mail-* oder auch *Kontakte*-App benötigen Sie zur Nutzung der *Skype*-App ein Microsoft-Konto. Sind Sie an Ihrem lokalen Benutzerkonto angemeldet, erhalten Sie nach dem ersten Start die bereits bekannte Aufforderung, zu einem Microsoft-Konto auf diesem PC zu wechseln. Soll Ihr lokales Benutzerkonto nicht in ein Microsoft-Konto umgewandelt werden, klicken Sie auf **Stattdessen bei jeder App separat anmelden**. Erst im nächsten Dialog geben Sie dann die E-Mail-Adresse sowie das Kennwort Ihres Microsoft-Kontos an. Neben dem Microsoft-Konto benötigen Sie ein *Skype*-Konto. Mit **Ich bin neu bei Skype** ❶ legen Sie im nächsten Dialog ein neues Konto an. Folgen Sie in diesem Fall den weiteren Anweisungen. Wenn Sie Skype bereits früher genutzt haben und somit über ein solches Konto verfügen, wählen Sie stattdessen **Ich habe ein Skype-Konto** ❷. Sie werden nun aufgefordert, sich mit Ihrem Skype-Namen und -Kennwort anzumelden.

Nach der Anmeldung werden Ihr Microsoft-Konto und das *Skype*-Konto zusammengeführt. Den entsprechenden Hinweis bestätigen Sie mit **Weiter**. Sie gelangen nun zur Startseite von Skype, die zukünftig immer angezeigt wird, wenn Sie die App starten.

< *Zur Nutzung von Skype benötigen Sie ein Skype-Konto.*

Bevor Sie mit einem Freund oder Familienmitglied über *Skype* telefonieren können, müssen Sie die Person in Ihre Kontaktliste aufnehmen. Um die Person im *Skype*-Nutzerverzeichnis ausfindig zu machen, gehen Sie folgendermaßen vor:

1. Klicken Sie auf der Startseite oben links auf das Lupen-Symbol ❸.

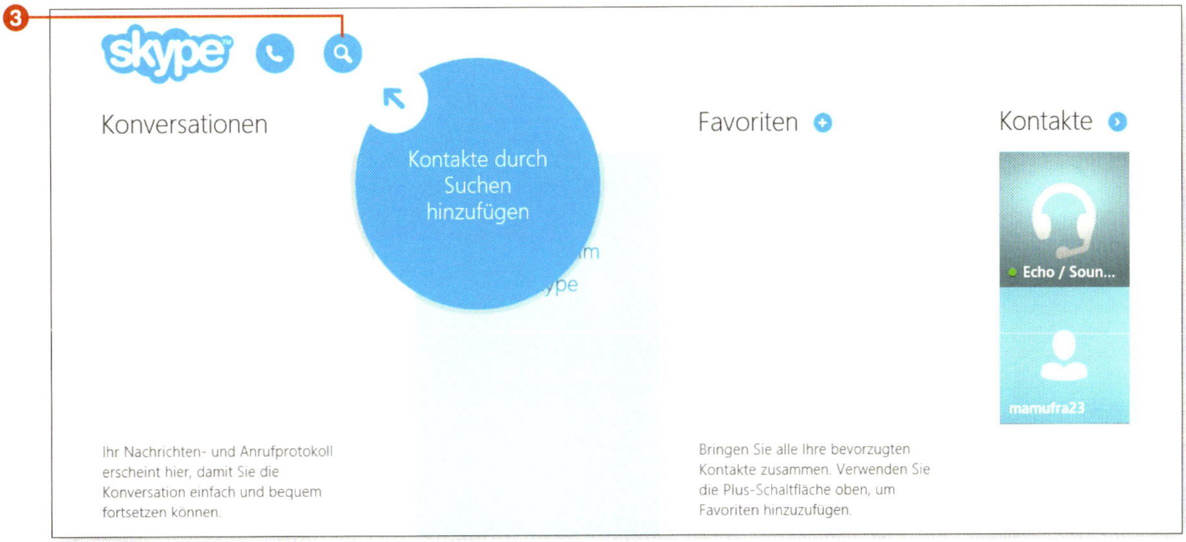

2. Geben Sie dann den Skype-Namen der gesuchten Person an. Nach Drücken der [↵]-Taste klicken oder tippen Sie auf **In Skype suchen** ❹.

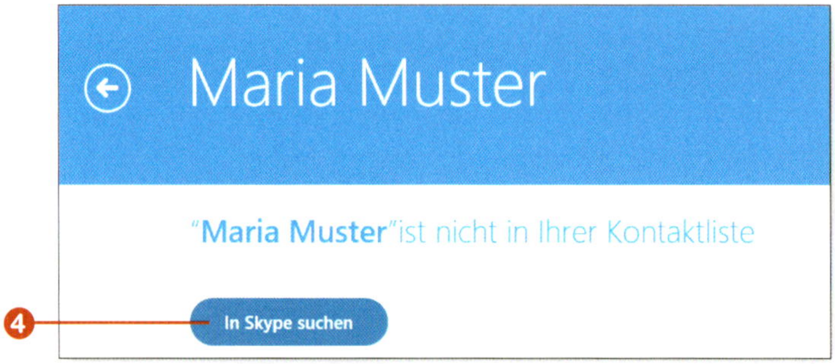

3. Wird die Person in der nächsten Übersicht aufgeführt, markieren Sie den Eintrag per Mausklick oder Antippen.

4. Mit einem Klick auf **Zur Kontaktliste hinzufügen** wird der Person eine Kontaktanfrage geschickt. Meldet sich die Person das nächste Mal bei *Skype* an, wird Ihre Kontaktanfrage eingeblendet. Durch einen Klick auf **Annehmen** bestätigt sie die Anfrage.

Auf Ihrer Startseite erscheint der Name der Person nun in der Spalte **Kontakte**. Damit Sie mit dem Freund oder Familienmitglied über *Skype* telefonieren können, muss die Person natürlich ebenso wie Sie am Computer sitzen und bei *Skype* angemeldet sein. Wenn dies der Fall ist, sehen Sie in der Kontaktliste links vom Namen einen kleinen grünen Punkt. Um nun ein Telefonat zu beginnen, klicken oder tippen Sie auf den Personennamen in der Kontaktliste. Im nächsten Dialog finden Sie am unteren Bildschirmrand einige Schaltflächen. Klicken oder tippen Sie auf das Symbol der Videokamera ❶, startet Skype einen Videoanruf, bei dem Sie den Gesprächspartner über die Webcam sehen können und umgekehrt gesehen werden. Möchten Sie einen Anruf ohne Kamera tätigen, wählen Sie das Symbol des Telefonhörers ❷. In beiden Fällen ertönt bei Ihrem Gesprächspartner nun ein Klingelton, und die Schaltfläche **Annehmen** wird eingeblendet. Ein Klick hierauf, und das Gespräch kann beginnen. Mit einem Klick oder Tippen auf **Auflegen** oder den roten Telefonhörer beenden Sie das Gespräch.

Statt zu telefonieren, können Sie dem Freund oder Familienmitglied auch eine Nachricht schicken. Den entsprechenden Text geben Sie im Feld **Nachricht hier eingeben** ❸ ein. Nach Drücken der [↵]-Taste wird die Nachricht versendet.

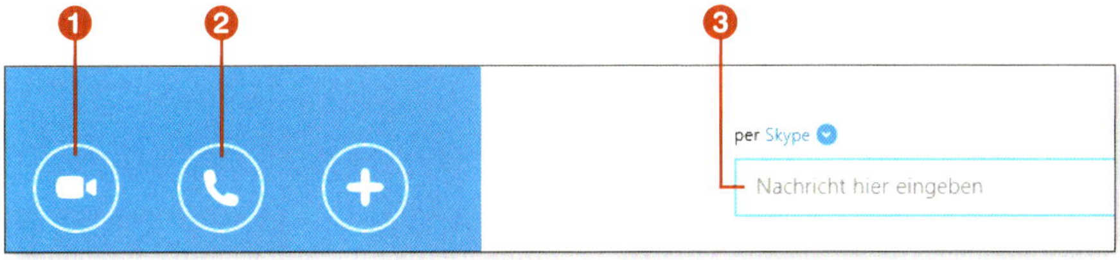

< *Telefonieren oder Nachricht senden – mit Skype ist beides möglich.*

Um wieder zur Startseite von *Skype* zu gelangen, klicken Sie oben links einfach auf das Pfeil-Symbol. Wenn Sie die *Skype*-App beenden möchten, bewegen Sie den Mauszeiger an den oberen Bildschirmrand und klicken in der nun sichtbaren Titelleiste rechts auf das Symbol ×. Nutzen Sie einen Touchscreen, ziehen Sie den Finger vom oberen Bildschirmrand bis ganz nach unten.

Der Windows Store – noch mehr Apps für Sie

^ *Für den Windows Store gibt es eine eigene Kachel auf dem Startbildschirm …*

Windows 8.1 hat einige interessante Apps mit an Bord, wie Sie in den letzten Kapiteln erfahren haben. Dabei handelt es sich aber nur um eine kleine Auswahl. Im *Windows Store* – kurz *Store* genannt, zu Deutsch *Geschäft* – finden Sie ein weitaus größeres Angebot an Apps, das mit jedem Tag wächst. Viele Apps werden sogar kostenlos zur Verfügung gestellt; ein Blick in den Store rentiert sich also auf jeden Fall. Um zum Store zu gelangen, klicken oder tippen Sie auf dem Startbildschirm einfach auf die Kachel **Store**. Wenn Sie sich auf der Desktop-Oberfläche befinden, können Sie auch auf das entsprechende Symbol in der Taskleiste klicken, sofern Sie das Symbol in einer Aufräumaktion nicht bereits entfernt haben (siehe auch den Abschnitt »Die Taskleiste im Überblick« ab Seite 109). In beiden Fällen gelangen Sie automatisch zur Startseite des Windows Stores.

^ *… und ein eigenes Symbol in der Taskleiste.*

Die Startseite des Shops ist in verschiedene Kategorien unterteilt. Ganz links präsentiert Microsoft zunächst seine neuesten Empfehlungen. Blättern Sie mithilfe der Bildlaufleiste am unteren Bildschirmrand oder per Wischgeste weiter nach rechts, finden Sie hier Kategorien wie **Populär** (❶ auf Seite 382), **Neu + angesagt** ❷, **Top bezahlt** und **Top kostenlos**. In einer weiteren Spalte ❸ werden außerdem nach Themen sortierte Kategorien wie **Spiele**, **Fotos**, **Shopping**, **Reisen** und mehr aufgeführt.

Die App »Spiele«

Wer gerne am Computer spielt, sollte auch die *Spiele*-App genauer unter die Lupe nehmen, die in Windows 8.1 bereits vorinstalliert ist. Nach dem Aufruf über die entsprechende Kachel auf dem Startbildschirm haben Sie anschließend Zugriff auf die Rubrik **Xbox Spiele** – vorausgesetzt, Sie verfügen über ein Xbox-Live-Konto.

Um mehr Informationen zu einer App zu erhalten, klicken oder tippen Sie auf die Kachel der App. Die Übersicht zeigt einen ersten Blick auf die App-Oberfläche und informiert über Downloadgröße, Altersfreigabe und anderes. Nicht alle Apps sind deutschsprachig. Welche Sprachen eine Anwendung jeweils unterstützt, entnehmen Sie dem Bereich **Details**. Dieser wird eingeblendet, wenn Sie etwas nach rechts blättern. Bevor Sie eine App kaufen, sollten Sie unbedingt einen Blick in den Bereich **Rezensionen** werfen, um zu prüfen, welche Erfahrungen andere Nutzer mit dem jeweiligen Programm gemacht haben.

Diese Seite bietet wichtige Informationen zur ausgewählten App.

Haben Sie sich genau über eine App informiert und möchten diese installieren, reicht ein Klick oder Tipp auf die Schaltfläche **Installieren** ❶. Sollten Sie noch nicht mit einem Microsoft-Konto angemeldet sein, erscheint der Hinweis **Zu einem Microsoft-Konto auf diesem PC wechseln**, den Sie bereits im Abschnitt »Allgemeine Information zur Anmeldung« ab Seite 223 kennengelernt haben. Damit Ihr lokales Benutzerkonto nicht in ein Microsoft-Konto umgewandelt wird, klicken Sie unten auf **Stattdessen bei jeder App separat anmelden**. Erst im nächsten Dialog, **Microsoft-Konto hinzufügen**, tragen Sie dann die E-Mail-Adresse und das Kennwort Ihres Microsoft-Kontos ein. Sobald Sie die Daten erfolgreich eingegeben haben, bekommen Sie von der Installation selbst kaum etwas mit. In der rechten oberen Bildschirmecke wird lediglich ein kleiner Hinweis eingeblendet.

Die Installation der App erfolgt still und fast heimlich.

Wurde die App erfolgreich installiert, wird auch dazu oben rechts ein kleiner Hinweis eingeblendet, den Sie mit einem Klick oder Tipp auf das kleine Kreuz ausblenden können. Der Hinweis verschwindet nach wenigen Sekunden aber auch von selbst.

Für die installierte App wird in der App-Übersicht eine entsprechende Kachel eingerichtet. Zur Erinnerung: Die Übersicht rufen Sie vom Startbildschirm entweder per Klick auf den Pfeil auf oder per Wischgeste von der Bildschirmmitte Richtung oberen Bildschirmrand. Die App-Übersicht ist alphabetisch sortiert, sodass ein Aufspüren der Kachel schnell möglich ist. Zum Start der App reicht ein Klick oder Tippen auf die Kachel. Wie Sie die Kacheln auf den Startbildschirm holen, erfahren Sie im Abschnitt »Welche Kachel wird auf dem Startbildschirm angezeigt?« ab Seite 77.

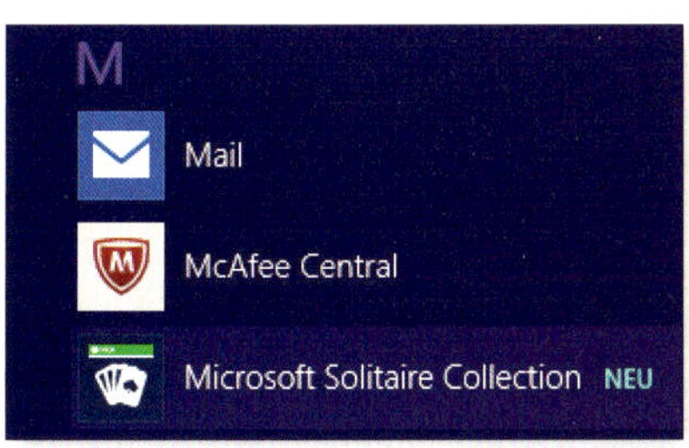

Die Kachel der neu installierten App wird alphabetisch einsortiert.

8. Wenn Sie eine interessante Anleitung gefunden haben, können Sie sie auch ausdrucken. Klicken oder tippen Sie hierzu in der rechten oberen Ecke des Hilfe-Fensters auf das **Drucken**-Symbol ⑥ und im nächsten Dialog auf die Schaltfläche **Drucken**.

9. In der linken oberen Ecke des Programmfensters finden Sie zwei Pfeilschaltflächen ⑦, mit denen Sie auf den bereits besuchten Hilfeseiten beliebig vor- und zurückblättern können. Mit einem Klick oder Tipp auf den Link **Startseite der Hilfe** ⑧ gelangen Sie wieder zurück zur Startseite.

10. Sind Sie in der Windows-Hilfe selbst nicht fündig geworden, sollten Sie einen Blick in die Microsoft Community werfen. Hier können Anwender selbst Fragen stellen und die Fragen anderer Anwender beantworten. Die Community erreichen Sie über die Startseite der Windows-Hilfe ⑨.

11. Nach einem Klick oder Tipp auf den Link wird automatisch der Internet Explorer gestartet. Bevor Sie selbst eine Frage stellen, sollten Sie einen Blick in die zahlreichen Beiträge ⑩ werfen – vielleicht wurde das Thema bereits behandelt. Natürlich können Sie auch hier gezielt einen Suchbegriff eingeben ⑪ oder die Beiträge nach Themen filtern ⑫.

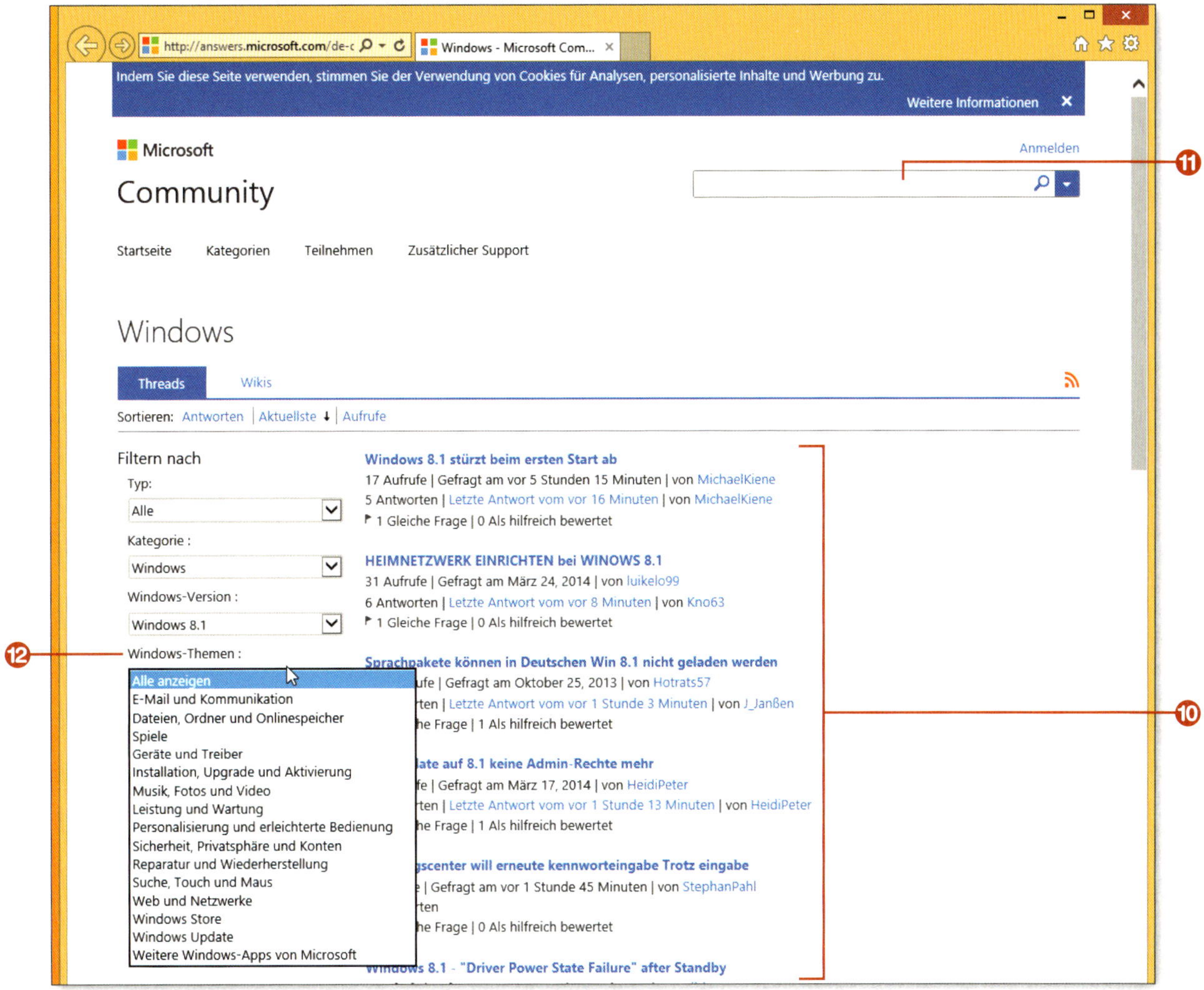

Eine Hilfe-Funktion steht Ihnen übrigens nicht nur in Windows 8.1 selbst zur Verfügung. Auch die meisten Windows-Anwendungen, etwa Microsoft Word, verfügen über ein entsprechendes Werkzeug. Zum Aufruf reicht ein Drücken der F1-Taste.

Den PC auffrischen oder Windows neu installieren

So richtig rund läuft Ihr Computer nicht, deshalb würden Sie ihn am liebsten auf den Ursprung zurücksetzen? Unter Windows 8.1 ist dies ganz einfach möglich. Hierfür stehen Ihnen sogar gleich zwei Funktionen zur Verfügung. Mit der einen wird der Computer lediglich aufgefrischt, Ihre persönlichen Daten wie Fotos, Briefe und mehr bleiben aber bestehen. Die zweite Funktion dagegen setzt den Computer vollkommen neu auf. Zu finden sind beide Funktionen im Menü **PC-Einstellungen**. Wenn Sie selbst Windows 8.1 über den Store installiert haben, müssen Sie sowohl nach dem Auffrischen als auch dem Zurücksetzen die Installation erneut durchführen, wie in Abschnitt »So installieren Sie Windows 8.1 aus dem Store« ab Seite 30 beschrieben.

1. Rufen Sie die Charms-Leiste über die Tastenkombination ⊞ + C oder per Wischgeste vom rechten Bildschirmrand in Richtung Bildschirmmitte auf.

2. Klicken oder tippen Sie auf **Einstellungen** und anschließend auf **PC-Einstellungen ändern** ❶.

3. Wählen Sie in der Spalte **PC-Einstellungen** die Rubrik **Update/Wiederherstellung** aus, und klicken Sie dann links auf **Wiederherstellung** ❷. In der rechten Spalte finden Sie nun die beiden Einträge **PC ohne Auswirkungen auf die Dateien auffrischen** ❸ und **Alles entfernen und Windows neu installieren** ❹.

Bevor Sie alles entfernen und Windows 8.1 vollkommen neu installieren, sollten Sie die Auffrischungsfunktion ausprobieren. Häufig reicht sie bereits aus, um kleinere Probleme zu beheben oder einem zu langsam geratenen Computer wieder Beine zu machen. Alle persönlichen Daten bleiben dabei erhalten, lediglich die Windows-Einstellungen werden zurückgesetzt sowie Programme und Apps deinstalliert.

1. Mit einem Klick oder Tipp auf **Los geht's** ❺ starten Sie die Auffrischungsfunktion.

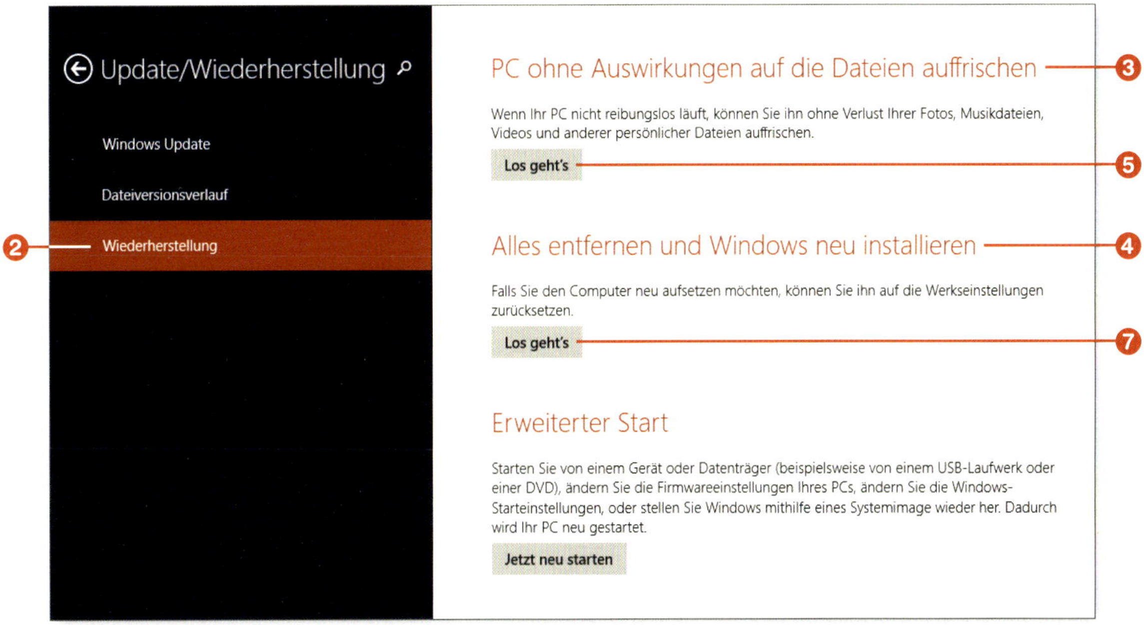

2. Im nächsten Dialog erfahren Sie, welche Auswirkungen die Funktion auf Ihren Computer hat. Bestätigen Sie den Hinweis mit **Weiter**, wird eine Liste angezeigt mit all den Apps und Desktop-Anwendungen, die nach dem Auffrischen neu installiert werden müssen. Erst wenn Sie hier auf **Weiter** ❻ und anschließend auf **Aktualisieren** klicken, beginnt Windows 8.1 mit der Auffrischung Ihres Computers. Dieser Vorgang kann einige Zeit in Anspruch nehmen.

3. Nach der erfolgreichen Auffrischung ist ein Neustart des Computers nötig.

Wie zu Anfang des Abschnitts erwähnt, müssen Sie nun gegebenenfalls Windows 8.1 neu installieren, wie im Abschnitt »So installieren Sie Windows 8.1 aus dem Store« ab Seite 30 gezeigt.

Hat das Auffrischen des Computers nicht den gewünschten Erfolg gebracht, können Sie Windows 8.1 auch vollkommen neu installieren. Bevor Sie diesen Schritt vornehmen, sollten Sie aber zunächst alle wichtigen Daten auf einer externen Festplatte sichern (siehe dazu auch den Abschnitt »So schützen Sie sich vor Datenverlust« ab Seite 359). Halten Sie außerdem den Installationsdatenträger sowie den Produktschlüssel bereit, da danach eventuell gefragt wird.

1. Klicken oder tippen Sie im Menü **PC-Einstellungen** unterhalb von **Alles entfernen und Windows neu installieren** auf **Los geht's** (❼ auf Seite 397).

2. Sie erhalten nun noch eine kurze Information über die Auswirkungen dieses Schrittes. Kurz und knapp: Der Computer wird in den Originalzustand zurückversetzt, und dabei werden alle Dateien, Apps und Programme entfernt! Wenn Sie damit einverstanden sind, bestätigen Sie mit **Weiter** ❽.

3. Im nächsten Fenster legen Sie noch fest, ob nur auf dem Laufwerk, auf dem Windows installiert ist, oder auf allen Laufwerken die Daten entfernt werden sollen. Um einen Computer wieder flott zu bekommen, ist meist **Nur das Laufwerk, auf dem Windows installiert ist** die richtige Wahl.

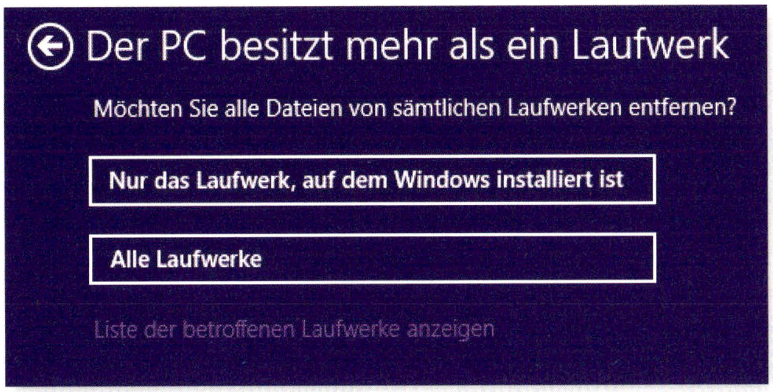

4. Wenn Sie den PC anschließend etwa verschenken oder verkaufen möchten, sollten Sie im nächsten Fenster den Eintrag **Laufwerk vollständig bereinigen** wählen. Behalten Sie den Computer, klicken Sie auf **Nur meine Dateien entfernen.**

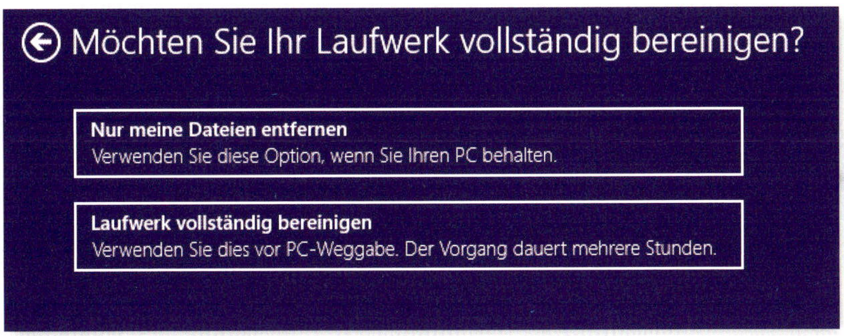

5. Nun noch ein Klick auf **Zurücksetzen**, und der Vorgang kann beginnen.

Am Ende dieser Aktion befindet sich Ihr Computer wieder im Originalzustand, wie Sie ihn höchstwahrscheinlich auch beim ersten Start vorgefunden haben. Nun heißt es, wieder alle persönlichen Einstellungen vorzunehmen, Programme zu installieren, Updates durchzuführen, die Internetverbindung einzurichten etc. Wurde Ihr PC ursprünglich mit Windows 8 ausgeliefert, müssen Sie, wie bereits zuvor erwähnt, auch das Update für Windows 8.1 neu installieren.

Glossar

Aktivierung
Freischaltung eines Programms durch Eingabe eines Aktivierungscodes, um das Programm nutzen zu können. Teilweise bieten Programme ohne Aktivierung eine nur eingeschränkte Nutzung. Auch Windows 8.1 muss freigeschaltet werden.

Antivirenprogramm
Software zum Schutz vor Computerviren und anderer Schadsoftware.

App
Abkürzung für *application*, zu Deutsch *Anwendung*; eine neue Form von Programmen seit Windows 8. Im Gegensatz zu Windows-Anwendungen, die in Fenstern geöffnet werden, werden Apps im Vollbildmodus, also über den gesamten Bildschirm hinweg, eingeblendet.

Arbeitsspeicher
Speicherbereich innerhalb eines Computers, der Daten nur zeitlich befristet während der Betriebszeit des Computers speichert. Beim Herunterfahren geht der Speicherinhalt verloren.

Backup
Englische Bezeichnung für eine Datensicherung. Die Daten werden meistens auf externen Speichermedien wie Festplatten oder USB-Sticks gesichert.

Benutzerkontensteuerung
Teil des Betriebssystems von Windows Vista, Windows 7 und Windows 8 bzw. 8.1, das mithilfe unterschiedlicher Zugriffsrechte steuert, welcher Nutzer welche Veränderungen am System vornehmen darf.

Benutzeroberfläche
Bezeichnet den Informationsaustausch zwischen Benutzer und Computer. Die meisten Systeme nutzen heute eine grafikbasierte Oberfläche mit Symbolen.

Beta-Version
Vorabversion einer Software, die Kunden zum Testen zur Verfügung gestellt wird.

Betriebssystem
Software zur Steuerung der Computeraktivitäten.

Bibliothek
Ablagestruktur seit Windows 7, in der Dateien geordnet nach Bildern, Dokumenten, Musik und Videos gespeichert werden.

Bing
Internetsuchmaschine von Microsoft.

Bit
Bezeichnung der Darstellung der Werte 0 oder 1 als kleinste mögliche Informationseinheit in der EDV.

Blog
Im Internet geführtes und damit meist öffentlich einsehbares »Tagebuch« bzw. Beiträge einer Person, häufig auch als *Weblog* bezeichnet.

Bluetooth
Kabellose Verbindung zwischen Computer und externen Geräten (z. B. Tastatur oder Maus) mittels Funktechnik.

Blu-ray
Digitales optisches Speichermedium, Nachfolger der DVD mit höherer Speicherkapazität.

Brenner
Im Computer integriertes oder externes Gerät zum Brennen von Daten auf CD, DVD oder Blu-ray.

Browser
Programm zur Darstellung von Internetseiten.

Bug
Englische Bezeichnung für einen Fehler in Programmen.

Button
Englische Bezeichnung für Schaltflächen, die Sie per Mausklick oder durch Antippen per Finger bedienen.

Byte
Maßeinheit in der Informationsverarbeitung. 8 Bit bilden 1 Byte.

Charms-Leiste
In Windows 8 neu eingeführte Befehlsleiste am rechten Bildschirmrand, über die Sie die Funktionen **Start**, **Suchen**, **Teilen**, **Geräte** und **Einstellungen** aufrufen.

Client
Zu Deutsch »Kunde«. Bezeichnung für einen Computer, der die Dienste in Anspruch nimmt, die von einem anderen Computer, dem sogenannten Server, zur Verfügung gestellt werden.

Cloud
Englische Bezeichnung für »Wolke«. Hier werden Programme und Daten abgelegt, die nicht mehr auf dem eigenen Rechner, sondern auf Servern des jeweiligen Anbieters gespeichert werden und über das Internet aufgerufen werden können.

Cookie
Kleine Datei, die beim Surfen auf Internetseiten auf Ihrem Computer gespeichert wird und eine Nachverfolgung des Surfverhaltens ermöglicht. Cookies sind deshalb aufgrund möglicher Datenschutzverletzungen kritisch zu sehen, häufig aber auch nicht zu umgehen, etwa beim Einkauf im Internet.

Copy & Paste
Englischer Ausdruck für *Kopieren und Einfügen*. Bezeichnet den Vorgang, Daten durch Ziehen mit gedrückter Maustaste oder mit dem Finger zu kopieren, zu verschieben und an anderer Stelle wieder einzufügen.

CPU
Abkürzung für *Central Processing Unit*. Die Zentraleinheit eines Computers steuert den Ablauf der einzelnen Verarbeitungsschritte, führt Rechenoperationen aus und speichert die notwendigen Daten.

Cursor
Englische Bezeichnung für *Einfügemarke*. Diese zeigt durch einen blinkenden Strich oder einen Pfeil die Position der Maus auf der grafischen Oberfläche an.

Dateiformat
Software wird in unterschiedlichen Formen angeboten. Die in den jeweiligen Programmen enthaltenen Daten müssen auf unterschiedliche Weise gelesen und interpretiert werden. Das Dateiformat dient dabei als Zuordnungskriterium (z. B. *.doc* für Textdateien in Word, *.xls* für Tabellen in Excel).

Datenschutz
Sammelbegriff für Gesetze und Maßnahmen zum Schutz von gespeicherten Daten vor missbräuchlicher Nutzung und zum Schutz der Privatsphäre.

Defragmentierung
Daten werden nicht immer in zusammenhängenden Blöcken auf Speichermedien gesichert. Dadurch erhöht sich die Zugriffszeit beim Lesen. Durch die Defragmentierung werden diese einzelnen Datenblöcke wieder zusammengeführt, was die Lesegeschwindigkeit wieder steigert.

Desktop
Englische Bezeichnung für a) die grafische Benutzeroberfläche eines Computers und b) einen im Gegensatz zu Note- oder Netbooks nicht mobilen Computer, der aus Computergehäuse, Bildschirm, Tastatur und Maus besteht.

DirectX
Software zur Multimediaunterstützung, z. B. bei der Darstellung komplexer Grafiken.

Dockingstation
Mobile Computer können mithilfe einer Dockingstation einfach mit zusätzlichen externen Geräten wie Bildschirm, Tastatur, Maus und Drucker verbunden werden.

Domain
Bezeichnung für einen im Internet eindeutig über einen Namen gekennzeichneten Bereich, der die *Website*, also den Internetauftritt einer Person oder Organisation, darstellt.

Download
Herunterladen von Daten und Programmen aus dem Internet oder von anderen Medien.

Drag & Drop
Technik, um Objekte mit gedrückter linker Maustaste oder per Wischgeste in Windows zu verschieben oder an anderer Stelle abzulegen.

DSL
Abkürzung für *Digital Subscriber Line*, ein Übertragungsstandard in der Telekommunikation, der mit bis zu 1.000 MBit/s deutlich leistungsstärker als analoge oder ISDN-Verbindungen ist.

DVD
Abkürzung für *Digital Video Disc*. Digitales optisches Speichermedium mit hoher Speicherkapazität.

Editor
Ein im Leistungsumfang beschränktes Programm zur Bearbeitung einfacher Textdateien.

E-Mail
Elektronische Nachricht, die über entsprechende Programme am Computer gelesen, beantwortet und weitergeleitet werden kann.

Excel
Tabellenkalkulationsprogramm zur Verarbeitung größerer Datenmengen und Ausführung von Rechenoperationen. Teil von Microsoft Office.

EXE
Dateiformat für unter Windows ausführbare Programme.

Explorer
Neue Bezeichnung für den Windows-Explorer, ein Programm innerhalb von Windows, das die Verwaltung von Dateien ermöglicht. Diese können in unterschiedlichen Verzeichnissen unter anderem geordnet, verschoben und umbenannt werden.

FAQ
Abkürzung für *Frequently Asked Questions*, zu Deutsch *häufig gestellte Fragen*, eine im Internet zur Verfügung gestellte Sammlung von Nutzerfragen mit den entsprechenden Antworten z. B. zur Bedienung von Computern oder Programmen.

FAT
Abkürzung für *File Allocation Table*, ein von Microsoft entwickeltes Dateisystem, mittlerweile durch *NTFS* (siehe dort) ersetzt.

Favoriten
Interessante und häufig besuchte Webseiten können im Internet Explorer und anderen Browsern als Favoriten abgespeichert und dann ohne Eingabe der *URL* (siehe dort) schneller aufgerufen werden.

Festplatte
Medium zur Speicherung von Programmen und anderen Daten in einem Computer (auch als externes Gerät erhältlich).

Firewall
Programm, das Computer oder Computernetze durch das Blockieren gefährlicher Daten schützt. In Kombination mit einem Virenschutzprogramm Basis für eine sichere Computernutzung.

Flash Player
Programm, um in Internetseiten integrierte Effekte, Kurzfilme o. Ä. auf dem Computer abzuspielen.

Flatrate
Englische Bezeichnung für einen Pauschaltarif im Bereich der Telekommunikationsdienstleistung, z. B. unbeschränkte Internetnutzung für einen monatlichen Festpreis.

Font
Englischer Begriff für *Schriftart*.

Freeware
Software, die kostenlos zur Nutzung angeboten wird.

GByte
Kurzform von *Gigabyte*, Maßeinheit in der Informationsverarbeitung. 1.024 MByte bilden 1 GByte.

Google
Internetsuchmaschine. Aufgrund des hohen Marktanteils hat sich *googeln* praktisch zum Synonym für den Begriff *im Internet suchen* entwickelt.

Grafikkarte
Hardwarekomponente des Computers, die die Bildschirmanzeige steuert.

Grafikprozessor
Elektronisches Bauteil; dient zur Berechnung der Bildschirmausgabe, meistens Teil der Grafikkarte.

Hacker
Bezeichnung für Personen, die durch Ausnutzen von Sicherheitslücken unerlaubt in fremde Computer oder Computernetzwerke eindringen.

Hardware
Sammelbegriff für alle »harten« Teile eines Computers, also Gehäuse, Prozessor, Grafikkarte, Tastatur, Bildschirm etc.

Hauptspeicher
Komponente der *CPU* (siehe dort), auch als *Arbeitsspeicher* bezeichnet.

Headset
Englische Bezeichnung für eine Kombination aus Kopfhörer und Mikrofon; wird über Kabel mit dem Computer verbunden.

Heimnetzgruppe
Gruppe von Computern und externen Geräten, z. B. Drucker, die über ein Netzwerk miteinander verbunden und durch ein Kennwort vor Zugriff von außen geschützt sind.

Herunterfahren
Prozess, der den Computer durch die Beendigung aller laufenden Programme ausschaltet oder in den Ruhemodus versetzt.

Homepage
Englische Bezeichnung für eine Internetseite, die als Startseite eines kompletten Internetauftritts mit diversen Folgeseiten fungiert.

Hotline
Englische Bezeichnung für Servicetelefonnummern von Dienstleistern und Anbietern, an die sich Nutzer mit Rückfragen oder Fehlermeldungen wenden können.

Hotspot
Englische Bezeichnung für öffentlich zugängliche *WLAN*-Zugriffspunkte (siehe dort). Über Hotspots kann man seinen PC mit dem Internet verbinden.

HTTP/HTTPS
Abkürzung für *Hypertext Transfer Protocol* bzw. *Hypertext Transfer Protocol Secure*; beides sind Protokolle zur Datenübertragung im Internet, wobei bei HTTPS die Daten zur sicheren Übertragung verschlüsselt werden.

Hub (USB-Hub)
Englische Bezeichnung für ein Gerät, das Anschlussmöglichkeiten vervielfacht. Ein USB-Hub wird per Kabel an die *USB*-Schnittstelle (siehe dort) des Computers angeschlossen und bietet seinerseits dann mehrere USB-Anschlüsse, sodass mehrere Geräte gleichzeitig angeschlossen werden können.

Hyperlink
Auch kurz *Link* genannt. Englische Bezeichnung für einen Verweis auf einer Internetseite. Durch einen Mausklick oder durch Antippen mit dem Finger wird eine andere Internetseite aufgerufen, oder die Ansicht

springt zu einer anderen Stelle innerhalb der Internetseite.

Icon
Englische Bezeichnung für die grafischen Symbole auf der Desktop-Oberfläche und in Programmen.

Image
Abbild eines Speichers, z. B. einer Festplatte oder einer CD, in einer Datei.

IMAP
Abkürzung für *Internet Message Access Protocol*, Protokoll für den Zugriff auf und die Organisation von E-Mails.

Importieren
Bezeichnet das Einspielen von Daten aus externen Quellen, z. B. CD, DVD, USB-Stick oder Internet, auf den Computer.

Installation
Einrichten eines Softwareprogramms auf dem Computer, heute meist über Hilfsprogramme realisiert, die den Nutzer durch den Installationsvorgang führen.

Internet
Weltweites Netzwerk, über das Daten ausgetauscht werden.

Internetadresse
Eindeutiger Name, über den eine Internetseite gefunden und aufgerufen werden kann (siehe auch *Domain*).

Internet Explorer
Microsoft-eigenes Programm zur Darstellung von Internetseiten.

IP-Adresse
Adresse in einem Computernetz, über die ein Computer eindeutig identifiziert werden kann.

ISDN
Abkürzung für *Integrated Services Digital Network*, ein Standard für digitale Kommunikationsnetze.

JPEG
Häufig genutztes Format für die Speicherung von Bildern und Grafiken.

Junk-E-Mail
Englische Bezeichnung für unerwünschte E-Mails, auch als *Spam* bezeichnet.

Kachel
Symbole auf der Startseite von Windows 8.1 zum Aufrufen von Apps und Windows-Anwendungen.

KByte
Kurzform von *Kilobyte*; Maßeinheit in der Informationsverarbeitung. 1.024 Byte bilden 1 KByte.

Klammeraffe, @
Das At-Zeichen @, umgangssprachlich als *Klammeraffe* bezeichnet, ist ein grundsätzlicher Bestandteil in E-Mail-Adressen und trennt den Nutzernamen vom Domainnamen.

Kontextmenü
Ein Menü, das nach einem Rechtsklick auf ein Element aufklappt und weitere Befehle im Zusammenhang (Kontext) mit dem ausgewählten Element anbietet.

LAN
Abkürzung für *Local Area Network*, ein lokales Rechnernetzwerk, das in seiner Ausdehnung begrenzt ist.

Laptop/Notebook
Bezeichnung für einen mobilen Computer, mittlerweile in der Leistung stationären Tischrechnern (siehe *Desktop*) durchaus ebenbürtig. Deutlich leistungsstärker als die kleineren Netbooks oder Tablet-Computer.

Laufwerk
Allgemeine Bezeichnung für in den Computer integrierte oder externe Geräte zum Lesen und Schreiben von Daten, z. B. Festplatte, CD- oder DVD-Laufwerk, USB-Stick.

Manual
Englische Bezeichnung für *Handbuch*. Wird im Zusammenhang mit Computern im Allgemeinen für die Betriebsanleitung und weiterführende Unterlagen verwendet.

MByte
Kurzform von *Megabyte*. Maßeinheit in der Informationsverarbeitung. 1.024 KByte bilden 1 MByte.

Media Player
Programm zum Abspielen von Audio- und Videodateien. Das in Windows integrierte Programm trägt den Namen *Windows Media Player*.

Microsoft-Konto
Neu in Windows 8 hinzugekommene Kontenart, die zur Nutzung einiger Apps sowie für den Erwerb zusätzlicher Apps über den Windows Store benötigt wird.

Mozilla Firefox
Programm zur Darstellung von Internetseiten; eine Alternative zum Internet Explorer von Microsoft.

MP3
Format für die Speicherung von Audiodateien, das eine Verringerung des benötigten Speicherplatzes ohne signifikante Verluste der Audioqualität ermöglicht.

Netbook
Mobiler Computer, bei dem die Leistungsfähigkeit von Prozessor und Grafikkarte zugunsten längerer Akkulaufzeiten beschränkt ist.

Netzwerk
Sammelbegriff für den Zusammenschluss eigenständiger elektronischer Systeme zu einem Verbund, in dem die einzelnen Systeme miteinander kommunizieren können (siehe *LAN*, *WLAN*).

NTFS
Abkürzung für *New Technology File System*, ein Dateisystem mit erweiterten Funktionen; in Windows Nachfolger von *FAT* (siehe dort).

OEM-Software
Abkürzung für *Original Equipment Manufacturer*; bezeichnet in diesem Kontext die Software eines Herstellers (z. B. Microsoft), die dieser dem Handel kostengünstiger zur Verfügung stellt. Die Software darf nur in Kombination mit einem neuen PC verkauft werden.

OneDrive
Ein von Microsoft kostenlos zur Verfügung gestellter Speicherplatz im Internet; auch unter der Bezeichnung *SkyDrive* bekannt.

Online-Banking/Homebanking
Sammelbegriff für die elektronische Abwicklung von Bankgeschäften mittels eines Computers oder anderer Geräte per Internet oder Telefon.

Online-Shop
Sammelbegriff für den Verkauf von Produkten über das Internet; das bekannteste Beispiel ist wohl Amazon.

Partition
Datenträger wie z. B. Festplatten können mittels entsprechender Software in unterschiedliche Bereiche unterteilt werden, die auch einzeln nutzbar sind.

PDF
Format für die Speicherung von Bildern, Grafiken und Texten.

Phishing-Mail
E-Mails mit gefälschten Absenderangaben und Inhalten mit dem Ziel, den Empfänger zur Angabe von persönlichen Daten (z. B. Bankdaten) zu veranlassen, um damit schädliche oder betrügerische Aktionen zu begehen.

PIN/TAN
System zur sicheren Authentifizierung bzw. Genehmigung von über das Internet abgewickelten Transaktionen, z. B. Online-Banking. Neben einer *persönlichen Identifikationsnummer* (PIN) wird zusätzlich eine sogenannte *Transaktionsnummer* (TAN) benötigt, die nur für einen Vorgang genutzt werden kann und heute meist elektronisch erzeugt wird.

Pixel
Englische Bezeichnung für *Bildpunkt*. Die Darstellung auf dem Bildschirm eines Computers erfolgt über eine unterschiedlich hohe Anzahl von Bildpunkten, z. B. 1.024 × 768. Je höher die Anzahl der Bildpunkte ist, desto schärfer ist auch die Darstellung.

Plug & Play
Sammelbegriff für die Installation neuer Geräte (z. B. Drucker) am Computer, ohne manuell einen Treiber installieren zu müssen. Der Computer erkennt das neue Gerät und installiert die notwendigen Treiber selbstständig.

POP3
Abkürzung für *Post Office Protocol 3*; Protokoll für den Zugriff auf E-Mails.

Pop-up
Sammelbegriff für zusätzliche Fenster, die durch Tippen auf oder Anklicken eines Symbols oder Textes mit der Maus eingeblendet werden. Auf Internetseiten enthalten Sie z. B. häufig unerwünschte Werbung.

Product Key
Englische Bezeichnung für *Produktschlüssel*. Meist eine längere Ziffern- und Buchstabenfolge, die zur Aktivierung von Programmen benötigt wird.

Provider
Englischer Begriff für Anbieter von Dienstleistungen wie Internet, Mobilfunk oder Telefon im Telekommunikationsbereich.

PS/2
Schnittstelle für den Anschluss von Tastatur und Maus an den Computer, heute bei den meisten Geräten durch *USB*-Schnittstellen (siehe dort) ersetzt.

RAM
Abkürzung für *Random-Access Memory*, ein Speicher, der gelesen und beschrieben werden kann; der Begriff wird häufig gleichbedeutend mit *Arbeitsspeicher* verwendet.

Registrierung
Anmeldung als Nutzer einer Software oder eines Gerätes, um Programmaktualisierungen und andere Informationen zu erhalten.

Registry
Grundsätzlich eine Datenbank zur Sammlung von Registrierungsdaten; die *Windows Registry* enthält eine Datensammlung zu allen auf dem Computer installierten Programmen.

ROM
Abkürzung für *Read-Only Memory*, ein Speicher, der nur gelesen, aber nicht beschrieben werden kann und seine Daten immer behält.

Router
Hardware, die innerhalb von Netzwerken für die Weiterleitung von Daten genutzt wird.

RSS
Abkürzung für *Rich Site Summary*, eine Gruppe von Formaten, die für die schnelle und einfache Dokumentation von Änderungen auf Webseiten und für die Verteilung von Kurznachrichten genutzt werden.

Scanner
Hardware zum Einlesen von Texten, Grafiken und Bildern, um diese dann im Computer weiterverarbeiten zu können.

Screenshot
Englische Bezeichnung für einen Schnappschuss des Computerbildschirms (auch *Bildschirmbild* genannt), der anschließend als Bilddatei auf dem Computer gespeichert wird.

Scrollen
Englische Bezeichnung für die Durchsicht von längeren Texten, Tabellen oder anderen Bildschirminhalten durch Bewegen des Mauszeigers auf der Bildlaufleiste nach oben oder unten bzw. die Nutzung des bei den meisten Computermäusen verfügbaren Scrollrades.

Server
Sammelbegriff für die Computer in Netzwerken, die den angeschlossenen anderen Computern Dienste und Speicherplatz zur Verfügung stellen.

Set-up
Englischer Begriff für die Installation von Programmen.

Signatur
Bezeichnung für einen elektronischen Identitätsnachweis, quasi eine elektronische Unterschrift; in E-Mails enthält sie beispielsweise die Adressdaten des Absenders.

SkyDrive
Siehe *OneDrive*.

Smiley
Mithilfe von Zeichen wie Doppelpunkt, Strich, Klammern etc. dargestellte stilisierte Gesichter, die unterschiedliche Emotionen ausdrücken.

SMTP
Abkürzung für *Simple Mail Transfer Protocol*, ein Protokoll für den Versand von E-Mails.

Software
Sammelbegriff für alle Programme auf einem Computer.

Soundkarte
Hardware innerhalb eines Computers für die Verarbeitung von Audiosignalen.

Soziales Netzwerk
Bezeichnung für eine Gruppe von Nutzern, die sich auf einer gemeinsamen Plattform im Internet austauschen. Das größte soziale Netzwerk ist Facebook.

Spam-Mail
Englische Bezeichnung für unerwünschte E-Mails, auch als *Junk-E-Mail* bezeichnet.

Speicherkarte
Hardware zur Speicherung von Daten. Speicherkarten gibt es in unterschiedlichen Größen (CF, SD, MicroSD) und mit unterschiedlich hohem Speicherplatz.

Spyware
Schadsoftware, die sich – vom Nutzer ungewollt – auf dem Computer installiert und persönliche Daten wie Passwörter ausspioniert oder das Surfverhalten dokumentiert und weitermeldet.

SSL
Abkürzung für *Secure Socket Layer*, ein Netzwerkprotokoll für die sichere, verschlüsselte Übertragung von Daten.

Startbildschirm
Bezeichnung für den Bildschirm, der nach der Anmeldung bei Windows 8.1 erscheint und Zugriff auf die installierten Windows-Anwendungen und -Apps ermöglicht.

Suchmaschine
Software zur Suche nach Inhalten oder Internetseiten. Nach Eingabe des Suchbegriffs listet die Suchmaschine Internetseiten auf, die den gesuchten Begriff enthalten. Die bekannteste Suchmaschine ist Google.

Systemsteuerung
Software innerhalb von Windows, um den Computer den persönlichen Vorlieben anzupassen, Programme und Hardware zu administrieren und Sicherheitseinstellungen vorzunehmen.

Tablet
Relativ neue Klasse von leichten, tragbaren Computern ohne Tastatur, die mittels eines *Touchscreens*, eines berührungsempfindlichen Bildschirms, gesteuert werden.

Taskleiste
Leiste am unteren Bildschirmrand der Desktop-Oberfläche, die Symbole für den Zugriff auf verschiedene Programme enthält.

TFT-Display
Englische Bezeichnung für *Flachbildschirm*.

Touchpad
Berührungsempfindliche Fläche, die bei Notebooks als Ersatz für die Maus genutzt wird.

Touchscreen
Berührungsempfindlicher Bildschirm, über den Smartphones oder Tablets gesteuert werden können.

Treiber
Software, um Hardwarekomponenten oder externe Geräte (z. B. Drucker) zu installieren und zu nutzen.

Update
Bezeichnet die Aktualisierung von Softwareprogrammen. Updates dienen zur Fehlerbehebung und Leistungserweiterung von Programmen.

Upgrade
Im Gegensatz zum Update wird bei einem Upgrade ein Programm durch ein komplett neues Programm ersetzt, z. B. Windows 7 durch Windows 8. Upgrades sind für den Endkunden meist günstiger als eine »frische« neue Programmversion.

URL
Abkürzung für *Uniform Resource Locator*, wird hauptsächlich als Synonym für eine Internetadresse benutzt.

USB
Abkürzung für *Universal Serial Bus*, eine Schnittstelle zur Verbindung von Computern und externen Geräten wie Festplatten, DVD-Laufwerken und Druckern.

USB-Stick
Kompaktes Gerät, das über eine USB-Schnittstelle mit dem Computer verbunden wird. USB-Sticks werden hauptsächlich als Speichersticks genutzt und bilden damit eine Alternative zur Speicherkarte, sind aber auch als Authentifizierungstools oder Adapter für die Verbindung des Computers mit Funknetzen im Einsatz.

User
Englische Bezeichnung für *Benutzer*, also die Person, die den Computer nutzt.

Verknüpfung
Verweis auf eine andere Datei oder einen anderen Teil innerhalb der gleichen Datei (siehe *Hyperlink*). Zudem können Programmverknüpfungen auf dem Desktop angelegt werden, durch welche sich das jeweilige Programm direkt aufrufen lässt.

Virus
Schadsoftware, die sich in andere Computerprogramme einschleust und die Sicherheit des Computers bedroht.

Webcam
Kamera innerhalb eines Computers oder als externes Gerät, um Videobilder aufzunehmen und zu senden.

Website
Bezeichnet den aus meist mehreren Internetseiten (auch *Webseiten* genannt) bestehenden Internetauftritt einer Person oder einer Organisation.

WLAN
Abkürzung für *Wireless Local Area Network*, ein drahtloses lokales Netzwerk, das zur Verbindung und Datenübermittlung Funk nutzt.

WWW
Abkürzung für *World Wide Web*, also einen zentralen Dienst des Internets.

ZIP
Dateiformat zum komprimierten Speichern von Daten, um Speicherplatz zu sparen. Es können einzelne Dateien oder ganze Dateiverzeichnisse speicherplatzsparend gesichert werden. Vor erneuter Nutzung der Dateien müssen diese erst wieder dekomprimiert werden.

Zoom
Möglichkeit, die Bildschirmdarstellung (auf Touchscreens etwa durch bestimmte Fingerbewegungen) größer oder kleiner erscheinen zu lassen.

Zwischenablage
Dient dem einfachen Datenaustausch bei *Copy & Paste*. Die Daten werden beim Kopieren (*Copy*) temporär in der Zwischenablage gespeichert und beim Einfügen (*Paste*) aus der Zwischenablage in eine andere Datei oder ein anderes Programm eingefügt.

J

K

L

M

N

O

P

Q

R